U0534471

本书为中国社会科学院"'一带一路'法律风险防范与法律机制构建"大型调研项目最终成果

法治"一带一路"文库编委会

编委会总顾问

谢伏瞻

文库主编

莫纪宏

编委会成员
（以姓氏拼音为序）

崔建民	戴瑞君	韩　晗	何晶晶	蒋小红	李　华	李庆明
李　霞	李　正	廖　凡	刘洪岩	刘敬东	刘晓红	刘小妹
柳华文	罗欢欣	毛晓飞	马金星	梅向荣	莫纪宏	任宏达
沈四宝	孙南翔	孙壮志	吴　用	夏小雄	谢增毅	杨　琳
	姚枝仲	张初霞	朱伟东			

法治"一带一路"文库
文库主编 莫纪宏

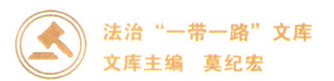

非洲本土化法律概览

The Local Content Legislation in
Selected African Countries

朱伟东 编著

中国社会科学出版社

图书在版编目（CIP）数据

非洲本土化法律概览／朱伟东编著 . —北京：中国社会科学出版社，2023.7
（法治"一带一路"文库）
ISBN 978 – 7 – 5227 – 1983 – 2

Ⅰ. ①非… Ⅱ. ①朱… Ⅲ. ①矿产资源法—研究—非洲 Ⅳ. ①D940.26

中国国家版本馆 CIP 数据核字（2023）第 097284 号

出 版 人	赵剑英
责任编辑	郭曼曼
责任校对	李　莉
责任印制	王　超

出　　版	中国社会科学出版社
社　　址	北京鼓楼西大街甲 158 号
邮　　编	100720
网　　址	http：//www.csspw.cn
发 行 部	010 – 84083685
门 市 部	010 – 84029450
经　　销	新华书店及其他书店
印　　刷	北京明恒达印务有限公司
装　　订	廊坊市广阳区广增装订厂
版　　次	2023 年 7 月第 1 版
印　　次	2023 年 7 月第 1 次印刷
开　　本	710×1000　1/16
印　　张	32.75
字　　数	502 千字
定　　价	168.00 元

凡购买中国社会科学出版社图书，如有质量问题请与本社营销中心联系调换
电话：010 – 84083683
版权所有　侵权必究

法治"一带一路"文库总序

莫纪宏[*]

2013年9月和10月，国家主席习近平分别提出建设"新丝绸之路经济带"和"21世纪海上丝绸之路"的合作倡议。2015年3月28日，国家发展和改革委员会、外交部、商务部联合发布了《推动共建丝绸之路经济带和21世纪海上丝绸之路的愿景与行动》。"一带一路"倡议旨在借用古代丝绸之路的历史符号，高举和平发展的旗帜，积极发展与沿线国家的经济合作伙伴关系，共同打造政治互信、经济融合、文化包容的利益共同体、命运共同体和责任共同体。

"一带一路"倡议是在党的十八大以来实行全面推进依法治国战略的历史背景下提出的，因此，作为治国理政的基本方式，在国家战略层面，法治始终与"一带一路"倡议的实施行动并肩前行，起到了很好的保驾护航的作用。习近平总书记高度重视法治在共建"一带一路"中的重要作用。在2019年11月10日给中国法治国际论坛的贺信中，习近平总书记指出，推动共建"一带一路"，需要法治进行保障，中国愿同各国一道，营造良好法治环境，构建公正、合理、透明的国际经贸规则体系，推动共建"一带一路"高质量发展，更好造福各国人民。

但也要看到，"一带一路"倡议实施以来，由于缺乏对境外法治环

---

[*] 莫纪宏，中国社会科学院法学研究所所长、研究员，中国社会科学院大学法学院院长、教授。

境状况的充分了解，中国企业和公民走出国门后面临诸多不可预测的法律风险，不仅出境后的资产面临合法性的挑战，资本正常运行的制度保障也受到各种非法因素的干扰，中国企业和公民在境外的合法权益尚未得到法治原则的有效保护，造成了一些非预期的财产损失，甚至人身权益也受到了威胁。种种迹象表明，中国企业和公民要走出国门，要保证人身权益和财产权益的安全性，必须要寻求法治的庇护。一方面，我们自己的企业和公民应有合规意识，要懂得尊重驻在国的法律制度，要学会运用驻在国法律乃至国际法来保护自己的合法权益；另一方面，对于走出国门的中国企业和公民可能面临的潜在的法律风险，必须要提早作出预判，并且要有相应的法律服务机制加以防范。对此，除了在"一带一路"倡议具体的实施行动中采取各种有针对性的法律防范措施之外，还需要从宏观层面整体把握"一带一路"倡议实施中可能遇到的法律风险，在全面和详细了解中国企业和公民走出国门后实际遇到的各种法律风险和法律问题基础上作出正确的判断、提出有效的应对之策。

为了加强对法治"一带一路"问题的系统性研究，2018年年底，时任中国社会科学院院长谢伏瞻学部委员牵头设立了中国社会科学院大型海外调研项目"'一带一路'法律风险防范与法律机制构建"（课题编号：2019YJBWT003），具体实施工作由我负责，中国社会科学院法学所、国际法所、西亚非所、世经政所、拉美所等所的相关科研人员参加。课题的主要工作就是到"一带一路"国家去调研，了解中国企业和公民走出去之后所面临的各种法律风险，研究这些法律风险形成的原因，提出解决法律风险的对策和建议。2019年课题组到近20个国家进行了深入的"海外"基层调研，走访了大量中国企业、机构、组织，掌握了大量的第一手材料，撰写了近50篇内部研究报告，很多要报反映的情况和提出的建议引起了有关领导和部门的高度重视。2020年初突发的新冠疫情使得课题原计划继续实施的海外调研工作不得不中止。但课题组对"一带一路"法律风险问题的研究并没有止步。在过去的三年中，课题组加强了对法治"一带一路"的基础理论问题研究，收集和整理了"一带一路"沿线国家和相关国家的法律制度方面的资料，进行分类研究，全面和系统地梳理了"一带一路"倡议实施行动中所面临的各种具体法律制度和法治环境的特点以及可能存在的法律风险点，既有法理上的介绍和阐释，又有法律服务和应用上的具体指导，形成了这套可以充分了解和有效防范"一带一路"法律风险的知识体系和实用性指南性质的法治"一带一路"文库。

法治"一带一路"文库作为中国社会科学院大型海外调研项目"'一带一路'法律风险防范与法律机制构建"的重要学术成果，得到了谢伏瞻院长、中国社会科学院科研局和国际合作局领导的大力支持，同时也得到了法学所、国际法所、西亚非所、世经政所、拉美所等社科院同事的倾力相助，特别是中国社会科学出版社王茵副总编、喻苗副主任对文库的面世作出了最无私的奉献，在文库出版之际，一并表示衷心感谢。正是因为各方的齐心合力，法治"一带一路"文库才能为中国企业和公民走出国门提供最有力的指导和帮助，贡献课题组的微薄之力。

2023年4月于北京海淀紫竹公寓

前　言

国内很多企业都已认识到,要实现在非洲的长远发展,就要做到本土化经营。这不仅是一种企业发展战略的考虑,也是很多非洲国家为外国投资者施加的一项法律义务。而要切实做到本土化经营,就要了解投资所在国的本土化立法。

为便于国内对非投资企业查找、了解非洲国家本土化立法的内容,我专门收集了一些重要非洲国家的本土化立法文件,并组织中国社科院西亚非洲研究所非洲法律研究中心的相关人员以及一些研究生对这些立法进行了翻译。其中,我撰写了总论篇内容,并翻译了津巴布韦《本土化和经济赋权法》(2007年第14号)、津巴布韦《本土化和经济赋权法》(2020年修订),乌干达《国家本土成分议案》、《石油(勘探、开发和生产)(国内成分)条例》和《石油(精炼、转化、转运和中游储存)(国内成分)条例》,塞内加尔《关于碳氢化合物行业本土成分的第2019－04号法律》《关于碳氢化合物行业本土成分国家监管委员会组织和运作的第2020－2047号条例》2022年坦桑尼亚《矿业本土成分(修正条例)》以及布基纳法索的《矿业部门本土供应的第2021－1142号条例》。史晓曦(中国社科院西亚非洲研究所非洲法律研究中心秘书长)翻译了南非《广义黑人经济赋权法》,王婷(北京外国语大学非洲学院讲师)翻译了南非《矿业宪章》、《矿业宪章修正案》和《矿业宪章实施指南》,许颖(中国社科院西亚非洲研究所博士生、中国法学会学术交流中心职员)翻译了南非《广义黑人经济赋权法实施规则》,欧阳慧(湘潭大学法学院国际法专业研究生)、朱伟东翻译了坦桑尼亚2018年《矿业(本土成分)条例》、2019年《矿业（本土成分）（修正）条例》和2017年《石油（本土成分）条例》，艾昕语（湘潭大学法学院国际法专业研究生）、朱伟东翻译了加纳《石油（本土成分和本土参与）条例》、尼日利亚《石油和天然气行业成分发展法》和塞拉利昂《本土成分管理局法》，王诗茜（湘潭大学法学院国际法专业研究生）、朱伟东翻译了肯尼亚2018年《本土成分法案》和2014年《能源（本土成分）条例》，刘云萍（湘潭大学法学院国际法专业研究生）、朱伟东翻译了赞比亚《公民经济赋权法》《公民经济赋权法修正案》《公民经济赋权（保留计划）规则》《公民经济赋权（优先采购）条例》。

  译稿完成后，我对译稿内容进行了统一的校对和修正。本土化立法涉及内容繁杂，考虑到译者水平有限，译文内容舛误难免，希望读者诸君不吝指正。非常感谢中国社会科学院法学所莫纪宏所长将该书纳入法治"一带一路"文库。希望该书能为中国企业在非洲依法开展本土化经营提供帮助。需要说明的是，本书也是本人承担的国家社科基金研究专项项目《非洲本土化立法研究》（项目编号：19VJX062）和西亚非洲研究所"西亚非洲国家政治发展研究"创新项目的阶段性成果。

朱伟东　研究员
中国社会科学院西亚非洲研究所非洲法律研究中心主任
2022年8月16日

目 录

总论篇　非洲本土化立法概述 …………………………………（1）
　　一　非洲本土化立法的含义及原因 …………………………（1）
　　二　非洲本土化立法的扩大化趋势 …………………………（4）
　　三　非洲国家本土化立法的内容及实施效果 ………………（7）
　　四　非洲本土化立法对中国投资者的可能影响 ……………（12）
　　五　中国投资者和相关部门的应对措施 ……………………（13）
　　　　（一）中国投资者的应对措施 ……………………………（13）
　　　　（二）中国政府相关部门的应对措施 ……………………（15）

分论篇　非洲重要国家本土化立法汇编 ………………………（16）
　　一　加纳 ………………………………………………………（16）
　　　　《石油（本土成分和本土参与）条例》 …………………（16）
　　二　肯尼亚 ……………………………………………………（42）
　　　　（一）2018年《本土成分议案》 …………………………（42）
　　　　（二）2014年《能源（本土成分）条例》 ………………（65）
　　三　尼日利亚 …………………………………………………（84）
　　　　《石油和天然气行业成分发展法》 ………………………（84）
　　四　南非 ………………………………………………………（115）
　　　　（一）《广义黑人经济赋权法》 …………………………（115）
　　　　（二）2016年《广义黑人经济赋权法实施条例》 ………（134）
　　　　（三）2018年《采矿和矿产行业广义社会经济赋权宪章
　　　　　　　（矿业宪章）》 ……………………………………（182）

（四）2018年《矿业宪章修正案》 …………………………（206）
（五）2018年《矿业宪章实施指南》 ………………………（208）
五　塞拉利昂 ……………………………………………………（241）
　　2016年《本土成分管理局法》 ……………………………（241）
六　坦桑尼亚 ……………………………………………………（267）
　　（一）2018年《矿业（本土成分）条例》 ………………（267）
　　（二）2019年《矿业（本土成分）（修正）条例》 ………（289）
　　（三）2022年《矿业（本土成分）（修正）条例》 ………（290）
　　（四）2017年《石油（本土成分）条例》 ………………（294）
七　乌干达 ………………………………………………………（321）
　　（一）2019年《国家本土成分议案》 ……………………（321）
　　（二）《石油（勘探、开发和生产）（国内成分）条例》 …（353）
　　（三）《石油（精炼、转化、转运和中游储存）（国内成分）
　　　　　条例》 ……………………………………………（366）
八　赞比亚 ………………………………………………………（382）
　　（一）2006年《公民经济赋权法》 ………………………（382）
　　（二）2010年《公民经济赋权法修正案》 ………………（401）
　　（三）2017年《公民经济赋权（保留计划）条例》 ………（402）
　　（四）《公民经济赋权（优先采购）条例》 ………………（403）
九　津巴布韦 ……………………………………………………（406）
　　（一）《本土化和经济赋权法》（2007年第14号） ………（406）
　　（二）本土化和经济赋权法（2020年修订） ……………（453）
十　塞内加尔 ……………………………………………………（498）
　　（一）《关于碳氢化合物行业本土成分的第2019-04号
　　　　　法律》 ……………………………………………（498）
　　（二）《关于碳氢化合物行业本土成分国家监管委员会组织和
　　　　　运作的第2020-2047号条例》 ……………………（502）
十一　布基纳法索 ………………………………………………（513）
　　《矿业部门本土供应的第2021-1142号条例》 ……………（513）

总论篇　非洲本土化立法概述[*]

近年来，一些非洲国家政府面临的社会、经济和政治压力加大，为了缓解压力，这些国家纷纷制定或实施了本土成分立法。这些立法涉及内容广泛，如就业、采购、技术转让、人员培训、当地股权参与等，给中国对非投资带来了一定的影响。因此，中国政府相关部门和中国对非投资企业应关注这一发展趋势，了解非洲国家本土成分立法的内容，积极应对各类本土化措施，有效化解本土成分立法的风险，稳步推进对非投资合作，持续夯实中非友好关系，推动共建"一带一路"高质量发展，构建更加紧密的中非命运共同体。

一　非洲本土化立法的含义及原因

过去10年来，本土成分（local content）立法在资源丰富的发展中国家受到越来越多的关注。实际上，早在20世纪70年代，一些发达国家如挪威就率先在石油领域采纳了本土成分立法和政策，随后英国、加拿大、墨西哥、巴西、俄罗斯等国家也相继采用了本土成分立法和政策，以发展本国的石油行业，促进石油行业与其他行业的衔接，使本国的自然资源能够充分带动本国其他行业经济的发展，消除"资源魔咒"，实现经济

---

[*] 相关内容参见朱伟东《非洲本土化立法的发展趋势及应对措施》，《学术探索》2022年第7期。总论篇内容在论文基础上有所增加。

的多元化发展。① 这些国家采用本土成分政策或立法是为了应对市场失灵给本国自然资源发展带来的不利影响，通过运用相关制度和政策，借助一定的国家干预，实现资源开发与本国经济发展的良性互动，通过石油、天然气等资源行业的发展，带动国内整体经济水平的提升，改善人民生活水平，使本国自然资源的开发能够真正惠及本国人民。

但对于"本土成分"这一概念，国际上并未形成统一的定义。有学者认为这一概念在不同国家、不同的政策实施阶段、不同的领域有不同的含义。② 在非洲，"本土成分"一词虽然是近年来人们津津乐道、耳熟能详的高频词，然而对于"本土成分"这一概念的确切含义仍没有一个固定的说法。而且非洲不同的国家的政策和立法对"本土成分"采用了不同的名称。例如：加纳、肯尼亚、坦桑尼亚等都采用了"本土成分"（local content）这一概念，尼日利亚采用的是"尼日利亚成分"（Nigerian content）这一概念，乌干达采用了"国内本土成分"（national local content）这一概念，津巴布韦采用了"本土化"（indigenisation）这一概念，南非和赞比亚采用的是"经济赋权"（economic empowerment）这一概念。无论采用哪种概念，"本土成分"一般都是指外国投资者在东道国进行投资活动时，要采购一定数量的本地产品和服务、雇用一定比例的当地人员并进行技能培训、增加当地股份或股权参与，向当地转让技术等。③ 例如，坦桑尼亚 2017 年《石油（本土成分）条例》规定："本土成分"是指通过在石油活动中有意利用坦桑尼亚的人力和物力资源以及服务，在坦桑尼亚经济中增加或创造复合价值总量，以刺激坦桑尼亚人能力的发展，并鼓励当地投资和参与；加纳 2013 年《石油（本土成分与本土参与）条例》规定："本土成分"是指石油工业价值链中本地生产的材料、

---

① Yelena Kalyuzhnova, et al., *Local Content Policies in Resources – Rich Countries*, Palgrave Macmillan, 2016.

② Yelena Kalyuzhnova, et al., *Local Content Policies in Resources – Rich Countries*, Palgrave Macmillan, 2016, p. 12.

③ Michael W. Hansen, Lars Buur, Ole Therkildsen and Mette Kjar, The Economics and Politics of Local Content in African Extractives: Lessons from Tanzania, Uganda and Mozambique. Forum for Pevelopment Soudies, 2016, Vol. 43, No. 2, pp. 201 – 208.

人员、融资、商品和服务的数量或百分比,可以货币计量;塞拉利昂2016年《本土成分管理局法》规定:"塞拉利昂本土成分"是指塞拉利昂人在塞拉利昂生产货物和提供服务的价值和根据特许权、合同、许可证或其他形式的协议在该法所涉部门勘探、开发和生产中所获得的货物和服务总价值之间的比例。

通过立法或制定政策实施本土成分要求,一般都是出于一定的社会、政治和经济考虑。发展中国家采用本土成分立法或政策经历了很长一个过程。例如,在20世纪五六十年代,一些发展中国家就采用了进口替代战略,希望促进本国工业的发展和生产能力的提高。在发展中国家的共同努力争取下,1974年5月,联合国大会第六届特别会议通过了发展中国家提出的《建立新的国际经济秩序宣言》和《建立新的国际经济秩序行动纲领》。同年12月,联合国大会第二十九届会议通过《各国经济权利和义务宪章》再次确认自然资源永久主权的原则,并进一步指出每一个国家对其全部财富、自然资源和经济活动享有充分的永久主权,包括拥有权、使用权和处置权在内,并可自由行使此项主权。一些非洲国家如利比亚还在20世纪70年代对石油等行业采取国有化政策,以将自然资源收归国有,促进本国经济发展。在北海油气资源开掘后,一些发达国家如挪威、英国开始采用综合性的本土成分立法和政策,并且取得了良好的效果。随后,一些发展中国家如巴西、委内瑞拉等也开始采取此类措施。[1]

在非洲,实施本土成分立法或政策被视为解决年轻人失业率、减少社会动荡和促进工业化的一种可能手段。[2] 非洲很多国家具有非常丰富的石油、天然气、铁、铜等自然资源,但这些自然资源长期以来并没有给非洲国家带来经济的繁荣、民生的改善、社会的安定,反而导致许多非洲国家经济结构单一、发展落后、民生凋敝、内乱冲突不断。为了摆脱"资源魔咒",进入21世纪后,以南非、尼日利亚为首的一些非洲国家开

---

[1] Rukonge Sospeter Muhongo, *Energy Justice: A Local Content Analytical Framework for Sub-Saharan Africa*, Palgrave Macmillan, 2020, p.16.

[2] Ovadia, J. S., Local Content and Natural Resource Governance: the Cases of Angola and Nigeria, Extr. Ind. Soc., 2014, p.139.

始进行本土成分立法。随后其他非洲国家纷纷仿效，制定了本国的本土成分立法或政策。它们希望通过实施此类立法和政策提高国内技能和能力水平，为本国企业和公民参与油气等资源活动创建公平的竞争环境，通过增加就业机会促进本国国民经济利益的最大化，推动外国投资者向国内转让技术从而提高本国油气行业的科技研发水平，以及通过公平合理分配自然资源财富缓和和消除社会政治风险。[1]

二 非洲本土化立法的扩大化趋势

2000年以来，许多非洲国家纷纷制定或实施了专门的本土成分立法或政策，特别是在矿业、石油和天然气领域，呈现本土成分立法的扩大化趋势。例如，尼日利亚在2010年制定了《油气行业成分发展法》，加纳在2013年制定了《石油（本土成分和本土参与）条例》，肯尼亚在2014年制定了《能源（本土成分）条例》，塞拉利昂在2016年制定了《本土成分管理局法》，乌干达在2016年分别制定了《石油（勘探、开发和生产）（国内成分）条例》和《石油（精炼、转化、转运和中游储存）（国内成分）条例》，坦桑尼亚在2017年和2018年分别制定了《石油（本土成分）条例》和《矿业（本土成分）条例》，塞内加尔在2019年制定了有关石油行业本土成分的第2019-04号法律，安哥拉在2020年制定了有关石油行业本土成分的第271-20号法律，布基纳法索在2021年制定了有关矿业行业本土供应的第2021-1142号法律。

有的非洲国家还成立了专门机构以负责本土化立法和政策的实施。例如，尼日利亚政府根据《尼日利亚油气行业成分发展法》设立了尼日利亚本土成分监管局以负责监督该法所设定的本土化目标的实施，赤道几内亚矿业、工业和能源部根据2014年第1号《部长令》授权在矿业、工业和能源部下设立国内成分理事会，负责该法所确定的相关规定的实施，肯尼亚政府根据2016年5月通过的《矿业法》设立了国家矿业公司

---

[1] Damilola S. Olawuyi, "Local Content Requirements in Oil and Gas Contracts: Regional Trends in the Middle East and North Africa", *Journal of Energy & Natural Resources Law*, 2018, pp. 6–8.

以实施本土化规定，塞拉利昂政府根据《塞拉利昂本土成分管理局法》设立了本土成分管理局，塞内加尔政府根据第2020－2047号条例设立了本土成分国家监管委员会。

根据笔者从多方渠道收集的信息，其他许多非洲国家近年来有关矿业和油气领域的立法和政策也都对本土成分作出明确规定，如博茨瓦纳1999年的《矿业与矿产法》，喀麦隆1999年的《石油法》以及2012年的《天然气法》，加蓬2000年的《矿业法》以及2014年的《碳氢化合物法》，刚果（金）2002年的《矿业法》，[1]纳米比亚2003年发布的《矿业政策》以及2005年通过的《国家公平经济赋权框架》，安哥拉2004年的《石油活动法》，加纳2006年的《矿产和矿业法》，南非2008年的《矿业和石油资源开发修正法》，乌干达2008年的《国家石油和天然气政策》、2013年的《石油（勘探、开发和生产）法》以及《石油（冶炼、转化、运输及中游储存）法》，中非共和国2009年的《矿业法》，几内亚2011年的《矿业法》，利比里亚2012年的《石油法》，赞比亚2008年的《石油（开发与生产）法》、2013年的《矿产资源开发政策》以及2015年的《矿业与矿产开发法》，南苏丹2012年的《石油法》和2018年的《国内成分政策》，莫桑比克2014年的《矿业法》和《石油法》，肯尼亚2017年的《石油（勘探、开发和生产）法》，尼日尔2017年的《石油法》，贝宁2019年的《石油法》，塞内加尔2019年的《石油法》，等等。还有的非洲国家通过立法提出了更高的本土成分要求。例如，坦桑尼亚2010年《矿业法》和2015年《石油法》对矿业和石油领域的投资规定了详细的本土成分要求，[2]但2017年6月，坦桑尼亚国民议会还通过《自然财富和资源合同（不合理条款审查和重新谈判）法》《自然财富和资源

---

[1] 虽然遭到很多外国投资者的反对，但该法修正案已在2018年3月9日经刚果（金）总统签署成为正式法律。修订后的立法大幅提高了矿业的税收及特许权使用费，这已引起许多外国投资者的关注与担忧。

[2] Siri Lange and Abel Kinyondo, "Resource Nationalism and Local Content in Tanzania: Experiences from Mining and Consequences for the Petroleum Sector", *The Extractive Industry and Society*, No. 3, 2016, pp. 1095 – 1104; Abel Kinyondo and Espen Villanger, "Local Content Requirements in the Petroleum Sector in Tanzania: A Thorny Road from Inception to Implementation?" *CMI Working Paper*, No. 6, 2016, pp. 15 – 19.

（永久主权）法》以及《杂项修正法》等三部立法，提高了本土成分要求，规定外国投资者应将其矿业项目至少 16% 的股权免费转让给坦桑尼亚政府，并同时提高了宝石、钻石、黄金和其他金属开采的特许权使用费率。①

为了更为全面实施本土成分措施，一些非洲国家已经制定或正考虑制定全面的本土成分立法。例如，南非早在 2003 年就制定了《广义黑人经济赋权法》，津巴布韦在 2007 年制定了《本土化与经济赋权法》并在 2010 年颁布了《本土化与经济赋权条例》，赞比亚在 2008 年制定了《公民经济赋权法》。其他一些非洲国家的本土成分立法正在推进中。例如，肯尼亚在 2018 年 4 月公布了《本土成分议案》，目前已经在议会通过一读程序，正在二读程序中。② 莫桑比克在 2014 年启动制定全面的本土成分立法，在 2019 年 8 月完成了最终草案，并在 2019 年年底提交莫桑比克议会。③ 但截至 2022 年 5 月，该草案尚未在莫桑比克议会获得通过。莫桑比克政府已有意加快立法议程。例如，2022 年 5 月在莫桑比克首都马普托召开的中小微企业国际论坛上，莫桑比克经济和财政部副部长表示，莫桑比克政府将在未来几周内审议本土成分立法草案。④ 乌干达政府于 2017 年向议会提交了《本土成分议案》，该法计划设立一个国家本土成分委员会，并对当地采购、雇用、技术转让、工程承包等相关领域的本土成分作出了明确而详尽的规定。该议案已在 2019 年 1 月提交乌干达议会进行一读，因乌干达总统穆塞韦尼担心该议案的某些规定与东共体的

---

① Dan Paget, "Tanzania: Magufuli's Mining Reforms Are a Masterclass in Political Manoeuvering", available at http://allafrica.com/stories/201707171017.html.

② 朱伟东、王诗茜：《肯尼亚〈本土成分议案〉评析》，《海外投资与出口信贷》2022 年第 2 期，第 41—45 页。

③ Evans Mumba, "Mozambique Institutes Local Content Policies to Promote Local Production Linkages, Participation of Small and Medium Enterprises in the Energy Supply Value Chain", https://mozambiqueminingjournal.com/mozambique-institutes-local-content-policies-to-promote-domestic-production-linkages-participation-of-small-to-medium-enterprises-in-the-energy-supply-value-chain/.

④ Mozambique Government to Consider Local Content Law "within Weeks", https://clubofmozambique.com/news/mozambique-government-to-consider-local-content-law-within-weeks-217675/.

《关税同盟议定书》不符,该法案在2020年8月被退回议会。①

非洲国家面临的困境会加剧本土化立法进程。由于新冠肺炎疫情的影响,非洲大宗商品价格下降,旅游业遭遇严重打击,很多工厂生产难以为继,这导致很多非洲国家财政收入压力加大、失业人口猛增、人民生活困难。在这种情况下,为缓解国内面临的社会、政治、经济压力,越来越多的非洲国家打算制定本土化立法或采取激进的本土化措施,例如,在2021年3月,尼日利亚就有青年组织请求法院对外国石油企业进行国有化。

三 非洲国家本土化立法的内容及实施效果

非洲国家的上述立法或政策提出的本土成分要求主要包括以下几个方面:促进当地就业及能力建设,扩大当地采购数量,增加当地股份或股权参与,提高当地融资及本地金融机构的参与,推动当地社区发展等。

在促进当地就业及能力建设方面,上述立法都规定要求外国投资者优先雇用本地人员、开展培训项目、实施技术转让等。有的立法还明确规定了雇用当地人员的比例、数量或人员替换计划。例如,尼日利亚《石油和天然气行业成分发展法》第28-35条专门对石油和天然气行业人员雇用的本土成分做了规定。根据规定,外国投资者应优先雇用和培训尼日利亚本地人,对于尼日利亚当地人不能胜任的工作岗位,应对他们进行培训后逐步取代外籍工作人员,而且管理人员中外籍人员的数量不应超过5%。② 安哥拉《石油活动法》规定外国投资者雇用的当地工人不得少于总用工人数的70%;南非2017年6月颁布的新的《矿业宪章》要求,矿业公司的董事会中要有50%的黑人,公司高管层中至少有60%

---

① "Parliament to Reconsider Bill Promoting Local Content", https://www.parliament.go.ug/news/5396/parliament-reconsider-bill-promoting-local-content.

② 关于尼日利亚本土成分立法情况,参见朱伟东《尼日利亚本土化立法经验》,《中国投资(非洲版)》,2018年第18期,第76—77页。

的黑人。① 还有些非洲国家在其本土成分立法中对投资项目不同阶段不同类型员工的用工比例作出了明确规定,例如,加纳《石油(本土成分与本土参与)条例》规定,在项目的起始阶段,本土管理人员、技术核心人员和其他工作人员占所有员工的比例应分别为30%、20%和80%,在项目运营的5年内,上述人员的比例应分别达到50%—60%、50%—60%和90%,在项目运营的10年内,上述人员的比例应分别达到70%—80%、70%—80%和100%。其他国家如马里、坦桑尼亚、刚果(金)、安哥拉等也多有比较明确且具体的规定。对于技术转让,非洲国家的本土成分立法大都要求投资者必须制订技术转让和人员培训计划,并定期向有关本土成分监管机构提交此类计划实施情况。例如,坦桑尼亚2017年《石油(本土成分)条例》规定,承包商、分包商、被许可人或任何其他有关人员应实施有关技术转让和供应商发展计划的本土成分计划;优先考虑在石油工业及其供应链方面促进向坦桑尼亚的技术转让;并且被许可人和承包商应按照管理局规定的形式和方式向管理局提交技术转让计划。

在扩大当地采购数量方面,非洲国家的本土化立法大都要求石油或矿业权利持有人在购买商品和服务时,应优先考虑当地生产商、服务商、承包商提供的商品和服务;或在当地生产商、服务商、承包商无法提供相应商品和服务时,要求外国公司与当地公司合资在当地生产或提供相关商品或服务;只有在当地确实无法提供相关商品和服务时,经批准后才能采用国外的商品和服务。例如,加纳《石油(本土成分和本土参与)法》规定,外国投资者必须在十年内将所需商品或服务的60%—90%在当地购买;② 加蓬《矿业法》规定,矿业协议的持有人及企业应在同等条件下优先考虑与加蓬公司签订建设、供货和服务合同;南非新的《矿业宪章》规定,矿业公司采购的商品应有77%来自当地的BEE公司;马里2015年《石油法》第71条要求,石油公司及承包商应优先与马里公司签署建筑合同、供应和服务合同;乌干达2016年《石油(勘探、开发和生

---

① 关于南非的本土成分立法情况,参见朱伟东《多样化的南非本土化立法》,《中国投资(非洲版)》2018年第20期,第58—59页。

② 关于加纳的本土成分立法情况,参见朱伟东《加纳本土成分立法》,《中国投资(非洲版)》2019年第10期,第56—57页。

产）（国内成分）条例》第 9 条规定，每个被许可人、承包商和分包商应优先考虑在乌干达生产和提供的货物和服务以及由乌干达公民和公司提供的服务。如果被许可人、承包商或分包商所需的货物和服务在乌干达无法获取，则此类货物和服务应由与乌干达公司合资的公司提供，并且乌干达公司在合资企业中的参与权益至少为 48%。

在增加当地股权或股份参与方面，这些立法大都要求本国政府或公司应在外资公司拥有一定的股份或股权。例如，肯尼亚 2016 年《矿业法》规定，对于大型矿业开采项目，肯尼亚政府必须免费获得 10% 的股权利益，[1] 坦桑尼亚 2017 年《杂项修正法》规定，坦桑尼亚政府必须免费获得所有矿业开采项目的 16% 的股权利益，这一比例甚至可以达到 50%。[2] 莫桑比克要求石油或矿业工程的 5%—20% 由当地人或当地公司参与。贝宁 2019 年《石油法》要求国家在石油公司有 20% 参与的权益。塞内加尔 2019 年《石油法》规定，塞内加尔石油公司必须在所有石油合同中占有 10% 的权益，在特别情况下这一比例可以达到 40%。加纳《石油（本土成分和本土参与）条例》要求，加纳本土公司必须获得石油公司 5% 的股权后，石油公司才能获得加纳的石油协议或特许权。

在提高当地融资及本地金融机构参与方面，许多立法规定外国投资者必须在当地金融机构进行融资、存款或保险等。例如，坦桑尼亚《自然财富和资源（永久主权）法》规定，外国投资者从坦桑尼亚的资源开采活动中获得的全部收益必须存放在坦桑尼亚的金融机构；肯尼亚《本土成分条例》则要求矿业开采项目所有应保风险应向肯尼亚保险公司进行投保，未经肯尼亚保监局的同意，外国投资者不得向海外保险公司投保。[3] 尼日利亚《石油和天然气行业成分发展法》有关保险的规定与此

---

[1] 肯尼亚 2016 年《矿业法》第 48 条。关于肯尼亚的本土成分立法情况，参见朱伟东《肯尼亚的本土化立法》，《中国投资（非洲版）》2018 年第 12 期，第 60—61 页。

[2] 坦桑尼亚 2017 年《杂项修正法》第三部分。关于坦桑尼亚的本土成分立法情况，参见朱伟东《坦桑尼亚推进本土化立法》，《中国投资（非洲版）》2018 年第 14 期，第 76—77 页。

[3] "Dominic Rebelo, The Immediate Impact of the New Regulations：Local Content Requirements", available at https://www.africalegalnetwork.com/legal-alert-kenya-new-mining-act-alert-series-immediate-impact-new-regulations-local-content-requirements/.

类似。

在推动当地社区发展方面，非洲国家最近通过的本土成分立法大都要求矿业公司应关注当地的环境保护、改善当地的基础设施、雇用当地人员、维持和谐社区关系等。肯尼亚 2016 年《矿业法》对如何推动当地社区发展有非常详细的规定。首先，该法要求矿业特许权使用费的 20% 应支付给当地县级政府，矿业特许权使用费的 10% 支付给矿业开采地的当地社区；其次，该法要求矿业公司与当地社区签订社区发展协议，对社区发展规划作出明确安排；最后，该法还要求矿业公司在雇用人员时，优先雇用当地社区的人员，并对他们进行技术转让和能力培训。尼日尔 2017 年《石油法》第 30 条规定，一项独家开采授权的任何申请人必须向主管油气事务的部长提供一份社区发展规划（CDPP）和一份地区发展规划（RDPP），以支持其申请，该社区发展规划和地区发展规划与可行性研究同时提供。如果一项独家开采授权的申请中预期的区域遍布多个社区的地域，持有人应为每个相应的社区编制一份社区发展规划。

通过上面的分析可以看出，非洲国家一方面通过立法提供各类投资激励措施来吸引外资，另一方面又通过立法在矿产、石油、天然气等资源开采行业提高本土成分，二者似乎存在矛盾：如果实施严格的本土成分规定，可能会使外国投资者望而却步甚至中途撤走；如果不实施本土成分规定或本土成分规定过于宽松，又会造成东道国政府不能有效利用本国资源、获得必要的专业人才和技术转让、发展本国工业、实现经济结构转型。对于非洲国家来说，要在实施本土成分要求和创建宽松的投资环境之间保持一种适当的平衡，并非易事。[1] 一些研究人员基于其他国家本土化的经验以及非洲的实际情况认为，在非洲要成功实施本土化

---

[1] 对二者关系的简单评论，参见 Amadou Sy and Mariama Sow, "Domestic Risks to Africa's Growth: Navigating Local Content Regulation and Taxation", available at https://www.brookings.edu/blog/africa-in-focus/2016/10/18/domestic-risks-to-africas-growth-navigating-local-content-regulation-and-taxation/; William Pollen, "Local Content Legislation: Help or Hindrance?", available at http://africanbusinessmagazine.com/sectors/development/local-content-legislation-help-hindrance/。

需要具备下列条件：制定合适的政策，完善立法和监管框架；设立有力的本土化实施机构；投资本土人力资源，加强当地能力建设；长远规划，实现可持续发展；顾及本地实际情况，不能操之过急；加强政府部门和利益相关者的沟通与协调；实现信息共享，提高透明度；等等。[1]

在上述实施本土化的非洲国家中，南非和尼日利亚的做法相对成功，例如，尼日利亚通过实施本土成分规定有望为该国创造 30 万个就业岗位，[2] 同时本地商品和服务的采购比例从 2010 年的 35% 提高到 2015 年的 70%。[3] 其他一些国家由于本土成分的规定过于模糊，或由于当地缺乏必需的专业技术人才或相应的商品和服务，本土化没有取得预期的效果，如乌干达、赞比亚、埃塞俄比亚、安哥拉等。[4] 还有些非洲国家在实施本土化要求时，由于操之过急或缺乏与利益相关者的有效沟通，导致外国投资者人心惶惶，甚至撤走投资，[5] 有的还引发了投资者与投资东道国政

---

[1] ACET, Comparative Study on Local Content in Mineral, Oil and Gas Sectors: Policies, Legal and Institutional Frameworks – Trends and Responses in Selected African Countries, Synthesis Report, July 2017, pp. 50 – 57; Michael W. Hansen, Lars Buur, Ole Therkildsen and Mette Kjar, The Political Economy of Local Content in African Extractives: Lessons from Three African Countries, Paper presented at: 46. Årsmøde i Dansk Selskab for Statskundskab, okt. 23 – 24, 2014. Vejle, Denmark; Dr. Gift Mugano, "Lessons Learnt on Local Content Regulations", The Herald, 20 July, 2017; TPS, South Africa's Local Content Policies: Challenges and Lessons to Consider, Policy Brief, 4/2017, pp. 3 – 4.

[2] Samson Gabriel, "300,000 Jobs Expected from Nigeria's Local Content", Financial Watch, 27 September, 2017.

[3] ACET, Comparative Study on Local Content in Mineral, Oil and Gas Sectors: Policies, Legal and Institutional Frameworks – Trends and Responses in Selected African Countries, Synthesis Report, July 2017, p. 13.

[4] Andrew Kibaya and Hellen Nakiryowa, "The Local Content Problem under the Petroleum Law Regime in Uganda", available at http://www.kwm.com/en/de/knowledge/insights/the-local-content-problem-under-the-petroleum-law-regime-in-uganda-20150316; Akanimo Odon, "Why Local Content in Africa's Extractive Sector Won't Work without Home Grown Human Capital?", available at https://howafrica.com/why-local-content-in-africas-extractive-sector-wont-work-without-home-grown-human-capital/.

[5] 如津巴布韦在穆加贝总统执政时期实施本土化法的情况。姆南加古瓦总统上任后，津巴布韦新政府为吸引外资，不得不修改本土化法的相关规定，其中"本地人占股需超过 51%"的规定将只适用于铂金和钻石矿开采企业，其他类型的企业不再需要满足这一要求。

府之间的投资争议。[①]

四 非洲本土化立法对中国投资者的可能影响

中国对非投资的集中性特点决定了中资企业容易受到非洲本土化立法的影响。从中国商务部 2019 年发布的《中国对外投资合作发展报告》来看，2018 年中国对非投资存量主要分布在 5 个行业，依次是建筑业（32.0%）、采矿业（22.7%）、制造业（13.0%）、金融业（11.0%），以及租赁与商务服务业（6.4%）。其中建筑业和采矿业仍继续保持在前两名的位置。非洲本土成分立法主要针对的就是矿业以及石油、天然气行业，近年来，一些非洲国家的本土成分立法还将本土成分要求扩大到建筑业，例如：肯尼亚《国家建筑局法》规定，外国承包商在肯尼亚承包工程时，必须将工程价值的 30%转包给当地承包商，或与当地承包商联合设立合资企业，且当地合作伙伴拥有合资公司 30%的股份。该法还要求外国承包商必须向肯尼亚当地人或公司转让技术或技能，而且在肯尼亚当地劳动力市场雇用工人。从 2018 年中国对非直接投资存量国别分布来看，中国对非直接投资存量最多的前 5 个非洲国家是南非、刚果（金）、赞比亚、埃塞俄比亚和尼日利亚，而这些国家都制定有本土化立法或政策。因此，对于非洲本土成分的立法动态，中国投资者必须给予高度关注。

单就矿业方面的本土成分立法而言，它对中国矿业公司的影响就像一把双刃剑，既带来机遇，也产生挑战。一方面，在本土成分立法的影响下，一些在非洲经营多年的外国矿业公司考虑到本土成分要求不断提高，公司利润不断下降，开始考虑转让或出售公司股份，这为中国矿业

---

① 如南非在实施《矿产和石油资源开采法》中有关本土成分的规定时，就与意大利和卢森堡的一些投资者发生投资争议，该争议还被提交给解决投资争端国际中心，后双方和解决了争议；坦桑尼亚在 2017 年通过三部有关本土化的立法后，在该国投资黄金开采活动的英国 Acacia 黄金公司和南非 Anglo 黄金公司已针对坦桑尼亚政府的上述立法向国际仲裁机构提起了投资争议仲裁请求：http://www.miningmx.com/news/gold/30016-anglogold-turns-un-arbitration-law-changes-threaten-geita/。

公司进入非洲矿业市场或扩大在非洲的矿业开采规模提供了机遇。另一方面，非洲本土成分立法的扩大化趋势会对中国在非洲国家的石油、天然气、矿业等领域的投资带来人力、税收等成本的提高，会在一定程度上影响到中国投资者在这些领域的投资利润，甚至还引发了中国投资者与当地政府之间的投资争议。例如，在 2016 年 3 月，因津巴布韦强制实施本土化成分要求，接管所有钻石开采活动，由安徽外经建设集团控股 50% 的津巴布韦安津公司就把津巴布韦矿业部部长起诉到津巴布韦高等法院。2018 年刚果（金）因修改《矿业法》，提高税收和本土成分要求，而引起一家中国矿业公司与刚果（金）进行交涉。2021 年 3 月 30 日，中国中车发布的《2020 年年度报告》披露南非司法部因中车南非公司涉嫌违反南非本土化法律而对该公司展开调查，有可能导致该公司约 21 亿元人民币的资金被收缴。这一事件再次凸显了非洲本土化立法可能给中国在非洲的企业带来的不利影响。

五 中国投资者和相关部门的应对措施

针对非洲国家的本土成分扩大化的趋势，中国投资者和中国相关部门应加强警惕，随时关注非洲国家本土立法的发展，并采取相应的应对措施。

（一）中国投资者的应对措施

中国投资者应认识到在非洲进行本土化经营的重要性，自觉履行本土化义务。首先，本土化经营是推动中非高质量共建"一带一路"、实现中非共同富裕的重要途径。在 2018 年的中非合作论坛峰会上，习近平主席提出要将"一带一路"建设与非盟 2063 年议程和联合国 2030 年议程有效衔接，促进非洲经济发展。截至 2022 年 6 月，中国已与非盟和 52 个非洲国家签署了"一带一路"合作文件。2018 年 9 月 3 日，习近平主席在出席中非领导人与工商界代表高层对话会暨第六届中非企业家大会开幕式时发表题为《共同迈向富裕之路》的主旨演讲，强调中国支持非洲国家参与共建"一带一路"，愿同非洲加强全方位对接，打造符合国情、包容普惠、互利共赢的高质量发展之路，共同走上让人民生活更加美好的幸福之路。其次，进行本土化经营是深化中非友好合作、推动构建更加紧密的中非命运共同体的需要。中非友好合作源远流长，中国一直将非洲国家视为好朋友、好伙伴、好兄弟，在开展对非合作中坚持"真""实""亲""诚"友好合作理念，秉持正确义利观，强调与非洲共同构建"责任共担、合作共赢、幸福共享、文化共兴、安全共筑、和谐共生"的更加紧密的命运共同体。最后，进行本土化经营也是中国企业立足非洲、实现长远发展的需要。非洲国家的本土成分立法既包含了企业社会责任的要求，也含有大量ESG（环境、社会、治理）标准，遵守这些规定，实现本土化经营有利于创建和谐的社区关系，为企业在当地的长远发展奠定良好的基础。

中国投资者应摒弃进行本土化经营是一种道德自觉的错误观念，切实认识到进行本土化经营是一种强制性的法律义务，是一种合规要求。非洲很多国家的本土成分立法都规定，如果外国投资者没有遵守本土成分的规定，就可能构成违法甚至是犯罪行为，可被处以罚款，甚至被判刑，也可能导致企业的经营许可或投资许可被撤销。因此，中国投资者在非洲国家进行投资时，一定要在遵守这些本土化法律规定的前提下，做好各类本土化措施，实现本土化经营。

对于非洲国家过分的或不合理的本土成分要求，中国投资者可以与非洲国家政府进行谈判，争取获得对自己有利的条件。为了避免过分刺激矿业公司，一些非洲国家在通过本土成分立法时，还采用了一些变通手段。例如，2018年3月，津巴布韦通过的修改后的《本土化和经济赋权法》规定，只有在钻石、铂金开采行业实行本土化控股要求，而且企业可以与政府谈判达成合规时间表；刚果（金）在2018年3月通过修改后的《矿业法》，为安抚外国矿业公司的情绪，刚果（金）总统办公室和矿业部部长表示，可以就该法的实施措施与矿业公司进行谈判，而且可以在个案基础上考虑该法的适用。

当无法通过谈判与非洲国家政府达成相应的安排时，中国投资者可以考虑利用国内法、双边投资保护条约或地区性和国际性多边条约中有关争议解决的规定，提起相应的投资争议解决程序，以切实保护自己的合法投资权益。值得注意的是，一些非洲国家在实施本土化立法规定时，还通过立法禁止外国投资者将因本土化而产生的投资争议通过国际仲裁或诉讼方式解决，而只能在投资东道国内通过调解、仲裁或诉讼方式解决。在这种情况下，中国投资者就必须了解相关国家的矿业法或投资法中的规定，在发生争议时，选择合适的争议解决方式。

当然，对于投资者来说，最重要的是做好提前预防，尽量减少争议的发生，或为争议的发生做好相应的善后工作。为此，考虑到非洲国家矿业立法或投资法因政府更迭而经常发生变更的情况，中国投资者在与非洲国家政府签订投资合同时，尽量在合同中纳入稳定条款或冻结条款，以防止因立法变化而可能产生的争议。在选择投资目的地时，尽量选择与中国具有有效双边投资保护条约的非洲国家进行投资。由于大多数非洲国家都加入了《多边投资担保机构公约》，中国投资者在非洲投资较大的矿业、石油、天然气以及基础设施项目时，还应尽量考虑在多边投资担保机构进行投保。

（二）中国政府相关部门的应对措施

首先，针对非洲国家本土成分立法中有关税收、雇员、当地股份等事项的规定，中国政府有关部门应同非洲国家相关部门积极沟通协调，表达自己的关切，反映中国投资者的吁求，争取为中国投资者获得相关规定的豁免适用待遇或宽松适用。

其次，考虑到双边投资保护条约在保护投资方面的重要作用，应积极推动同非洲国家商签更多的双边投资保护条约或将已签署的此类条约落实生效。迄今，中国已同非洲国家签署 34 项双边投资保护条约，但生效的只有 20 个，一些中国投资较多的非洲国家如安哥拉、赞比亚、刚果（金），还没有同中国签署此类条约，或虽已签署此类条约但尚未生效。

最后，中国有关部门可在中非合作论坛框架下，积极与非洲国家进行沟通和协调，在条件成熟时，可以考虑设立符合中非双方实际情况的中非投资争端解决中心。这既可以为中非投资争端的解决提供专属于自己的平台，也可以为"一带一路"争议解决机制和机构的建立提供一种思路。

分论篇　非洲重要国家本土化立法汇编

一　加纳

《石油（本土成分和本土参与）条例》

加纳能源部部长依据《2011年石油委员会法》（第821号法案）第22条所授予的权利，于2013年7月5日完成本法的制定。

一般规定

1. 制定本条例的目的是：

    (a) 通过在石油行业中利用本土专业知识、商品和服务、业务和融资并将其在本国内保留，实现增值和创造就业的最大化；

    (b) 通过教育、技能转让和技能开发、技术和专门知识的转让以及积极的研究和开发方案，提升石油行业价值链中的本土能力；

    (c) 实现附件一所列明的石油行业价值链中的最低当地就业水平与货物和服务供应的国内支出；

    (d) 提高本土企业的能力和国际竞争力；

    (e) 创建有利于经济可持续发展的石油及相关配套产业；

    (f) 由加纳人对当地利益相关者的发展倡议实施并维持一定程度的控制；

    (g) 规定一套健全而透明的监控和报告系统，以确保实现本土成分政策目标；

    (h) 对石油行业中的承包商、分包商、被许可人或其他联合实体提交的本土成分计划或相关分计划作出规定，包括：

（ⅰ）商品和服务的供应；

（ⅱ）向加纳国家石油公司或石油委员会转让与石油活动有关的先进技术和技能；

（ⅲ）招聘和培训计划；以及

（ⅲⅰ）本土成分的监督、协调、执行和评估。

2. 本条例适用于石油本土成分活动。

3. 承包商、分包商、被许可人、加纳国家石油公司或其他联合实体在进行石油活动时，应确保本土成分是该承包商、分包商和被许可人、加纳国家石油公司或其他联合实体所从事的石油活动的组成部分。

4. （1）在满足本条例所规定的条件时，加纳本土公司应优先获得与石油活动有关的石油协议或许可证。

（2）加纳国家石油公司以外的公司必须让加纳本土公司至少有5%的股权参与，才能获得签订石油协议或取得石油许可证的资格。

（3）尽管有第2款的规定，加纳石油部部长可在加纳本土公司无法满足5%的参股要求时变更该款规定的要求。

（4）为第2款规定的目的，加纳石油部部长应当确定合格的人员。

（5）加纳本土公司因石油协议或石油许可证而获得的利益不得转让给非加纳本土公司。

（6）非加纳本土公司为了向加纳国内的承包商、分包商、被许可人、加纳国籍石油公司或其他联合实体提供商品或服务，应与加纳本土公司设立一家合资公司，并且保证该加纳本土公司拥有至少10%的股份。

（7）承包商、分包商、被许可人或其他联合实体应在开始石油活动前向加纳石油委员会提交一份计划说明：

（a）加纳本土公司的作用和责任；

（b）加纳本土公司的股权参与情况；以及

（c）向加纳本土公司转让技术和专门知识的计划。

本土成分专门委员会的职责

5. （1）本土成分专门委员会依据本条例第8条的规定监督本条例的实施。

（2）本土成分专门委员会在执行本条例时，须确保所有石油活动中本土成分含量的可测量性和持续增长。

（3）在不违反本条第 1、2 款的前提下，本土成分专门委员会须：

(a) 监督、协调和管理本土成分的发展；

(b) 起草指南，其中包括本土成分计划和报告的目标和格式；

(c) 向石油委员会提出适当的建议以执行本条例；

(d) 在本土成分计划中设置本土成分适用的最低标准要求；

(e) 开展公共教育；

(f) 对本土成分进行监督和审计；以及

(g) 执行石油委员会根据所适用的其他法律规定授予本土成分专门委员会的任何其他职能。

（4）本土成分专门委员会应向石油委员会提交其活动的季度报告。

6. 如果可行，在石油行业中进行任何工作或活动前，承包商、分包商、被许可人或其他联合实体应在项目所在地区设立项目办公室。

本土成分计划

7.（1）承包商、分包商、被许可人或其他联合实体在从事石油活动前，在向石油委员会提交从事石油活动的申请时，应制作并提交一份以供批准的本土成分计划。

（2）不违反第 1 款规定的情况下，承包商、分包商、被许可人或其他联合实体应向石油委员会提交：

(a) 一份与从事本条例所规定的石油活动的承包商、分包商、被许可人或其他联合实体提交的申请中所附带的工作计划相符合的长期本土成分计划；以及

(b) 针对每一年的本土成分年度计划。

（3）石油委员会应在收到本土成分计划后的 7 个工作日内确认收悉，并将该本土成分计划提交给本土成分专门委员会。

8.（1）本土成分专门委员会应在收到当事人根据第 7 条第 3 款提交的本土成分计划的 25 个工作日内，审核和评估该计划，并书面向石油委员会告知本土成分专门委员会提出的建议。

（2）如果本土成分专门委员会确信该计划符合本条例的有关要求，

应建议石油委员会批准该本土成分计划。

（3）如果本土成分专门委员会对本土成分计划不满意，它应建议石油委员会驳回该计划，并说明其建议的理由。

（4）本土成分专门委员会为审查或评估本土成分计划的目的，可以：

  （a）在切实可行的范围内，尽可能为参与石油行业或可能受该决定影响的人士提供听证的机会；并

  （b）考虑到在向石油委员会提交计划之前所做的任何陈述。

（5）如果石油委员会认为本土成分计划符合本条例的规定，则应当在批准本土成分专门委员会建议的 7 个工作日之内，将其决定通知申请人。

（6）如果石油委员会根据本土成分专门委员会的建议，决定不批准全部或部分本土成分计划，它就应在作出该决定后的 7 个工作日之内通知申请人，并以书面形式向申请人说明石油委员会拒绝批准该本土成分计划的理由。

（7）如果石油委员会拒绝批准申请人提交的本土成分计划，申请人应：

  （a）考虑石油委员会给出的建议，修改本土成分计划；并

  （b）在 14 个工作日内将修改之后的本土成分计划提交给石油委员会。

（8）如果石油委员会未通知申请人其提交的修改后的本土成分计划已获批准，则该修改后的本土成分计划自提交之日起的 50 个工作日后视为已被批准。

本土成分计划的内容

9.（1）承包商、分包商、被许可人或其他联合实体提交给石油委员会的本土成分计划，应包含详细规定：

  （a）以确保：

    （i）优先考虑本国境内提供的服务和本国生产的商品，只要此类商品符合加纳标准局规定的或其他国际上认可的石油行业的规格；

    （ii）在就业时，应优先考虑符合条件的加纳人；

　　　　（iii）为加纳人的在职培训提供足够的经费；
　　（b）说明承包商、分包商、被许可人或其他联合实体在本地生产的商品符合加纳标准局规定的或其他国际认可的石油行业的规格时，打算如何保证使用本地制造的商品。

（2）承包商、分包商、被许可人或其他联合实体签订的集体谈判协议应符合2003年《劳动法》（第651号法）有关雇用条款和条件的规定。

（3）在不对第1款和第2款规定进行限制的情况下，本土成分计划应包含下列分计划：

　　（a）本条例第17条规定的就业和培训分计划；
　　（b）本条例第21条规定的研究与开发分计划；
　　（c）本条例第24条规定的技术转让分计划；
　　（d）本条例第30条规定的法律服务分计划以及本条例第32条规定的金融服务分计划。

本土成分水平和合同要求

10.（1）在加纳从事任何石油活动的最低本土成分水平应符合附件一中的规定。

（2）承包商、分包商、被许可人、加纳国家石油公司或其他联合实体应符合附件一规定的最低本土成分水平。

（3）在不对第2款规定进行限制的情况下，石油委员会在确定应实现的最低本土成分水平时，应考虑承包商、分包商、被许可人、公司和其他联合实体各自的石油协议或石油许可协议中明确列出的工作方案；

（4）尽管有第3款的规定，加纳石油部部长在与石油委员会协商后，有权更改附件一规定的最低本土成分水平。

11. 承包商、分包商、被许可人或其他联合实体应建立和实施采购货物和服务的招标流程，以优先考虑加纳本土公司。

12.（1）承包商、分包商、被许可人或其他联合实体不得仅仅依据最低价中标原则授予合同。

（2）如果加纳本土公司有执行工作的能力，就不得仅基于该公司不是最低价竞标者而拒绝授予其合同。

（3）符合条件的加纳本土公司的竞标总额与最低竞标额之间的差额

不高于10%的，该合同应该授予加纳本土公司。

（4）评标过程中如遇到相同的竞标价格，则应选择其中本土成分含量最高的竞标者。

（5）非加纳本土公司被要求向承包商、分包商、被许可人或其他联合实体提供货物和服务的，则该非加纳本土公司应：

  （a）按照第4条第5款的规定在加纳设立一家公司，并在加纳运营；以及

  （b）在可行的情况下，与加纳本土公司联合提供商品和服务。

（6）石油委员会应根据所适用的法律和条例制定评标指南，以确保本土成分逐年增长的目标能够实现。

13.（1）承包商、分包商、被许可人或其他联合实体应书面告知石油委员会下列每一份拟议中的合同或采购订单：

  （a）与石油活动有关且只有唯一的供货商；或

  （b）如果通过竞争性投标程序供货，货物价值超过与10万美元等值的塞地。

（2）承包商、分包商、被许可人或其他联合实体应向石油委员会提交以下文件以供批准：

  （a）招标公告；

  （b）投标申请书；

  （c）资格预审标准；

  （d）技术投标文件；

  （e）技术评估标准；以及

  （f）石油委员会所要求的能够使其确定本土成分要求是否已被遵守的任何其他信息。

（3）石油委员会应在收到文件后的10个工作日内，将其决定告知承包商、分包商、被许可人或其他联合实体。

（4）石油委员会在无正当理由的情况下，未在本条例3款规定的期限内将其决定通知承包商、分包商、被许可人或其他联合实体的，提交的文件应视为已获批准。

14.（1）在不违反第13条规定的情形下，承包商、分包商、被许可

人或其他联合实体应在不晚于每个季度的第一天向石油委员会提交一份清单：

（a）独家采购订单或合同；以及

（b）估价超过与 10 万美元等值的塞地并且计划在下一个季度招标或执行的合同或采购订单。

（2）承包商、分包商、被许可人或其他联合实体应提供附件二中所列出的与合约或订货单有关的信息。

15．（1）承包商、分包商、被许可人或其他联合实体应在招标过程的各个阶段提供以下信息：

（a）在向潜在的投标人发出资格预审通知之前，提供附件三 A 部分所要求的信息；

（b）在招标书或报价书发布之前，提供附件三 B 部分所要求的信息；并

（c）在将合同或采购订单授予选定的投标人之前，提交附件三 C 部分要求的信息。

（2）石油委员会应确认提交的文件是否满足要求，否则就应在收到投标程序中提交的文件后的 14 个工作日内提出书面意见。

（3）如果石油委员会无正当理由，未能在第 2 款规定的期限内确认收到承包商、分包商、被许可人或其他联合实体提交的文件，则该文件应当视为已经获得批准。

16．（1）石油委员会认为有必要时，可对合同进行审查。

（2）石油委员会应在每个季度开始后的 7 个工作日内，通知其合同已被委员会挑选予以审查的承包商、分包商、被许可人或联合实体。

（3）石油委员会应在有关季度的第一天前将审查或评估结果告知承包商、分包商、被许可人或其他联合实体。

就业培训分计划和续任计划

17．（1）承包商、分包商、被许可人或其他联合实体就与石油相关的活动向石油委员会提交的就业和培训分计划应包括：

（a）承包商、分包商、被许可人或其他联合实体的就业和培训需求预测，包括：

（ⅰ）所需技能的说明；

（ⅱ）预计加纳劳动力存在的技能短缺；

（ⅲ）具体培训要求；

（ⅳ）承包商、分包商、被许可人或其他联合实体在实施就业和培训分计划过程中产生的预期支出。

（b）承包商、分包商、被许可人或其他联合实体将为加纳劳动力提供的就业机会，以便加纳劳动力为这些机会做好准备；以及

（c）为加快培训加纳劳动力技能的进度所作的努力和采取的措施。

（2）承包商、分包商、被许可人或其他联合实体应向石油委员会提交一份季度报告：

（a）报告实施期间的就业和培训活动；以及

（b）就业与培训分计划的比较分析和监督就业和培训活动的合规性。

（3）季度报告应说明相应季度中加纳本土新雇员的人数和雇用的员工及其工作性质描述。

（4）石油委员会认为有必要时可要求申请人提供进一步资料，以便实施本条例。

（5）如果加纳人因缺乏专业知识而没有就业的，承包商、分包商、被许可人或其他联合实体应确保尽一切合理努力向加纳人提供当地或其他地方的就业机会。

18.（1）承包商、分包商、被许可人或其他联合实体应作为提交就业和培训分计划的主体，向石油委员会提交一份非加纳人占有的就业岗位的继任计划，以确保附件一所规定的最低本土成分要求得到满足。

（2）继任计划应规定并要求加纳人在石油委员会依据个案情况确定的一段期间内，掌握非加纳人工作岗位的相关要求，以便这段期间过后，加纳人可以继任非加纳人的工作岗位。

19.（1）从事石油活动的承包商、分包商、被许可人或其他联合实体应保证只雇用加纳人担任公司中的低级或中级职位。

（2）第1款规定的低级或中级职位包括工头、主管或任何指定的相

应职位。

20. 承包商、分包商、被许可人或其他联合实体应在石油协议签署后、石油活动开始前，向石油委员会提交一份研究、开发和预算方案，以保障在加纳实施总体工作方案和活动过程中能够有效地促进教育、实习、培训和研发。

21. （1）承包商、分包商、被许可人或其他联合实体就石油活动向石油委员会提交的研究和开发分计划应包括：

（a）阐述其将在该国开展的与石油有关的开发和研究的 3—5 年计划；

（b）提供实施开发和研究分计划的预计支出详情；

（c）提供与承包商、分包商、被许可人或其他联合实体相关的活动研究和开发计划的公开征集建议书以及评选采纳该建议书的标准。

（2）承包商、分包商、被许可人或其他联合实体应：

（a）每年更新其开发和研究的分计划；而且

（b）将更新后的计划及时提交石油委员会审查和批准。

技术转让计划和报告

22. 石油委员会应在与国家发展计划委员会以及石油委员会确定的有关部委、部门和机构协商后：

（a）制定与石油工业有关的国家技术转让政策；并

（b）在全国发行的公报和报纸上公布国家政策。

23. 承包商、分包商、被许可人或其他联合实体应根据国家技术转让计划和促进与石油工业有关的加纳技术转让的优先事项，支持并执行这一项方案。

24. 承包商、分包商、被许可人或其他联合实体提交的技术转让分计划应包括旨在促进承包商、分包商、被许可人或其他联合实体向加纳本土公司或公民有效转让技术的方案。

25. （1）承包商、分包商、被许可人或其他联合实体应支持和促进技术转让，包括以成立合资公司、加纳本土公司或公民与外国承包商、服务公司或供应公司之间签订许可协议的方式合作。

（2）石油部部长应与相关政府机构进行协商，提出财政激励措施，以帮助：

(a) 为了发展公民劳动技术能力和技能的外国公司；

(b) 在加纳建立工厂和生产单位的加纳本土公司。

（3）在不违反第 2 款规定的情形下，被咨询的政府机构应与石油委员会合作。

（4）石油委员会应提出获得财政奖励的标准。

26. 承包商、分包商、被许可人或其他联合实体应每年向石油委员会提交一份技术转让报告，说明其正在实施的技术转让计划以及与技术转让分计划有关的现阶段成果。

本地保险服务内容

27. （1）在加纳从事石油活动的承包商、分包商、被许可人或其他联合实体应遵守 2006 年《保险法》（第 724 号法案）的相关规定。

（2）与加纳石油活动有关的可投保风险应通过加纳本土保险经纪公司或再保险经纪人投保。

28. （1）当事人寻求获得与加纳石油活动有关的离岸保险服务的，应获得加纳国家保险委员会的书面批准。

（2）批准采购离岸保险服务时，国家保险委员会应确保加纳本土能力已完全用尽。

法律服务内容

29. 在加纳从事石油活动时需要获得法律服务的承包商、分包商、被许可人或其他联合实体，应只选择主要办事机构所在地在加纳的法律从业人员或加纳律师事务所提供的服务。

30. 提交石油委员会的法律服务分计划应包括：

(a) 按支出列出的前 6 个月法律服务使用情况综合报告；

(b) 在此情况下，对之后 6 个月内所需法律服务的预测以及使用法律服务的预计支出；以及

(c) 以加纳塞地和美元报价的下一年的年度法律服务预算。

金融服务成分

31. （1）要求就石油活动提供金融服务的承包商、分包商、被许可人或其他联合实体应优先考虑加纳本土金融机构或组织的服务。

（2）在不违反第1款规定的情形下，承包商、分包商、被许可人或其他联合实体经石油委员会批准，可以使用外国金融机构或组织的服务。

32. 向石油委员会提交金融服务分计划的承包商、分包商、被许可人或其他联合实体应说明以下内容：

(a) 按支出所列前6个月的相关金融服务；

(b) 对未来6个月所需金融服务的预测以及金融服务的预计开支；及

(c) 前6个月使用的金融服务清单、提供的金融服务的性质以及承包商、分包商、被许可人或其他联合实体在金融服务方面的支出。

33. （1）承包商、分包商、被许可人或其他联合实体应在加纳本土银行开立银行账户，并通过加纳境内的银行办理相关业务。

（2）本法中，"加纳本土银行"是指由加纳人100%持股或加纳人占有多数股份的银行。

本土成分评估报告

34. （1）承包商、分包商、被许可人或其他联合实体应在每年开始石油活动后的45天内，向石油委员会提交一份年度本土成分执行报告，该报告包括其在该年度应接受审查的所有项目和活动。

（2）报告应采用石油委员会规定的格式，并应：

(a) 按支出类别列明当前和累计的本土成分含量；以及

(b) 根据加纳人和外国人的工作时间以及他们的工作岗位和报酬来说明就业方面的成就。

35. （1）石油委员会应在收到本土成分执行报告后50个工作日内，对本土成分执行报告进行评估和审查，并保证该报告符合本条例的有关规定。

（2）为评估和核实报告，承包商、分包商、被许可人或其他联合实体应允许石油委员会的成员或指定代理人在需要的情况下访问其设施、文件和信息。

36.（1）承包商、分包商、被许可人或其他联合实体应确保其合作伙伴、承包商、分包商、被许可人或其他联合实体有合同义务向其报告本土成分的信息，或在有要求时，向石油委员会报告此类信息。

（2）承包商、分包商、被许可人或其他联合实体应允许石油委员会指定的成员或代理人查阅其承包商、分包商、被许可人或其他联合实体的经营记录，以便其评估和核实他们向其或石油委员会报告的本土成分信息。

本土成分的数据和信息

37.（1）石油委员会应与行业利益相关者协商，建立一个共同的认证体系。

（2）石油委员会应依照本条例有关规定管理共同认证体系。

38.（1）共同认证体系是石油行业本土成分登记和资格预审的唯一体系。

（2）在不违反第 1 款规定的情形下，共同认证体系应用于：

（a）承包商能力的验证；

（b）对承包商、分包商、被许可人或其他联合实体提交的本土成分申请进行评估；

（c）跟踪和监督执行情况并提供反馈；以及

（d）依据能力和本土成分对石油服务公司进行排名与分类。

39.（1）公民可以在工作时间：

（a）查阅石油委员会保存的且被指定为公共文件与本土成分相关文件；或

（b）要求获取其有权查阅的任何文件的经认证的副本或摘要。

（2）任何人需要查阅或取得石油委员会以电子形式保存的文件副本的，只能以石油委员会确定的书面形式取得该文件的复制件。

（3）申请获得文件摘要或经认证的副本，应同时缴纳石油委员会确定的费用。

（4）石油委员会应在其网站上公布与本条例有关的信息以及一般的本土成分和本土参与要求。

40. 石油委员会应确保公共教育活动的开展，以帮助承包商、分包商、被许可人或其他联合实体、公众和行业利益相关者了解本土成分的政策和理念，并确保其严格执行这些条例。

41.（1）承包商、分包商、被许可人或其他联合实体应：

(a) 向承包商、分包商、被许可人或其他联合实体雇用的人员传达本土成分政策、程序和义务，以执行石油活动的相关内容；以及

(b) 监督并确保遵守本土成分政策、程序和义务。

（2）在不违反第 1 款规定的情形下，承包商、分包商、被许可人或其他联合实体应在其各自网站上提供他们承担的本土成分政策、程序和义务。

监督、合规和执行

42.（1）石油委员会可发布指南规定本条例下的文件须以电子形式提交。

（2）以电子形式提交文件的有关系统应符合 2008 年电子交易法（第 772 号法），并应规定：

(a) 被授权人员以电子形式提交文件所应符合的标准；以及

(b) 文件的安全和认证。

43.（1）石油委员会应制定并审查本条例的规则和程序是否得到有效执行。

（2）在不违反第 1 款规定的情形下，石油委员会应与有关机构协商，就承包商、分包商、被许可人和其他联合实体应遵守的下列事项发布合规指南：

(a) 国家石油工业开发和研究增长的要求和目标；

(b) 国家石油工业培训的最低标准、设施、人员和技术；

(c) 在该国投资或设立设施、工厂、生产单位或实施其他业务以进行生产或制造的，或提供附件一第 2 部分中所指明的任何与石油有关的加纳国内服务的；

(d) 用于本条例实施的一般规定。

44. 石油委员会应监督和调查各承包商、分包商、被许可人和其他联合实体的相关活动，以确保在国家本土成分政策框架内实现本条例的

目的。

45.（1）为执行本条例，石油委员会可对承包商、分包商、被许可人或其他联合实体的活动展开调查。

（2）在不违反第1款规定的情形下，石油委员会可展开调查，以确保：

(a) 加纳本土公司原则上不因上游企业的运作而被削弱；或

(b) 在采购过程中避免串通投标和卡特尔化。

46.（1）任何提交虚假计划、申报表、报告或其他文件的行为属犯罪行为，经简易程序审理定罪后，可对其处10万以上25万塞地以下的罚款，或单处或并处两年以上五年以下的有期徒刑。

（2）任何公民以欺诈或纵容外国公民或公司欺骗加纳本土公司代表的，只要数额达到本条例规定的本土成分要求，即属犯罪，经简易程序审理定罪后，可处10万以上25万塞地以下的罚款，或单处或并处一年以上两年以下的有期徒刑。

（3）任何人纵容加纳公民或加纳本土公司，以加纳本土公司的身份欺骗石油委员会且达到本条例规定的本土成分要求的，即属犯罪，经简易程序审理定罪后，可处10万塞特以上的罚款或10万以上25万塞地以下的罚款，或单处或并处一年以上两年以下有期徒刑。

（4）任何人，如果：

(a) 违反本条例第23条未能支持和执行一项违反国家技术转让计划规定的方案；

(b) 违反本条例第25条规定在成立合资企业、在加纳本土公司或公民与外国承包商、服务公司或供应公司建立合伙许可协议关系时，未能支持和推动技术转让；

(c) 违反本条例第36条规定未能确保其合作伙伴、承包商、分包商和其他联合实体向承包商报告本土成分信息；或

(d) 违反本条例第41条规定未能向进行石油活动的承包商、分包商、被许可人或其他联合实体传达本土成分政策、程序和义务；

他就有责任在初犯时向石油委员会缴纳10万塞地的行政罚款，违法

行为还在继续实施的，可以每天加处罚款的 5%。

(5) 任何人，如果：

(a) 违反本条例第 6 条规定未设立项目办事处；

(b) 违反本条例第 10 条规定未遵守石油活动的最低本地成分要求；

(c) 违反本条例第 11 条未设立并实施招标程序；

(d) 违反本条例第 12 条第 1 款及第 12 条第 5 款；

(e) 违反本条例第 19 条规定未在低级和中级岗位只雇用加纳人；

(f) 违反本条例第 27 条第 2 款的规定，未通过加纳保险经纪公司或再保险经纪公司为与加纳石油活动有关的可保风险投保；

(g) 违反本条例第 28 条规定在进行石油活动有关的海上保险服务时，未获得国家保险委员会的书面批准；

(h) 违反本条例第 29 条规定，未保留加纳执业律师或加纳执业律师事务所的服务；或

(i) 违反本条例第 33 条规定，未在加纳境内的加纳本地银行开立银行账户；

他就应：

(j) 向石油委员会缴纳 20 万塞地的罚款；

(k) 就承包商而言，如果在规定的纠正时间之后该违法行为继续发生，石油委员会应扣押该承包商进行石油活动所需的批准和许可，直到该违法行为得到纠正为止；并且

(l) 承包商、分包商、被许可人或其他联合实体，在违反本条例后仍继续该行为的，石油委员会须将从事该油气活动的承包商、分包商、被许可人或其他联合实体的名称记录在案。

(6) 任何人如在本条例规定的期间内，没有遵守本条例规定提交资料或文件的，应向石油委员会缴付行政罚款，罚款数额为 20 万塞地。如当事人一直不提交相关文件，则可每日加收 10% 的罚款。

(7) 承包商、分包商、被许可人或其他联合实体，如果：

(a) 违反本条例第 3 条规定，在不符合本土成分要求的情况下进行石油活动；

（b）违反本条例第7条规定，没有提交本土成分计划；

（c）违反本条例第9条规定，未能满足本土成分计划中的成分要求；或

（d）违反本本条例第13条规定，没有将每份拟订立的合约或订货单通知石油委员会的，他就有义务向石油委员会支付其违约行为所涉石油活动所得收益价值5%的罚款，但该罚款不得超过与500万美元等值的塞地或直接取消与石油活动有关的合同。

（8）根据本条第4、5、6款或第7款规定须缴付罚款的，如没有在通知书载明的期限内缴付，石油委员会可向法院申请强制执行当事人的财产。

其他规定

47. 对石油委员会执行本条例的决定不满意的当事人，可向石油部部长提出申诉，部长应在收到申诉后30天内，根据本条例第20条的规定，对此事作出决定。

48. 在本条例生效后三个月内，从事石油活动的承包商、分包商、被许可人或其他联合实体应遵守本条例的相关规定。

49. 在本条例中，除非本条例另有规定：

"中标通知表"是指承包商或被许可人设计的用于通知中标人合同授标的表格；

"串通投标"是指以不诚实的手段操纵投标过程；

"卡特尔化"是指作为一个单一生产者共同行动并同意通过其生产和销售活动控制供应来影响某些商品和服务价格的企业集合；

"委员会"（Commission）是指该法设立的石油委员会；

"专门委员会"（Committee）是指依据本条例第8条第2款成立的本土成分专门委员会；

"共同认证体系"是指加纳上游石油行业中基于其能力和本土成分要求，对有能力提供服务的供应商进行排名和分类，并跟踪和监控其绩效的审查制度；

"承包商"是指与加纳共和国签订石油协议，依据本法开展石油勘探

和生产活动的人；

"公司"是指依据1983年《加纳国家石油公司法》（PNDCL 64）第1条成立的加纳国家石油公司；

"欺诈"是指欺骗或以特定方式行事，以掩盖公司不是加纳本土公司的事实；

"国内支出"是指与石油工业相关的支出金额；

"加纳本土公司"是指根据1963年《公司法》（179号法案）注册成立的公司：

  （a）至少51%的股权由加纳公民持有；以及

  （b）加纳公民至少占有80%的行政和高级管理职位，以及100%的非管理和其他职位；

"被许可人"是指根据本法获得从事石油活动许可的人；

"本土成分"是指石油工业价值链中本地生产的材料、人员、融资、商品和服务的数量或百分比，可以货币计量；

"本土成分监督"是指跟踪或监督本条例的遵守情况；

"长期本土成分计划"是指附件一中规定的为期五年的本土成分计划；

"国家本土成分政策"是指能源部颁布的本土成分和本土参与石油活动的政策框架；

"石油活动"是指在加纳境内外从事的与石油勘探、开发和生产、数据采集和钻井、处理、储存、管道运输和退役以及规划、设计、施工有关的任何活动，为活动目的安装、操作和使用任何设施；

"石油作业"是指石油的勘探、开发或生产、运输和处置；

"石油工业价值链"是指石油工业所涉及的勘探、开发、生产、运输、加工、销售等过程；

"合格的"（qualified）是指履行石油协议或石油许可证项下所有义务的技术能力和财务能力；

"分包商"是指公司或承包商为提供石油作业服务而签订石油合同的第三方；

"技术核心人员"包括工程师、技术人员和地学家；

"附加值"是指石油工业中产品或服务的经济增加价值。

附件一

商品和服务的最低本土成分

[条例第 1 条（c）款、第 10、18 条]

第 1 部分　许可证或石油协议生效之日起达到的本土成分水平

项目	起始	5 年内	10 年内
1. 货物和服务	10%	50%	60%—90%
2. 招聘和培训			
（a）管理人员	30%	50%—60%	70%—80%
（b）技术核心人员	20%	50%—60%	70%—80%
（c）其他工作人员	80%	90%	100%

第 2 部分　要达到的具体水平

1. FEED、详细工程和其他工程服务

说明	起始	5 年内	10 年内	计量单位
1.1 陆上设施的前端工程设计（FEED）和详细工程	20%	50%	80%	工时
1.2 海上设施的前端工程设计（FEED）和详细工程（浅水）	10%	30%	70%	工时
1.3 液化天然气设施的 FEED 和详细工程	10%	30%	60%	工时
1.4 FEED 和详细工程集气设施	20%	50%	80%	工时
1.5 深海设施船体和上部模块的 FEED 和详细工程设计	10%	30%	70%	工时
1.6 深海混凝土结构的 FEED 和详细工程设计	10%	30%	70%	工时

2. 制造和施工

说明	起始	5 年内	10 年内	计量单位
2.1 终端或油输送系统	20%	50%	80%	体积
2.2 钻井模块或钻井包	20%	50%	90%	吨位
2.3 桩、锚、浮标、导管架、桥梁、火炬扫帚、储罐、压力容器脐带缆	20%	50%	80%	吨位
2.4 上部模块（工艺模块和存储模块）	10%	30%	10%	吨位
2.5 住宿舱	10%	40%	70%	吨位
2.6 海底系统	10%	40%	80%	吨位
2.7 管道系统	10%	50%	100%	吨位
2.8 立管（加纳无法制造）	10%	50%	100%	吨位
2.9 实用程序模块或包	10%	20%	50%	吨位

3. 材料和采购

说明	起始	5 年内	10 年内	计量单位
3.1 钢板、平板、型材	40%	80%	100%	吨位
3.2 钢管	40%	80%	100%	吨位
3.3 低压电缆	60%	80%	90%	长度
3.4 高压电缆	60%	80%	90%	长度
3.5 阀门和泵	20%	40%	60%	数量
3.6 钻井泥浆重晶石、膨润土	40%	70%	80%	吨位
3.7 水泥	40%	70%	80%	吨位
3.8 热交换器和其他管道附件	10%	50%	80%	数量
3.9 钢丝绳和其他系泊附件	30%	60%	80%	吨位
3.10 防护涂料	50%	70%	90%	立方
3.11 玻璃钢环氧树脂（GRE）管	20%	50%	70%	吨位

4. 钻井服务

说明	起始	5 年内	10 年内	计量单位
4.1 水库服务	20%	40%	75%	花费
4.2 完井服务（永久计量器和智能井）	20%	40%	80%	花费
4.3 电线线路服务（电动裸眼、电动套管孔、钢丝绳）	30%	50%	60%	工时
4.4 随钻测井（LWD）（方向和倾角或伽马射线）	30%	50%	70%	工时
4.5 生产或钻井服务	30%	60%	85%	工时
4.6 二维地震数据采集服务	30%	60%	85%	长度
4.7 修井或增产工时服务	30%	60%	95%	工时
4.8 井口服务	30%	60%	85%	工时
4.9 定向表面服务	20%	50%	85%	工时
4.10 切割注射或切割处理服务	40%	70%	90%	工时
4.11 定期检查服务	40%	60%	85%	工时
4.12 套管井测井服务（陀螺仪、射孔、量规、陀螺仪 PLT 性能、PLT 量规）	40%	70%	90%	工时
4.13 油井看守服务	30%	50%	70%	工时
4.14 水泥服务	40%	60%	75%	工时
4.15 连续油管作业	20%	40%	75%	工时
4.16 泵送服务	40%	70%	95%	工时
4.17 流体或井底取样服务	40%	60%	80%	工时
4.18 OCTS 服务（清洁、硬扎、再切、再螺纹、存储）	40%	70%	95%	工时
4.19 油井危机管理服务	20%	60%	90%	工时
4.20 其他钻井服务	30%	60%	80%	工时
4.21 岩石物理解释服务	30%	50%	75%	体积/工时
4.22 延长试井或早期生产服务，包括提供浮式或自升式采油装置	10%	20%	50%	花费
4.23 钻机租赁	40%	60%	75%	花费

5. 与加纳国内服务有关的研究与发展

说明	起始	5 年内	10 年内	计量单位
5.1 工程研究——储层、设施、钻井等	20%	40%	60%	花费
5.2 地质和地球物理服务	20%	30%		花费
5.3 安全和环境研究	40%	70%	90%	花费
5.4 当地材料替代研究	20%	40%	75%	花费

6. 勘探、地下、石油工程和地震服务

说明	起始	5 年内	10 年内	计量单位
6.1 陆上地震数据采集服务	20%	50%	90%	花费
6.2 海上地震数据采集服务	10%	30%	55%	花费
6.3 地震数据处理服务	30%	70%	90%	花费
6.4 地球物理解释服务	30%	60%	90%	花费
6.5 地质评价服务（有机地球化学、岩石学、成岩作用、地质地层学、流体特征化、PVT、岩芯分析、洪水）	30%	50%	80%	花费
6.6 泥浆收集服务	20%	30%	50%	花费
6.7 核心服务	30%	60%	90%	花费
6.8 试井服务	20%	40%	55%	花费
6.9 Dnilmg 钻机（海上）	20%	30%	60%	工时
6.10 钻机（半潜式平台或 AUP 或其他）	20%	30%	55%	工时
6.11 钻机（陆地）	40%	50%	70%	工时
6.12 修井机（海上）	20%	50%	70%	花费
6.13 强行起下钻作业	10%	30%	80%	花费
6.14 尾管浮子、吊架和运行设备服务	10%	30%	55%	花费
6.15 地震数据解释服务	20%	60%	90%	花费

7. 运输、供应和处置服务

说明	起始	5 年内	10 年内	计量单位
7.1 拖船、遥控车辆（ROV）支持、驾驶支持船	30%	60%	80%	花费
7.2 驳船	30%	60%	90%	花费
7.3 起居平台、船舶	30%	70%	90%	花费
7.4 处置、分配和废物运输服务	80%	90%	100%	花费
7.5 起重机和专用车辆的租赁	80%	90%	100%	花费
7.6 货运代理、物流管理服务	80%	90%	100%	花费
7.7 供应基地、仓库、仓储服务	50%	80%	90%	花费
7.8 卡车包装产品、运输服务	80%	90%	100%	花费

8. 健康、安全和环境服务

说明	起始	5 年内	10 年内	计量单位
8.1 现场清理服务	30%	60%	90%	工时
8.2 污染控制	20%	30%	40%	花费
8.3 废水处理和处置服务	40%	60%	80%	工时
8.4 消防和气体保护系统服务	40%	60%	80%	工时
8.5 通风、供暖、卫生设施	50%	70%	85%	工时
8.6 废物处理、排水服务	50%	80%	90%	工时
8.7 工业清洁服务	50%	80%	90%	工时
8.9 安全、防护、安保、消防系统服务	30%	50%	90%	花费
8.10 机械和电气部件维护服务	30%	50%	90%	工时
8.11 设备经纪服务	50%	70%	90%	工时
8.12 临时住宿、营地服务	50%	60%	80%	工时
8.13 餐饮服务	100%	100%	100%	工时
8.14 清洁和洗衣服务	100%	100%	100%	工时
8.15 安全服务	100%	100%	100%	工时
8.16 医疗服务	40%	60%	90%	工时
8.17 其他配套服务	50%	80%	90%	工时

9. 信息系统、信息技术和通信服务

说明	起始	5年内	10年内	计量单位
9.1 网络安装、支持服务	80%	90%	95%	花费
9.2 软件开发	40%	60%	80%	花费
9.3 软件支持服务	60%	80%	90%	花费
9.4 基于计算机的建模服务	20%	50%	70%	花费
9.5 计算机模拟和培训方案服务	20%	50%	70%	花费
9.6 硬件安装支持服务	80%	90%	100%	花费
9.7 操作系统安装和支持服务	80%	90%	100%	花费
9.8 用户支持和服务台服务	20%	50%	80%	花费
9.9 信息技术管理咨询服务	30%	50%	80%	花费
9.10 数据管理服务	30%	50%	80%	花费
9.11 电信安装和支持服务	50%	70%	90%	花费
9.12 其他信息技术服务	30%	50%	80%	花费

10. 海上作业和后勤服务

说明	起始	5年内	10年内	计量单位
10.1 电信服务	50%	70%	90%	工时
10.2 为国内沿海服务提供船员	80%	90%	95%	工时
10.3 驾驶、ROV或潜水作业	20%	40%	70%	工时
10.4 连接和调试，包括海上安装服务	20%	40%	75%	工时
10.5 疏浚服务	50%	70%	90%	工时/花费
10.6 砾石和岩石倾倒服务	80%	90%	95%	工时
10.7 浮式存储单元（FSU）	25%	35%	45%	工时
10.8 海底管道保护服务	10%	40%	70%	工时
10.9 水下组件的安装	10%	30%	60%	工时
10.10 系泊系统服务	60%	70%	90%	工时

附件二

（条例第 14 条第 2 款）
与季度预测一起提供给石油委员会的信息

承包商、分包商、被许可人或其他联合实体应就每份合同、分包合同和采购订单提供以下信息：
1. 合同或采购服务或项目的说明，包括材料和设备规范（如要求）。
2. 合同、分包合同或采购订单的估计价值。
3. 以下各项的预计日期：
   （a）招标书的发布和结束；以及
   （b）合同授予。
4. 石油委员会为实施本条例而要求提供的任何其他资料。

附件三
A 部分

［条例第 15 条第 1 款（a）项］

在发布潜在投标人资格预审通知之前，承包商、分包商、被许可人或其他联合实体应向石油委员会提供的信息

在向投标人发出资格预审通知之前，被许可人或承包商应提供以下信息：
1. 工作范围的描述；
2. 资格预审通知的副本，与石油委员会先前审查和批准的标准资格预审通知不同的其他文件；
3. 公司名单，注明总部所在地、联系人和电话号码；
4. 资格预审结束和发出招标书或报价书的预计日期。

B 部分

[条例第 15 条第 1 款（b）项]

在招标书或资格申请发布前
被许可人或承包商应向本土成分委员会提供的信息

为了编制项目的招标清单，运营商或承包商应在发出招标书或资格申请之前提供以下规定的信息：

1. 招标人名单；
2. 石油委员会将根据具体情况向被许可人或承办商告知其要求的投标书或资格要求书副本；
3. 招标人公司所有权的说明，包括按百分比计算的主要股东；
4. 加纳办事处、工厂或设施的位置；
5. 截标和授予合同或采购订单的预计日期；以及
6. 委员会要求的任何其他资料。

C 部分

[条例第 15 条第 1 款（C）项]

在将合同或采购订单授予选定的投标人之前
被许可人或承包商应向石油委员会提供的信息

在将合同或采购订单授予选定的投标人之前，被许可人或承包商应提供以下规定的信息：

1. 选定承包商或供应商的名称；
2. 指定分包商或分供商名单；
3. 在合适情况下，建议的次级供应商名单；
4. 就建筑或服务合同而言，估计加纳的就业水平（以工时为单位）；
5. 合同或采购订单的开始和完成日期；

6. 由运营商或承包商签署的中标通知书；
7. 中标理由声明或评标报告，需说明以下内容：
    （a）选定承包商或供应商的名称；
    （b）指定分包商或分供商名单；
    （c）在适用的情况下，建议的次级供应商名单；
    （d）就建筑或服务合同而言，估计加纳的就业水平（以工时为单位）；
    （e）合同或采购订单的开始和完成日期；
    （f）由运营商签署的中标通知书；
    （g）中标理由声明或评标报告，说明：
        （i）选定投标人与其他投标之间的价格差异百分比；
        （ii）与各投标人相关的主要工作地点；
        （iii）根据石油委员会提供的本土成分定义计算的与每个投标人的投标相关的本土成分的估计值；
        （iv）与评标有关的任何其他信息，包括评标的技术、商务和本土成分概要（如适用）。

能源和石油部部长 HON. EMMANUEL ARMAH KOFIBUAH

二　肯尼亚

（一）2018 年《本土成分议案》

本法为议会立法，旨在为促进与天然气、石油、其他石油资源开采有关的当地所有权、控制和融资活动提供一个法律框架；在勘查天然气、石油、其他石油资源时，为增加价值链中的本土价值提供一个法律框架；以及为相关目的，肯尼亚议会作出如下规定。

第一部分　基本规定

1. 本法称为 2018 年《本土成分法》。
2. 在本法中：

"内阁秘书"，是指负责采掘行业相关事务的内阁秘书；

"委员会"，是指本土成分发展委员会；

"公司"，是指根据肯尼亚法律注册或成立的公司或实体，其主要营业地点在肯尼亚，并由肯尼亚国民有效所有和控制；

"关联实体"，是指与经营者签订合同，按照根据本法颁发的许可证，履行经营者特定义务的个人、公司或实体；

"采掘业"，是指肯尼亚的石油、天然气和矿业；

"外国人"，是指不是肯尼亚公民的人，包括未在肯尼亚注册成立的法人；

"本土成分"，是指通过系统开发国民的技能和能力而从采掘业中为肯尼亚经济带来的附加价值，以及为共享增加的利益而在发展或采购当地可以获取的劳动力、服务和供应方面所做的投资；

"当地商品"，是指在肯尼亚开采、生产或制造的材料或设备，以及为此目的，如果一项商品在其基本特征、用途或效用方面产生了实质性差异，或就某一制成品而言，若在制造该商品的过程中，所使用的当地材料、劳动力和服务的成本至少占成品成本的 50%，该商品将被视为在肯尼亚制造、加工、组装的商品；

"当地人"，是指无论是作为分包商还是其他形式，为经营者提供工程、服务或供应商品和材料的个人、公司或实体，它们的经营企业是根据肯尼亚法律成立的、主要营业地在肯尼亚并由肯尼亚国民实际所有和控制的；

"经营者"，是指经政府许可，在采掘业从事勘查、开发、采掘自然资源的个人、公司或实体；以及

"价值链"，是指采掘业生命周期中的系列阶段，包括勘查、开发、生产、处理、运输、提纯、选矿和分配。

3. 本法适用于对肯尼亚石油、天然气和其他石油资源的勘查、采掘、开发和开采等采掘业相关的所有商事活动。

4. 本法的宗旨和目标：

（a）通过利用当地知识、商品、服务、商业、融资以及它们在本国内的保留，促进采掘业价值链的增值最大化并创造就业机会；

（b）为下列行为提供一个法律框架：

（i）为执行本法，建立监测、评估和报告系统；

（ii）在采掘业价值链中开发本土技能；以及

（iii）经营者根据本法适用本土成分制度；

（c）加强当地人在采掘业价值链中的参与；

（d）推动采掘业中有竞争力、有能力、可持续的劳动力的发展；

（e）在采掘业中增加当地所有权以及当地资产和服务的使用；以及

（f）通过本土成分发展和当地参与，使采掘业的增值最大化。

5. 在履行本法规定的职能时，应遵循以下原则：

（a）《宪法》第10条规定的国家价值观和治理原则；

（b）《宪法》第62条规定的自然资源所有权原则；以及

（c）《宪法》第69条规定的自然资源开发收益公平享有原则。

第二部分 国家级和县级政府的作用

6. （1）为使经营者根据本法最大限度地开发、采用本土成分，国家级和县级政府可在《宪法》授权的范围内采取措施。

（2）国家级政府在根据第1款规定行使其职能时，应与县级政府

合作。

7. 为使国家级政府行使第 6 条规定的职能，委员会应：

(a) 识别采掘业价值链中有关不同商品和服务存在增值机会的行业，并重点关注这些行业的本土成分、参与度和供应能力发展；

(b) 通过以下方式促进本土成分的实现：

(i) 对采掘业项目的进度和时间安排进行管理，使当地人能够利用采掘业价值链中的机会；

(ii) 执行如下策略，即优先考虑当地所有、控制和融资的企业，以及那些为本土增值、参与度和能力发展的最大化表明决心和能力的企业；以及

(iii) 制定和实施发展当地技能、商业秘密、技术、融资、资本市场开发以及财富的获取和分配的策略；

(c) 通过以下方式确保本土增值最大化：

(i) 对经营者在采掘业中的绩效进行评估和报告；以及

(ii) 定期对经营者之间、不同国家的项目和经营活动之间本土成分和参与表现进行比较，并查找予以改善和采用最佳实践的机会。

(d) 在所有政策框架中寻求支持性政策目标，以实现本法案的宗旨。

8. (1) 为履行本法第 6 条规定的职能，县级政府应：

(a) 协助各县当地承包商和公司发展自身实力和能力，以进一步在各县范围内实现发展采掘业本土成分的目标；

(b) 执行国家级政府针对本土成分的实施制定的跨部门政策；

(c) 执行如下策略，即各县采掘业价值链中的各项活动都有本土参与；

(d) 根据本法规定进行监督和采取措施，以促进各县经营者对本土成分实施要求的执行；

(e) 进行定期审计，以监督本法规定在各县的遵守情况；

(f) 与委员会共同为特定项目、经营活动、经营者中的本土成分

和参与度制定目标，并通过设置合适的合同条款支持这些目标；

（g）为实现本法目的，履行其他必要职能。

第三部分　设立本土成分发展委员会

9. 根据本法规定设立本土成分发展委员会。
10. （1）委员会的职能是：

（a）监督、协调和管理本国本土成分的发展；

（b）向内阁秘书提出有关制定、实施本土成分的政策和策略的建议；

（c）向内阁秘书提出有关本法规定的本土成分要求最低标准和本土成分计划制订的建议；

（d）审查、评估和批准根据本法第 22 条向委员会提交的本土成分计划和报告；

（e）与县级政府协商监督经营者对本土成分政策和策略的执行；

（f）为实现本法目标，与县级政府共同实施提高当地人、商业、资本市场能力的策略；以及

（g）履行其他必要职能或其他法律赋予的职能，以实现本法的宗旨和目标。

（2）在执行本法时，委员会应：

（a）确保采掘业的所有活动中本土成分的发展和采用能够实现可测量的、持续的增长；以及

（b）与县级政府进行协商和合作。

11. 委员会应：

（a）自其成立之日起 6 个月内，制定有效满足采掘业需求的所有设备和服务类别的综合登记册，并定期审查；

（b）根据本条（a）项的规定，评估提供商品、服务的当地行业的能力；以及

（c）采取政策和措施，以逐步提高为采掘业提供商品和服务的当地企业在质量、价格、数量、可靠性方面的竞争力。

12.（1）委员会应由以下人员组成：

（a）由内阁秘书根据本条第 2 款任命的主席；

（b）负责石油、天然气相关事务的首席秘书或其书面指定的代表；

（c）负责财政相关事务的首席秘书或其书面指定的代表；

（d）负责工业和企业发展相关事务的首席秘书或其书面指定的代表；

（e）由省长委员会提名的两人；

（f）由采掘业的经营人员根据内阁秘书决定的方式提名并经内阁秘书任命的两名人员；以及

（g）由委员会秘书担任的主任。

（2）根据本条第 1 款（a）项和（f）项提名的人员应由内阁秘书通过在《政府公报》上发布公告任命。

（3）委员会成员的津贴应由内阁秘书和薪酬委员会协商决定。

13.（1）根据第 12 条第 1 款（a）项和（f）项的提名的人员每届任期四年，可连任一次。

（2）委员会的同一性别人员不得超过三分之二。

14. 符合下列条件的人员具有任职资格：

（a）委员会主席应：

（i）获得肯尼亚认可的大学学位；

（ii）了解采掘业的有关事项，并拥有至少十年的经验；以及

（iii）符合《宪法》第六章的规定；或

（b）根据本法第 12 条第 1 款（f）项的规定任命的成员应：

（i）获得肯尼亚认可的大学学位；

（ii）了解采掘业的有关事项，并拥有至少五年的经验；以及

（iii）符合《宪法》第六章的规定。

15. 下列人员不能担任本法第 12 条第 1 款（a）项和（f）项规定的委员会成员：

（a）违反《宪法》第六章的规定的；

（b）被宣告破产的；或

（c）曾因犯罪被判处有期徒刑 6 个月以上刑罚的。

16. （1）根据本法第 12 条第 1 款（f）项任命的委员会成员，其职务在下列情形下被免除：
　　（a）被宣告破产的；
　　（b）曾因犯罪被判处有期徒刑最少 6 个月刑罚的；
　　（c）被判处与欺诈和不诚实有关的罪行的；
　　（d）无正当理由连续三次缺席委员会会议的；
　　（e）以书面形式向内阁秘书辞职的；
　　（f）因下列原因被内阁秘书辞退：
　　　　（i）不具有履行职能的身体、心理条件和心理素质；或
　　　　（ii）未能声明其与委员会正在审议或将要审议的事项的利害关系；或
　　（g）死亡。

17. （1）委员会应按照附件的规定处理事务。
（2）除附件另有规定外，委员会可自行制定程序。

18. （1）为履行本法规定的职能和行使本法授予的权力，委员会可设立小组委员会。
（2）委员会可以选任其知识和技能被认为是履行委员会职能所必需的任何人，出席根据第 1 款设立的小组委员会，但该人在会议上不具有表决权。

19. （1）内阁秘书应在负责石油行业相关事务的部委内指定一个适当的行政部门作为委员会的秘书处。
（2）秘书处应由以下人员组成：
　　（a）由公共服务委员会竞聘并由内阁秘书任命的主任；以及
　　（b）内阁秘书与委员会协商后根据本法指定的以适当履行秘书处职能的其他公职人员。
（3）主任和根据本条第 2 款（b）项指定的人员应具有内阁秘书与委员会协商后确定的与石油行业相关的知识和经验。

20. 秘书处的职能包括：
　　（a）向委员会提供技术和行政服务；
　　（b）执行委员会的决定、策略、方案和政策；

（c）向委员会提出有关制定、实施委员会职能的方案的建议；

（d）代表委员会与从事采掘业和其他相关活动的国际、国内和当地机构建立和维持关系；

（e）与国家机构、金融机构和其他利害关系者合作实施根据本法制定的政策、策略和方案；

（f）培训、传播信息并与参与本土成分发展、应用相关能力建设的当地和国际机构建立联系和网络；

（g）开展研讨、研究和调查，以促进肯尼亚采掘业本土成分的发展；

（h）运营一个本土成分数据库，内容包含下列信息：

　（i）有关各县采掘活动的项目、经营和计划，包括与此类活动有关的商品、服务以及它们的交付期限；

　（ii）与肯尼亚境内采掘业有关的商品和服务供应商；

　（iii）经营者及其关联实体的人力资源发展计划和方案，包括获得的工作许可以及相关承诺；

　（iv）商业发展计划和方案；以及

　（v）经营者、国有机构及其关联实体采用本土成分活动的进展情况。

（i）作出安排，以定期评估与委员会的目标和职能有关的政策和方案；以及

（j）履行委员会委派的其他职能。

第四部分　本土成分计划

本土成分计划

21.（1）本法为参与采掘活动的经营者所设置的最低本土成分，由内阁秘书与委员会协商后，通过《政府公报》发布公告，确定从事本法中规定的采掘业活动的经营者所应适用的最低本土成分。

（2）经营者在根据本法进行采掘活动时，应遵守本条第1款规定的最低本土成分要求。

22.（1）任何人在申请或竞标许可证、许可或权益以及从事采掘活

动之前，应准备有关采掘活动的本土成分计划，并以规定的表格向委员会提交。

（2）为本条第 1 款的规定，经营者应：

（a）提交一份与整个项目工作计划配套的长期本土成分计划，该计划应与投标书或从事采掘活动的申请书一起提交；以及

（b）若获得开展采掘活动的批准，则应每年提交一份有关采掘活动方案的年度本土成分计划。

（3）经营者准备的本土成分计划，应包含以下信息：

（a）主要商品和服务的采购、预期质量以及采掘活动所在地区的当地生产的商品和当地可获取的服务的使用情况，这些商品应符合采掘业的公认标准；

（b）当地人参与采掘或相关活动的资格要求和雇用情况以及报酬标准；

（c）与当地人有关的劳动力发展策略，包括培训计划和方案，以解决与当地劳动力有关的技能差距；

（d）支持当地参与经营者活动的策略；以及

（e）与项目的本土成分组成有关的勘查、生产工作计划和预算。

（4）在经营者的本土成分计划中，经营者应制定经营者策略：

（a）优先考虑当地生产的优质商品和服务；以及

（b）经营者应优先雇用符合资格的当地人。

（5）根据本法的规定，并为本条第 2 款的目的，申请人应在本土成分计划中包含以下计划：

（a）雇用和职业发展计划；

（b）技术转让计划；

（c）研发计划；

（d）金融服务计划；

（e）对不是由肯尼亚人拥有的工作岗位的替代计划；以及

（f）内阁秘书可能规定的其他计划。

23.（1）委员会应自收到申请人根据本法第 22 条提交的本土成分计划之日起 6 日内对该计划进行审查和评估。

（2）委员会在根据本条第 1 款审查和评估本土成分计划时，应让公众参与，并为此目的，应：

  （a）在即将开展采掘活动的地区的至少一份广泛发行的报纸上以及委员会认为适当的其他媒体公开该计划；

  （b）发动采掘业的利益相关者或可能因批准从事采掘活动的申请而受影响的人广泛参与，并为其提供发表意见的机会；以及

  （c）委员会在作出决定前应考虑向委员会可能提出的任何意见。

（3）委员会在审查和评估本土成分计划后，应在作出决定之日起 7 日内将批准或拒绝批准该计划的决定通知申请人。

（4）若委员会拒绝批准本土成分计划，应向申请人提供一份书面声明，说明拒绝的原因以及对申请的建议。

（5）申请人可在收到委员会拒绝批准本土成分计划的决定以及本条第 4 款的书面声明之日起 30 日内：

  （a）参考委员会的建议，修改本土成分计划；以及

  （b）向委员会提交修改后的本土成分计划。

（6）若委员会未能通知申请人其本土成分计划或修改后的本土成分计划批准与否，则自本土成分计划或修改后的本土成分计划提交 90 日后，视为已获批准。

24.（1）内阁秘书应与委员会协商制定本土成分认证规则，在制定此类规则时应：

  （a）规定方法以确定在肯尼亚获得、交付的商品和服务中的本土成分百分比；

  （b）制定规范以确定采掘业价值链提供的商品和服务的最低本土成分标准和国内支出；

  （c）为独立公司认证本土成分程度制定认证标准；

  （d）根据本法授权独立公司为独立认证机构；以及

  （e）强制经授权的独立认证机构遵守本法的规定。

（2）经授权的独立认证机构负责评估经营者根据本法获得或承包的商品、服务中的本土成分。

（3）经授权的独立认证机构颁发的证书，应作为经营者遵守本土成

分的证明，并应附在经营者根据本法向委员会提交的年度报告中。

（4）委员会应利用本土成分证书来审核经营者对本法中本土成分发展义务的履行情况。

雇用和职业发展计划

25.（1）为提高当地人员和企业有效参与采掘业经营的技能和能力，经营者应制订并实施以下策略和计划：

（a）利用技术服务合同、合资企业和战略联盟，以扩大当地人和企业建设能力的机会；

（b）利用与当地企业的技术转让策略，为向当地逐步转让技术技能提供可靠和可测量的计划；以及

（c）利用在采掘价值链的各层次为当地人提供培训的实习机会，以期发展一批知识渊博、能力过硬的国家技能人员库。

（2）为本条目的，经营者应根据第 26 条规定的格式制订雇用和培训计划。

26.（1）经营者应就其拟开展的采掘活动准备一份雇用和培训计划，并与本土成分计划一同向委员会提交。

（2）根据第 1 款提交的雇用及培训计划应包括：

（a）经营者或其他关联实体的雇用和培训需求的预测，包括：

（i）所需技能的说明；

（ii）当地劳动力缺少的预期技能；

（iii）具体的培训要求；以及

（iv）经营者或其他关联实体在实施雇用和培训计划中的预计支出。

（b）经营者或其他关联实体在采掘活动的每个阶段为当地劳动力提供就业机会的时间范围，以使当地社区成员为此类机会做好准备；

（c）为加快对当地人的培训而作出的努力和采取的程序；以及

（d）实施本法第 25 条规定的策略和计划的信息。

（3）除第 1 款规定的要求外，经营者应在开展本法规定的采掘活动

时，向委员会提交一份季度报告，列明：

（a）报告期间内的雇用和培训活动；以及

（b）对雇用和培训计划与雇用和培训活动进行的比较分析，以监督遵守情况。

（4）根据第3款的规定向委员会提交的季度报告，应说明各季度新雇用的当地人人数及其工作说明。

（5）为实施本法，委员会在认为必要时，可要求提供与雇用和技能发展计划有关的进一步材料。

27.（1）若当地人员因缺乏专业知识而未被雇用，经营者应按照委员会的要求：

（a）在合理时间内尽一切合理努力在当地提供此类培训；以及

（b）实施相应领域的当地人能力建设策略。

（2）经营者根据第26条向委员会提交的雇用及技能发展计划，应阐明对当地人进行培训的程序。

（3）经营者根据第1款进行的培训应扩展到对采掘经营整个价值链中的当地人和公职人员进行的培训。

（4）为实施第1款规定，经营者应与委员会协商后，制订行业和技术教育与培训方案，包括奖学金的发放，并实施这些方案，以期在合理可行的范围内尽快培训当地人来替代外国人员，并为当地人提供在经营者的经营中担任高级职位的机会。

（5）当地人的甄选和培训应符合经营者开展的采掘活动的绩效标准。

28.（1）经营者应：

（a）优先雇用具有本法规定的各级采掘经营所需专业知识或资格的当地人；

（b）尽量减少雇用外国人员；以及

（c）只有在至少两份在肯尼亚广泛发行的报纸和委员会确定的其他媒体上刊登合理广告后，经营者仍未找到相关职位具有必要资格和经验的肯尼亚国民时，才可雇用外籍员工从事这一职位。

（2）在符合第1款的规定后，经营者应：

(a) 维持委员会决定的合理数量的当地人员，以便经营者开展其重要的经营活动；

(b) 在为雇员提供的服务条件中，不得实施以种族、国籍、宗教或性别为由的歧视；以及

(c) 根据现行法律和内阁秘书规定的条例，确定包括薪级表在内的雇用规则，确保同一类别的所有雇员不论国籍如何，都享有平等的就业条件。

29.（1）自业务开始之日起 6 个月内，经营者应就其每项业务向委员会提交一份当地人没有从事的岗位的替代计划。

（2）替代计划应规定每名现任岗位的外国人由当地人在委员会根据具体情况确定的期限内担任替补，在该期间结束时，该岗位应由当地人担任。

（3）当地人担任的所有岗位应符合经营者服务条件中关于当地雇员和肯尼亚现行劳动法规定的薪水、工资和福利。

（4）经营者应向委员会提交一份关于其雇用或签约的所有人员的服务条件和人员组成的报告。

技术转让和研究计划

30.（1）内阁秘书应与委员会协商，并与有关国家机构和县级政府合作：

(a) 制订采掘业各种经营活动的技术转让策略计划；以及

(b) 以其认为适当的方式公布策略计划。

（2）内阁秘书应在第 1 款规定的策略计划中规定：

(a) 向经营者授予的合同、协议、特许权和许可证中应纳入将技术知识转让给采掘业价值链中的当地人的规定；

(b) 监测和评估技术转让政策实施情况的框架；

(c) 旨在提高当地人能力和国际竞争力的策略；以及

(d) 旨在实现并维持当地企业对采掘业的经营达到一定控制程度的路线图。

31. 为了促进技术和专门知识的转让，内阁秘书应与委员会和有关国

家机构协商，向负责财政激励措施的内阁秘书就财政激励措施和获得财政激励措施的标准提出建议，以促进以下主体实施的活动：

（a）旨在发展本地企业技术能力和技能的外国公司；以及

（b）在本国设立工厂和生产单位的当地人。

32.（1）经营者应准备一份实施技术转让的计划，并与本法第22条规定的本土成分计划一同向委员会提交。

（2）根据第1款提交的计划应包括：

（a）旨在促进经营者的技术向当地公司、公民有效转让的活动计划；

（b）技术转让的具体要求；

（c）预期成果；

（d）实施计划中规定的活动的时间表；以及

（e）经营者产生的预期支出。

33.（1）经营者应促进技术转让，并为此目的：

（a）制定并采用与当地人的技术转让协议，并向当地人提供可靠和可测量的计划以逐步转让技术知识；以及

（b）通过当地人与外国经营者、供应公司之间的许可协议，促进成立或加入合资企业，以及建立合作伙伴关系。

（2）为实现本条规定目的，委员会应制定一个评估工具，用于监测和评估经营者根据本法实施的技术转让。

34. 若经营者尚未制定并向委员会提交有关技术转让计划的实施情况以及经营者为实施该计划所采取的措施的年度报告，则经营者不得启动采掘活动。

研发计划

35.（1）在开展采掘活动之前，经营者应准备研发计划并提交给委员会。

（2）研发计划应包括：

（a）经营者在肯尼亚开展的研究计划的五年规划；

（b）实施研发计划的支出计划；以及

（c）与经营者活动相关的研发计划的征求建议。

（3）经营者应：

（a）每年审查并更新根据第1款提交给委员会的研发计划；以及

（b）每年向委员会提交更新后的计划。

36.（1）根据本法目标，委员会应采取措施和实施战略，以缩小与采掘业有关的知识差距，促进采掘业的研发。

（2）为本条第1款的目的，委员会应与学术部门监管机构保持联络，以制定和审查符合目标的当地培训课程和培训设备。

37.（1）为了在肯尼亚开展研发活动，经营者应每年预留一笔占总收入一定百分比的款项，这一比例由内阁秘书与委员会协商后在《政府公报》上通过公告确定。

（2）根据第1款预留的资金应按以下方式适用：

（a）50%应分配给肯尼亚大学的研发计划；以及

（b）50%应用于经营者设立在肯尼亚的设施内的研发活动。

（3）为本条规定目的，内阁财政大臣应与内阁秘书协商，并根据《公共财政和管理法》设立基金。

金融服务计划

38.（1）经营者应向委员会一同提交金融服务计划以及第22条规定的本土成分计划，金融服务计划载明：

（a）经营者需要的金融服务的性质；

（b）项目期间需要的金融服务的预测；以及

（c）与使用该项目有关的金融服务的支出计划。

（2）根据本法开展经营之前，经营者应向委员会提交一份半年度计划，其中应列出：

（a）前六个月使用的金融服务以及经营者为购买该服务产生的支出；

（b）对之后六个月需要的金融服务的预测以及该金融服务的预计支出；以及

（c）所提供的金融服务的性质以及经营者为金融服务所做的

支出。

（3）经营者和任何关联实体应在肯尼亚当地银行开立和保留银行账户，并通过肯尼亚的银行进行交易。

（4）为了提高当地参与采掘业价值链的能力，国家政府应制定措施，包括采取财政激励措施，鼓励使用当地金融机构为肯尼亚的采掘业提供资金。

（5）在本条规定目的，"肯尼亚当地银行"是指拥有百分之百肯尼亚股份或多数肯尼亚股份的银行。

本土成分实施报告

39.（1）在启动采掘活动后，经营者应在每年开始的 45 日内向委员会提交一份年度本土成分实施报告，报告应涵盖该年度的所有项目和活动。

（2）报告应以委员会规定的格式向公众公开，并应包含以下信息：

（a）经营者的本土成分支出，包括按类别划分的当前成本和累计成本的本土成分；以及

（b）所雇用的当地人和外国人的工作时间、工作职位和报酬。

40.（1）自收到第 39 条规定的本土成分实施报告 30 日内，委员会应对其进行评估和审查，以确保其符合本法规定。

（2）为评估和核实报告，经营者应允许委员会的工作人员或指定代理人查看其设施、文件和委员会要求的信息。

第五部分　本土成分的发展策略

41.（1）经营者应使用采购商品、服务的招标程序，为当地人提供参与供应与经营者采掘活动有关的商品、服务的公平机会。

（2）与采掘业项目有关的投标均应在肯尼亚整个采掘业价值链中提供在肯尼亚能够获取的商品、服务的最大化利用。

（3）在考虑和评估与采掘业项目有关的投标时，经营者应：

（a）在招标过程中，确保当地人受到平等待遇，并为当地公司提供公平的竞争机会；

（b）考虑本土成分；以及

（c）优先考虑与外国实体报价相差不超过10%的当地人。

（4）在当地公司有能力承担项目的情况下，不得仅根据出价最低者中标的原则确定中标者，并且不得仅以当地公司不是最低投标人为由取消其资格，除非其价格超过最低报价的10%。

42. 经营者在颁发或授予与采掘活动相关的许可证或合同时，应首先考虑符合本法规定的条件的当地公司。

43.（1）经营者应优先使用在肯尼亚生产的商品和当地人提供的服务，而不是肯尼亚境外生产的类似商品和外国公司以本法规定的方式提供的类似服务。

（2）虽有第1款的规定，若当地无法获得与采掘活动有关的商品和服务，根据内阁秘书的附加条件，内阁秘书可授权继续进口所需商品和服务。

44.（1）在授予有关企业采掘业的特许经营权和其他协议时，国家政府应鼓励国际投资者与当地企业建立合资企业。

（2）委员会应与内阁秘书协商，规定国家实体在采掘业价值链中的部件采购中应达的阈值，该阈值应仅保留给当地采购。

（3）除非申请人达到内阁秘书所规定的不低于30%的本土成分输入阈值，否则国家实体不得将投标授予从事本法中规定的任何采掘或相关活动的申请人。

45.（1）根据本法的规定，经与委员会协商，内阁秘书应就经营者应达到的采掘业公司当地股权比例的阈值发布准则和合同标准。

（2）根据《公司法》的规定，肯尼亚当地公司在有关采掘活动的协议或许可证中产生的利益可转让给非肯尼亚当地公司。

46. 负责财政事务的内阁大臣可与委员会协商：

（a）实施税收优惠政策，促进采掘业各方面的能力建设和培训；

（b）采取支持性和非扭曲性关税措施，加快发展当地企业实现本法目标的能力；以及

（c）若培训是为了肯尼亚的国民利益，则允许包括研发支出的部分类别培训支出的税收减免。

47. （1）设立"本土成分培训和发展基金"。

（2）为实现本法目标，经营者应按照内阁秘书与委员会协商制定的基金标准，每年按其净收入的比例缴纳不可关税减免的培训税。

（3）内阁秘书应根据本法在条例中规定基金的运作和使用方式。

第六部分　杂项规定

48. （1）经营者应准备采掘活动的方案和预算的年度工作计划，并向委员会提交。

（2）准备年度方案和预算时，经营者应载明：
- （a）对采掘活动含有的本土成分的估计；以及
- （b）将要开展的与采掘项目有关的活动。

（3）自收到本条第 1 款规定的年度工作计划后，委员会应：
- （a）根据本法确定采购的具体项目；以及
- （b）在至少两份广泛发行的报纸、委员会的网站和其他委员会认为适当的媒体上，公布项目清单和与具体项目有关的信息。

（4）采掘业的所有投标只能在肯尼亚进行广告宣传、评估和授标。

（5）计划在肯尼亚境外进行采掘业招标的经营者，应在刊登广告前申请并获得内阁秘书的批准。

49. （1）经营者应以适当的形式保存相关经营记录，以确定经营者根据本法进行经营所产生的本土成分支出。

（2）经营者根据第 1 款保存的记录，应包括足以证明经营者采购当地货物、劳动力和当地服务支出的证明文件，并应接受委员会或委员会为此目的指定的其他代理人的审计。

（3）为实施本条第 2 款，经营者应向委员会提交本土成分的年度报表，该报表应包括如下信息：
- （a）经营者向为其提供当地商品、当地服务的当地被许可人支付的款项；
- （b）向供应当地商品的当地供应商支付的款项；
- （c）向当地被许可人和当地供应商因供应非当地商品过程中提供的服务而支付的款项；

（d）向供应当地和非当地商品的非当地被许可人和供应商而支付的款项；

（e）支付给肯尼亚国民的薪水、利润、股票股息和其他有形资产；以及

（f）在审查期内达成的所有合同和承包的服务或设备清单。

（4）为确定根据本法进行的经营活动的本土成分程度，委员会或根据第21条规定经授权的独立认证机构应：

（a）考虑直接材料、直接分包合同、间接材料、间接分包合同、施工管理和其他支出产生的所有成本；以及

（b）不包括向政府支付的任何税款或其他法定款项，包括根据合同或特许协议支付的款项。

50.（1）委员会应对根据本法规定的义务的遵守情况进行监督和评估。

（2）委员会应根据第1款规定的活动拟备一份报告，并向内阁秘书呈交，并为此目的应包含以下信息：

（a）每个被许可的采掘经营活动；

（b）被授权履行具体职责的国家实体采取行动的程度；

（c）经营者或国家机关尚未达到的本法规定的目标及其理由；

（d）指定了实施未完成目标的机构的纠正策略；以及

（e）为更好、更快地实现本法目标提出最佳方法。

（3）委员会应根据本法的目标评估国家政府的绩效，并应准备年度绩效报告向内阁秘书和参议院提交。

51.（1）经营者应确保其合作伙伴、承包商、分包商或任何其他关联实体按照合同规定的义务向其报告本土成分信息，并在要求时向委员会报告。

（2）经营者或关联实体应允许委员会指定的代理人查看其记录，以评估和认证经营者或关联实体根据本法报告的本土成分信息。

52.（1）委员会应向内阁秘书提出有关实施策略的建议，以促进和维持根据本法适用的本土成分。

（2）根据第1款提出建议时，委员会应考虑当地私营部门的发展状

况，并可为以下方面提出策略：

（a）提供足以负担的财政援助，包括国家机构提供的低息贷款和优惠合同；

（b）为具有重要国内成分项目提供低于市场水平的贷款；

（c）通过鼓励进口零部件和不鼓励进口完全组装的工业设备的激励措施，促进当地组装工业；

（d）提供出口信贷援助；

（e）通过限制外国人员的聘用，对当地劳工相关事项采取积极行动。

53.（1）委员会应与内阁秘书协商制定，采掘业利益相关者或受到本法项目影响的利益相关者的行为和促进公众参与的准则。

（2）在实施根据本法进行的公众参与时，经营者、委员会以及任何其他需要进行公众参与的人员应：

（a）遵照《县级政府法》第 87 条规定的公民参与原则；以及

（b）通过必要的方式进行公众参与，以确保最大数量的各县公民和利益相关者：

（i）获知根据本法作出的对其产生影响的任何决定；以及

（ii）有机会参与决策过程，包括提交有关该事项的任何谅解备忘录或信息；

（c）采取必要的措施，以确保公众参与的效率最大化，包括使用县级政府根据《县级政府法》第 91 条规定的公民参与结构。

（3）为第 1 款规定的目的，委员会应：

（a）通过教育和培训活动发展采掘业的人力资源；

（b）鼓励和增加当地社区参与人力资源发展活动，以提高当地人和小型企业在采掘产业链中提供商品和服务的能力；

（c）鼓励和指导专业协会和组织参与本土成分领域；

（d）刺激和支持采掘业的技术研发活动；

（e）为实施本法开展公共教育活动，以教育经营者、公众和行业利益相关者了解本土成分的政策和要求；以及

（f）为国家利益促进采掘业的国际合作。

（4）实施本条第3款规定的具体活动时，委员会应促进：

(a) 国家政府参与制定实现本法目标的政策和计划；

(b) 县政府在其与国家政府、采掘业经营者和相关实体的相互作用中的参与度；

(c) 包括社区组织和非政府组织的非国家行为者与国家机构之间的合作，以倡导、提供当地服务和能力建设；以及

(d) 当地社区的参与，以确定其需求，增强其生产和提供符合既定标准的商品和服务的能力以及参与不同阶段采掘业价值链的能力。

54.（1）在提交的计划、报告或其他文件中故意作虚假陈述的，构成犯罪，一经定罪，可处二百万先令以下罚款或三年以下有期徒刑，或两者并处。

（2）为达到本法规定的本土成分要求而进行欺诈或与外国公民或公司共谋、以代表肯尼亚当地公司的身份欺骗委员会的肯尼亚公民，构成犯罪，一经定罪，可处三百万先令以下的罚款或五年以下有期徒刑，或两者并处。

（3）为达到本法规定的本土成分要求，与肯尼亚公民或肯尼亚当地公司共谋，以代表肯尼亚当地公司的身份欺骗委员会的人，构成犯罪，一经定罪，可处三百万先令以下的罚款或五年以下有期徒刑，或两者并处。

（4）经营者或其他关联实体：

(a) 如果在未能满足本土成分要求的情况下进行采掘活动；

(b) 如果未能提交本土成分计划；

(c) 如果未能满足本土成分计划的成分要求；或

(d) 如果未能向委员会提交本土成分实施报告或年度工作计划，

则构成犯罪，一经定罪，可处采掘活动所得收益百分之五的罚款，但不得超过二百万先令，或撤销与采掘活动有关的合同。

（5）违反本法未规定刑罚措施的罪行的人，将被处以不超过八十万先令的罚款或不超过十二个月的有期徒刑，或两者兼罚。

55.（1）法人团体或协会根据本法，构成犯罪的，则：

（a）董事，高级职员或合伙人；或

（b）犯罪发生时的主管人员，

被视为犯罪，除非能证明该犯罪未经其同意或并未与其共谋，以及考虑到其职能性质和相关情况，其确已为防止犯罪的发生尽最大努力。

（2）若法人团体或协会未被定罪，也可根据第1款对个人提起公诉。

（3）第1款的规定不影响法人团体或协会对该款的犯罪承担法律责任。

56. 若经营者根据本法构成犯罪，内阁秘书可在规定的期限内吊销或中止根据本法颁发给经营者的许可证。

57. （1）内阁秘书应与委员会协商制定一般条例，以便更好地实施本法的规定。

（2）根据第1款的规定，内阁秘书可制定以下条例：

（a）根据本法制定经营者和关联实体应达到的最低标准；

（b）培训采掘业人员的最低标准、设施、人员和技术；

（c）跨国实体和各经济领域的制造业、服务公司与已认证的当地公司之间，为技术收购而成立的合资企业或伙伴关系的条件和目标；

（d）就有关采掘活动价值链中肯尼亚公司国内能力的利用和增长制定目标；

（e）为促进肯尼亚采掘业的研究和开发制定要求和目标；

（f）根据本法制定经营者或关联实体需要提交的具体信息。

（3）根据第2款制定的条例可为下列事项规定不同的标准以及其他规定：

（a）为被忽视的儿童提供不同类型或种类的服务；以及

（b）不同种类的相关许可证。

（4）为《宪法》第94条第6款的目的：

（a）县级执行委员会成员制定法规的权力，仅限于实施本法以及实现本条第1款的目标；以及

（b）根据《解释和一般规定法》和2013年的《制定法文件法》

制定的有关附属立法的原则和标准，应适用于根据本法制定的条例。

第七部分　过渡条款

58. 自本法生效后，与肯尼亚采掘业的经营、交易有关的所有石油和天然气安排、协议、合同或谅解备忘录：

（a）在本法生效前已存在的，应继续有效，就如同根据本法订立的一样；以及

（b）在本法生效后订立的，应当符合本法规定。

附　件

有关委员会会议守则的规定

1. 委员会应至少每三个月召开一次会议以处理委员会事务。

2. 若主席认为有利于处理委员会事务，可主动或应委员要求，随时召开委员会特别会议。

3. 除特别会议或除非有四分之三的委员同意外，委员会的每次会议应至少提前 14 日由主任书面通知委员会成员。

4. 委员会会议的法定人数为委员的半数或委员会就重要事项所决定的更多的人数。

5. 主席应主持委员会的会议，若主席缺席，应由副主席或在出席会议的成员中选择一名委员会成员主持会议。

6. 委员会的事项应由出席并参加表决的多数成员决定，若票数相等，主持人有权投决定票。

7. 委员会的议事程序不得因委员缺额或委员的任命或资格具有瑕疵而无效。

8. 在委员会的第一次会议上，成员应从其成员中选出不是当然成员的副主席。

9. 除本附件的规定外，委员会可自行决定其程序以及委员会的任何

小组委员会和任何其他人出席会议的程序，并可就该程序制定现行命令。

目标和理由的备忘录

本议案的目标和理由说明

本议案旨在通过所有权、控制权和资助当地人和当地企业开采天然气、石油和其他碳氢化合物资源的活动，为开发和采用本土成分提供一个框架，以确保：

(a) 本土经济的发展；

(b) 促进行业发展；

(c) 提高本土能力；

(d) 培养具有技能的劳动力；以及

(e) 创建有竞争力的供应商基地。

本议案以《宪法》第69条第1款规定的国家义务为前提，除此之外：

(a) 确保环境和自然资源的可持续开发、利用、管理和保护，并确保公平分享可得利益；以及

(b) 为肯尼亚人民的利益利用环境和自然资源。

此外，《宪法》第66条第2款进一步规定：

议会应通过立法，确保财产投资有益于当地社区及其经济。

特定地区自然资源的发现和开发，一直使发现资源的当地社区和国家期望在经济和社会上得到发展，并且资源开发的好处将逐渐惠及社区。然而，人们发现，情况往往并非如此，特别是由于：

(a) 当地社区缺乏参与采掘活动或相关活动的能力或缺乏参与上述过程的能力；

(b) 缺乏技术和专业技能；

(c) 缺乏公众参与；以及

(d) 缺乏开发自然资源的法律框架，以确保获得的利益能够流向社区和整个国家。

因此，本议案旨在提供一个框架，以确保采掘业价值链中各层面的本土成分，通过：

（a）当地社区参与采掘业价值链，从而提高当地人参与采掘过程后的收入；

（b）确保土地所有人和资源拥有者获得应得的收入；

（c）以当地社区、当地企业和金融机构的收入流动为目标。

因此，预计本议案将通过增加就业机会和确保采购当地生产的商品和服务，促进当地经济发展，促进当地行业发展、能力建设和提高当地在商品和服务供应方面达到国际标准的能力。

关于授予立法权和限制基本权利和自由的声明

本议案既未授予立法权，也未限制基本权利和自由。

关于本议案与县级政府关系的声明

本议案制定的框架规定与自然资源的勘查有关的利益将流向发现资源的当地社区。预计资源的开发将直接影响县级政府的经济。因此，预计县级政府更倾向确保实现本议案规定的本土成分。综上，本议案是根据《宪法》第110条第1款（a）项适用于县级政府的议案。

本议案不是《宪法》第114条所指的金融议案的声明

本议案不是《宪法》第114条所指的金融议案。

参议员，GIDEON MOI

2018年2月21日

（二）2014年《能源（本土成分）条例》

根据2014年《能源法》第255条第1款（b）项授予的权力，内阁秘书制定如下条例：

第一部分 基本规定

1. 本条例可被援引为2014年《能源（本土成分）条例》。
2. 在本条例中，除另有规定：

"串通投标",是指以不正当手段对投标事项进行操纵;

"卡特尔化",是指生产同类商品的企业相互串通,同意通过产量和销售控制市场供求关系,以提高产品和服务的价格而形成的联盟关系;

"机构(Unit)",是指根据本条例第7条设立的本土成分机构;

"共同认证体系",是指在肯尼亚上游石油行业建立的具有资格的服务提供商单一集中化系统,对服务提供人的能力、实力和本土成分优势进行排名和分类,并对其表现进行追踪和监测;

"欺诈(front)",是指以欺骗或特定方式隐瞒公司不是肯尼亚当地公司的事实;

"肯尼亚当地公司",是指根据第486章法律《公司法》而成立的公司:

(a) 肯尼亚公民至少拥有该公司51%的股权;且

(b) 肯尼亚公民占有该公司至少80%的行政或高级管理岗位以及100%的非管理岗位;

"被许可人",是指根据本条例被授予许可证从事能源活动的人;

"本土成分",是指利用肯尼亚的当地知识、商品、服务、人员、商业和融资,以便推动国民能力和实力得到系统性发展,从而促进肯尼亚经济发展;

"本土成分监管",是指追踪或监管条例的遵守情况;

"长期本土成分计划",是指附件一中规定的为期五年的本土成分计划;

"分包商"是指与被许可人或承包商签订提供服务、工作、商品合同的第三方;

"能源",是指可使用的任何来源的电能、机械能、水能、气动能、化学能、核能或热能,包括电力、石油(不包括上游石油活动)、煤炭、地热能、流体、生物质能以及其所有衍生物、城市废弃物、太阳能、风能和潮汐能;

"能源活动",是指生产、运输和向消费者提供能源的全部活动,包括能源的产生、传输、分配、零售、交易和相关的配套服务。

3. 本条例适用于与能源经营活动有关的本土成分。

第二部分 本土成分义务

4. 被许可人、承包商及其分包商，以及其他从事能源行业相关活动实体应确保本土成分成为他们能源经营活动中的组成部分。

5. 被许可人、承包商及其分包商，以及其他相关实体，在开展能源活动的任何工作前，应设立一个当地办公室，进行采购、项目管理和实施决策，以使能源监管委员会满意。

6. （1）根据《能源法》第251条第1款的规定，被许可人、承包商及其分包商在雇用和培训的相关操作中，应优先考虑肯尼亚公民。

（2）在符合相关规定的条件下，应优先考虑肯尼亚提供的服务、肯尼亚制造的商品、肯尼亚当地可以获取的商品以及肯尼亚公民。

（3）非肯尼亚当地公司若计划向肯尼亚的被许可人、承包商及其分包商或该国的其他实体提供商品、工作或服务，应与肯尼亚当地公司注册成立合资公司或作出其他商业安排，肯尼亚当地公司应至少获得合资公司10%的股权或合同价值。

（4）被许可人、承包商或其分包商以及任何其他实体在开展能源活动之前，应向能源监管委员会提供计划阐明：

（a）肯尼亚当地公司的作用及职责；

（b）肯尼亚当地公司的参与或合同价值；以及

（c）向肯尼亚当地公司转让技术和知识的策略。

7. 能源监管委员会应设立本土成分发展和监管机构（以下简称"本土成分机构"），以监管、协调和执行本条例的规定。

8. （1）在肯尼亚开展任何能源活动前应申请许可证、执照或权益，被许可人应向能源监管委员会提交本土成分计划，以证明其符合本条例对肯尼亚本土成分的要求。

（2）被许可人应确保其承包商或分包商或开展任何能源活动的任何其他实体应向被许可人提供本土成分计划，并提交给能源监管委员会，以证明其符合本条例对肯尼亚本土成分的要求。

（3）被许可人应在收到其承包商或分包商或开展任何能源活动的任何其他实体本土成分计划后的七（7）天内，将本土成分计划提交给能源监管委员会。

（4）能源监管委员会应在收到本土成分计划后的七（7）天内进行确认，并将本土成分计划提交给本土成分发展和监管机构。

9.（1）本土成分机构在收到根据本条例第 8 条第 4 款的规定提交的本土成分计划后的二十一（21）天内，审查和评估该计划，并以书面形式将该建议通知能源监管委员会。

（2）若该本土成分计划符合本条例的规定，则本土成分机构应将该计划推荐给能源监管委员会进行批准。

（3）若该本土成分计划不能使本土成分机构满意，则本土成分机构应向能源监管委员会提供拒绝该计划的理由。

（4）能源监管委员会应在收到本土成分机构批准建议七（7）天内，将批准符合本条例规定的本土成分计划的决定告知申请人。

（5）根据本土成分机构的建议，能源监管委员会决定不批准部分或全部的本土成分计划的，应在作出决定后的七（7）天内通知申请人，并以书面方式说明拒绝理由。

（6）若能源监管委员会拒绝批准申请人提交的本土成分计划，申请人应：

（a）根据委员会的建议修改本土成分计划；且

（b）于十四（14）天内，将修改后的本土成分计划提交给委员会。

（7）若能源监管委员会未能通知申请人修改后的本土成分计划批准与否，则在提交六十（60）天后，修改后的本土成分计划应被视为已被批准。

10.（1）提交给能源监管委员会的本土成分计划应确保：

（a）优先考虑本国提供的服务以及国内制造的商品，只要此类商品符合肯尼亚标准局或其他国际认可标准所认可的源行业规格；

（b）优先考虑雇用符合条件的肯尼亚人；且

（c）为肯尼亚人提供充足的就业培训；以及

（2）在符合本条第 1 款的情况下，本土成分计划应具有以下子计划：

（a）雇用、培训和岗位继任计划；

（b）研究和开发计划；

（c）技术转让计划；

（d）法律服务计划；以及

（e）本条例规定的财政和保险服务计划。

合同中的本土成分水平和要求

11.（1）肯尼亚的能源开发应符合附件一有关最低本土成分要求的规定。

（2）被许可人、承包商或其分包商以及任何其他实体应符合附件一规定的最低本土成分要求。

（3）在符合本条第 2 款的规定下，能源监管委员会在确定应实现的本土成分水平时，应考虑被许可人、承包商或其分包商以及任何其他实体在相关协议、许可或许可证中列明的经营活动。

（4）虽然有第 3 款的规定，内阁秘书在与能源监管委员会协商后，仍可改变附件一中的最低本土成分要求。

12. 被许可人、承包商或其分包商以及任何其他实体应建立并实施招标程序，以获取商品、工程和服务，并优先考虑肯尼亚当地公司。

13.（1）被许可人、承包商或其分包商以及任何其他实体，不得仅根据最低价中标原则获得合同。

（2）若肯尼亚当地公司具有执行商品、工程和服务合同的能力，则不应仅以肯尼亚当地公司不是最低价投标人为由而取消其资格。

（3）若符合条件的肯尼亚当地公司的投标总价不超过最低报价的 10%，则应由该肯尼亚当地公司获得合同。

（4）在评标过程中，如果评标被确定为相等，则应选择包含最高水平本土成分的标书。

（5）如果一个非肯尼亚当地公司被要求向被许可人、承包商、分包商或任何其他实体提供商品和服务，则该非肯尼亚当地公司应：

（a）在肯尼亚成立、经营一家公司；且

（b）在可行的情况下，与肯尼亚当地公司合作提供商品和服务。

（6）能源监管委员会应根据相关法律法规制定评标指南，以确保达到本条例本土成分目标的逐年发展。

14.（1）从事能源活动的被许可人、承包商以及任何其他实体，应在每季度的第一天前向能源监管委员会提交以下清单：

(a) 独家采购的合同或采购订单；以及

(b) 合同或采购订单预计超过相当于 10 万美元的肯尼亚先令，并计划在下一季度投标或执行。

上述规定只适用于非当地供应商。

（2）被许可人、承包商或其分包商以及任何其他实体应提供每份合同或订购单中由本条例第 15 条规定的信息。

15.（1）能源监管委员会在认为必要时应审查由被许可人、承包商或其分包商以及任何其他实体订立的合同，以确保符合本土成分要求。

雇用和培训计划以及岗位替代计划

16.（1）被许可人、承包商或其分包商以及任何其他实体就能源活动向能源监管委员会提交的雇用和培训计划应包括：

(a) 被许可人、承包商或其分包商以及任何其他实体的雇用和培训需求的预测，包括：

(i) 所需技能的说明；

(ii) 肯尼亚劳动力缺少的预期技能；

(iii) 可用的企业实习计划清单；

(iv) 具体的培训要求；和；

(v) 被许可人、承包商或其分包商以及任何其他实体在执行雇用、培训和替代计划中所预测的预计支出；

(b) 被许可人、承包商以及任何其他实体在能源活动的每个阶段为肯尼亚劳动力提供就业机会的时间范围，以使肯尼亚劳动力成员为此类机会做好准备；以及

(c) 为加快对肯尼亚人的培训而作出的努力和采取的程序。

（2）被许可人、承包商或其分包商以及任何其他实体应向能源监管委员会提供关于以下方面的半年度报告：

（a）报告期间内的雇用和培训活动；和

（b）对雇用和培训计划与实际进行的雇用和培训活动进行比较分析，以监督实施情况。

（3）季度报告应说明各季度新雇用的肯尼亚当地人的人数及其岗位说明。

（4）为实施本条例，能源监管委员会认为在必要时，可要求提供进一步的材料。

（5）若肯尼亚当地人由于缺乏专业知识而没有被雇用，被许可人、承包商或其分包商以及任何其他实体应使能源监管委员会确信，他们已尽一切合理努力在当地或其他地方向肯尼亚当地人提供培训。

17.（1）作为雇用和培训计划的一部分，被许可人、承包商以及任何其他实体，应向能源监管委员会提交一份不是由肯尼亚当地人担任的就业职位的替代计划，以确保达到附件一中规定的最低本土成分要求。

（2）替代计划应规定并要求肯尼亚当地人在能源监管委员会根据具体情况确定的期限内，达到非肯尼亚当地人所担任职位的要求，此后，非肯尼亚当地人所担任的职位应由肯尼亚当地人担任。

18. 从事能源活动的被许可人、承包商或其分包商以及任何其他实体，在初级或中级职位应仅雇用肯尼亚当地人。

研究、研发方案和预算计划

19. 在获得执行协议、许可或许可证之后，被许可人、承包商或其分包商以及任何其他实体在开展能源活动之前，应向能源监管委员会提交研究、研发和预算方案，以在肯尼亚促进与其整体业务和活动有关的教育、实习、培训、研究、研究开发。

20.（1）承包商或其分包商、被许可人以及任何其他实体向能源监管委员会提交的与能源活动有关的研究和开发计划应：

（a）概述将在肯尼亚进行的与能源相关的研究和研发的 3—5 年计划；

（b）提供实施研究和研发计划所预计支出的详细信息；

（c）为与承包商或其分包商、被许可人以及任何其他实体的活动

相关的研究和研发计划进行公开征集，并选择有资格获得支持的提案标准；以及

（d）在研究和研发领域，提供与能源和石油研究所、肯尼亚大学和其他肯尼亚培训、学习和研究机构进行合作的方式。

（2）从事能源活动的被许可人、承包商或其分包商以及任何其他实体应：

（a）每年更新其研究和研发计划；以及

（b）将更新后的计划提交给能源监管委员会审核批准。

技术转让计划和报告

21. 能源监管委员会应与有关部委、部门和机构协商，制订并发布能源领域的国家技术转让计划。

22. 从事能源活动的被许可人、承包商或其分包商以及任何其他实体应根据国家技术转让计划支持和实施技术转让方案，并优先推动向肯尼亚转让能源行业的技术。

23. 从事能源活动的被许可人、承包商或其分包商以及任何其他实体提交的技术转让计划，应包括旨在促进被许可人、承包商或其分包商以及任何其他实体向肯尼亚当地公司、已建立的卓越中心或公民有效转让技术的方案和规划。

24.（1）从事能源活动的被许可人、承包商或其分包商以及任何其他实体应支持和促进肯尼亚当地公司、公民与外国承包商、服务公司、供应公司之间关于成立合资企业、合伙许可协议的技术转让。

（2）内阁秘书应与有关政府机构协商，提出财政激励措施，以协助：

（a）旨在发展肯尼亚公民的技术能力和技能的非肯尼亚当地公司；以及

（b）在本国设立工厂和生产单位的肯尼亚当地公司。

（3）为本条第 2 款的目的，所协商的政府机构应与能源监管委员会合作。

（4）能源监管委员会应制定获得财政激励措施的标准。

25. 从事能源活动的被许可人、承包商或其分包商以及任何其他实

体，应每年向委员会提交技术转让报告，说明正在采取的技术转让措施以及与技术转让计划有关的最新结果。

本土保险服务成分

26.（1）从事能源活动的被许可人、承包商或其分包商以及任何其他实体应遵守第147章《保险法》的规定。

（2）与本国能源活动有关的可保风险应通过肯尼亚保险公司或肯尼亚经纪公司或再保险经纪人（如适用）进行投保。

27.（1）与本国能源活动有关的离岸保险服务，应获得保险监管机构的书面批准。

（2）保险监管机构在批准在境外购买保险服务时，应确保肯尼亚当地的能力已完全耗尽。

法律和金融服务内容

28. 从事能源活动的被许可人、承包商或其分包商以及任何其他实体需要本国法律服务的，应仅使用肯尼亚法律从业人员的服务或其主要办事处设在肯尼亚的肯尼亚律师事务所的服务。

29. 提交给能源监管委员会的法律服务计划应包括：

（a）前六个月法律服务开支使用情况的综合报告；

（b）未来六个月内所需法律服务的预测（如适用）和服务的预计支出；以及

（c）以肯尼亚先令和美元报价的下一年度法律服务预算。

30.（1）从事能源活动的被许可人、承包商或其分包商以及任何其他实体需要金融服务的，应仅保留肯尼亚金融机构或组织的服务。

（2）尽管有本条第1款的规定，被许可人、承包商或其分包商以及任何其他实体在肯尼亚金融机构或组织无法提供此类服务的情况下，经能源监管委员会批准，可使用外国金融机构或组织的服务。

31. 从事能源活动的被许可人、承包商或其分包商以及任何其他实体向能源监管委员会提交的金融服务子计划，应具体说明以下内容：

（a）前六个月金融服务的开支使用；

(b) 未来六个月内所需金融服务的预测和金融服务的预计支出；以及

(c) 前六个月使用的金融服务清单，所提供的金融服务性质以及被许可人、承包商或其分包商以及任何其他实体所支付的金融服务支出。

32. (1) 从事能源活动的被许可人、承包商或其分包商以及任何其他实体，应在肯尼亚的银行开设银行账户，并通过肯尼亚的银行进行交易。

(2) 在本条例中，"肯尼亚银行"是指肯尼亚中央银行授权的肯尼亚银行。

本土成分业绩报告

33. (1) 从事能源活动的被许可人、承包商或其分包商以及任何其他实体，在能源活动开始后的每年年初四十五（45）天内，应向能源监管委员会提交一份该年度本土成分业绩报告，其中包括该年度的所有项目和活动。

(2) 该报告应按照能源监管委员会规定的格式，并应：

(a) 按支出类别，分别说明以当前成本和累计成本为基础的本土成分；并

(b) 说明肯尼亚当地人和外国人的工作时间、工作职位和报酬；

(c) 说明对肯尼亚当地人和外国人进行的培训、行业和技术转让成果；

(d) 说明商品、工程和服务的实际采购情况；

(e) 能源监管委员会可能要求提供的其他资料。

34. (1) 能源监管委员会应在收到本土成分业绩报告后四十五（45）天内，对其进行评估和审查，以确保其符合本条例的规定。

(2) 为评估和核实报告，从事能源活动的被许可人、承包商或其分包商以及任何其他实体，应允许能源监管委员会的工作人员或指定代理人查看其设施、文件和委员会可能要求的信息。

35. (1) 从事能源活动的被许可人、承包商或其分包商以及任何其

他实体应确保其合作伙伴、承包商、分包商以及其他实体有合同义务向能源监管委员会报告本土成分信息，并确保记录的安全保管。

（2）从事能源活动的被许可人、承包商或其分包商以及任何其他实体，应允许能源监管委员会的指定代理人或工作人员查看被许可人、承包商以及任何其他实体的记录，以评估和核实向能源机构委员会报告的本土成分信息。

36.（1）能源机构委员会应建立一个数据库，其中包含满足本土成分要求的本地供应商、服务提供商和其他实体的详细信息。

（2）任何人可在工作时间内：

  （a）查阅能源机构委员会保存并指定为公共记录的与本土成分有关的记录；或

  （b）要求提供该人有权查阅任何文件的核证副本或摘录。

（3）任何人享有的查阅或获得由能源机构委员会以电子形式存档或保存的文件副本的权利，只适用于能源机构委员会决定以书面形式复制的文件。

（4）要求提供文件摘录或核证副本的申请，应附有能源机构委员会确定的费用。

（5）能源监管委员会应在其网站上发布与本条例、本土成分和本地参与要求有关的信息。

37. 能源监管委员会应开展公众教育和宣传活动，以教育被许可人、承包商或其分包商以及任何其他实体、公众和行业利益相关者了解本土成分的政策和理念，并确保这些规定的实施。

38.（1）从事能源活动的被许可人、承包商或其分包商以及任何其他实体应：

  （a）将本土成分政策、程序和义务传达给被许可人、承包商或其分包商以及任何其他实体雇用的执行能源活动的任何人；并

  （b）监督并确保遵守本土成分的政策、程序和义务。

（2）尽管有本条第1款的规定，被许可人、承包商或其分包商以及任何其他实体应在其各自的网站上公开该承包商、被许可人以及任何其他实体的本土成分政策、程序和义务。

39.（1）能源监管委员会可发布准则，规定以电子形式提交本条例的相关文件的系统。

（2）电子文件归档系统应规定：

　　（a）授权人员以电子形式归档文件的标准；以及

　　（b）归档文件的安全和认证。

40.（1）能源监管委员会应建立并不断审查可有效实施本条例的准则和程序。

（2）在不影响本条第1款规定的情况下，能源监管委员会应与相关机构协商，要求从事能源活动的被许可人、承包商或其分包商以及任何其他实体应遵守以下方面的准则：

　　（a）本国能源领域研究和研发所增长的要求和目标；

　　（b）本国能源领域培训的最低标准、设施、人员和技术；

　　（c）在本国投资或设立设施、工厂、生产单位或其他业务以进行任何生产、制造或提供以其他方式进口到本国的与能源领域有关的服务；以及

　　（d）本条例的通常实施。

41.能源监管委员会应监测从事能源活动的被许可人、承包商或其分包商以及任何其他实体的活动，以确保符合本土成分框架内国家能源和石油政策的规定。

42.（1）为实施本条例，能源监管委员会可以对从事能源活动的被许可人、承包商或其分包商以及任何其他实体的活动进行调查。

（2）在不影响本条第1款规定情况下，能源监管委员会可开展调查，以确保：

　　（a）肯尼亚公司原则不因欺诈操作而被破坏；或

　　（b）在采购过程中避免串通投标和同盟。

43.（1）编造和提交虚假计划、申报表、报告或其他文件的人，构成犯罪，一经简易程序定罪，可处50万先令以上罚款或三（3）年以上监禁，或两者并处。

（2）为达到本条例规定的本土成分要求，而进行欺诈或与非当地公司或外国人共谋、以代表肯尼亚当地公司的身份欺骗能源监管委员会的

公民，构成犯罪，一经简易程序定罪，可处不少于 100 万先令的罚款或五（5）年以上监禁，或两者并处。

（3）为达到本条例规定的本土成分要求，与肯尼亚公民或肯尼亚当地公司共谋，以代表肯尼亚当地公司的身份欺骗能源监管委员会的人员，构成犯罪，一经简易程序定罪，可处不少于 50 万先令的罚款或三（3）年以上监禁，或两者并处。

（4）下列人员，如果未能：

（a）根据国家技术转让计划，支持和执行一项方案；

（b）支持和促进肯尼亚当地公司、肯尼亚公司、公民与外国承包商、服务公司、供应公司之间的合资企业、合伙许可协议；或

（c）确保其合作伙伴、承包商、分包商以及任何其他实体向承包商报告本土成分信息；以及

（d）向从事能源活动的被许可人、承包商或其分包商以及任何其他实体雇用的人员传达本土成分政策、程序和义务；

则违反了本条例规定，可处向能源监管委员会支付 50 万先令的行政罚款，若继续违反本条例，则每天再处以行政罚款 5% 的罚款。

（5）下列人员，如果未能：

（a）设立当地办公室；或

（b）遵守任何能源活动的最低本土成分要求；或

（c）遵守本条例第 12 条规定；或

（d）在初级或中级职位仅雇用肯尼亚当地人；或

（e）通过本地经纪公司或再保险经纪公司投保本国能源活动的可保风险；或

（f）在获得与能源活动有关的保险服务时，获得保险监管机构的书面批准；或

（g）只保留肯尼亚法律从业人员或肯尼亚律师事务所的服务；或

（h）在肯尼亚境内的肯尼亚银行开立银行账户；

则违反了本条例的规定，应向能源监管委员会支付不少于 100 万先令的行政罚款；

（i）若承包商的违规行为在规定的纠正时间之后继续存在，能源监管委员会应扣留承包商开展能源活动所需的批准和许可，直到此类违规行为得到纠正为止；

（j）若分包商、被许可人以及任何其他实体的违规行为在一次纠正违规行为之后继续存在，能源监管委员会应将被许可人、承包商或其分包商，以及任何其他实体的名称从登记册或注册从事能源活动的名单中删除。

（6）未能在本条例规定的期限内提供信息或文件的，应首先向能源监管委员会支付不少于100万先令的罚款，并在未提交该文件的每一天再支付行政罚款10%的罚款。

（7）被许可人、承包商或其分包商以及任何其他实体，如果未能：

（a）满足本土成分要求的情况下进行能源活动；或

（b）提交本土成分计划；或

（c）满足本土成分计划的要求；或

（d）将拟定的合同或采购订单通知能源监管委员会，

则违反了本条例规定，并应向能源监管委员会支付所涉能源活动违规所得收益5%的罚款，但罚款不得超过一亿先令，或取消能源运营协议、许可或执照。

（8）根据本条第4、5、6、7款须缴纳的罚款，若未在通知规定的期限内缴纳，应视为肯尼亚共和国的债务，能源监管委员会可向具有司法管辖权的法院提起诉讼。

44. 对能源监管委员会根据本条例作出的决定有异议的，可在三十（30）天内向能源和石油法庭提出上诉，能源和石油法庭应在收到投诉后六十（60）天内，根据2014年《能源法》第20条的规定作出裁决。

45. 本条例生效三（3）个月后，从事能源活动的被许可人、承包商或其分包商以及任何其他实体应遵守本条例。

附件一

商品和服务的最低本土成分

第1部分 执照、许可或协议生效之日起应达到的本土成分要求

	项目	开始阶段	项目阶段的50%	项目阶段的75%
1.	商品和服务	30%	60%	80%
2.	招聘与培训			
（a）	管理人员	30%	40%—60%	70%—80%
（b）	技术核心人员	20%	40%—60%	70%—80%
（c）	其他员工	70%	90%	100%

第2部分 应达到的特定水平

1. 前端工程设计（FEED）详细设计和其他工程服务

类型	开始阶段	项目阶段的50%	项目阶段的75%	计量单位
1.1 发电厂和大容量变压器的前端工程设计和详细工程设计	10%	50%	80%	工时
1.2 水坝、液化天然气设施或油井的前端工程设计和详细工程设计	10%	40%	70%	工时
1.3 高中压输电线路、变电站和变压器的前端工程设计和详细工程设计	20%	50%	70%	工时
1.4 低压输电线路、变电站和变压器的前端工程设计和详细工程设计	30%	70%	90%	工时
1.5 地热井的前端工程设计和详细工程设计	10%	30%	70%	工时

2. 制造与建造

类型	开始	5 年	10 年	计量单位
2.1 大坝、水库、井口、风能和太阳能场	20%	50%	80%	体积
2.2 钻井模块或包装	20%	50%	90%	吨位
2.3 桩、锚、浮标、夹套、桥梁、火炬扫寻、储罐、压力容器	20%	50%	80%	吨位
2.4 顶侧模块（处理模块和存储模块）	10%	30%	50%	吨位
2.5 舱位模块	10%	40%	70%	吨位
2.6 电力线系统、塔架和变电站系统	10%	40%	80%	吨位
2.7 管道系统	10%	50%	100%	吨位
2.8 生物质发电厂	10%	50%	100%	吨位
2.9 实用程序模块或软件包	10%	20%	50%	吨位

3. 材料与采购

类型	开始	5 年	10 年	计量单位
3.1 钢板、平板、型材	40%	80%	100%	吨位
3.2 钢管	40%	80%	100%	吨位
3.3 低压电缆	60%	80%	90%	长度
3.4 高压电缆	60%	80%	90%	长度
3.5 阀门和泵	20%	40%	60%	数量
3.6 钻井泥浆——膨润土	40%	70%	80%	吨位
3.7 水泥	40%	70%	80%	吨位
3.8 热交换器和其他管道配件	10%	50%	80%	数量
3.9 钢丝绳和其他系泊配件	30%	60%	80%	吨位
3.10 防护漆	50%	70%	90%	升
3.11 玻璃纤维增强环氧树脂（GRE）管道	20%	50%	70%	吨位
3.12 变压器	40%	70%	80%	数量
3.14 木杆和混凝土杆	30%	50%	80%	数量
3.15 导体	30%	60%	80%	长度
3.16 米	50%	70%	90%	数量
3.17 螺栓和螺母	60%	70%	90%	吨位
3.18 钢筋	30%	70%	90%	吨位
3.19 屋面材料	50%	70%	90%	吨位

4. 地热钻井服务

类型	开始	5 年	10 年	计量单位
4.1 水库服务	20%	40%	75%	支出
4.2 完井服务（永久仪表和智能井）	20%	40%	80%	支出
4.3 有线服务（电裸眼、套管电眼、钢丝）	30%	50%	60%	工时
4.4 随钻测井（LWD）（方向和倾角或伽马射线）	30%	50%	70%	工时
4.5 生产或钻井服务	30%	60%	85%	工时
4.6 2D 地震数据采集服务	30%	60%	85%	长度
4.7 大修或增产服务	30%	60%	95%	工时
4.8 井口服务	30%	60%	85%	工时
4.9 定向测量服务	20%	50%	85%	工时
4.10 减少注料或减少处理服务	40%	70%	90%	工时
4.11 重新安排检查服务	40%	60%	85%	工时
4.12 套管井测井服务（陀螺仪、射孔仪、量规、陀螺仪 PLT 性能、PLT 量规）	40%	70%	90%	工时
4.13 油井观察服务	30%	50%	70%	工时
4.14 水泥服务	40%	60%	75%	工时
4.15 连续油管服务	20%	40%	75%	工时
4.16 抽水服务	40%	70%	95%	工时
4.17 流体或井底采样服务	40%	60%	80%	工时
4.18 OCTS 服务（清理加硬带、重新切割、重新穿线、存储）	40%	70%	95%	工时
4.19 井危机管理服务	20%	60%	90%	工时
4.20 其他钻井服务	30%	60%	80%	工时
4.21 岩石物理解释服务	30%	50%	75%	体积/工时
4.22 扩展的试井或早期生产服务，包括提供浮动或自升式生产装置	10%	20%	50%	支出
4.23 钻杆租金	40%	60%	75%	支出

5. 与国内服务有关的研究与开发

类型	开始	5年	10年	计量单位
5.1 工程研究—水库、设施、风能和太阳能场、可再生资源等	20%	40%	60%	支出
5.2 施工方法和技术研究	20%	30%	90%	支出
5.3 安全和环境研究	40%	70%	90%	支出
5.4 当地材料替代研究	20%	40%	75%	支出

6. 运输、供应和处置服务

类型	开始	5年	10年	计量单位
6.1 拖轮、遥控车（ROV）支撑、驾驶辅助船	30%	60%	80%	支出
6.2 驳船	30%	60%	90%	支出
6.3 住宿平台、船舶	30%	70%	90%	支出
6.4 处理、分配和废物运输服务	80%	90%	100%	支出
6.5 租赁起重机和专用车辆	80%	90%	100%	支出
6.6 货运代理、物流管理服务	80%	90%	100%	支出
6.7 供应基地、仓库、仓储服务	50%	80%	90%	支出
6.8 卡车包装产品、运输服务	80%	90%	100%	支出
6.9 维护服务	80%	90%	100%	支出

7. 健康、安全和环境服务

类型	开始	5年	10年	计量单位
7.1 现场清理服务	30%	60%	90%	工时
7.2 污染控制	20%	30%	45%	支出
7.3 废水处理和处置服务	40%	60%	80%	工时
7.4 消防和气体保护系统服务	40%	60%	80%	工时
7.5 通风、供暖卫生服务	50%	70%	85%	工时
7.6 废物处理、排水服务	50%	80%	90%	工时
7.7 工业清洁服务	50%	80%	90%	工时
7.9 安全、保护、安保、消防系统服务	30%	50%	90%	支出
7.10 机电部件维护服务	30%	50%	90%	工时
7.11 设备经纪服务	50%	70%	90%	支出
7.12 临时住宿营地服务	50%	60%	80%	支出

续表

类型	开始	5 年	10 年	计量单位
7.13 餐饮服务	100%	100%	100%	支出
7.14 清洁和洗衣服务	100%	100%	100%	支出
7.15 安全服务	100%	100%	100%	支出
7.16 医疗服务	40%	60%	90%	支出
7.17 其他配套服务	50%	80%	90%	支出

8. 信息系统、信息技术和通信服务

类型	开始	5 年	10 年	计量单位
8.1 网络安装、支持服务	80%	90%	95%	支出
8.2 软件开发	40%	60%	80%	支出
8.3 软件支持服务	60%	80%	90%	支出
8.4 基于计算机的建模服务	20%	50%	70%	支出
8.5 计算机模拟和培训方案服务	20%	50%	70%	支出
8.6 硬件安装支持服务	80%	90%	100%	支出
8.7 操作系统安装和支持服务	80%	90%	100%	支出
8.8 用户支持和服务台服务	20%	50%	80%	支出
8.9 信息技术管理咨询服务	30%	50%	80%	支出
8.10 数据管理服务	30%	50%	80%	支出
8.11 电信安装和支持服务	50%	70%	90%	支出
8.12 其他信息技术服务	30%	50%	80%	支出

9. 海上作业和后勤服务

类型	开始	5 年	10 年	计量单位
9.1 电信服务	50%	70%	90%	工时
9.2 为国内沿海服务提供船员	80%	90%	95%	数量
9.3 驾驶或 ROV 或潜水作业	20%	40%	70%	工时
9.4 连接和调试,包括海上安装服务	20%	40%	75%	工时
9.5 疏浚服务	50%	70%	90%	工时/支出
9.6 砾石和岩石倾倒服务	80%	90%	95%	工时
9.7 浮式储存装置(FSU)	25%	35%	45%	工时
9.8 海底管道保护服务	10%	40%	70%	工时
9.9 安装水下设备包	10%	30%	60%	工时
9.10 系泊系统服务	60%	70%	90%	工时

三　尼日利亚

《石油和天然气行业成分发展法》
2010 年第 2 号法案

本法旨在为尼日利亚石油和天然气行业中尼日利亚成分的发展、尼日利亚成分计划、尼日利亚成分的监督、协调、监测和实施及其他相关事宜作出规定。

（本法自 2010 年 4 月 22 日实施）
本法由尼日利亚联邦国民大会制定。

第一部分　尼日利亚石油和天然气行业成分发展

1. 即使《石油法》或任何其他法令或法律中有相反规定，本法的规定仍适用于在尼日利亚石油和天然气行业中或与之有关的所有经营或交易中涉及尼日利亚成分有关的所有事项。

2. 参与尼日利亚石油和天然气行业的任何项目、运营、活动或交易的所有监管机构、运营商、承包商、分包商、联盟合作伙伴和其他实体均应将尼日利亚成分视为其项目总体开发和项目执行管理理念的重要组成部分。

3. （1）在符合石油资源部部长确定的条件下，在授予石油区块、油田许可证、取油许可证以及在尼日利亚石油和天然气行业中所有应授予合同的项目中，应首先考虑尼日利亚的独立运营商。

（2）尼日利亚本土服务公司应被给予专门考虑，如果此类公司能够证明拥有设备、尼日利亚人力资源和能力，能够进行本法附件中所列举的尼日利亚石油和天然气行业中地面和沼泽地施工区域的合同和服务投标工作。

（3）遵守本法规定并促进尼日利亚成分发展，是尼日利亚油气行业中竞标石油勘探、生产、运输和开发或任何其他业务时，授予执照、许可证和任何其他利益的主要标准。

4. 根据本法设立的尼日利亚成分监管局（以下简称"尼日利亚成分局"）应制定程序，以指导、监督、协调和实施本法的各项规定。

5. 该局实施本法各项规定，以确保在尼日利亚石油和天然气行业的所有石油和天然气的安排、项目、业务、活动或交易中，尼日利亚成分的可衡量和持续增长。

6. 在本法案生效后，与尼日利亚石油和天然气行业中的任何经营或交易相关的后续石油和天然气安排、协议、合同或谅解备忘录，均应符合本法规定。

7. 在投标尼日利亚石油和天然气行业的执照、许可证或权益以及再实施任何项目之前，运营商应向尼日利亚成分局提交证明其符合本法案的尼日利亚成分要求的尼日利亚成分计划。

8. 该局应对该计划进行审查和评估，如果确信该计划符合本法的规定，它就会向该项目的运营商颁发授权证书。

9. 为审查或评估计划目的，尼日利亚成分局可以就其根据本法行使的任何职能进行一次公开调查，只要此类审查或评估已经完成而且在自此类审查或评估开始之日 30 天内已颁发授权许可证或拒绝颁发授权许可证。

10. （1）一项计划应载有下列内容，旨在确保：

（a）应优先考虑来自尼日利亚境内的服务和在尼日利亚制造的货物；

（b）在提交的工作方案计划中，应优先考虑尼日利亚人员的培训和就业。

（2）提交成分计划的运营商、项目发起人或其他团体和雇员协会达成的、尊重本项目雇用条款和条件的集体协议，应包含与本条规定一致的条款。

11. （1）自本法案开始实施之日起，任何在尼日利亚石油和天然气行业执行的项目内容应符合本法附表规定的最低水平要求。

（2）如果在本法案附表中没有指定项目的描述，尼日利亚成分局应为该项目设定最低成分标准或等待国会通过包含该项目最低成分标准的修正案。

（3）所有运营商、联盟合作伙伴和承包商均应遵守本法案附表中所列特定项目、服务或产品规格的尼日利亚最低成分。

（4）尽管有本条第 1 款的规定，但如果本法案附表中任何物品无法满足要求，石油资源部部长可授权继续进口该相关物品，但部长作出的此类授权自本法案生效之日起不得超过 3 年。

12. 根据本法第 7 条的规定，运营商向尼日利亚成分局提交的尼日利亚成分计划应含有使该局满意的详细计划，阐明运营商及其承包商将如何优先考虑尼日利亚的货物和服务，包括具体的范例以说明它在对项目所需要的商品和服务的投标进行评估时，是如何考虑和评估这一优先事项的。

13. 由任何运营商或联盟伙伴提交给尼日利亚成分局的尼日利亚成分计划应当包含详细计划，以说明运营商或联盟伙伴打算如何确保在当地商品符合行业标准的情况下，使用当地制造的商品。

14. 所有运营商和项目发起人在评估商业报价浮动范围在 1% 内的所有投标时，应首先考虑尼日利亚成分，而且含有最高水平尼日利亚成分的投标应入选，只要入选的投标含有的尼日利亚成分应比与其最接近的竞争者至少高出 5%。

15. 所有运营商和联盟伙伴应维持采购货物和服务的投标程序，使尼日利亚本土承包商和公司有充分和公平的机会。

16. 合同的授予不应仅基于最低价者中标这一原则，在尼日利亚本土公司有能力执行此类合同时，它不应仅因为不是最低的出价者，就被认为不合格，只要其出价不超过最低出价的 10% 就行。

17. （1）运营商对价格超过 100 万美元的拟议项目、合同、分包合同和采购订单，应向尼日利亚成分局提供批准、宣传、资格预审标准、技术标准文件、技术评价标准和拟议投标人名单。

（2）运营商或项目发起人应在计划中提交足够的信息，便于尼日利亚成分局对标的物进行评估，并确保运营商或项目发起人已遵守尼日利亚成分要求。

18. （1）运营商应在每一季度第一天前向尼日利亚成分局提交一份下一季度将投标或执行的合同、分包合同和超过 100 万美元采购订单的清单。

(2) 对于每一份合同、分包合同和采购订单，该清单应予以说明：

(a) 要求提供合同有关规定或采购说明（材料和设备的规格服务或项目）；

(b) 合同、分包合同或采购订单的估价；

(c) 投标邀请函的发布日期、截止日期和授予日期；

(d) 尼日利亚成分局为执行本法规定而要求提供的任何其他资料。

19. 在不违背本法第 17 条的情况下，尼日利亚成分局应在每一季度的第一天前通知运营商，哪些合同或分包合同已由该局指定审查，并告知运营商合同或分包合同的审查结果。

20. 运营商或项目发起人在向潜在投标人宣传或通知资格审查前，应向尼日利亚成分局提交下列文件供该局审查批准：

(a) 工作范围说明；

(b) 如果这些文件与该局以前审查的标准资格预审通知不同，应提供新的资格预审通知副本；

(c) 应向其发出调查表的公司名单及应接收调查表的人员，并列明该公司总部所在地；

(d) 预计结束资格审查和开始技术评价、发出投标邀请函的日期。

21. 运营商、项目发起人或联盟伙伴应在发出投标邀请函（ITT）之前编制任何项目的投标清单：

(a) 向尼日利亚成分局提交一份投标人名单；

(b) 投标邀请函副本（尼日利亚成分局应按个别情况将其在这方面的要求通知运营商）；

(c) 投标人的公司所有权（按百分比计算的主要股东）说明；

(d) 尼日利亚的所有办事处、工厂或设施的地点；

(e) 预期投标截止日期和合同或采购订单的授予日期；

(f) 该局要求提供的任何其他信息。

22. 在向选定的投标人授予合同、分包合同或采购订单之前，运营商应向尼日利亚成分局提交：

(a) 选定承包商或供应商的名称；

(b) 指定分包商或分包商名单；

(c) 如适用，拟议的分供应商名单；

(d) 建筑或服务合同，尼日利亚的估计就业数（以人、时间计算）；

(e) 合同或采购订单开始和完成日期；

(f) 由合适运营商人员签署的授权通知书；

(g) 中标理由说明（评标）：

(i) 选定的投标人与每一投标之间价格差价的百分比；

(ii) 每个投标人的主要工作地点；

(iii) 根据该局提供的尼日利亚成分定义，估算与每个投标人投资相关的尼日利亚成分；以及

(iv) 与评标有关的其他资料，包括适用的技术、商业概要和对尼日利亚成分方面进行的评标。

23. 尼日利亚成分局对依据本法第 19 条规定收到的文件进行评估后，该局应在受理后 10 天内通知运营商哪些合同、分包合同和采购订单已指定进行审查，以及该局对此审理的满意度。

24. （1）运营商应在每季度结束后 30 天内向该局提交一份上一季度授予的所有合同、分包合同和采购订单的清单，清单上应包括超过 100 万美元的或尼日利亚成分局可能确定的其他金额的合同、分包合同和采购订单。

(2) 本清单应提供：

(a) 所有项目和服务一览表；

(b) 合同或采购订单的价值；

(c) 中标的运营商或卖主的名称；

(d) 主要工作地点；

(e) 尼日利亚成分概算；

(f) 开始和完成日期；

(g) 尼日利亚成分局为执行本法规定而要求提供的任何其他

信息。

25. 适当情况下在尼日利亚开展任何工作或活动之前，运营商或提交计划的其他机构应在项目所在地的集中区设立项目办公室，以进行项目的管理和采购决策。

26. 运营商应在项目办公室内，根据尼日利亚成分局批准的雇员名单，安排具有决策权的雇员。

27. 在不违反本法第25条的情况下，尼日利亚成分局有权要求任何运营商在其有重大经营活动的社区中保留一个办公室。

28.（1）在不违反本法第10条第1款（b）项的前提下，尼日利亚石油和天然气行业中任何运营商或项目发起人执行的任何项目应优先考虑雇用和培训尼日利亚人员。

（2）尼日利亚成分局应确保运营商或项目发起人在其重要经营区域内保持合理数量的雇员。

29. 任何运营商或项目发起人为任何项目提交的计划应包含就业和培训计划（E和T计划），其中包括：

（a）下列事项的概要：
   (i) 为运营商或项目发起人和运营商的主要承包商的雇用和培训需要，列明所需技能的细目；
   (ii) 预计的尼日利亚劳动力技能的短缺；
   (iii) 项目具体培训要求；
   (iv) 运营商在实施E和T计划时将直接支出的预测和实际支出。

（b）为项目开发和运营的每个阶段提供就业机会的框架，使尼日利亚劳动者雇员能够做好准备。

（c）运营商或项目发起人应当每一季度向尼日利亚成分局报告本报告期内的就业和培训活动，并将其与E和T计划进行比较，报告应包括：
   (i) 新员工的雇用期限；
   (ii) 雇用期间的居住地；
   (iii) 就业情况。

（d）该局为执行本法规定而要求提供的任何其他信息。

30. 如果尼日利亚人员因缺乏培训而未被雇用，运营商应在尼日利亚成分局满意的情况下在合理时间内作出一切合理的努力，确保该执行程序属于 E 和 T 计划范围，并在当地或其他地方提供此类培训。

31. （1）运营商应将每项业务向尼日利亚成分局提交一份替代计划，用于阐明尼日利亚人员未就业职位，并保证四年之内将现有的外籍雇员职位全部替换成尼日利亚雇员。

（2）所有本地（尼日利亚）职位应按照运营商为尼日利亚雇员提供的服务条件支付工资、薪水和福利。

（3）运营商应向尼日利亚成分局提供其所有的服务条件和工作人员的统计资料。

32. 对于每项业务，运营商或项目发起人可保留经尼日利亚成分局批准的最高不超过5%的管理职位，作为投资者投资回报的外派职位。

33. （1）本法生效后，运营商在向内政部或任何其他机构或联邦政府部门申请外派人员配额前，应向尼日利亚成分局提出申请，并获得该局的批准。

（2）申请书应详细且包括：

（a）职位；

（b）职责描述；

（c）拟议在尼日利亚就业的期限；

（d）该局为执行本法规定而要求提供的任何其他信息。

34. 依本法附表规定，预算总额超过 1 亿美元的所有项目和合同应包含"劳工条款"，用以规定尼日利亚成分局在特定职位中使用尼日利亚劳工的最低比例。

35. 在尼日利亚石油和天然气行业中经营的所有运营商和公司只能在初级和中级或运营商或公司指定的任何其他相应职位中聘用尼日利亚雇员。

36. 部长应制定尼日利亚石油和天然气行业研发增长的要求和目标规章制度。

37. 运营商应对每一个计划项目提交一项方案。并根据其工作方案在尼日利亚开展使尼日利亚成分局满意的促进教育、实习、培训、研究和发展的活动。

38.（1）运营商应每 6 个月向尼日利亚成分局提交并更新运营商的研发计划。

（2）研发计划：

（a）概述将在尼日利亚进行的石油和天然气有关研究和发展倡议的 3—5 年循环计划，以及在执行研发计划时预期支出的细目；而且

（b）就与运营商活动有关的研究及发展计划，听取公众意见。

39. 运营商应就其研发活动每一季度向尼日利亚成分局报告，该局应将这些活动与运营商研发计划进行比较。

40.（1）部长应制定石油和天然气行业培训的最低标准、设施、人员和技术的规章。

（2）培训规章应明确运营商作为合作伙伴参与培训和发展的方式。

41.（1）部长应制定规章，指定目标以确保下列发展：

（a）本土公司在开采活动中能被充分利用，并稳定增长；

（b）地震数据处理；

（c）工程设计；

（d）储层研究；

（e）制造和制造设备；

（f）为尼日利亚石油和天然气行业所需的其他设施以及其他支持服务。

（2）通过尼日利亚子公司开展工作的国际或跨国公司应证明至少 50% 用于执行工作的设备为尼日利亚子公司所有。

42. 部长应制定规章，要求在尼日利亚石油和天然气行业中从事工程或其他专业服务的任何运营商或公司或其他专业员工，需在尼日利亚相关专业机构注册。

43. 各运营商应根据本国的计划和优先次序，执行使尼日利亚成分局满意的方案，以促进与尼日利亚的石油和天然气活动有关的技术转让。

44. 运营商应每年向尼日利亚成分局提交一份令该局满意的计划，制

订一项旨在促进运营商和联盟伙伴向尼日利亚个人和公司能够有效转让技术的计划倡议方案。

45. 运营商应当通过鼓励和促进合资企业的组建、合作并制定尼日利亚和外国承包商之间的许可协议，为技术转让提供充分有效的支持，所有此类合资企业或联盟应满足尼日利亚成分开发的要求，并使尼日利亚成分局满意。

46. 运营商或项目发起人应每年向尼日利亚成分局提交一份报告，说明其技术转让举措及其成果。部长应就每个项目须实现的此类合资或联盟数量和类型的目标制定规章。

47. 部长应制定要求运营商在任何投资或设立设施、工厂、生产单位或其他业务上遵守规定的规章。以便促进生产、制造或提供其他方式加入尼日利亚的服务。

48. 部长应就建立设施、工厂、生产单位或其他的外国和本土公司的财政框架和税收优惠政策，以及在尼日利亚开展生产、制造或提供其他进口到尼日利亚的服务和货物的业务与政府有关部门进行磋商。

49. （1）在尼日利亚石油和天然气行业中从事任何形式的业务的运营商、项目发起人、联盟伙伴和尼日利亚本土公司应确保，其与油气经营活动有关的、在保险公司投保的所有可保风险都是根据已修订的《保险法》通过在尼日利亚注册的保险经纪人投保的。

（2）本条第 1 款的每名运营商须向尼亚利亚成分局提交一份过去 6 个月通过保险公司及保险经纪从取得的保险名单、保险类型及经营者开支的清单。

（3）保险方案应包括：

（a）一个全面报告，包括：

（i）过去 6 个月按支出获得的所有保险的承包范围；

（ii）预测未来 6 个月所需的保险范围；

（iii）保险项目的预计支出。

（b）列明：

（i）在过去 6 个月内通过保险经纪人取得保险的所有保险公司；

（ii）取得的保险类别；

（iii）运营商的支出。

（c）过去一年以奈拉和外币计算的年度保险费预算。

50. 未经国家保险委员会的书面批准，不得将尼日利亚石油和天然气行业的任何保险风险进行离岸外包，除非国家保险委员会确信已经用尽尼日利亚当地保险能力。

51.（1）在尼日利亚石油和天然气行业中从事任何需要法律服务的经营、业务或交易的所有运营商、承包商和其他实体，应选择位于尼日利亚的尼日利亚执业律师或律师事务所提供法律服务。

（2）所有运营商须每6个月向尼日利亚成分局提交一份法律服务计划（LSP）。

（3）法律服务计划（LSP）应包括：

（a）关于：

（i）过去6个月使用法律服务的支出；

（ii）未来6个月所需法律服务的预计支出；

（iii）预计服务支出。

（b）列明：

（i）过去6个月用于法律服务的外聘律师；

（ii）所做工作的性质；

（iii）运营商的开支。

（c）过去一年以奈拉和外币计算的年度法律事务预算。

52.（1）在尼日利亚石油和天然气行业中从事任何需要金融服务的经营、业务或交易的所有运营商、承包商和任何其他实体，应仅保留尼日利亚金融机构或组织的服务，但尼日利亚成分局认为属于特殊情况的情况除外。

（2）所有运营商须每6个月向尼日利亚成分局提交金融服务计划（FSP）。

（3）金融服务计划（FSP）应包括：

（a）过去6个月所使用的金融服务支出；

（b）未来6个月所需金融服务的预算；

（c）预计服务开支；

(d) 下列内容的清单：

(i) 过去 6 个月使用的金融服务；

(ii) 金融服务的性质；

(e) 下列内容的清单：

(i) 过去 6 个月使用的金融服务；

(ii) 金融服务的性质；

(iii) 运营商或者其主要承包人的金融服务支出。

(f) 所有运营商、承包商和分包商应在尼日利亚设立一个银行账户，其中在此账户中应至少保留尼日利亚业务所获的 10% 的利润。

53. 自本法生效之日起，尼日利亚石油和天然气行业中所有运营商、项目发起人、承包商和任何其他实体均应在本国开展制造和焊接活动。

54. 尼日利亚成分局应建立一个石油和天然气电子市场，该电子市场应：

(a) 提供一个虚拟平台，方便当事人交易货物和提供所需服务；

(b) 与联合资格制度提供的职能衔接，并提供给行业利益相关者一个普遍和透明的治理结构；

(c) 履行部长根据本法制定的规章中的所有其他职能、作用和责任的规定；

(d) 通过提供有关反馈，跟踪和监测尼日利亚境内运营商、项目发起人以及供应商和服务提供者关于尼日利亚成分的执行情况。

55. 尼日利亚成分局应与行业利益有关方协商并建立、维持和运行联合资格体系（JQS），该体系应按照部长根据本法规定制定的规章中的规定进行管理。

56. 联合资格体系应构成可用能力的行业数据库，并包含：

(a) 尼日利亚成分登记和该行业承包商资格预审的唯一制度；

(b) 核查承包商的能力；

(c) 评价尼日利亚成分在石油公司和承包商业务中的应用；

(d) 国家技能发展数据库；

（e）根据能力和尼日利亚成分对旧服务公司进行排名和分类。

57. 尼日利亚成分局应设立一个协商机构，称为尼日利亚成分协商论坛（NCCF），为尼日利亚石油和天然气行业在以下方面的信息共享和合作提供一个平台：

（a）石油和天然气行业即将开展的项目；

（b）关于当地现有能力的资料；

（c）可能与尼日利亚成分发展有关的其他政策建议。

58. 尼日利亚成分协商论坛应由行业关键的利益相关者、政府和监管机构以及下列部门的代表组成：

（a）制造；

（b）工程；

（c）金融服务、法律和保险；

（d）航运和后勤；

（e）材料和制造；

（f）信息和通信技术；

（g）尼日利亚石油技术协会；

（h）教育和培训；

（i）尼日利亚成分局提名的任何其他专业服务部门。

59. 尼日利亚成分局应对本法各项规定的执行情况进行监测。

60. 在每年开始的 60 天内，每个运营商应向尼日利亚成分局提交其尼日利亚成分执行情况年度报告，其中包括审查该年度内所有的项目和活动。

61. 在不违反第 60 条的情况下，该报告应按支出经常费用和积累费用分类，在此基础上具体说明尼日利亚成分，应列出：

（a）以尼日利亚雇员和外国雇员工作时数或日数及其地位所体现的就业成绩；

（b）以本地制造的材料和外国来源材料的数量、吨位所体现的采购成绩。

62. 尼日利亚成分局应定期评估和核实所有运营商按照本法规定提交的、它认为合适的尼日利亚成分执行情况报告。

63. 尼日利亚成分局应向运营商、承包商和其他实体或个人发出指示，以便制定一种便于报告与本法任何方面有关的程序。

64. 为评估和核查，所有运营商和承包商应向尼日利亚成分局或其指定的代表提供设施并提供报告尼日利亚成分所需的所有文件和资料。

65. 运营商在签订合同时应确保其合作伙伴、承包商和分包商有向运营商报告尼日利亚成分信息的义务。在尼日利亚成分局有要求时直接向该局报告，并允许该局或其指定代表查阅信息记录，以便评估和核实向运营商或该局报告的尼日利亚成分信息。

66. 运营商应向其承包商和分包商有效传达其尼日利亚成分的政策和程序，并监督和执行其遵守情况。

67. 尼日利亚成分局应为运营商、承包商、公众及其他利益关系人开展讲习班、会议、研讨会、专题讨论会及任何其他合适的公共论坛，以加强本法各条的实施。

68. 运营商、承包商或分包商实施任何违反本法规定的项目，即属犯罪。对每一违法项目可处该项目总金额5%的罚款或取消该项目。

第二部分 设立尼日利亚成分监管局

69.（1）设立尼日利亚成分监管局（在本法中称为"尼日利亚成分局"），该局具有本法赋予它的职能和权力。

（2）尼日利亚成分局：

（a）为具有永久继承权和公章的法人团体；并且

（b）可以自己实体的名义起诉或被诉。

70. 尼日利亚成分局的职责：

（a）执行本法的规定；

（b）执行部长就本法规定制定的任何相关规章；

（c）监督、协调、监测和管理尼日利亚石油和天然气行业中尼日利亚成分的发展；

（d）监督、协调、监测和管理本法附表所列尼日利亚成分在尼日利亚石油和天然气行业运营商、承包商和所有其他实体的业务执行和发展情况；

（e）根据本法规定对提交尼日利亚成分局的尼日利亚成分计划和报告进行评估、评价和批准；

（f）根据本法规定对提交尼日利亚成分局的尼日利亚成分计划和报告颁发授权书并进行审查；

（g）管理和运营依本法规定设立的电子市场及联合资格体系；

（h）协助当地承包商和尼日利亚公司发展其能力，以进一步实现在尼日利亚石油和天然气行业中发展尼日利亚成分的目标；

（i）制定指导本法实施的程序，确保本法各项法条得到遵守；

（j）根据本法规定，对所有运营商的尼日利亚成分绩效进行监督和协调；

（k）制定审计程序，进行定期审计，以监督并实施本法规定；

（l）提供整个行业适用的尼日利亚成分和尼日利亚成分指标的准则、定义和衡量标准；

（m）进行研究和调查，以便进一步实现在尼日利亚石油和天然气行业中发展尼日利亚成分的目标；

（n）开展会议、讲习班、讨论会、专题讨论会、培训、路演和其他公共教育论坛，以进一步实现在尼日利亚石油和天然气行业发展尼日利亚成分的目标；

（o）将其任何职能委托给管理理事会任命的代表或执行人；

（p）在执行其职能时采取一切必要的法律行动。

71.（1）为尼日利亚成分局设立管理理事会（在本法中称为"理事会"），负责尼日利亚成分局的事务。

（2）尼日利亚成分局和理事会的总部应设在尼日利亚联邦的任何生产石油或天然气的州。

（3）理事会可在尼日利亚联邦任何一个生产天然气或石油的州设立尼日利亚成分局的分支机构。

72. 理事会由下列人员组成：

（a）由石油资源部部长担任主席一职；

（b）一名来自以下机构的代表：

（i）尼日利亚石油公司；

(ii) 主管工业技术管制的机构；

(iii) 石油资源部；

(iv) 尼日利亚石油技术协会；

(v) 尼日利亚成分协商论坛；

(vi) 尼日利亚注册工程师理事会；

(vii) 国家保险委员会；

(c) 行政秘书，即担任理事会的秘书。

73.（1）理事会主席和成员应经证明是公正和有能力的，并由总统任命。

（2）理事会成员应为兼职成员。

74. 行政秘书应是全职。

75. 理事会有权：

(a) 管理和监督尼日利亚本土成分局的事务；

(b) 为尼日利亚本土成分局的正常运作制定规则和规章；

(c) 雇用尼日利亚本土成分局工作人员，并给予其适当的薪酬；

(d) 为执行尼日利亚本土成分局的职能而进行必要或有利的任何谈判、达成协定和合同关系。

76. 在不违反本法第 75 条规定的情况下，理事会主席和理事会成员应各自：

(a) 任期四年，可再连任一届；

(b) 遵守其任命书中可能规定的条款和条件。

77. 下列情况将终止理事会成员职能：

(a) 去世；

(b) 破产；

(c) 被判犯有重罪或任何涉及不诚实或欺诈的罪行；

(d) 心智不全或因任何理由不能履行职能；

(e) 严重失职行为；

(f) 在该成员具有职业资格的情况下，他非因其本人请求而是被主管当局下令终止或暂停其职业资格；

(g) 向总统递交书面辞职信。

78. 如成员在任期届满前因任何理由而停止任职，则须委任另一名与该成员有相同职能的人来代替他，以完成其任期内未完成的任务。

79. 如果总统任命的成员继续担任该职位将不符合尼日利亚本土成分局或公众利益，总统可将该成员免职。

80. 理事会成员应按尼日利亚石油和天然气行业适用的标准，获得由收入调动、分配和财政委员会决定的津贴和费用。

81. （1）尼日利亚本土成分局设一名行政秘书，由总统任命。

（2）行政秘书应是：

（a）尼日利亚成分局首席行政和会计官员；

（b）为执行尼日利亚本土成分局的政策及其日常事务管理而向理事会负责；

（c）毕业至少15年，并具有在尼日利亚石油和天然气行业的相关工作经验。

（3）行政秘书：

（a）第一次任期为四年；

（b）第二次任期为四年，但不得再次连任。

82. 应向行政秘书支付其聘用书中规定的薪酬，或按照尼日利亚石油和天然气行业适用的标准由收入调动、分配和财政委员会决定其薪酬。

83. 行政秘书如满足第77条所列任何有关停止理事会成员资格的条件，应停止任职。

84. 行政秘书可向总统发出书面通知，辞去其职位。

85. 理事会可以为尼日利亚本土成分局任命理事会认为合适和可以有效履行尼日利亚本土成分局职能的员工，并根据尼日利亚石油和天然气行业适用的标准向他们支付薪酬和津贴。

86. 理事会有权直接或通过从联邦公共服务部门借调的方式，为尼日利亚本土成分局任命一定数量的职员，如果它认为这些职员是协助尼日利亚本土成分局履行本法下的职能所必需的。

87. 根据第85条，借调的人员可选择调到尼日利亚本土成分局服务，而他以前在公共服务部门中提供的服务，应视为向尼日利亚本土成分局提供的服务，以便随后尼日利亚本土成分局向其发放津贴。

88. 尼日利亚本土成分局总部应设立：

(a) 财务和人事管理司；

(b) 规划、研究和统计司；

(c) 监测和评估司；

(d) 法律事务司；

(e) 理事会可设立的任何其他司。

89. （1）为《津贴改革法》的目的，尼日利亚本土成分局中的服务应被批准为该法下的服务。

（2）在尼日利亚本土成分局任职的高级管理人员和有任职资格的其他人员，与在联邦公务员制度中担任同等职级的人员享有同等津贴、酬金和其他退休福利。

（3）本条第（1）款和第（2）款的任何规定均不得阻止任命任何人担任任何职务，以及阻止就该职位提供退休金和酬金。

90. （1）尼日利亚本土成分局应设立和维持一个基金，并从基金中支付该局产生的所有开支。

（2）尼日利亚本土成分局的基金应包括：

(a) 联邦政府提供的所有津贴和预算款；

(b) 通过捐赠、礼物、赠款、遗赠或其他方式向尼日利亚本土成分局累积的款项；

(c) 尼日利亚本土成分局储蓄和投资所产生的利息和收入；

(d) 为满足尼日利亚本土成分局不时之需的贷款，但尼日利亚本土成分局不得在未经总统批准的情况下，按照《财政责任法》的规定借款；

(e) 尼日利亚本土成分局从任何其他来源获得的其他收入。

91. 理事会应在每年9月30日之前，通过部长向国民大会提交下一年度理事会预计支出的预算，并应包括该年度审计账目的副本和审计报告的副本。

92. （1）理事会可接受金钱、土地或其他财产的赠与，但条件须由作出馈赠的人或组织指明。

（2）如所附条件与理事会在本法规定下的职能不符，理事会不得接受任何赠与。

93. 理事会批准尼日利亚本土成分局的任何支出，应当：

（a）发布尼日利亚本土成分局交易和实际的账目记录，并确保所有支出已得到授权；

（b）就每个财政年度编制一份审计长指示的形式的会计报表。

94. 理事会的审计应当遵守 1999 年《尼日利亚联邦共和国宪法》的规定。

95.（1）为提供执行本法规定的职能所需的办公室和房地，尼日利亚本土成分局可根据《土地使用法》：

（a）购买或租赁土地或其他财产的任何权益；

（b）建造办公室及其处所、装备及维修。

（2）根据《土地使用法》，尼日利亚本土成分局可出售或出租其持有的、依据本法规定履行职能时不需要使用的任何办公室或处所。

96.《公职人员保护法》的规定应适用于以公职人员或尼日利亚本土成分局雇员身份对其提起的任何诉讼。

97. 如果理事会的成员，尼日利亚本土成分局的行政秘书、该局的官员或雇员在任职期间被提起了诉讼，无论他们是民事犯罪或是刑事犯罪，给出的判决是对其有利还是宣告其无罪，尼日利亚本土成分局都应以其资产支付此类程序的费用。

98. 根据本法或任何其他法律规定，应向尼日利亚本土成分局送达的通知、传票或其他文件，可通过交付行政秘书或通过向总部的行政秘书发送挂号信的方式进行送达。

99. 经理事会批准，执行秘书可聘请在尼日利亚成分发展或尼日利亚本土成分局职能相关事项方面具有知识和经验的人士，协助该局履行其职能。

100. 部长可就本法的适用、管理和实施向尼日利亚本土成分局发出与尼日利亚成分发展有关的指示。

101.（1）部长应为本法规定的执行和实施制定一般规章。

（2）部长每两年审查一次本法，以确保尼日利亚成分的运营、活动和事务在尼日利亚石油和天然气行业所有项目中的可衡量和持续增长。

（3）理事会在与部长协商后，可制定规范其程序或其常务委员会程序的常设命令。

102. 经部长批准，尼日利亚本土成分局应按其可确定的时间阶段对本法的附件进行审查，但至少要每两年进行一次，以确保尼日利亚石油和天然气行业的所有项目、业务、活动和交易中尼日利亚成分取得重大和持续增长，以便向国民大会报告。

103. 在本法生效后，根据任何法律或相关法规授予尼日利亚联邦政府任何机构或部门在尼日利亚石油和天然气行业执行尼日利亚成分发展或政策的所有职能和权力，都因此转让给根据本法设立的尼日利亚本土成分局。

104. （1）设立尼日利亚成分发展基金（"基金"），以资助实施尼日利亚石油和天然气行业中尼日利亚成分的发展。

（2）参与尼日利亚石油和天然气行业中上游部门的任何项目、运营、活动或交易的承包商、分包商、联盟伙伴或任何其他实体，均应从其被授予的每一份合同扣除合同总额的1%，并将其支付至本基金。

（3）该基金应由尼日利亚本土成分局管理，旨在增加石油和天然气行业中尼日利亚成分的项目、方案和活动。

105. 尼日利亚本土成分局有权与尼日利亚海事管理和安全局（NIMASA）一起要求在尼日利亚成分发展有关的事项上强制遵守《沿河和内陆航运法》的有关规定。

106. 在本法中：

"联合资格体系"，指尼日利亚石油和天然气行业现有能力的行业数据库；

"劳工条款"，指规定在尼日利亚石油和天然气行业授予的所有合同中要求使用尼日利亚劳工不得少于部长规定的最低比例的条款；

"部长"，指石油资源部部长；

"尼日利亚公司"，指根据《公司及相关事项法》的规定在尼日利亚注册成立并且尼日利亚人所持有的股份不低于51%的公司；

"NNPC"，指尼日利亚国家石油公司；

"NNPC合作伙伴"，指与NNPC签订各种石油协议的石油公司；

"尼日利亚成分"，指尼日利亚经济通过有计划地利用尼日利亚石油和天然气工业的人力、物力资源和服务，通过系统地发展能力，在尼日利亚经济中增加或创造的复合价值的数量；

"尼日利亚成分指标"，指根据每个标准所赋值确定的具体标准对公司进行的百分比评级；

"尼日利亚石油和天然气行业"，指与尼日利亚油气资源的勘探、开发、运输和销售有关的一切活动，包括石油和天然气的上下游作业；

"运营商"，指根据安排在尼日利亚石油和天然气行业经营的尼日利亚国家石油公司（NNPC）及其子公司和合作伙伴，以及任何尼日利亚的、外国的或国际油气公司；

"伙伴"，指以合作方式从事任何项目或作为运营商的主要承包商的任何外国公司；

"计划"，指根据本法规定提交的尼日利亚成分计划；

"油气电子市场"，指为石油和天然气行业的货物和服务的买家和卖家提供的可以实现快速和透明交易的一个虚拟平台。

107. 该法可被引用为尼日利亚 2010 年《石油和天然气行业成分发展法》。

附 件

类型说明	尼日利亚成分（NC）水平	
前端设计、详细工程设计和其他工程服务	尼日利亚成分	计算依据
1. 岸上设施的供给和详细工程	90%	工时
2. 浅水区设施的供给和详细工程	90%	工时
3. 供给液化天然气的设计和详细工程	50%	工时
4. 供给和气体收集的详细工程设施	90%	工时
5. 深海设施——船体和上层加班模块的供给和详细工程	80%	工时
6. 深水浮式混凝土结构的给水及详细工程	80%	工时

制造和工程建设	尼日利亚成分	计算依据
1. 终端/油运动系统	80%	体积
2. 钻井模块/包	75%	吨位
3. 采购产品桩、锚、浮标、外套、桥吊杆、储罐、压力容器	80%	吨位
4. 脐	60%	吨位
5. 上层模块（过程模块和储存模块）	50%	吨位
6. 住宿模块	70%	吨位
7. 下水系统	60%	吨位
8. 管道系统	100%	吨位
9. 立管	100%	吨位
10. 实用工具模块/包	50%	吨位

材料及采购	尼日利亚成分	计算依据
1. 钢板、平板	100%	吨位
2. 钢管	100%	吨位
3. 低压电缆	90%	长度
4. 高压电缆	45%	长度
5. 阀门	60%	数量
6. 钻井泥重晶石，膨润土	60%	吨位
7. 水泥（波特兰）	80%	吨位
8. 水泥（液压）	60%	吨位
9. 热交换器	50%	数量
10. 钢绳	60%	吨位
11. 防护涂料	60%	公升
12. 玻璃增强环氧树脂（GRE）管	60%	吨位

油井和钻井服务/石油技术	尼日利亚成分	计算依据
1. 储层服务	75%	花费
2. 完井服务（永久计量和智能井）	80%	花费
3. 电线线路服务（电裸眼、电套管井、滑线）	45%	话费
4. 随钻测井（LWD）服务	75%	工时
5. 随钻测量（MWD）（方向和倾角/伽马射线）	90%	工时
6. 生产钻井服务	85%	工时
7. 服务表现（T及P）	90%	工时

续表

油井和钻井服务/石油技术	尼日利亚成分	计算依据
8. 二维地震数据采集服务	85%	长度
9. 井口检修/增产服务	85%	工时
10. 井口服务	85%	工时
11. 定向测量服务	100%	工时
12. 切割注射/切割处理服务	100%	工时
13. 再切检验服务	85%	工时
14. 套管井测服务（陀螺、射孔、仪表、陀螺、PLT、射孔、PLT、仪表）	90%	工时
15. 完整观看服务	70%	工时
16. 水泥服务	75%	工时
17. 连续油管的服务	75%	工时
18. 泵送服务	95%	工时
19. 流体/井底取样服务	80%	工时
20. OCTS 服务（清洁、硬带重线程、储存）	95%	工时
21. 危机管理服务	90%	工时
22. 定向钻井服务	90%	工时
23. 其他钻井服务	80%	工时
24. 石油物理解释服务	75%	体积/工时
25. 扩大试井/早期生产服务包括提供浮动或千斤顶生产装置	50%	花费
26. 提供所有餐饮、清洁、办公室和位置/平台安全服务	80%	花费
27. 钻杆租金	75%	花费
28. 电动开孔	45%	花费
29. 电动停止洞口	100%	花费
30. 光滑的线	100%	花费
31. 井口安全版	100%	花费
化学：		
钻井过程中，维护	90%	花费

研发服务（与国内运营商相关的研发服务）	尼日利亚成分	计算依据
1. 工程研究——油藏、设施、钻井等	60%	花费
2. 地质和地球物理服务	80%	花费
3. 安全及环境研究	75%	花费
4. 本地材料替代研究	75%	花费

勘探、地下、石油工程和地震服务	尼日利亚成分	计算依据
1. 三维地震数据采集服务	100%	花费
2. 四维地震数据处理服务	55%	花费
3. 二维地震数据处理服务	100%	花费
4. 地理学解释服务	90%	花费
5. 地质评价服务（有机地球化学、岩石学、成因、地质地层学、流体特征、PVT、岩心分析、驱油）	80%	花费
6. 录井服务	90%	花费
7. 核心服务	90%	花费
8. 测试服务	55%	花费
9. 钻井平台（沼泽）	60%	花费
10. 钻机（半潜机/千斤顶/其他）	55%	工时
11. 钻井平台（土地）	70%	工时
12. 修井设备（沼泽）	70%	花费
13. 怠工服务	80%	花费
14. 内衬浮子、吊具及运行设备的服务	55%	花费
15. 现场发展规划	100%	花费
16. 二维地震资料解释服务	100%	花费
17. 三维地震资料解释服务	100%	花费
18. 四维地震资料解释服务	55%	花费
19. 钻井运输（陆上）	70%	工时

运输、供应和处理服务	尼日利亚成分	计算依据
1. 拖船/遥控操作车辆（ROV）支持/潜水支持船只	65%	花费
2. 驳船	95%	花费
3. 住宿平台/船舶	90%	花费
4. 处理/分配及废物运输服务	100%	花费
5. 起重机和特种车辆租赁	75%	花费
6. 货运代理/物流管理服务	65%	花费
7. 供应基地/仓库/仓储服务	70%	花费
8. 卡车包装/产品运输服务	100%	花费

健康、安全和环境	尼日利亚成分	计算依据
1. 网站清理服务	100%	工时
2. 污染控制	45%	花费
3. 污水处理服务	65%	工时
4. 消防和气体保护系统服务	50%	工时
5. 通风/加热/卫生服务	85%	工时
6. 废物处置/排水服务	100%	工时
7. 工业清洁服务	100%	工时
8. 处理/分配及运送废物服务等	100%	花费
9. 安全/防护/保安/消防系统服务	90%	工时
10. 维护机械和电气部件的服务	95%	工时
11. 设备经纪服务	75%	花费
12. 临时住宿/营地服务及膳食服务	80%	花费
13. 餐饮服务	100%	花费
14. 清洁和洗衣服务	100%	花费
15. 安保服务	95%	花费
16. 医疗服务	60%	花费
17. 设备经纪服务	75%	花费
18. 其他配套服务	85%	花费
19. 污染控制	90%	工时/花费

信息系统、信息技术和通信服务	尼日利亚成分	计算依据
1. 网络安装/支持服务	85%	花费
2. 软件开发和支持服务	45%	花费
3. 基于电脑的模型服务	51%	花费
4. 基于计算机的模拟/培训程序	51%	花费
5. 服务	51%	花费
6. CALICAP 服务	51%	花费
7. 硬件安装支持服务	50%	花费
8. 操作系统安装/支持服务	50%	花费
9. 用户支持/帮助台服务	60%	花费
10. 图书馆服务	70%	花费
11. 资讯科技管理顾问服务	50%	花费
12. 数据管理服务	50%	花费
13. 电信安装/支持服务	60%	花费
14. 数据和消息传输服务	60%	花费
15. 电讯线路租金	75%	花费
16. 电信订阅服务	85%	花费
17. 公共广播系统服务	95%	花费
18. 其他信息服务/技术（IT）服务	75%	花费

海上作业和物流服务	尼日利亚成分	计算依据
1. 电信服务	90%	工时
2. 为国内沿海服务提供船员	80%	数量
3. 潜水或潜水作业	70%	工时
4. 连接和调试，包括海运安装服务	75%	工时
5. 疏浚服务	55%	工时/花费
6. 砾石和岩石倾倒服务	65%	工时
7. 浮动储存单元（FSU）	45%	工时
8. 海底管道保护服务	55%	工时
9. 水下包装的安装	60%	工时
10. 停泊系统服务	50%	工时
11. 船舶杂货店服务	90%	花费
12. 移动服务	100%	工时/花费

续表

海上作业和物流服务	尼日利亚成分	计算依据
13. 供给船	45%	工时/花费
14. 备用船只	55%	花费
15. 国内货物清算	30%	花费
16. 加油服务	60%	花费
17. 海上保险	40%	花费
18. 海洋咨询	40%	花费
19. 海洋物流	30%	花费

金融和保险	尼日利亚成分	计算依据
1. 一般银行服务	100%	用度
2. 货币中介服务	70%	用度
3. 信用授予服务	50%	贷款金额
4. 安全制动及资金管理服务	100%	花费
5. 财务管理顾问服务	70%	花费
6. 会计服务	70%	工时
7. 审计服务	100%	花费
8. 人寿保险服务	100%	花费
9. 养老资金服务	100%	花费
10. 非寿险保险服务	70%	花费
11. 保险经纪服务	100%	花费

安装、连接和试运行	尼日利亚成分	计算依据
1. 表面处理、喷砂、喷漆涂层和防火服务	80%	工时
2. 水下建筑服务	45%	工时
3. 连接和调试，包括海上水下施工服务和安装服务	75%	工时
4. 安装水下包	45%	工时
5. 电气/仪表服务	45%	工时
6. 绝缘服务	50%	工时
7. 潜水/ROV 水下操作	75%	工时

续表

安装、连接和试运行	尼日利亚成分	计算依据
8. 水下建筑服务	45%	工时
9. 管道切割和弯曲服务	100%	工时
10. 催化剂处理/再生服务	85%	工时
11. 螺栓张力调整服务	75%	工时
12. 绳子访问服务	70%	工时
13. 焊接和连接服务	60%	工时
14. 泵和螺旋设备的维护和改造	65%	工时
15. 热处理和消磁服务	80%	工时
16. 罐底污泥处理服务	85%	工时
17. 阀门管理服务，包括测试和维修	85%	工时
18. 起重机管理服务	80%	工时
19. 其他建筑/维修服务	80%	工时/吨/比率
20. 管道铺设/电缆铺设服务	50%	工时
21. 挖掘及挖掘服务	100%	工时
22. 起重机/起重驳船/重型起重船	100%	工时
23. 海洋服务	65%	工时/花费
24. 水下服务	45%	工时/花费
25. 油井服务	70%	工时/花费
26. 削减服务	75%	工时/花费
27. 现场服务	85%	工时/花费
28. 其他退役和放弃服务	90%	工时/花费
29. 加油站油罐维修/服务	75%	花费
30. 电子/电气系统集成	55%	花费
31. 工艺测试包括氦气和氮气服务	65%	花费

检验、测试和认证	尼日利亚成分	计算依据
1. 材料技术/防腐/表面防腐服务	85%	工时
2. 无损检测（非）服务	60%	工时
3. 管道冲洗、外部/内部检查、清管服务	85%	工时/比率
4. 表面处理检验服务	90%	工时
5. 压力测试服务	90%	工时
6. 仪器检测/校准服务	85%	工时
7. 负载测试服务	75%	工时
8. 潜水/遥控操作	65%	工时
9. 实验室检查服务	55%	工时

续表

检验、测试和认证	尼日利亚成分	计算依据
10. 维度控制/验证服务	45%	工时
11. 第三方计量服务	45%	工时
12. 其他检验服务	45%	工时
13. 质量管理体系证书	55%	证书编号
14. 环境管理系统证书	45%	编号
15. 安全管理体系认证	45%	编号
16. 资讯保安管理证书系统	45%	编号
17. 焊工证书	50%	编号
18. 非人员认证	45%	工时
19. 机械设备认证	45%	号码
20. 非人员认证	50%	编号
21. 机械证书	50%	编号
22. 起重机和起重设备的认证	45%	编号
23. 增压设备认证	45%	编号
24. 软件的评估和认证电子产品（IT）	45%	编号
25. 机械通告机构	45%	编号
26. 简易压力容器公告机构	45%	编号
27. 电信终端公告机构设备	50%	编号
28. 个人防护设备公告机构	45%	编号
29. 升降机公告机构	50%	编号
30. 承压设备公告机构	45%	编号
31. 完整性管理服务	50%	编号
32. 其他认证服务	50%	编号
33. 其他测试服务	49%	工时

工程管理和咨询服务	最低成分（%）	单位
1. 施工管理和监理服务	80%	工时
2. 项目行政服务/项目管理	80%	工时
3. 质量保证 QA/QC 顾问	45%	工时
4. 安全、健康及环境顾问	45%	工时
5. 风险分析顾问	45%	工时
6. 人员/培训制度顾问（培训课程选择 3.99.13）	45%	工时
7. 法律咨询	50%	合同

续表

工程管理和咨询服务	最低成分	单位
8. 成本及规划顾问	75%	工时
9. 材料管理咨询公司	75%	工时
10. 技术文件/文件监控咨询	85%	工时
11. 广告/公告事务/公关顾问	80%	工时
12. 市场营销和市场研究咨询	75%	工时
13. 翻译和手工写作顾问	45%	工时
14. 焊接和连接咨询	45%	工时
15. 保证测量师	45%	工时
16. 第三方评估/验证咨询	50%	花费
17. 节能咨询公司	65%	花费
18. 退役和废弃咨询公司	90%	花费
19. 气象咨询公司	55%	花费
20. 人员搜索/选择咨询公司	80%	花费
21. 地下咨询公司（地质、地球物理储层）	90%	花费
22. 设计咨询（工业设计、网页设计等）	85%	工时
23. 海洋咨询公司	50%	花费
24. 水下咨询公司	45%	花费
25. 职业/新职介绍咨询公司	70%	花费
26. 一般管理及业务发展顾问	80%	花费
27. 其他咨询服务	55%	花费
28. 污染及污染管制工程咨询	65%	花费

测量/定位服务	尼日利亚成分	计算依据
1. 土壤调查服务	80%	花费
2. 导航/定位服务	50%	花费
3. 岩土工程服务	60%	花费
4. 地球物理和水文站点调查	100%	花费
5. 海洋服务	60%	花费
6. 钻井平台定位服务	65%	花费
7. 摄影测量服务	45%	花费
8. 图标和地图制作服务	45%	花费
9. 租用测量/定位设备服务	45%	花费
10. 调查定位支持服务	75%	花费
11. 航磁调查	45%	花费

修理和维护	尼日利亚成分	计算依据
1. 洗车设备和顶棚设备维护/服务	90%	花费
2. 疏浚服务	90%	花费
3. 标识和配件的维护/服务	55%	花费
4. 加油站水泵维护/服务	80%	花费
5. 支付终端维护/服务	65%	花费
6. 加油站油罐维护/服务	80%	花费
7. 下水系统	75%	花费
8. 管道系统	45%	花费
9. 立管	60%	花费
10. 脐	49%	吨
11. 终端/机油移动系统设备	51%	吨
12. 住宿/办公室/车间/储存模	70%	体积
13. 流程模块/包	80%	花费
14. 实用工具模块/包	65%	吨
15. 钻井模块/包	80%	吨
16. 建筑物（包括服务站）	70%	吨
17. 为站点/平台提供工程修改和维护服务	90%	

航运服务	尼日利亚成分	计算依据
1. 国内沿海石油产品运输	60%	花费
2. 将石油和天然气基础设施和运输石油和天然气产品的船只从尼日利亚水域的任何港口或地点拖到尼日利亚水域的任何港口或地点	90%	花费
3. 供应超大型油轮	90%	花费

兹证明，根据《2004年尼日利亚联邦法》第A2章《认证法》第2条第1款，这是国民大会两院通过的议案的真实副本。

国民大会书记员 OLUYEMI OGUNYOMI

2010年3月29日

解释性备忘录

该法规定尼日利亚成分在尼日利亚油气行业的发展,尼日利亚成分计划、监督、协调、监测和实施尼日利亚成分。

2010 年尼日利亚石油和天然气工业成分发展法案时间表

(1) 法案的简短标题	(2) 法案的长标题	(3) 条例草案的内容总结	(4) 参议院通过日期	(5) 众议院通过日期
2010 年尼日利亚石油和气体工业成分发展法案	一个为尼日利亚成分的发展提供尼日利亚石油和天然气行业、尼日利亚内容计划、监督、协调、监控等的法案	本协议旨在为尼日利亚油气行业,尼日利亚成分的发展提供尼日利亚内容计划、监督、协调、监控和实施尼日利亚内容	2010 年 3 月 10 日	2010 年 3 月 3 日

兹证明,我已将本议案与国民大会做出的决定进行仔细比较,并发现国民大会的决定是正式和正确的,符合《2004 年尼日利亚联邦法》第 A2 章《认证法案》规定。

书记员 OLUYEMI OGUNYOMI

2010 年 3 月 29 日

我同意。

古德雷克·乔纳森博士

尼日利亚联邦共和国总统

2010 年 4 月 22 日

四 南非

(一)《广义黑人经济赋权法》

这是当前版本,自 2014 年 10 月 24 日即 2013 年第 46 号《黑人经济赋权修正法》生效之日起适用至今。

为建立促进黑人经济赋权的立法框架;为授权部长发布良好行为守则和发布转型章程;为成立黑人经济赋权顾问理事会;并就有关事宜作出规定。

序 言

鉴于在种族隔离制度下,种族被用来控制获得南非生产资源和技能的机会;

鉴于南非经济仍排除绝大多数人拥有生产性资产和先进技能;

鉴于南非的经济表现低于其潜力,因为大多数人赚取和创造的收入水平较低;

鉴于除非采取进一步措施增加大多数南非人对经济的有效参与,否则未来经济的稳定和繁荣可能会受到损害,损害所有南非人的利益,不论其种族为何;

同时为了实现以下目标:

- 促进实现宪法规定的平等权利,增加黑人对经济的广泛有效参与,促进更高的增长率、更多的就业和更公平的收入分配;
- 制定一项关于广泛赋予黑人经济权力的国家政策,以促进国家的经济团结,保护共同市场,促进平等机会和平等获得政府服务,南非共和国议会现制定如下法律:

法律的安排

1. 定义
2. 法律的目标
3. 法律的解释

4. 成立黑人经济赋权顾问理事会

5. 理事会的职能

6. 理事会的组成和成员的任命

7. 理事会的章程和规则

8. 酬劳与费用报销

9. 良好行为准则

10. 良好行为准则的地位

11. 广义黑人经济赋权战略

12. 转型宪章

13. 理事会的支持服务和资金

13A. 合同或授权的取消

13B. 广义黑人经济赋权委员会的建立与地位

13C. 专员和代理专员的任命

13D. 副专员和委员会职员的任命

13E. 委员会的资金

13F. 委员会的职能

13G. 报告

13H. 授权

13I. 专家专门委员会

13J. 委员会的调查

13K. 传唤

13L. 保密信息

13M. 雇员的冲突性利益

13N. 与委员会有关的犯罪

13O. 其他犯罪行为及处罚

13P. 根据本法被定罪后禁止与其他国家机关进行商业往来

14. 条例、指南以及行为指示

15. 简称和生效日期

1. 定义

在本法中，除非另有规定：

"广义黑人经济赋权倡议（B-BBEE Initiative）"，是指影响遵守本法或任何其他促进广义黑人经济赋权的法律的任何交易、实践、计划或其他举措；

"B-BBEE 认证专业人员"，是指根据 B-BBEE 认证专业监管机构的授权或为其认可的评级机构从事与企业 B-BBEE 合规身份评级相关工作的人员；

"B-BBEE 认证专业监管者"，是指由部长任命的以认可评级机构或对 B-BBEE 认证专业人员进行授权的机构；

"黑人"，是指代非洲人、有色人种和印度人的泛称概念：

(a) 以出生方式获得南非国籍的人员；

(b) 通过归化方式在下列时间获得南非国籍的人员：

(i) 在 1994 年 4 月 27 日之前；

(ii) 在 1994 年 4 月 27 日当天或者之后才获得南非国籍，但他们本应有权在此之前通过归化方式获得南非国籍。

"广义黑人经济赋权"，是指通过多种多样但综合的社会经济战略，赋予所有黑人，特别是妇女、工人、青年、残疾人和农村地区居民切实可行的经济赋权，这些战略包括但不限于：

(a) 提高管理、拥有和控制企业和生产性资产的黑人人数；

(b) 促进社区、工人、合作社和其他集体企业对企业和生产性资产的所有权和管理；

(c) 人力资源和技能开发；

(d) 实现劳动力中所有职业类别和层次的公平代表性；

(e) 从黑人拥有或管理的企业进行优先采购；

(f) 对黑人拥有或管理的企业进行投资。

"委员会"，是指根据第 13B 条设立的广义黑人经济赋权委员会；

"理事会"，是指根据第 4 条设立的黑人经济赋权顾问理事会；

"部门"，是指贸易和工业部；

"欺诈行为"，是指直接或间接损害或阻碍实现本法目标或实施本法任何条款的交易、安排或其他行为或作为，包括但不限于与广义黑人经济赋权倡议有关的行为：

（a）根据这种行为，企业中任职的黑人被阻止或被禁止实质性地参与该企业的核心活动；

（b）根据这种行为，企业由于具有广义黑人经济赋权地位而获得的经济收益没有按照相关法律文件规定比例分配给黑人；

（c）这种行为涉及企业为获得某类广义黑人经济赋权合规级别而与黑人缔结一定的法律关系，但该企业并没有给予与该黑人因其地位或职位而可以合理预期的经济收益；

（d）这种行为涉及在下列情形中为获得或提高广义黑人经济赋权地位而与另一企业签订一份协议：

（i）在这种情形中，对供应商、服务提供者、客户或顾客的身份存在明示或默示的重要限制；

（ii）在这种情形中，考虑到现有资源，维持业务运营被合理地认为是不可能的；

（iii）在这种情形中，相关交易的条款和条件不是在商业的和公平合理的基础上谈判达成的。

"明知"（knowing）、"明知地"（knowingly）或"知道"（knows），当用于一个人或涉及某一特定事项时，意味着该人：

（a）确实知悉该事项；或

（b）处于下列地位：

（i）该人理应确实知悉这一事项；

（ii）该人理应对该事项进行了调查，以致他确实知悉这一事项；

（iii）该人理应采取了其他措施，如果他采取了这些措施，就可以合理地认为他确实知悉该事项。

"成员"，是指理事会成员；

"部长"，是指贸易和工业部长；

"国家机关"是指：

（a）1999年《公共财政管理法》（1999年第1号法）规定的国家

或省级部门；

(b) 宪法规定的自治市；

(c) 议会；

(d) 省级立法机构；

(e) 1999年《公共财政管理法》（1999年第1号法）附件一所列的宪政机构；

"处所"（premises），包括土地或任何建筑物、构筑物、车辆、船舶、船只、舰只、飞机或集装箱；

"规定"，是指通过条例规定；

"公共实体"，是指1999年《公共财政管理法》（1999年第1号法）附件二或三所列的公共实体；

"行业宪章"，是指第9条提到的行业转型宪章；

"战略"，是指根据第11条发布的广义黑人经济赋权战略；

"本法"，包括根据本法制定的任何良好行为准则或条例。

2. 本法的目标

本法的目标是通过以下途径促进广义黑人经济赋权：

(a) 促进经济转型，使黑人有意义地参与经济；

(b) 在所有权和管理结构以及现有和新企业的技术职业的种族构成方面实现重大改变；

(c) 增加社区、工人、合作社和其他集体企业拥有和管理现有和新企业的程度，增加他们获得经济活动、基础设施和技能培训的机会；

(d) 增加黑人妇女拥有和管理现有和新企业的程度，增加她们获得经济活动、基础设施和技能培训的机会；

(e) 促进投资计划，使黑人广泛和有意义地参与经济，以实现可持续发展和普遍繁荣；

(f) 通过使人们能够获得经济活动、土地、基础设施、所有权和技能，增强农村和地方社区的能力；

(g) 促进黑人初创企业、中型、小型和微型企业、合作社和黑人企业家包括非正规商业部门的黑人企业家获得资金；

（h）增加有效的经济参与和黑人拥有和管理的企业，包括中、小、微型企业和合作社，并增加他们获得金融和非金融支持的机会。

3. 本法的解释

（1）任何适用本法的人都必须对本法的规定作出如下解释，以便：

（a）实现其目标和宗旨；以及

（b）符合宪法规定。

（2）如果本法与 2013 年《黑人经济赋权修正法》生效日期前生效的任何其他法律之间存在任何冲突，如果冲突具体涉及本法相关事项，则以本法为准。

4. 建立黑人经济赋权咨询理事会

现依本法设立黑人经济赋权顾问理事会。

5. 理事会的职能：

理事会须：

（a）就黑人经济赋权向政府提供建议；

（b）审查在实现黑人经济赋权方面取得的进展；

（c）就部长计划根据第 9 条第 5 款的规定，为准备公示讨论的良好行为准则草案提供建议；

（d）就第 11 条所提到的战略的制定、修订或更替提供意见；

（e）如有要求，就转型宪章草案提供建议；

（f）促进国家机关和私营部门之间的伙伴关系，以推动本法目标的实现。

6. 理事会的组成和成员的任命

（1）理事会由以下人员组成：

（a）总统，担任理事会的主席；

（b）部长，部长的总干事作为候补；

（c）另外三名由总统任命的内阁部长，其各自的总干事为候补；

（d）总统任命的其他不少于 10 人且不超过 15 人的成员。

（2）当总统根据第 1 款（d）项任命成员时，须顾及理事会的需要：

（a）拥有适当的专业知识；

（b）代表不同的有关团体，包括工会、商界、社区组织及学术界。

（3）在根据第1款（d）项任命成员时，总统应遵循适当的协商程序。

（4）在总统缺席时，总统应任命一位同时作为理事会成员的内阁部长担任理事会主席。

7. 理事会的章程和规则

（1）部长必须为理事会制定章程。

（2）部长可在与理事会协商后，不时修订理事会章程。

（3）理事会可通过决议并在与部长协商后制定规则，进一步规范理事会的议事程序。

8. 酬劳与费用报销

理事会成员必须根据《国库条例》的规定获得服务酬劳，并且必须在财政部长同意的情况下，根据部长的决定，报销他们履行职责所产生的费用。

9. 良好行为准则

（1）本着促进本法的目的，部长可通过政府公报发布关于黑人经济赋权的良好行为准则，其中可能包括以下内容：

（a）进一步解释和定义广义黑人经济赋权和解释和定义不同类别的黑人赋权实体；

（b）采购和其他经济活动优惠目的的资格标准；

（c）衡量广义黑人经济赋权的指标；

（d）（c）项中提到的广义黑人经济赋权指标的权重；

（e）相关经济行业利益相关者制定转型章程和行业良好行为准则的指导方针；

（f）为实现本法目标所必需的任何其他事项。

（2）在编写良好行为准则时，必须考虑到部长根据第11条发布的战略。

（3）根据第1款制定的良好行为准则可列明内容：

（a）与本法目标一致的目标；

（b）实现这些目标的期限。

（4）为促进实现《宪法》第 9 条第 2 款规定的妇女平等，根据第 1 款颁布的良好行为准则以及根据第 3 款颁布的良好行为准则规定的任何目标，可对黑人男子和黑人妇女作出区分。

（5）在根据第 1 款发布、取代或修订一项良好行为准则之前，部长必须：

- （a）在政府公报上刊登良好行为准则草案或者修订案，供公众参与评论；
- （b）给予利害关系涉及的当事人至少 60 天的时间，就良好行为准则草案或修正案（视情况而定）发表意见。

（6）如有要求采取上述举措，部长可通过政府公报，允许国家机关或公共实体规定采购和其他经济活动的资格标准，这些标准应超过部长根据第 1 款规定的标准。

（7）良好行为准则在被修订、取代或废除前仍然有效。

10. 良好行为准则的地位

（1）在进行如下活动时，每一个国家机关和公共实体都必须适用根据本法颁布的任何有关良好行为准则：

- （a）根据任何法律确定颁发经济活动许可证、特许权或其他授权的资格标准；
- （b）制定和实施优惠采购政策；
- （c）确定国有企业销售资格标准；
- （d）制定与私营部门建立伙伴关系的标准；
- （e）确定奖励、赠款和投资计划的授予标准，以支持广义黑人经济赋权。

（2）

- （a）部长可在与有关国家机关或公共实体协商后，确定是否给予国家机关或公共实体免于承担第 1 款的义务或者偏离其规定的特权，如果某些特定的客观证实的事实或者情况使上述国家机关或者公共实体确实需要享有这种特权。
- （b）部长必须在政府公报上公布赋予上述特权的通知。

（3）根据第 9 条第 6 款的规定，企业的行为是否符合部长根据第 9 条规定发布的良好行为准则，只能根据该准则中广义黑人经济赋权要求来进行衡量。

（4）在部长根据第 9 条颁布了行业良好行为准则所涉及的领域中运营的企业，必须每年向为该行业设立的行业理事会报告其遵守广义黑人经济赋权的情况。

11. **广义黑人经济赋权战略**

（1）部长：

(a) 必须发布一项广义黑人经济赋权战略；

(b) 可更改或取代根据本条发布的战略。

（2）本条中的战略必须：

(a) 为所有国家机关、公共实体、私营部门、非政府组织、地方社区和其他利益攸关方广泛赋予黑人经济权力，提供综合协调和统一的方法；

(b) 制订一项计划，为广义黑人经济赋权提供资金，包括制订激励计划，以支持黑人有效地拥有和管理企业；

(c) 为国家机关、公共实体和其他企业制订广义黑人经济赋权计划并报告这些计划的遵守情况而提供一个系统；

(d) 与本法保持一致。

12. **转型宪章**

部长必须在政府公报上公布一般信息，并促进特定经济行业的转型宪章，前提是部长对该宪章感到满意：

(a) 宪章由该行业的主要利益相关者制定；

(b) 推进本法的目标。

13. **理事会的支持服务和资金**

（1）贸易和工业部必须从议会为此目的拨出的资金中向理事会提供必要的支持服务和资金。

（2）第 1 款所述资金必须用于：

(a) 理事会的设立和运作费用；

(b) 制订和实施一项关于广泛赋予黑人经济权力的宣传计划。

13A. 合同或授权的取消

当任何一个企业在涉及广义黑人经济赋权方面涉嫌提供虚假信息而获得相应地位时，国家机关或公共实体可在不损害任何其他补救措施的情况下，取消与之签订的合同或授权。

13B. 广义黑人经济赋权委员会的建立与地位

（1）特依本法设立广义黑人经济赋权委员会，作为贸易和工业部管理的一个实体。

（2）委员会由部长任命的专员领导。

（3）该委员会：

  （a）在整个共和国内都有管辖权；

  （b）必须公正、无私、无畏、不偏不倚地履行职责；以及

  （c）必须行使本法或任何其他法律赋予它的职能：

    （i）以最有效和充分的方式；而且

    （ii）符合宪法第 195 条所提到的价值观和原则。

（4）部长可向委员会发布与本法一致的关于履行其职能的一般性指令，委员会必须遵守任何此类指令。

（5）每个国家机关都必须协助委员会有效地行使其权力和履行其职能。

13C. 专员和代理专员的任命

（1）

  （a）部长必须任命一名具有适当资格和经验的人担任专员，任期不超过 5 年。

  （b）在任命专员时，部长必须咨询国民议会的相关组合委员会和全国各省委员会的相关特别委员会。

（2）部长可在专员任期届满时重新任命其为专员，延长一个任期。

（3）专员是委员会的首席执行官，负责委员会的一般行政管理和履行本法赋予它的任何职能，必须：

  （a）履行本法赋予专员的职能；

  （b）管理和指导委员会的活动；

  （c）监督委员会的工作人员。

（4）部长必须与财政部长协商，确定专员的薪酬、津贴、福利以及

其他雇用条款和条件。

（5）专员可提前3个月向部长发出书面通知，辞去专员职务。

（6）部长可因下列原因免去专员的职务：

  （a）出现重大行为过失；

  （b）永久丧失工作能力；

  （c）从事任何可能损害委员会的廉洁性或地位的活动；

  （d）有任何其他可以免除专员职务的理由。

（7）如果专员和副专员因任何原因同时不能履行本法赋予他们的职责，部长可根据部长确定的条件任命一名合适的人担任代理专员，履行专员的职责。

13D. 副专员和委员会职员的任命

（1）专员必须与部长协商，任命一名具有适当资格和经验的人担任副专员，任期五年。

（2）第13C条第（2）、（4）、（5）及（6）款适用于副专员，并按本法作出的文字变动而相应做出变化。

（3）当出现下列情况时候，副专员要履行专员的职责：

  （a）专员因任何理由不能履行这些职能；

  （b）专员职位空缺。

（4）专员可以：

  （a）任命具有适当资格和经验的工作人员，或与其他人签订合同，协助委员会履行其职能；

  （b）与部长和财政部长协商，确定每名工作人员的薪酬、津贴、福利和其他任用条件。

13E. 委员会的资金

（1）委员会以下列方式获得资金：

  （a）议会拨给委员会的资金；

  （b）从任何其他来源合法收取的款项。

（2）审计长必须每年审计委员会的财务记录。

13F. 委员会的职能

（1）委员会的职能：

(a) 为了公众的利益，监督和促进对本法的遵守；

(b) 加强和促进公共部门和私营部门之间的合作，以促进和维护广义黑人经济赋权目标；

(c) 根据本法的规定，受理与广义黑人经济赋权有关的投诉；

(d) 无论是主动还是回应收到的投诉，调查任何有关广义黑人经济赋权的问题；

(e) 促进广义黑人经济赋权的宣传、获得机会和教育方案及倡议；

(f) 在部长通过宪报公告确定的门槛后，维持一个基于广义主要黑人经济赋权交易的登记册；

(g) 接收和分析国家机关、公共实体和私营部门企业可能规定的有关广义黑人经济赋权遵守情况的报告；

(h) 通过为促进和实施基础广义黑人经济赋权创造有效和高效的环境，促进善政和问责制；

(i) 行使部长以书面形式授予委员会的与本法不冲突的其他权力。

（2）第（1）款（c）和（d）项所提到的投诉必须：

(a) 以规定的形式作出；

(b) 有证据证明由委员会进行调查是合理的。

（3）委员会必须通过以下方式增加对其性质和动态的了解，并提高公众对广义黑人经济赋权问题的认识：

(a) 实施教育和信息措施，提高公众对本法规定的认识，特别是促进本法宗旨的落实；

(b) 通过以下方式向公众提供指导：

(i) 发布概述其程序的解释性通知；

(ii) 对本法任何条款的解释发表无约束力的意见；

(iii) 向法院申请关于解释或适用本法规定的宣告令；

(c) 进行与其任务和活动有关的研究，并不时公布研究结果。

（4）委员会可就共同关心的事项与任何监管机构联络，并在不限制前述规定一般性的情况下，可以进行如下活动：

（a）与任何此类监管机构交换与共同关心的事项或特定投诉或调查有关的信息，并从中接收信息；

　　（b）参与任何监管机构的程序；

　　（c）建议或接受任何监管机构的建议。

　　（5）即使没有任何其他法律的规定，但经部长批准后，专员也可与任何其他人、个人团体或国家机关，包括根据1996年《特别调查局（SIU）和特别法庭法》（1996年第74号法）设立的特别调查局签订协议，履行委员会在本法下的任何职责和职能。

　　13G. 报告

　　（1）所有政府部门、公共实体和国家机关必须在其经审计的年度财务报表和1999年《公共财政管理法》（1999年第1号法）要求的年度报告中报告其遵守广义黑人经济赋权的情况。

　　（2）所有在约翰内斯堡证券交易所上市的上市公司，必须按规定的方式向委员会提交一份报告，说明它们遵守广义黑人经济赋权政策的情况。

　　（3）《1998年技能发展法》（1998年第97号法）所规定的所有行业教育和培训机构必须向委员会报告技能发展支出和方案。

　　13H. 授权

　　（1）专员可将根据本法授予其的任何权力或分配给其的任何职责，委托给任何其他具有适当知识和经验的人员，这些人员被任命或与委员会签订合同，以协助委员会履行其职能。

　　（2）尽管有第1款的规定，专员不得转授第13D条第1款或第4款所提到的权力。

　　（3）根据第1款作出的授权必须以书面形式作出，并且：

　　　　（a）应遵守专员所确定的任何条件或限制；

　　　　（b）不妨碍专员行使相关权力；

　　　　（c）可由专员撤回或更正。

　　13I. 专家专门委员会

　　（1）部长可任命一个或多个专家专门委员会，就其资源管理或职能履行向委员会提供咨询意见。

(2) 部长可为履行第 1 款规定的任何职能而向专家专门委员会成员分配特定权力。

(3) 专家专门委员会可以：

(a) 无须在特定时间成立，或者在部长指定的时间段内成立；

(b) 确定自己的程序。

(4) 根据本条设立的专家专门委员会必须：

(a) 公正、无私、无畏、不偏不倚地履行职责；

(b) 由以下方式组成：

(i) 不超过 8 人，独立于委员会，由部长任命，任期不超过 5 年；

(ii) 专员指定的专门委员会高级雇员不超过两名。

(5) 专家专门委员会成员必须：

(a) 是健康、适格的人员；

(b) 有适当的专业知识或经验；

(c) 有能力作为专门委员会成员有效地履行职责。

(6) 专家专门委员会成员不得：

(a) 以任何不符合第 4 款（a）项的方式行事；

(b) 使自己处于在其职责与个人经济利益之间可能发生冲突的任何情形；

(c) 利用职务或者委托给他本人的信息，为自己谋利或者不正当地为他人谋利。

(7) 专家专门委员会的成员在下列情况下不再是成员：

(a) 委员从专门委员会辞职；

(b) 部长因该委员不再符合第 5 款规定或已违反第 6 款而终止该人的委员资格；

(c) 该委员的任期已满。

(8) 当专门委员会咨询的某项内容涉及专家专门委员会中某一委员的个人或经济利益时，该委员必须披露这种利害关系的存在，并且主动回避。

(9) 在下列情况下，委员会必须给予下列人员报酬和补偿：

（a）第4款（b）项（i）规定的成员，用于支付部长确定范围内的费用；

（b）第4款（b）项（ii）规定的成员，其作为委员会雇员的薪酬和津贴，但不包括其作为专家专门委员会成员的服务所产生的费用。

13J. 委员会的调查

（1）根据本法规定，委员会有权自行或在收到规定形式的投诉后，调查因适用本法而产生的任何事项，包括任何广义黑人经济赋权倡议或广义黑人经济赋权倡议类别。

（2）在进行任何调查时，应遵循的形式和程序必须由委员会根据每个案件的具体情况确定，并可包括举行正式听证会。

（3）在不限制委员会权力的情况下，委员会可就任何广义黑人经济赋权倡议是否涉及欺诈行为作出裁定。

（4）委员会可向法院提起程序，以限制任何违反本法的行为，包括任何欺诈行为，或获得适当的补救性质的救济。

（5）如果委员会认为它调查的任何事项可能涉及本法或任何其他法律规定的刑事犯罪，它必须将该事项提交国家检察机关或南非警察局的适当部门。

（6）委员会如已调查某一事项并有正当理由，它就可以：

（a）提请南非税务局关注在该局管辖范围内的、根据法律可能被禁止或管制的任何行为或作为；

（b）提请任何监管机构关注在其管辖范围内的、根据法律可能被禁止或管制的任何行为或作为。

（7）

（a）委员会在认为合适的情况下，可进行任何调查，并且公布调查的相关结果和相应的政策建议。

（b）在下列情况下，委员会公布其任何调查结果或建议的决定不得生效：

（i）对决定进行司法审查的程序尚未完成，或在允许的期限内没有提起；

（ⅱ）如果委员会已根据第 5 款将此事提交国家检察机关或南非警察局，但尚未对有关人员提起诉讼；

（ⅲ）如果有关人士在委员会调查后已被指控但被宣判无罪；

（ⅳ）在有关人员在委员会调查后被法院定罪的情况下，在该人就该项定罪已用尽所有与上诉或复核有关的公认法律程序之前。

13K. 传唤

（1）在进行调查期间的任何时间，当委员会认为某人能够提供有关调查主题的任何资料，或拥有或控制与该主题有关的任何簿册、文件或其他物件时，可以随时传唤该人：

（a）在传票指定的时间和地点到委员会接受讯问；

（b）在传票所指定的时间及地点，向委员会提交或出示（a）项所提及的任何簿册、文件或其他物件。

（2）第 1 款规定的传票：

（a）必须由专员或专员指定的委员会雇员签署；

（b）可以与地方法院发出的刑事案件传票相同的方式进行送达。

（3）如某人被传唤到委员会前，或被要求向委员会提交任何簿册、文件或其他物件，则专员或专员指定的委员会雇员应：

（a）可向传票上指明的人讯问及监视，或接受传票上指名的人的证词；

（b）可将任何提交来的簿册、文件或其他物件保留一段一般不超过两个月的时间，或基于法院的专门批准而继续延长时间，以供查阅。

（4）接受委员会询问的人员必须尽其所能如实回答每个问题，但：

（a）如果回答是自证其罪的，则没有义务回答任何问题；

（b）提出问题的人必须将（a）项规定的权利告知该当事人。

（5）任何人向委员会作出的自证其罪的答复或陈述，在任何法院对该人提起的刑事法律程序中，均不得被接纳为针对该人的证据，但在因作伪证而进行的刑事法律程序中，或在该人因与披露虚假资料有关的罪行而受审的刑事法律程序中，则属例外，但只限于该答复或陈述与证明被控罪行有关的范围内。

13L. 保密信息

（1）任何人在向委员会提交资料时，可声称全部或部分资料是保密信息。

（2）第1款所述的任何声明必须有书面声明支持，解释其带有保密性质的原因。

（3）委员会必须：
  （a）考虑根据第1款的要求，作出相应的声明；
  （b）在切实可行的情况下，尽快就信息的保密性和获取该信息的方式作出决定，并提供作出该决定的书面理由。

（4）任何人如果按照第1款的要求提出申诉，而委员会根据第3款的规定对申诉作出决定，则该当事人可在以下期限内向法院申请复核该项决定：
  （a）知道该决定后的60个法庭日；
  （b）法院根据正当理由允许的较长期限。

（5）委员会在就调查作出任何结论时，可考虑保密信息。

（6）如果任何调查结果会泄露任何保密信息，委员会必须在公布这些结果前至少30天，向要求保密的一方提供一份拟议调查结果的副本。

（7）任何一方可在收到根据第6款拟作出的决定的副本后14天内，向法院申请作出适当命令，以保护有关资料的保密性。

13M. 雇员的冲突性利益

专员、专家专门委员会的成员以及任何获委任或与委员会订立合同以协助委员会执行其职能的人，不得从事以下行为：
  （a）从事任何可能损害委员会廉洁性的活动；
  （b）参加与个人经济利益有关的任何调查、听证或决定；
  （c）私用或从因履行委员会职务而获得的任何保密信息中获利；
  （d）向任何第三方披露（c）项所提及的任何信息，但作为该人在委员会内的官方职能的一部分而需要披露的情况除外。

13N. 与委员会有关的罪行

（1）披露下列所获得的与任何人的事务有关的任何保密信息，都属于犯罪行为：

  （a）在执行本法规定的任何职能时获得的信息；或

  （b）因向委员会进行投诉或参与本法规定的任何程序所获得的信息。

（2）第 1 款不适用于因下列情况而披露的信息：

  （a）为了本法的正确实施或执行；

  （b）为了司法公正；

  （c）应委员会的要求或有权接收信息的法院的请求；

  （d）当任何法院根据任何法律要求这样做时。

（3）任何人如若从事以下行为，即属于犯罪：

  （a）妨害、阻碍或不正当地试图影响委员会行使本法规定的权力或履行本法规定的职责；

  （b）在委员会从事相关的调查时，意图不当地影响委员会；

  （c）故意向委员会提供虚假信息；

  （d）以不适当地影响诉讼或调查结果的方式，希望获得预期的委员会的任何调查结果；

  （e）从事了一些涉及委员会调查的不当行为，而这些行为如果出现在法庭之上，会被当作藐视法庭的罪行；

  （f）在被传唤时拒绝出席，或在出席后拒绝回答传唤所要求的任何问题或提交传唤所要求的任何文件，但第 13K 条第 4 款（a）项所提到的情况除外。

13O. 其他犯罪行为及处罚

（1）任何人若故意从事下列行为，即属于犯罪行为：

  （a）曲解或企图曲解企业广义黑人经济赋权地位；

  （b）向广义黑人经济赋权认证专业人员提供虚假信息或不当地提供信息，以企图获取特定的广义黑人经济赋权地位或与遵守本法相关的任何利益；

  （c）向任何国家机关或公共实体提供与评估企业广义黑人经济赋权地位有关的虚假信息或失实陈述信息；

  （d）从事欺诈行为。

（2）广义黑人经济赋权认证专业人员或国家机关或公共实体的任何采购官员或其他官员，如果意识到第 1 款所提及的任何犯罪行为或任何犯罪企图，并且没有向适当的执法机构报告，即属犯罪行为。

（3）任何人从事了根据本法界定的犯罪行为：

 （a）如违反第 1 款的规定，可被处罚款或 10 年以下的监禁，或同时处以罚款及监禁，如被定罪的人不是自然人，则可被处以不超过其年营业额 10% 的罚款；

 （b）如违反第 2 款或第 13N 条，可被处罚款或 12 个月以下的监禁，或同时被处以罚款及监禁。

（4）为执行就第 1 款所界定的罪行而判处的罚款，法院必须考虑该罪行所衍生或寻求衍生的交易的价值。

（5）当法院根据第 3 款的规定给人定罪时，必须报告宣判结果：

 （a）如果犯罪人员是广义黑人经济赋权认证专业人员，则必须向广义黑人经济赋权认证的专业监管机构报告；

 （b）在任何其他情况下，向理事会及该人的雇主报告。

（6）尽管任何其他法律中有任何相反的规定，治安法院有权施加本法规定的任何处罚。

13P. 根据本法被定罪后禁止与国家机关进行商业往来

（1）任何被判犯有本法所述罪行的人，自被定罪之日起 10 年内不得与任何国家机关或公共实体订立合同或进行任何交易，并必须因此被登记进入国库专门为此设立保存的投标违约者黑名单。

（2）如果被定罪的人不是自然人，法院可酌情将第 1 款所提及的命令仅限于违反本法规定的成员、董事或股东。

14. 条例、指南以及行为指示

（1）部长可就下列事项制定条例：

 （a）根据本法可能或必须规定的任何事项；

 （b）向委员会提出的申诉；

 （c）委员会进行的调查；

 （d）任何国家机关、公共实体或私营企业应向委员会提供的资料以及此种报告的形式和期限；

（e）要求所有超过广义黑人经济赋权门槛的交易，必须向委员会报告；

（f）为正确实施和管理本法，而必须规定的任何附属或附带的行政或程序事项。

（2）部长可通过政府公报发布与本法的解释和适用相关的指南和行为指示。

15. **简称和生效日期**

本项法律被称为《2003年黑人经济赋权法》，生效日期由总统在政府公报上通过公告宣布。

（二）2016年《广义黑人经济赋权法实施条例》

贸易和工业部

第689号条例　　　　　　　　　　　　　　　2016年6月6日

根据已被2013年《广义黑人经济赋权修正法》（2013年第46号法律）修订的2003年《广义黑人经济赋权法》（2003年第53号法律）第14条第1款发布的公告。

根据2003年《广义黑人经济赋权法》（2003年第53号法律）第14条第1款授予我的权力，我，南非贸易和工业部部长罗勃·戴维斯，在此

（a）宣布以下条例，并

（b）决定这些条例自本公告发布之日起生效。

罗勃·戴维斯博士、议员

贸易和工业部部长

2016年5月31日

2016 年《广义黑人经济赋权条例》
规范《广义黑人经济赋权法》的管理和适用以及委员会的职能

第一部分 一般规定

A 节（Division A） 解释

1. 简称

本条例可简称"B – BBEE 条例"。

2. 解释

（1）本条例的相关解释适用《广义黑人经济赋权法》第 1 条。

（2）在《广义黑人经济赋权法》中所界定的单词或短语在本条例中具有与该法中相同的含义。

（3）在本条例中，除非上下文另有所指，在《广义黑人经济赋权法》中已予以规定的单词或短语具有同样含义：

- （a）根据编号所指的某一条规定即指《广义黑人经济赋权法》相应条款的规定；
- （b）根据编号所指的某一条规定即指本条例的相应条款的规则；
- （c）根据编号所指的某一分条例规定或段落，即指本条例相应部分的内容。

（4）在本条例中，除非上下文另有所指，则：

- （a）"本法"，指的是被 2013 年《广义黑人经济赋权修正法》（2013 年第 46 号法律）修订的 2003 年《广义黑人经济赋权法》（2003 年第 53 号法案）并包括根据本法制定的任何良好行为准则或条例。
- （b）"选择性纠纷解决机制"，指通过调解、协商、仲裁等方式协助解决提交至广义黑人经济赋权委员会的争议或事项的制度；
- （c）"申请"，指根据本法第 10 条第 2 款规定提出的偏离或豁免请求，以及根据本法第 9 条第 6 款规定提出的超出资格标准许可的申请。

（d）"批准证书"，指由部长根据本法第 9 条第 6 款颁发的授予超出资格标准许可的证书，或由部长根据本法第 10 条第 2 款颁发的授予偏离或豁免许可的证书。

（e）"登记证书"，指委员会向登记人颁发的以确认已根据本法第 13F 条第 1 款（f）项对一项重大的广义黑人经济赋权交易予以登记的证书。

（f）"核证副本"，指经宣誓专员核证的文件副本；

（g）"良好行为准则"，指视情况而定的通用准则或部门准则；

（h）"主席"，指听证会主席，可包括专员；

（i）"专员"，指根据本法第 13B 条任命的公职人员；

（j）"宣誓专员"，指根据已修订的 1963 年《治安法官和宣誓专员法》（1963 年第 16 号法律）被指定的且具备资格并经授权，对证词、承诺或证明及其他法律文件主持宣誓或对其他文件进行认证的人员；

（k）"诉请"，指以下情况之一：

（i）由专员根据本法第 13J 条第 1 款提起的事项；或

（ii）根据本法 13F 条第 1 款（c）项提交至委员会的事项。

（l）"申诉人"，是指下列之一：

（i）根据本法第 13F 条第 1 款（c）项向委员会提出诉请的人；

（ii）根据本法第 13J 条第 1 款已提起某一事项的委员会。

（m）"保密信息"，指属于私人信息且他人通常无法获得或知晓的信息；

（n）"法院"，指根据已修订的 1944 年《治安法院法》（1944 年第 32 号法律）建立的治安法院；

（o）"日"，指公历日，除非上下文另有所指；

（p）"送交"，依据上下文语境，指文件的送达、提交；

（q）"偏离"，指根据本法第 10 条第 2 款，国家机关或公共实体偏离良好行为准则规定的行为；

（r）"超出"，是如本法第 9 条第 6 款规定的那样，除了达到良好行为准则的要求，还包括：

（i）达到良好行为准则规定的股权所有权、技能发展、企业和供应商发展等各优先内容次低目标的40%；及

（ii）达到良好行为准则5项内容中的每一项。

（s）"豁免"，指根据本法第10条第2款，部长授予的对执行良好行为准则规定的豁免；

（t）"提交"，作动词时是指向委员会提交或存放；

（u）"重大广义黑人经济赋权交易"，指根据本法第13F条第1款（f）项的规定，超出贸易和工业部长在政府公报中通过公告确定的门槛而必须在委员会登记的交易；

（v）"月"，指公历月；

（w）"其他经济活动"，指个人、团体或机构以获得利益为目的从事的商业交易活动。

（x）"小组"，指根据本法第13J条第2款规定，在调查过程中，由委员会任命的不超出5个人组成的团体，以主持调查过程中的正式听证会；

（y）"公休日"，指根据1994年《公休日法》（1994年第36号法律）附件一规定的日期；及

（z）"条例"，包括某一条例中的任何脚注以及包含在某一条例中的或某一条例提到的任何表格。

B节 委员会办公室职能

3. 委员会办公时间和地址

（1）委员会办公室每周一至周五8：30—15：30向公众开放，公休日除外。

（2）尽管有第3条第1款的规定，特殊情况下，委员会可以在任何一天任何时间接收提交的材料。

（3）任何提交给委员会或委员会工作人员的材料，可以送交至委员会在政府公报上公布的地址。

4. 宽恕时间限制

在有正当理由的情况下，专员可以宽恕迟于按照这些条例规定的时限履行的法律或行为，对约束委员会自身时间限制除外。

5. 专员的职能

根据本法第 13H 条规定，专员可以以书面形式，将任何职能或权力授权给委员会工作人员或与任何与委员会签订合同的工作人员，这些职能或权力可以是一般性的或与某一特定事项有关的。

6. 送交材料

（1）可以按照 B-BBEE 表格 1 规定的任何方式送交通知或文件。

（2）根据第 4 款的规定，按照 B-BBEE 表格 1 第 2 栏所列方法送交的文件将被视为在该表第 2 栏所述的日期和时间送交给收件人。

（3）如在某一特定事项上，能证明无法以这些规定的任何方式送交文件，相关人员可向法院申请替代送达。

（4）根据第 4 条规定，如果参考 B-BBEE 表格 1 规定送交文件的日期和时间超出条例规定的委员会办公时间，文件将被视为在第 2 个工作日送交的。

（5）以传真方式送交材料的要附上封面，以电子邮件方式送交的文件也必须附上封面。无论哪种方式，封面信息都应包括：

(a) 发信人的姓名、地址、电话号码；

(b) 如果是寄给某人的代表人，则应写明收件方本人及该代表人的姓名；

(c) 发送的日期和时间；

(d) 送交材料的总页数，含封面；及

(e) 如果认为送交信息可能不完整或不成功，要留下联系人的姓名和电话。

7. 签发文件

如果本法或本条例要求委员会签发文件的，该文件：

(a) 已被签署并送达任何收件人时，将被视为已被委员会签发；且

(b) 可以在一天的任何时间签署和送达。

8. 提交文件

（1）委员会应对下列每份文件单独编号：

(a) 诉请；

（b）报告；

（c）登记；及

（d）咨询意见。

（2）委员会必须确保此后就同一程序提交的每份文件均标明相同的案件编号。

（3）委员会可拒绝接收此后就同一程序提交的没有准确标明指定案件编号的文件。

（4）根据本法或本条例提交任何文件者必须向委员会提供该人的：

（a）法律名字；

（b）送达地址；

（c）电话号码；

（d）如果有，邮件地址和传真号码；及

（e）如果这个人不是本人，提供被代表提交文件的人授权与委员会联系者的姓名。

9. 费用

（1）委员会不得因任何人提交诉请收取费用。

（2）委员会可以对其办公室依据本法和本条例提供的服务收取合理费用。

（3）委员会应该与部长协商后，在政府公报上公布费用明细。

10. 公告和申请表格

当根据本法规定或本条例 B-BBEE 表格 2 第 1 栏所显示的某一项目需要提供一份通知或申请以实现该表格第 2 栏所列目的时，该文件应该：

（a）原则上按照该表格第 3 栏中对应章节形式以附件形式附上；

（b）按照表格第 4 栏相应章节列上的任何条件提供。

11. 证书、公告及回执表格

（1）当委员会根据本法规定或某条例 B-BBEE 表格 2 第 1 栏和表格 3 所列某一项目需要签发证书、公告或回执时，该文件应该：

（a）原则上按照表格 2 第 3 栏对应章节形式以附件形式附上；及

（b）按照表格 2 第 4 栏相应章节列上的任何条件提供。

（2）当根据本法或本条例的规定，委员会需要在政府公报中发布公告的，该公告应该至少包含以下信息：

(a) 公告直接涉及的任何团体或其他人的姓名；

(b) 委员会就相关事项编列的提交号码；

(c) 本要求提供该公告的法律或条例的规定；

(d) 对相关事项性质的简明扼要的描述；

(e) 如果公告征求意见，应听取意见的截止日期；

(f) 如果公告通报了一个决定：

(i) 对相关决定性质的简明扼要的描述；

(ii) 一份关于作出决定的理由是否已被公开的说明，如已公开，如何获得这些理由的复印件；且

(iii) 一份对该决定的提出复审或上诉权利的说明，包括提交复审或上诉的时限；

(g) 委员会负责发布该公告的人员的姓名、地址和联系电话。

第二部分　报告职责

12. 报告职责

（1）依照本法第 13G 条第 1 款规定，政府、公共实体或国家机构应每年提交一份合规报告，该报告应：

(a) 以根据本法要求经过验证的信息为基础，反映下列要素的合规情况：

(i) 适用的所有权；

(ii) 管理控制；

(iii) 技能发展；

(iv) 企业和供应商发展；

(v) 社会经济发展；及

(vi) 任何其他部门特定因素。

(b) 根据良好行为准则，反映上述每个元素对记分卡结果的影响。

（2）政府部门、公共实体或国家机关应该根据本法第 13G（1）条规

定，按照 B – BBEE 表格 1 的要求，在批准后 30 天内，向委员会报送已审计的年度财务报表和年度报告。

（3）根据本法第 13G（2）条的规定，在约翰内斯堡证券交易所上市的上市公司必须每年向委员会提交一份 B – BBEE 表格 1 格式的合规报告，并且必须：

（a）按照本法要求经核实的信息，反映下列因素的遵守情况：

（i）所有权

（ii）管理控制；

（iii）技能发展；

（iv）企业和供应商发展；

（v）社会经济发展；

（vi）行业的其他特定因素。

（b）根据良好行为准则，反映上述各项对记分卡结果的影响。

（4）根据第 13G 条第 2 款的规定，在约翰内斯堡证券交易所上市的上市公司应当在财政年度结束后九十（90）天内向委员会提交报告。

（5）在约翰内斯堡证券交易所上市的上市公司，根据本法第 13G 条第 2 款规定提交经核准的年度财务报表和年度报告中的年度合规报告后，该公司应该在年度财务报表和年度报告批准后三十（30）天内将报告提交给委员会。

（6）教育和培训部门应当根据本法第 13G 条第 3 款要求，每年向委员会提交一份按照 B – BBEE 表格 2 格式制定的关于技能培训支出和计划的报告，该报告应当：

（a）基于依照本法要求经核实的信息，反映下列各项的合规情况：

（i）成员机构提供的技能训练；

（ii）技能发展服务；

（iii）记分卡的实施；

（iv）重要和优先技能；及

（v）工作技能计划。

（b）根据良好行为准则，反映上述各项对记分卡结果的影响。

（7）教育和培训部门要按照第 13G 条第 3 款规定，在财政年度结束后九十（90）天内向委员会提交报告。

（8）如果教育培训部门根据第 13G 条第 3 款规定需要提供的年度合规报告包含在经核准的年度财务报表和年度报告中，该教育培训部门可以在年度财务报表和年度报告批准后三十（30）天内向委员会提交经审计的年度财务报表和年度报告。

（9）委员会按照第 13G 条规定收到报告后，应该：

（a）在五（5）天内以书面形式确认收到报告；

（b）在收到报告后九十（90）天内审议该报告；及

（c）如果需要的话，以书面形式将合规情况以及有待改进之处回复提交报告的人。

（10）如果报告不符合本法的要求，委员会应该通过签发 B – BBEE 表格 3 的书面形式向政府部门、公共实体、国家机关、上市公司或教育培训部门，告知不符合规定之处，要求上述机构在三十（30）天内修改报告以达到本法第 13G 条规定的要求。

（11）如果该机构提交的报告不符合第 13G 条的要求，委员会应当：

（a）通过签发 B – BBEE 表格 4 的形式拒绝该报告；及

（b）说明拒绝该报告的理由，政府部门、公共实体、国家机关、上市公司或教育培训部门应当被视为未遵守本法的要求。

（12）委员会可以允许根据本法第 13G 条提交报告的政府部门、公共实体、国家机关、上市公司或教育培训部门出席委员会召开闭门或开放会议，回答委员会提出的问题，作为审议报告考虑的部分，并在必要时采纳其建议。

（13）如果委员会认为根据第 13G 条规定提交的报告符合本法的要求，委员会应该根据以上第（1）、（3）、（5）款的规定以 B – BBEE 表格 5 的形式通知相关单位。

（14）政府部门、公共实体、国家机关、上市公司或教育培训部门对本法第 13G 条要求出具的报告中提交虚假信息，应按本法规定处理。

（15）委员会可以就验证提交报告中信息的准确性进行实地考察，或根据本法第 13J 条第 1 款规定对任何不符合本法第 13G 条的情况展开调查。

（16）部长应在收到行业宪章理事会根据本法第 10 条第 4 款提交的报告三十（30）天内，将该理事会报告提交委员会供其根据本条例进行审议。

（17）收到来自部长的行业宪章理事会根据本法第 10 条第 4 款提交的任何报告后，委员会应当：

　　（a）在五（5）天内以书面形式确认收到报告；

　　（b）在收到报告后九十（90）天内审议；及

　　（c）如果需要的话，以书面形式将合规情况以及有待改进之处回复部长。

（18）委员会可以根据本法以适当的方式公开已提交的报告，包括撰写综合总结和在其网站上发布。

第三部分　信息获取

13. 限制或保密信息

（1）对本条例第三部分而言，以及根据本法第 13L 条规定，以下 5 类信息是受限制的：

　　（a）下列信息：

　　　　（i）根据本法第 13L 条第 1 款被定义为机密信息的；或

　　　　（ii）根据本法第 13L 条第 7 款规定，应被视为机密信息的。

　　（b）在下列情况下申诉人的身份：

　　　　（i）提供信息的人士可请求委员会将其身份视为限制信息，但此人只有在随后书面放弃该请求后，才可成为有关事项的申诉人。

　　　　（ii）如果某人根据第 1 款（b）项（i）目规定请求委员会将其身份视为限制信息：

　　　　　　（aa）委员会应当接受该请求；及

　　　　　　（bb）该信息是受限制的，除非此人随后书面放弃该请求。

　　（c）除本款第（a）、（b）项提到的方式外，委员会以特定方式收到的如下信息：

（i）附在诉请中对行为的描述，以及委员会在对诉请调查中收到的其他信息，如果有调查结果和建议的话，在委员会公布调查结果和建议之前都是限制信息，但以 B – BBEE 表格 6 形式提供的信息不是限制信息；及

（ii）任何委员会收到的向委员会登记的广义黑人经济赋权交易信息，在当事方公开交易之前，仅在第（a）项限制范围内的信息才是限制信息。

（d）一份包含下列内容的文件：

（i）委员会官员之间，一个或多个官员与他们顾问之间的内部交流；

（ii）委员会的或为委员会准备的观点、建议、报告或介绍；

（iii）对已发生的协商、讨论或审议的说明，包括但不限于，委员会依法行使法律赋予委员会的权力或履行义务时，制定政策或作出决定的会议记录；

（iv）如果公开披露可能阻碍委员会的协商进程，通过压制候选人的：

（aa）观点、建议、报告或介绍的通信；或

（bb）协商、讨论或审议行为；或

（cc）如果过早披露一项政策或拟定中的政策，披露行为将影响政策的成功制定。

（e）根据《2000年促进获取信息法》（2000年第2号法律），公共机构的可能被要求或有权限制获取的任何其他材料。

14. 信息获取

（1）任何人支付规定费用后，可以查看或复印委员会的任何记录：

（a）如果不是限制信息；或

（b）如果是限制信息，在允许的范围内，应符合下列文件的附加条件：

（i）本条例；或

（ii）有管辖权的法院的命令。

（2）在特定诉请中，委员会可以披露涉及根据某一适当命令的条款

达成的可能协议的除机密信息外的限制信息。

（3）除了第 1 和第 2 款规定外，委员会可以仅向下列人员披露限制信息或允许他们获取该信息：

(a) 向委员会提供信息的人；

(b) 机密信息所属的人；

(c) 取得信息所属人书面同意的任何其他人。

第四部分　申诉程序

15. 提起诉请

（1）根据本法第 13J 条规定，委员会有权自行或在收到规定格式的诉请后，调查因适用本法、任何 B–BBEE 计划或 B–BBEE 计划类型而引起的任何问题。

（2）任何人可以通过提交一份填写完整的 B–BBEE 表格 7 向委员会提起诉请，并具体提供以下信息：

(a) 对涉嫌违反本法行为或做法的叙述；

(b) 涉嫌违反本法的个人、政府、国家机关的详情；

(c) 任何可能向委员会提供与诉请相关的信息的人员的姓名和联系方式；

(d) 申诉人在提起诉请前为试图解决诉请而采取措施的信息，包括替代性纠纷化解措施；及

(e) 申诉人认为可以解决涉嫌违法行为的方式。

（3）委员会应当在收到诉请后五（5）天内以书面形式确认收到诉请，单独分配一个案件号，并将案件号告知申诉人。

（4）委员会应当在收到诉请后一（1）年内：

(a) 评估诉请的价值；

(b) 通过签发 B–BBEE 表格 8 要求申诉人提供进一步资料；

(c) 如有正当理由，应当调查诉请；

(d) 通知被申诉人；

(e) 必要时根据本法第 13K 条规定，以规定的 B–BBEE 表格 20 的方式签发传票；

（f）按照委员会程序，必要时根据本法第 13J 条第 2 款举行听证会；及

（g）不论有没有建议，作出一个裁决。

（5）如果委员会要求申诉人提供额外信息，申诉人应当在收到要求提供额外信息通知后十四（14）天内提交该信息。

（6）如果申诉人不能在规定时间内提交额外信息，委员会可以终止申诉，如果是委员会发起的话可以继续调查。

（7）如果委员会有足够的理由相信提交的一份与调查相关的文件中有错误信息，委员会可以向提交信息者以 B-BBEE 表格 9 形式签发提供正确信息的请求，提交信息者应当在收到要求提供正确信息通知后十四（14）天内将正确信息提交给委员会。

（8）如果委员会自行开展调查，委员会应该通过按照规定的 B-BBEE 表格 10 形式签发调查通知，并按照上述第 4 款（d）—（f）项的程序启动调查。

（9）如果委员会持以下意见，应当按照 B-BBEE 表格 11 形式向申诉人签发不调查通知书：

（a）没有审理该案件的管辖权；或

（b）起诉案件不值得开展调查。

（10）如果委员会认为有理由调查某案件的话，可以根据本法第 13J 条第 2 款规定，按照委员会的格式和程序，在委员会主席的主持下，举行正式听证会。

（11）如果委员会在经过调查后认为一个诉请可以通过选择性纠纷解决机制解决的话，委员会：

（a）可以促成该案件的解决，或以规定的 B-BBEE 表格 12 形式按照程序将该案件提交给任何适当的纠纷解决程序或法庭；及

（b）如果适当的选择性纠纷解决程序不能解决双方争议，如果认为合理的话，委员会可以继续调查该案件。

（12）委员会根据本法开展调查作出的任何裁决或建议都应该：

（a）以书面形式；

(b) 送达申诉人；及

(c) 根据本法第13J条第7款（b）项的规定，以其认为适当的方式，包括在其网站上公布。

（13）在根据本法第13J条第3款就一项调查作出最后裁决前，委员会应当以书面形式通知被申诉人对其不利裁决的细节，并给被申诉人三十（30）天的时间对每一个或任何一个针对被申诉人的裁决作出回应。委员会可以根据被申诉人请求，将三十（30）天的期限再延长一次，不得超出十（10）天。

（14）如果被申诉人没有在委员会通知后规定时间内就对其不利的每一个或任何一个裁决作出回应，则委员会应该根据本法第13J条规定继续作出裁决。

（15）如果委员会认为需要更多的时间完成第8款要求的调查程序，委员会应当通知申诉人延长时间的必要性、延长期限的情况以及延长的确切期限。

（16）如果对某一事项已进行了调查且有正当理由的，则委员会可以根据本法第13J条第6款规定，通过签发B－BBEE表格13，根据具体情况将任何问题提交至南非税务局或其他监管机构。

（17）委员会进行的任何调查均应按照符合本法的程序进行，并遵守适用于调查的公正司法程序有关的各项规则。

16. 撤回诉请

（1）委员会就一项诉请作出裁决和建议前的任何时间内，申诉人可以撤回起诉。

（2）只要专员根据第13J条规定提出认为有正当理由的，委员会可以在诉请被撤回后对该项诉请继续开展调查。

17. 共同诉请

（1）在委员会提出或另一个人提交诉请后的任何时间，委员会可以发布公告披露涉嫌的违法行为，并邀请其他认为该涉嫌行为已经或者正在影响其实质利益的人就该事项提起诉请。

（2）如果这些诉请涉及作为潜在的被申诉人的同一人，委员会可以将两个或两个以上的诉请合并开展共同调查。

（3）如果委员会按照第 2 款允许将两个或两个以上诉请合并：

（a）每个诉请仍应以其各自的诉请编号分别列出；

（b）每个向委员会提交其中一项诉请的人仍是其所提交诉请的申诉人；

（c）在对合并的诉请中的一项诉请做出调查决定，或签发不需要调查通知后，委员会可以继续调查余下的合并诉请中的任何一项，但须通知申诉人，而且为期一年的调查期限尚未届满。

（d）如果调查期已满，委员会应该：

（i）给申诉人发出调查期已满的通知；

（ii）要求申诉人在三十（30）天内填写 B-BBEE 表格 21，以延长调查期限；

（iii）如果申诉人未能或拒绝同意延期的话，应如同已申请延期一般继续开展调查。

第五部分　交易登记

18. 登记交易程序

（1）当广义黑人经济赋权交易达到部长在政府公报上确定的门槛时，交易的一方应当在达成交易后十五（15）天内，按照本法第 13F 条第 1 款 f 项规定，通过填写 B-BBEE 表格 18 将交易提交给委员会进行登记。

（2）收到广义黑人经济赋权交易登记后，委员会应当：

（a）立即以书面形式通知提交交易登记方确认收到登记信息；及

（b）如果符合 B-BBEE 表格 19 规定的登记要求，应当在十（10）天内向提交交易登记方颁发证书。

（3）委员会可以在广义黑人经济赋权交易登记后九十（90）天内，评估该交易是否符合本法规定，并以书面形式将任何与该交易有关的问题通知提交交易登记的一方。

（4）根据上述第 3 款被发出书面建议的一方，应当在收到委员会建议后的合理期限内对该交易进行补救，否则委员会可以根据本法第 13F 条第 1 款 d 项规定继续展开调查。

（5）根据这些规则提交交易登记的要求，不构成在交易实施前获得委员会许可的要求。

（6）广义黑人经济赋权交易当事方应当在达成交易前采取措施寻找适当的建议，包括通过本法规定的委员会咨询意见服务，因为委员会在登记后提供的意见不能代替交易完成前的咨询意见。

（7）根据有效的保密要求，委员会可以使用提交的广义黑人经济赋权交易登记信息制作一份报告或趋势预测，委员会可以以其认为适当的方式公开，包括在其网站上。

（8）在交易登记后，如果影响该机构的广义黑人经济赋权要素发生任何实质性变化，且该实质性变化未达到广义黑人经济赋权交易的登记门槛，应当通知委员会。

C 节　向部长提出申请

第六部分　超出资格标准许可

19. 超出资格标准申请程序

（1）根据本法第 9 条第 6 款规定，为了加速转型，国家机关或者公共实体可以向部长申请超出良好行为准则中规定的采购和其他经济活动资格标准的许可：

(a) 以 B-BBEE 表格 14 向部长提交书面申请；

(b) 在表格附上申请超出既定资格标准的动机；

(c) 明确说明将超出既定资格标准的程度；

(d) 附上界定建议记分卡（proposed scorecards）的规则；及

(e) 提供任何可能与部长支持该申请相关的附加信息。

（2）国家机关和公共实体申请超出资格标准许可应当将向部长提交的申请送至以下总部或邮寄地址：

(a) 专人递送至：南非共和国比勒陀利亚森尼塞得门特杰街 77 号贸易和工业部（Department of Trade and Industry, 77 Meintjies Street, Sunnyside, Pretoria, Republic of South Africa）；

（b）邮寄到：南非共和国比勒陀利亚0002专用邮袋X84贸易和工业部（Department of Trade and Industry, Private Bag X84, Pretoria 0002, Republic of South Africa）；

　　（c）发送传真至012 - 394 2577；或

　　（d）发送邮件至BBBEEApplications@ thedti. gov. za。

（3）部长收到超出资格标准的申请后应当：

　　（a）确认收到申请；

　　（b）收到B - BBEE表格14后十（10）天内对是否符合申请请求进行评估；

　　（c）在收到申请后三十（30）天内，书面通知申请人须在收到通知后十四（14）天内提交任何额外的或未完成的资料；

　　（d）确保申请符合所有既定的技术要求；及

　　（e）确保建议记分卡超出良好行为准则中设定的资格标准。

（4）部长应该在收到申请人提交超出资格标准的申请，或补交资料后三（3）个月内，视情况而定：

　　（a）同意申请人超出资格标准的许可；或

　　（b）拒绝申请人超出资格标准的许可。

（5）如果部长决定拒绝超出资格标准的许可，部长应当：

　　（a）将该决定书面通知申请人；且

　　（b）提供拒绝申请的理由。

（6）如果超出资格标准的申请被部长拒绝，申请人可以重新申请。

（7）如果部长决定同意申请人超出资格标准的许可，部长应当：

　　（a）以有条件或者无条件的形式，授予不超出十（10）年的特定期限的许可；

　　（b）以B - BBEE表格15形式向申请人签发批准证书；

　　（c）在政府公报上公布该决定。

（8）部长应在作出他（她）同意超出资格标准决定后三十（30）天内，将该决定以书面形式通知委员会。

（9）部长授予申请人超出资格标准的许可不得指派、让与或转让给其他人。

（10）被部长批准授予超出资格标准许可的国家机关或公共实体，应当确保根据本法第13G条第1款要求的年度报告符合超出资格标准的记分卡，并反映超出资格标准的影响。

（11）如果授予的许可是有条件，且国家机关或公共实体未能满足该条件，部长可以要求出具一份说明不符合条件的理由以及如何补救的综合报告。

（12）如果部长认为国家机关或公共实体未能满足良好行为准则中规定的采购和其他经济活动的资格标准，可以随时撤回对国家机关和公共实体的超出资格标准的许可；

（13）如果部长根据上述第12款规定撤回超出资格标准许可，部长应当书面通知国家机关或公共实体：

（a）撤回许可；

（b）撤回理由；及

（c）撤回许可的生效日期。

（14）部长应在政府公报中公告撤回对国家机关或公共实体超出资格标准的许可。

第七部分 申请豁免或偏离

20. 豁免或偏离申请程序

（1）国家机关或公共实体可以依本法规定以书面方式申请适用良好行为准则的豁免或偏离，通过：

（a）以B-BBEE表格17形式向部长提出申请；及

（b）根据本法第10条第2款（a）项规定，提供国家机关或公共实体需要申请豁免或偏离的理由或动机。

（2）在申请豁免时，国家机关或公共实体必须按照上述第1款规定在其申请中提供一项计划，说明：

（a）国家机关或公共实体为遵守良好行为准则而采取的步骤；及

（b）国家机关或公共实体遵守良好行为准则的期间时限。

（3）在申请偏离时，国家机关或公共实体必须按照上述第1款规定在其申请中，明确说明国家机关或公共实体希望偏离良好行为准则的要素。

(4) 国家机关或公共实体申请豁免或偏离必须：

(a) 处理上述规定的事项；

(b) 通过专人交付或邮寄方式向部长提交申请：

(i) 专人递送至：南非共和国比勒陀利亚森尼塞得门特杰街77号贸易和工业部（Department of Trade and Industry, 77 Meintjies Street, Sunnyside, Pretoria, Republic of South Africa）；

(ii) 邮寄到：南非共和国比勒陀利亚0002专用邮袋X84贸易和工业部（Department of Trade and Industry, Private Bag X84, Pretoria 0002, Republic of South Africa）。

(c) 发送传真至012-394 2577；或

(d) 发送邮件至BBBEEApplications@ thedti. gov. za。

(5) 部长在收到国家机关或公共实体提出的豁免或偏离申请时必须：

(a) 在十（10）天内向申请人提供已收到申请的书面确认通知书；

(b) 在收到申请后三十（30）天内，书面通知申请人需要提供的任何需要补交的资料或文件；

(c) 评估申请，确定申请是否符合本条例的要求；

(d) 与有关国家机关或公共实体进行协商；

(e) 确定适用于国家机关或公共实体的特定客观事实或情况，是否如申请书所述需要依据本法予以豁免或偏离。

(6) 部长必须在收到申请后九十（90）天内决定是否批准豁免或偏离。

(7) 在考虑豁免或偏离的申请，并咨询有关国家机关或公共实体后，部长应当：

(a) 以书面形式批准或拒绝豁免或偏离的申请；

(b) 书面说明他（她）作出决定的理由；和

(c) 在政府公报上公布该项决定。

(8) 当部长决定根据本法批准豁免或偏离时，部长应当：

(a) 以B-BBEE表格15形式颁发批准证书；

(b) 必要时，规定国家机关或公共实体遵守良好行为准则的条件

和期间时限；及

(c) 要求国家机关或公共实体在必要时提交一份进度报告，以督促其认真遵守良好行为准则。

(9) 部长批准国家机关或公共实体的豁免或偏离应当：

(a) 自政府公报刊登之日起生效；及

(b) 在批准豁免或偏离的指定期间内有效，且不得超出十（10）年。

(10) 获得批准偏离或豁免许可的国家机关或公共实体应按下列要求向部长提交报告：

(a) 采用 B – BBEE 表格 16 形式；

(b) 根据上述第 8 款批准证书所列条件；

(c) 准确披露下列有关信息：

(i) 为加速转型而制定的采购目标、方案、财政和经济活动；

(ii) 以加速转型为目的的治理结构、管理、能力和领导层；

(iii) 为促进加速转型，对企业文化、多样性水平、文化群体的责任感和平等尊重的分析；

(iv) 为实现本条例目的而制定的发展政策；及

(v) 超出良好行为准则所确定的资格标准对目标受益人的影响。

(11) 部长应当在他（她）作出批准或拒绝豁免或偏离决定后三十（30）天内，书面通知委员会该决定。

(12) 如果豁免或偏离的申请被部长拒绝的，申请人可以重新申请。

(13) 部长批准国家机关或公共实体的豁免或偏离不得指派、让与或转让给其他人。

(14) 如果部长认为国家机关或公共实体未能遵守豁免或偏离规定的条件，或批准豁免或偏离的理由不再适用，可以撤回豁免或偏离决定。

(15) 如果部长认为国家机关或公共实体未能符合部长规定的豁免或偏离条件，部长应当在作出撤销豁免或偏离决定之前：

(a) 将明显不符合规定的情况书面通知国家机关或者公共实体；及

（b）给予国家机关或公共实体三十（30）天的时间对不遵守的情况进行补救。

（16）如果部长决定撤销豁免或偏离，部长应当：

（a）书面通知国家机关或者公共实体撤销豁免或偏离的决定；

（b）说明决定撤回豁免或偏离的理由；及

（c）说明撤销豁免或偏离决定生效的日期。

（17）部长应当在作出撤销豁免或偏离决定后三十（30）天内，书面将通知委员会。

广义黑人经济赋权委员会规则

规范广义黑人经济赋权委员会职能

附录1 – 表格

B – BBEE 表格1　提交文件的方式和时间

人的性质	提交方式	视为交付的日期和时间
任何人	如该人有传真号码，将通知或文件的核证副本传真给该人	除非有确凿证据证明传真是在不同日期或不同时间发送的，否则应按传真接收者记录的发送日期和时间为准
	如该人接收电子邮件的地址，通过电子邮件发送通知或文件副本	除非有确凿的证据证明它是在不同日期或不同时间发送的，否则应按发送方使用的计算机记录的日期和时间为准
	以挂号邮递方式将通知或文件核证副本寄往该人最后为人所知的地址	除非有确凿证据证明是在不同日期送达的，否则以邮局记录的通知或文件寄出的第2天起算的第7天为准
	如该人是委员会任何程序的参与者，且由一位代表代表，将通知或文件核证副本交给该代表	在提交文件回执上记录的日期和时间为准
	根据本表格如下所示该人允许的任何其他方法	按照交付方式的规定

续表

人的性质	提交方式	视为交付的日期和时间
任何自然人	将通知或文件核证副本交给该人,或交至经书面授权代表该人接受送达的代表	送达回执上记录的日期和时间
	把通知或文件核证副本留在该人的居住或营业地点,该人当时显然至少16岁、并负责管理该场所	送达回执上记录的日期和时间
	把通知或文件核证副本留置在该人的工作地点,交给任何显然至少16岁并有权的人	送达回执上记录的日期和时间
委员会	如该文件属格式表格,则应在委员会管理的网站上以电子形式填入表格所需信息	以委员会电脑系统所记录的日期和时间为准,并以传真回复的资料发送者的方式进行核实
	将该文件作为一份单独材料,附在提交给委员会的电子邮件中	以委员会电脑系统记录的日期和时间为准,除非在该日期后的1个工作日内,委员会通知发件人该文件无法读取
	以挂号邮寄方式将存储有电子文件的电脑光盘邮寄给委员会	以邮局记录的挂号信送达委员会的日期和时间为准,除非在该日期后的1个工作日内,委员会通知发件人光盘无法读取
	把文件或将包含电子形式的文件的电脑光盘交给专员或显然是委员会办公室的负责人	以专员签署的回执日期和时间为准,除非在该日期后的1个工作日内,委员会通知发件人光盘无法读取
公司或类似法人机构	把通知或文件核证副本送交该公司或法人机构在共和国境内的注册办事或主要营业地点的负责员工	送达回执上记录的日期和时间
	如没有工作人员愿意接收送达,可将该通知或文件核证副本贴在办公室或营业地点的正门上	以粘贴文件人宣誓书宣誓的日期及时间为准,除非有确凿证据证明该文件是在不同日期或不同时间粘贴的

续表

人的性质	提交方式	视为交付的日期和时间
委员会以外的法定机构	将该通知或文件核证副本交给该团体的秘书或类似委员会或董事会，或代表该机构行事的任何人	送达回执上记录的日期和时间
州或省	将通知或文件核证副本交给政党总部办公室或任何州检察官办公室的负责员工	送达回执上记录的日期和时间
市政当局	将通知或文件核证副本交给市政管理人员或能代表该人行事的任何人	送达回执上记录的日期和时间

B－BBEE 表格 2　公告和申请

#条	通知或申请目的	表格#	情况
第 13（G）条第 1 款	政府部门、国家机关和公共实体的合规报告	B－BBEE 1	
第 13（G）条第 2 款	约翰内斯堡证券交易所上市公司的合规报告	B－BBEE 1	
第 13（G）条第 3 款	教育培训部门的合规报告	B－BBEE 2	
第 12 条第 10 款	政府部门、公共实体、国家机关、上市公司或教育培训部门关于不合规行为的通知	B－BBEE 3	
第 12 条第 11 款（a）项	因不符合合规报告要求而拒绝报告的通知	B－BBEE 4	
第 12 条第 13 款	符合合规报告要求的通知	B－BBEE 5	
第 13L 条	限制/机密信息	B－BBEE 6	
第 13J 条	提交诉请的申请	B－BBEE 7	
第 15 条第 4 款（b）项	要求提供与诉请相关的更多资料的通知	B－BBEE 8	

续表

#条	通知或申请目的	表格#	情况
第15条第7项	要求提供正确资料的通知	B – BBEE 9	
第13J条	调查诉请的通知	B – BBEE 10	
第15条第9款	不予调查诉请的通知	B – BBEE 11	
第9条第6款	国家机关或者公共实体申请超出资格标准的许可	B – BBEE 14	
第10条第2款	申请豁免或偏离	B – BBEE 17	
第13F条第1款（f）项	申请提交一项高于部长规定的广义黑人经济赋权交易门槛的交易	B – BBEE 18	
第20条第10款（a）项	提交偏离或豁免报告	B – BBEE 16	
第10条第2款	申请良好行为准则豁免或偏离	B – BBEE 17	

B – BBEE 表格3　证书、报告及转交通知

#条	证书或通知目的	表格#	情况
第15条第11款（a）项	将案件转交至选择性纠纷解决机制的通知	B – BBEE 12	
第13J条第5款、第6款	将案件转交至国家检察机关、南非税收机关或监管部门的通知	B – BBEE 13	
第19条第7款（b）项、第20条第8款（a）项	超出、偏离或豁免的批准证书	B – BBEE 15	
第18条第2款（b）项	超出部长确定的广义黑人经济赋权经济交易门槛的登记证书	B – BBEE 19	
第13K条	传票	B – BBEE 20	
第17条第3款（d）项（ii）目	延长进一步调查时间的通知	B – BBEE 21	

附 件
广义黑人经济赋权委员会格式表格

表格：B – BBEE 1

政府部门、公共实体、国家机关或在约翰内斯堡证券交易所上市公司的合规报告

（根据本法第 13G 条第 1 款和第 13G 条第 2 款规定）

A 条：机构详情

机构/组织名称

注册号：

地址：

电话号码：

邮箱地址：

机构/组织的类型：

行业/部门：

相关良好行为准则：

核查机构名称：

技术签字人姓名：

B 条：根据积分卡，广义黑人经济赋权核查专业人士核查的信息

B – BBEE 项目	目标分数，包括	加分	实际取得分数
所有权	例如 25 分		
管理控制	例如 19 分		
技能培养	例如 20 分		
企业和供应商发展	例如 40 分		

续表

B-BBEE 项目	目标分数，包括	加分	实际取得分数
社会经济发展	例如：5 分		
总分	例如：109 分		
实现的优先元素	是/否，并详细说明		
赋权的供应商地位	是/否，并详细说明		
最终 B-BBEE 状态等级			

注：*指出每个元素对记分卡结果的影响

C 条：财务报告

1. 基本会计细节：

会计姓名：

地址：

会计政策：（每周、每月做账，还是其他：详细说明）

附件中的财务报表和年度报告是否已经获得机构的批准？

2. 请附上以下资料：

　　i）年度财务报表复印件，包括资产负债表和收支报表

　　ii）年度报告

公司年营业额：

广义黑人经济赋权委员会

表格：B – BBEE 2

教育和培训部门的合规报告

（根据本法第 13G 条第 3 款规定）

A 条：机构基本情况

机构/组织名称：

注册号：

地址：

电话号码：

邮箱地址：

机构/组织的类型：

B 条：技能培养报告

技能发展计划	记分卡的实现	权重	评论
技能培养服务			
机构提供的技能培训			
关键和优先技能			
工作场所技能培养计划			
其他：请详细说明			

C 条：

机构上一财政年度营业额：

广义黑人经济赋权委员会

表格：B – BBEE 3

不合规通知

（根据本法第 12 条第 10 款）

日期：

致：

委员会基于正当理由认为，上述机构违反了 2003 年修订的《B – BBEE 法》。委员会特别指出，该机构没有遵守该法 _____ 条，或条例 _____ 条，或两者的规定。具体如下：

（填上本通知不合规行为的性质和程度的详情）

您须在 30 天内采取所附声明中规定的措施，使贵单位的行为符合本法的规定。

不遵守本通知可能导致报告被拒绝。

代表委员会签字人姓名及职务：

_____

授权签名：

_____

广义黑人经济赋权委员会

表格：B – BBEE 4

拒绝报告通知

［根据本法第 12 条第 11 款（a）项规定］

日期：

关于

姓名：	文件号：

委员会根据本法第 13G 条规定通知提交报告的机构，其报告已被拒绝，因为：

☐ 不符合 B – BBEE 法或良好行为准则

☐ 报告中提供的信息有重大错误

☐ 其他（详细说明）

代表委员会签字人姓名及职务：

_____

授权签名：

_____

广义黑人经济赋权委员会

表格：B – BBEE 5

合规通知

（根据本法第 12 条第 13 款规定）

日期：

致：
（填写机构名称和注册号码，或个人姓名和身份证号码）

关于_____，委员会发布了一份关于此事的合规通知，称未能遵守_____条，或_____章，或两者。

委员会为既定的要求已得到满足感到满意。
或者
委员会对提交的报告感到满意。

代表委员会签字人姓名及职务：
_____

授权签名：
_____

广义黑人经济赋权委员会

表格：B – BBEE 6

限制信息/机密信息

（根据本法第13L条规定）

致：

关于：

姓名和文件号：

请附页填写下列资料，并列出事实和论点以证明您所提交的资料是限制的或机密的。

第 1 栏——包含限制/机密信息的文件名称

第 2 栏——限制/机密信息开始和结束的页码和行号

第 3 栏——拥有特定信息的机构名称

第 4 栏——资料的经济价值性质

第 5 栏——对获取资料的现有限制

保密声明：

我_____声明将按照本法第13L条规定将上述材料中的个人信息列为的机密信息，并监督执行。

授权签署人的姓名及职务：

授权签字   日期

_____   _____

广义黑人经济赋权委员会

表格：B – BBEE 7

案件号：

（仅供办公使用）

诉请表格

（根据本法第13J条规定）

申诉人个人信息

名称：

姓：　　　　　　名：

单位名称：

注册号：

申诉人的地址：

电话号码：

传真号码：

邮箱地址：

说明诉请是否针对（国家机关/私人/公共实体/政府领域）

国家机关/私人/公共实体/政府部门名称：

诉请：

对诉请的描述（请提供诉请的性质，包括本法或侵权法等您认为可适用及所有重要资料。您可以在本表格后附上附加纸）：

处理诉请的机制：

建议的救济措施：

广义黑人经济赋权委员会

表格：B－BBEE 8

补交其他资料请求

（根据法第 15 条第 4 款（b）项）

日期：

致：

关于

（正在被调查诉请的名称及文件编号）	
姓名：	文件号：

委员会已开始对上述诉请进行调查。

委员会要求您在本通知签发后 14 天内提供与该事项有关的下列资料。
（填写要求特定资料的详细说明。）
....
....
....
....
....

代表委员会签字人姓名及职务：

_____

授权签名：

_____

广义黑人经济赋权委员会

表格：B – BBEE 9

更正资料请求

（根据本章第 15 条第 7 款）

日期：

致：

关于

被调查案件的姓名和文件编号：
姓名：　　　　　　　　文件编号：

委员会已开始调查上述案件。您曾向委员会提供过似乎不正确的资料。委员会要求您在本通知签发后 14 天内，提供关于该事项的更正后资料。

（填写被要求提供特定资料的说明。）
……

代表委员会签字人姓名及职务：
_____

授权签名：
_____

广义黑人经济赋权委员会

表格：B – BBEE 10

调查诉请通知书

（根据本法第 13J 条规定）

机构名称：

地址：

日期：

关于：

（被起诉机构名称和注册编号）

名称：　　　　　　　注册编号：

请注意关于＿＿＿＿＿＿，申诉人＿＿＿＿＿＿对上述机构提起了诉讼。

广义黑人经济赋权委员会将根据《广义黑人经济赋权法案》第 13J 条进行调查。

调查可对该机构、任何相关机构现场访问，并对相关各方进行访谈。

―――――――
委员会

我已收到广义黑人经济赋权委员会的对上述机构进行调查通知。

获得授权人签字：＿＿＿＿＿＿＿＿＿＿

广义黑人经济赋权委员会

表格：B – BBEE 11

不调查诉请通知书

（根据本法第 15 条第 9 款规定）

日期：

致：　　　　　　　　　　　　（填上申诉人姓名）

关于：

（被起诉机构名称和注册编号）
名称：　　　　　　　　注册编号：

关于_____，申诉人对上述_____机构提起诉请。

广义黑人经济赋权委员会根据《广义黑人经济赋权法》第 9 条建议不对诉请进行调查，因为：

委员会对该案件没有管辖权；或

认为诉请是无理由、无理取闹的，或者没有指控任何事实，如经证实，将根据 2003 年修订的《广义黑人经济赋权法》构成补救的理由。

代表委员会签字人姓名：

_____

授权签字：

_____

广义黑人经济赋权委员会

表格：B-BBEE 12

提交选择性纠纷解决机制的通知

[根据本法第 15 条第 11 款（a）项规定]

日期：

致：　　　　　　　　　　　　　　（填入申诉人姓名）

和

致：　　　　　　　　　　　　　　（填入被申诉人姓名）

关于：

机构的名称和注册编号
委员会通知的日期和编号

委员会在调查诉请后，认为该事项可根据第 15 条第 11 款规定采用选择性纠纷解决机制解决纠纷。

争议起因于_____

（填入本法或规章中与争议关系最密切的条目）

从下列行为、行动或事实中得出：
（填入对该请求的情况和详情的简要说明）
....
....
....
....

代表委员会签字人姓名及职务：

_____

授权签名：

_____

广义黑人经济赋权委员会

表格：B – BBEE 13

移送诉请的通知

（根据本法第 13J 条第 5 款和第 6 款规定）

日期：

致：NPA/SARS/其他管理机构［特别是　　　］和

（被申诉人的姓名、注册号码及地址。如有需要，可另纸填写）

关于：

（提交起诉的姓名及注册编号）
姓名：　　　　　　档案编号：

委员会调查诉请后，对被申诉人下达以下命令＿＿＿＿＿（填上要求的救济或命令）。

根据＿＿＿＿＿（填入寻求救济或命令的条目）

基于以下理由：
（填入对该行为的情况和详情的简要说明）
……………………………………………………………………
……………………………………………………………………
……………………………………………………………………
…………………………………………

（为支持该通知，委员会已附上一份列明有关事实的证明书）

代表委员会签字人姓名及职务：

_____

授权签名：

_____

广义黑人经济赋权委员会

表格：B – BBEE 14

申请超出资格标准

（根据本法第 9 条第 6 款规定）

（请完整填写申请表。如有需要，可附页。）

A 条：申请人信息

姓名：

身份/注册编号：

地址：

电话号码：

邮箱地址：

注明是否为公共实体/私人/国家机关：

B 条：记分卡

勾出目标

□优先因素

□管理控制和社会经济发展

指出建议记分卡：

所有权	技能发展	企业和供应商发展	建议记分卡	次极小目标（超出40%）

广义黑人经济赋权委员会

表格：B – BBEE 15

批准证书

［根据本法第 19 条第 7 款（b）项和第 20 条第 8 款（a）项颁发］

致：

名称和文件编号：

您向贸易和工业部申请：

☐本法第 9 条第 6 款规定超出资格标准许可

☐本法第 10 条第 2 款规定的偏离

☐本法第 10 条第 2 款规定的豁免

部长特此颁发批准证书，有效期为_____年，有效期至_____。

本批准：

- 是无条件的
- 须满足附页上列出的条件

_____

部长

广义黑人经济赋权委员会

表格：B – BBEE 16

提交偏离或豁免报告

[根据规章第 20 条第 10 款（a）项规定]

A 条：关于该机构的基本细节

1. 机构名称：
2. 注册编号：
3. 本报告所涵盖的 12 个月期限：
4. 联系人：
   - 联系人姓名：
   - 电话号码：
   - 传真号码：
   - 邮箱地址：
5. 机构具体地址：
6. 说明旨在加速转型的方案：

项目名称	目标受益者	涉及的经费问题	评价

7. 详细说明机构多样化水平：

地位	总数	种族	性别
董事会			
高级管理			
中层管理			
领导技能			

8. B – BBEE 等级：

B 条：豁免或偏离的影响

9. 提供以下准确信息：

说明批准证书上的条件	说明机构为满足条件或遵守良好行为准则所采取的措施	说明豁免或偏离的影响

广义黑人经济赋权委员会

表格：B－BBEE 17

申请偏离/豁免

（根据本法第 10 条第 2 款规定）

（请完整填写申请表。如有需要，可附页。）

A 条：申请人信息

姓名：

身份证号码/注册编号：

地址：

电话号码：

邮箱地址：

指出是否是公共实体/个人/国家机关：

B 条：偏离的详情

指出：

国家机关或公共实体需要偏离的要素：

偏离范围：

建议记分卡：

B－BBEE 因素	要求记分卡	低于目标记分卡	建议记分卡

C 条：豁免详情

说明：

国家机关或公共实体需要豁免的事项：

提供豁免可核实的事实：

D 条：意向声明
（简要说明为什么需要申请偏离/豁免）

E 条：所需的额外信息
（附上豁免或偏离的商业计划或动机）

E 节：签名
通过下方签名，以证明您所提供的信息是真实无误的：

（1）全名：_____　　签名：_____
　　　名称：_____

广义黑人经济赋权委员会

表格：B – BBEE 18

B – BBEE 重大交易

[根据本法第 13F 条第 1 款（f）项规定]

致：广义黑人经济赋权委员会

来自：

（被登记机构的名称、地址和联系电话：）
姓名：
地址：
联系电话：

请注意，各方要求根据《广义黑人经济赋权法案》第 13F 条第 1 款（f）项规定对交易进行登记。

（填上交易各方的资料）

姓名：　　　　　　　　　　　　姓名：

注册编号：　　　　　　　　　　注册编号：

交易姓名：

交易价值：

关于注册的通知和其他材料可以送达下列人士，地址和联系电话如下：

仅限办公使用：　　委员会文件号：　　提交日期：

　　　　　　　　　　_____　　_____

广义黑人经济赋权委员会

表格：B – BBEE 19

登记证书

[根据本法第 18 条第 2 款（b）项规定]

日期：

来自：

致：

（机构的姓名和注册编号）	
姓名：	注册编号：
姓名：	注册编号：

上述机构已根据本法第 13F 条第 1 款（f）项为一宗 B – BBEE 重大交易提交了登记信息。

委员会在此确认，该交易自本证书颁发之日起已完成登记。

代表委员会签字人姓名及职务：
_____

授权签名：
_____

广义黑人经济赋权委员会

表格：B－BBEE 20

传票

（根据本法第 13K 条规定）

案件号：_____

（仅供办公需要）

在申诉人_____与被申诉人_____之间

致专员或他（她）的代表：

通知_____，_____（性别和职业）_____（以下称为"被申诉人"），_____（性别和职业）_____（以下称为"申诉人"），申诉人向他或她提起诉讼，声称：

（以下简要列出申诉人的诉因）

通知被申诉人要求他或她于 20_____年_____月_____日出席委员会的听证会，并提供证据或出示与听证会有关的账册、资料或其他文件。

（如需提交资料，请附上）并将下列清单所列的账册或文件提交给委员会。

日期：20_____年_____月_____日

_____

委员会

拟提交资料或账册清单（如适用）

日期	说明	原始/核实副本

广义黑人经济赋权委员会

表格：B – BBEE 21

延长进一步调查时间的通知

[根据本条例第 17 条第 3 款（d）项（ii）目规定]

日期：

来自：　　　　　　　　　　　　　（填入申诉人情况）

关于：

（被调查事项名称及案件号）
名称：　　　　　　　　　案件号：

鉴于下列理由，申诉人特准许委员会延长调查_____时间开展进一步调查。

委员会延长时间的详情、情况及理由如下：

（填入该请求的情况和详情的简要说明）
……………………………………………………………………………
……………………………………………………………………………
……………………………………………………………………………
…………………………………………………………

申诉人或代理人姓名和职务：
_____

授权签名：
_____

（三）2018 年《采矿和矿产行业广义社会经济赋权宪章（矿业宪章）》

采矿和矿产部部长赛蒙·格威德·曼塔斯根据《矿产和石油资源发展法》（2002 年第 28 号法律）第 100 章第 2 条的规定颁布 2018 年《南非采矿和矿产行业广义社会经济赋权宪章》（以下简称 2018 年《矿业宪章》），以促进矿业产业的发展。

2018 年矿业宪章必须同本宪章实施指南共同解读，实施指南将在本宪章颁布之日起 2 个月内在政府公报上刊出。

Samson Gwede Mantashe 先生

矿产资源部部长

2018 年 9 月 26 日

序言

由于殖民统治和种族隔离政府采取的隔离政策，大部分南非人都被系统性地边缘化，并被禁止拥有生产资料，而且不能有效地参与到主流经济中。自采矿和矿产行业出现以来，它已成为南非政治和社会经济秩序的主导部门。由于矿产行业不断支持和实施不平等的歧视政策和措施，它已造成社会广泛的不平等，以及特别是矿业内的不平等。

为了解决这些历史上的不平等问题并实施 1996 年《南非共和国宪法》第 9 条（平等条款），南非民主政府专门制定了 2002 年《矿产和石油资源发展法》（2002 年第 28 号法律）（简称 MPRDA）。

2002 年《矿产和石油资源发展法》的主要目的是确保实现政府设置的目标，即解决历史遗留的社会经济不平等问题，确保更大范围的经济赋权，让历史上处于弱势的非洲群体参与进矿产行业。2002 年《矿产和石油资源发展法》第 100 条第 2 款第（a）项授权南非矿产资源部部长制定关于南非采矿和矿产行业的广义黑人经济振兴法（简称"矿业宪章"）作为管理条例。因此，2004 年采矿和矿业部部长制定了矿业宪章，规定了具体的可量化目标，以推动矿业的改革。

2009 年，该部门对矿业行业改革所取得的成就进行了综合评估，但是评估结果与2004年矿业宪章所规定的目标并不相符。实施矿业宪章时存在的诸多缺陷主要体现在下列因素中：所有权、采购、公平就业、选矿、人力资源开发、矿区社区发展、住房和生活条件。因此，矿业宪章于2010年进行了必要修订，以便顺利和加速实现宪章目标。修订后的矿业宪章同样引入可持续发展元素，旨在加强矿业的可持续改革和发展。

2014年，在矿业宪章实施十年后，南非矿产资源部进行了第二次评估。此次评估暴露出如下问题：

• 在许多案例中，合规程度有显著改善，但是矿产行业整体转型水平极低；

• 未完全体现矿业宪章的精神，合规被认为是保护"社会经营许可证"的一种方式；

• 尽管国家是代表国民的国家矿产财富的监护人，但多数矿业社区仍持续处于极端贫穷状态；

• 历史上受到不公正对待的人员（HDP）参与矿业仍受到限制，主要的原因如下：

1）收益流应偿还债务且直接提供BEE合伙人，但收益流完全不足；

2）由于管理不善，持有矿业雇员和社区的信托限制了流向他们受益人的收益。

为了应对这一困境，政府于2015年发起了另一轮的综合审查程序。此举是为了加强矿业宪章的有效性，促进矿业产业广泛、有效的改革。

审查矿业宪章后发现，竞争力和改革相辅相成，互相提高。因此，审查矿业宪章是为了消除有歧义的规定，引入新的定义、术语和目标定位，一方面加强法规的确定性，另一方面实现与其他立法的协调。立法的协调旨在确保历史弱势群体能够根据《矿产和石油资源发展法》设定的目标有效参与矿业领域。

对矿业宪章的审查进一步发现，初级矿业产业的增长和改革以及稀有金属和钻石部门，对于提高矿业部门的上下流产业的竞争力是十分重要的。从这个方面来说，2018年《矿业宪章》引入新条款，适用于刚开始从事采矿的人员，且对有关稀有金属和钻石部门的相关条款进行修订。

愿景

为了促进采矿业的可持续转型、增长和发展。

目的

为实施 2002 年《矿产和石油资源发展法》第 100 条第 2 款（a）项的规定和南非宪法第 9 条并协调政府的改革政策。

定义

本条对矿业宪章使用的术语和概念进行界定。

"BEE 企业主"（BEE entrepreneur），是指历史上受到不公正对待的人员或其股份至少 51% 由历史上受到不公正对待的人员（当地社区和合格雇员除外）所有且他们还至少持有 51% 的可行使的投票权和 51% 的经济利益的企业；

"BEE 持股"，是指由 BEE 企业主、当地社区以及合格的雇员持有的股份；

"BEE 合规公司"，是指根据南非贸工部广义黑人经济振兴良好行为准则具备至少 B – BBEE4 级身份且至少 25% +1 的投票权由历史弱势群体持有的公司；

"矿物增效"（benefication），为矿业宪章的目的，收益意味着转化、增加价值，或对矿业产品进行下游加工，使其成为超过矿业部规定的基准线的具有更高价值的产品，可以用于本地消费或出口；

"附股权益"（carried interest），是指向有资格的雇员和矿区团体发放的免费的、无负担的股权。股权的成本由采矿权持有人从资产开发中支付；

"核心重要技能"，是指在矿业公司的在生产和运营阶段覆盖整个组织阶层的科学技能、技术技能、工程技能和数学技能；

"人口数据资料"，是指一个国家或省份的人口数字特点（例如：人口规模、年龄、结构、性别、种族等）；

"经济利益"，指的是 BEE 持股人获得分红、受益和其他经济权利的合法权利；

"有效所有"(effective ownership),是指历史上受到不公正对待的人员有意义地参与:

(1) 无障碍的净收益所有权;

(2) 根据流经原则(Flow - through priniciple)或控制原则,参与者持有的股本文件所附带的投票权;

(3) 运用流经原则所测算的、代表因拥有在性质上类似于分红权的实体所获得的回报的经济利益;以及

(4) 采矿运营的管理控制;

"股权比例利益"(Equity equivalent benefit),是指采矿权所有人的已发行股份的一定百分比,以无偿形式转给为当地社区利益而设立的信托或类似机制;

"已有采矿权持有人",为所有权要素目的,是指在2018年《矿业宪章》颁布前已授予的采矿权的持有人;

"历史上受到不公正对待的人员"(Historically Disadvantaged Persons),是指在2002年《矿产和石油资源发展法》中规定的群体;

"历史上受到不公正对待的人员拥有或控制的公司",为《矿业宪章》目的,是指历史上受到不公正对待的人员在其中持有至少51%可行使投票权和根据流经原则确定的经济利益;

"历史上的BEE交易",是指2018年《矿业宪章》颁布前缔结的BEE交易;

"东道社区",是指邻近矿区的地方或直辖市内的社区,和2002年《矿产和石油资源发展法》界定的一样;

"综合生产者",是指作为商业活动的一部分,对自己开采的矿产进行精炼处理的矿权持有人;

"应纳税额",和1999年《技能发展征税法》(1999年第9号法)界定的一样;

"本土成分",是指在南非生产的矿产品在装配或制造过程中增加的附加值;

"有意义的经济参与",是指以下几个主要属性:

(1) 明确可识别的、历史弱势群体作为合作伙伴,包括女性以及有

资格的雇员和当地社团；

（2）基于 BEE 股东累计的时间分级因素计算的无负担净值的百分比；

（3）根据相关立法规定，支付给 BEE 股东的决议分派的股息、其他分配的货币、股息流的百分比；

（4）拥有既得权益的 BEE 股东，可以在交易期限内按比例获取股息，再投资于其他采矿项目；

（5）BEE 股东享有充分的股东权利，可以参与年度股东大会，在各方面行使投票权，包括但不限于本协议涉及的商品交易和销售以及任何附带的事项，无论所使用的文件是何种法律形式；

"2018 年《矿业宪章》"，是指根据 2002 年《矿产和石油资源发展法》（2002 年第 28 号法律）制定的《矿业和矿产行业的广义社会经济赋权宪章》；

"矿业商品"，是指采矿权持有者或代表采矿权持有者的承包人所使用的资本商品和消费品；

"MPRDA"，是指 2002 年《矿产和石油资源发展法》（2002 年第 28 号法律）；

"净值"，是指随着时间的推移股东所获得的权益的价值；

"非自由裁量支出"，是指采购预算总额，不包括铁路、公用事业（电力、水、费率和税收）和燃料采购的支出；

"未决申请"，是指在 2018 年《矿业宪章》之前提交并被接受的申请；

"合格雇员"，是指为所有权因素目的而言的矿业公司的雇员，不包括在同一公司作为雇用协议的条件已持有该公司股份的雇员；

"服务"，是指采矿权持有者或代表采矿权持有者的承包商所承包的服务，包括但不限于矿业生产服务、钻井、矿产贸易、矿产市场销售、法律服务、航运、运输服务、信息技术服务、安保服务、工资服务、财政服务、医疗服务、咨询服务，清洁服务、保险服务和与矿井相关的其他补充服务；

"社会劳动计划"，是指 2002 年《矿产和石油资源发展法》第 23 条规定的社会劳动计划；

"设在南非的公司"，是指根据公司法（2008 年第 71 号法律）的规定成立并登记的公司，它们在南非国内经营并遵守南非法律；

"南非制成品"，是指产品在南非装配或制造时拥有至少60%本土成分的产品。本土成分的计算不包括利润加价、品牌价值和管理费用等无形价值；

"女性持有和控股的公司"，是指南非女性拥有至少51%的可行使投票权和经济利益的实体；

"青年人"，为矿业宪章目的而言，是指：

（1）根据国家人口统计或省级统计，年龄在18岁到35岁的南非青年公民；或

（2）由第一项规定提及的人员所管理和控制的法人，这些人集体地或作为一个团体拥有和控制大多数已发行股本或成员利益并能够控制大多数成员的投票。

1. 《矿业宪章》的目标

2018年《矿业宪章》的目标是：

(a) 确认国际法认可的国家主权原则；国家在领土内对其国家生活包括所有的国家矿产财富有行使权力和制定法律的权利；

(b) 通过纠正以往的不平衡和不平等现象，消除矿业产业领域的种族主义所有权模式；

(c) 实质性地并有意义地扩大历史弱势群体参与矿业和矿产产业领域并从国家矿业资源的开发获得利益的机会；

(d) 利用和扩大现有的技能基础，以增强历史弱势群体的能力；

(e) 促进就业率，丰富劳动力多元化，以提高业界竞争力和生产力；

(f) 加强南非社会经济福利，提高社会凝聚力；

(g) 促进采矿业的可持续增长和竞争力；

(h) 利用采矿业的采购支出，促进当地矿业投入部门的增长和发展；

(i) 促进南非矿业商品的收益。

2. 《矿业宪章》的主要内容

2.1 所有权

为了让历史弱势群体有意义地参与经济，融入主流经济，并有效拥

有国家矿产资源，采矿权持有者必须遵守以下几点：

2.1.1 现有的采矿权利

2.1.1.1 在采矿权存续期间，现有的采矿权持有者如果达到 BEE 股权比例不低于 26%，应被认定为符合规定。

2.1.1.2 在采矿权存续期间，现有的采矿权持有者如果达到 BEE 股权比例不低于 26%，且在 2018 年《矿业宪章》颁布前其 BEE 合作伙伴已退出，他应被承认为在采矿权期间符合规定；在采矿权进行更新时，此种承认不再适用。

2.1.1.3 对持续后果的承认应包括在控股公司层面、采矿权层面上达成的有关产量、股份或资产的各类历史交易，包括构成新秩序采矿权授予基础的所有历史上的 BEE 交易。

2.1.1.4 对现有采矿权的持续后果的承认不得转让，并应在转让全部或部分采矿权后失效。

2.1.1.5 对持续后果的承认不适用于申请新的采矿权或续期的采矿权。

2.1.1.6 现有采矿权的续期应符合采矿权续期申请提出时适用的采矿租约要求。

2.1.2 未决申请

2.1.2.1 在 2018 年《矿业宪章》颁布前提出并被接受的未决申请，将按照 2010 年《矿业宪章》的要求进行处理，BEE 持股比例不少于 26%。

2.1.2.2 前款规定提到的采矿权持有人必须在该采矿权生效之日起的 5 年内，增加至少 30% 的 BEE 持股比例。

2.1.3 新的采矿权

2.1.3.1 新的采矿权要求 BEE 持股比例不少于 30%，其中股权内容包括附带有每个采矿权或在持有采矿权的矿业公司中相应投票权比例的经济利益。

2.1.3.2 BEE 持股比例不少于 30%，应以下列方式进行分配：

（i）自采矿权生效之日起，向符合资格的员工提供至少 5% 的不可转让附带权益；

（ii）自采矿权生效之日起，向所在社团提供至少 5% 的不可转让附带权益或至少 5% 的股权比例权益；

（iii）采矿权持有者应确保通过发行新股减少现有股东的股权，不得减少有资格的员工的附带权益和所在社区的附带权益或股权等值权益；

（iv）BEE 企业主至少有效拥有 20% 的股份，其中 5% 最好由女性持有；

（v）前款规定提到的拥有至少 20% 股份的采矿权持有者的所有权和控制权不得被稀释至 51% 以下。

2.1.3.3　BEE 持股安排可在控股公司层面、采矿权层面根据产量、股份或资产达成，但是如果 BEE 持股安排是在采矿权层面以外的其他层面达成的，则应适用流经原则。

2.1.4　东道社区的股权比例利益

2.1.4.1　上述第 2.1.3.2 段第（ii）项提及的股权比例利益应按下列规定进行管理实施：

2.1.4.1.1　采矿权所有人持有的股份资本的 5% 要无偿转让给为东道社区利益而设立的信托或类似机制；

2.1.4.1.2　在采矿权存续期间，应根据所适用的立法规定设立和管理信托或类似机制；

2.1.4.1.3　信托或类似机制应由东道社区（包括基于社区设立的组织、传统机构等）和矿业公司的代表组成；

2.1.4.1.4　采矿权持有人必须在咨询相关地方政府、东道社区、传统机构和有关利益相关者后，确定东道社区的发展需求；

2.1.4.1.5　信托或类似机制应负责东道社区发展方案、基金分配、股权比例利益的管理；

2.1.4.1.6　信托或类似机制的所有管理开支、项目管理和咨询费用不得超过总预算的 8%；

2.1.4.1.7　经批准的东道社区发展方案应至少以东道社区常用的两种语言发布。

2.1.4.2　经批准的东道社区发展方案不应取代 2002 年《矿产和石油资源发展法》第 23 条规定的社会和劳动计划承诺。

2.1.5　授予 BEE 股权新的权利

2.1.5.1 在采矿权有效期的三分之二内,应授予至少 50% 的 BEE 股权;且

2.1.5.2 采矿权存续期间应适用不低于 30% 的目标规定。

2.1.6 涉及现有和新的采矿权的 BEE 股权的处置

2.1.6.1 在 BEE 股权或其中部分股权的处置低于最低持股要求的情况下,采矿权持有者的授权证书应在采矿权期间得到承认,只要:

2.1.6.1.1 采矿权持有者在处置股权时符合 2018 年《矿业宪章》的要求;

2.1.6.1.2 BEE 股东持有赋权股份的时间必须至少相当于采矿权期限的三分之一,且必须已实现未有负担的净值;

2.1.6.1.3 赋权证书的认可仅适用于已授予给 BEE 股权的经评估有效的所有权;且

2.1.6.1.4 构成采矿权持有者和 BEE 股东之间合同的、详细列明退出机制和 BEE 股东剩余财务义务的协议已提交矿业部;

2.1.6.2 不应对未来的采矿权或采矿权续期申请主张承认先前交易的后果。

2.1.7 矿物增效股权比例与所有权目标

2.1.7.1 南非采用矿业矿物增效战略以实施国家工业化方案。为实现此目标,此部分为 BEE 企业家提供了如下的股权比例机制:

2.1.7.1.1 采矿权持有者可针对 BEE 企业家最多 5 个百分点的股权主张股权比例;

2.1.7.1.2 在 2018 年《矿业宪章》生效前已主张 11 个百分点的矿物增效抵销的现有采矿权持有者在采矿权存续期间应保留该抵销;

2.1.7.1.3 只能针对部分 BEE 企业家主张股权比例;

2.1.7.1.4 采矿权持有者必须根据矿业宪章实施细则规定向矿业部提交矿物增效股权比例计划,以便审批;

2.1.7.1.5 采矿权持有人有权根据下列情形申请股权比例分:

(1) 以矿山出厂价格的打折价格将矿石或矿产品供应给设在南非的独立的矿物增效实体;

(2) 实现矿物增效的是综合生产者的部分产品;

(3) 以矿山出厂价格的打折价格将矿石供应给拥有矿物增效实体的 BEE 企业主；

(4) 对设在南非的矿物增效实体进行货币投资；

(5) 自 2004 年以来所采取的任何其他与现有矿物增效有关的活动或进行的货币投资；

2.1.7.2 采矿权持有人必须根据已被批准的矿物增效股权比例计划向矿业部提交年度进展报告。

2.2 包容性采购、供应商和企业发展

南非加工品和服务的采购为经济的增长创造了机会，也提高了就业，拓宽了对国家商品和服务的市场准入。

采矿权持有人必须通过发展或培育小型、中型和微型企业以及采矿货物和服务的供应商来促进经济增长。在采矿权持有人采购承包商的商品和服务并以他们的名义从事矿石勘探或加工（碾碎和精选）的情况下，这些产品和服务都应被认为是采矿权持有人所采购的。

为了实现包容性采购、供应商和企业发展，采矿权持有人必须确定在其采矿活动的过程中所需要的所有产品和服务，且确保其采购政策符合下列标准：

2.2.1 矿业商品

2.2.1.1 至少 70% 的矿业商品采购支出（不包括非自由裁量支出）必须用于南非生产的商品。70% 的矿业商品采购支出分配如下：

2.2.1.1.1 21% 的支出将购买由历史弱势群体所拥有或控制的公司所生产的南非产品；

2.2.1.1.2 5% 的支出将购买由女性或青年所拥有或控制的公司所生产的南非产品；

2.2.1.1.3 44% 的支出将购买由 BEE 合规公司所生产的南非产品。

2.2.2 服务

2.2.2.1 至少 80% 的服务支出（不包括非自由裁量支出）应来源于设在南非的公司。80% 的服务采购支出分配如下：

2.2.2.1.1 50% 的支出将购买由历史弱势群体所拥有或控制的公司所提供的服务；

2.2.2.1.2　15%的支出将购买由女性所拥有或控制的公司所提供的服务；

2.2.2.1.3　5%的支出将购买由青年所拥有或控制的公司所提供的服务；

2.2.2.1.4　10%的支出将购买由BEE合规公司所提供的服务。

2.2.2.2　上述所提及的采购目标必须按照过渡安排的规定在五年的期限内逐步实现。

2.2.2.3　采矿权持有人必须保证承诺给予女性和青年所拥有或控制的公司的优惠待遇不低于其他供应商所获得的优惠待遇。

2.2.2.4　所有报告的采购支出应是采矿权持有人的真实开支。

2.2.3　本土成分核查

2.2.3.1　采矿权持有人必须根据贸易和工业部制定的标准商品识别代码体系来采购商品。

2.2.3.2　采矿权持有人应提供以南非标准局（SABS）或矿业部部长指定的任何其他实体出具的证明书为形式的矿业商品的本土成分证明。

2.2.4　企业和供应商发展

（1）实施企业和供应商发展规划是为了加强当地的采购；提高原材料矿业产品和服务的成本竞争力；奠定南非在生产和附加值等重要领域的工业基础。

（2）采矿权持有人应投资扶持企业和供应商的发展，他可因此按照下列情形抵销其采购义务：

2.2.4.1　矿业商品

2.2.4.1.1　矿业商品采购预算总额的最多30%（不包括非自由裁量支出）可用于抵销供应商发展。

2.2.4.1.2　采矿权持有人应根据实施细则中规定的"最初设备加工商"（OEMs）来发展供应商。

2.2.4.2　服务

2.2.4.2.1　服务采购预算总额的最多10%（不包括非自由裁量支出）可抵销供应商和企业发展。

2.2.4.2.2　第2.2.4.3.1项和第2.2.4.4.1项所提及的百分比应按

以下规定实施：

（1）供应商和企业发展应仅投资由历史弱势群体所拥有或控制的、年营业额少于5000万兰特的公司；

（2）对供营商发展的投资不能被主张为是有关企业发展的开支；

（3）采矿权持有人和接受发展资助的供应商或企业应缔结书面合同；而且

（4）采矿权持有人和接受发展资助的供应商之间的合同不得少于5年。

2.2.5 研究和开发

采矿权持有人应把研发预算总额的最低70%投入设在南非的公共或私有行业的研发实体。

2.2.6 样品处理

2.2.6.1 采矿权持有人应使用设在南非的设备或公司对矿业价值链中的所有矿石样品的100%进行分析。

2.2.6.2 根据矿业宪章实施细则，采矿权持有人若没有获得矿业部部长提前书面同意，则不可使用外国设备或公司进行样品分析。

2.3 人力资源发展

人力资源发展是竞争力、改革和可持续发展的重要组成部分。由于矿业产业是以知识为基础的，因此2018年《矿业宪章》规定的目标就是：

• 培养有技能、受过良好培训、多样化的劳动力，满足现代工业的需求；

• 发展技能，以提高劳动力的生产能力并改善历史上受到不公正对待的人员的就业前景；

• 发展企业能力，以提高人们的生活水平并创造以矿业为引领的当地和区域经济的多样化。

为此，采矿权持有人须投资至少5%的应缴纳税款（不包括法定的技能发展征税）用于基本技能的发展。不低于5%的税款应按照以下方式投入：

2.3.1 应投资不少于5%的应缴纳税款培养基本的技能发展活动，如科学能力、技术能力、工程能力、数学能力，也包括培养雇员和非雇员（社团成员）有关技工、实习工、徒工、学徒、财务、识字、计算的能力，逐步的培训项目，研究和解决勘探、采矿、加工、效率技术、精炼、环境保护和复原的能力。

2.3.2　上述第2.3.1段所列举的雇员不包含董事和行政人员。

2.3.3　上述第2.3.1段所提及的能力和研究投资应与国家或省份的人口数据分布相一致。

2.4　公平就业

规定此条是为了实现劳动力公平，因此，促进就业平等机会和公平待遇有利于消除不公平歧视；此行为的实施是为了解决指定群体的不公平待遇；确保劳动力在职业的各个阶层都有公平的代表。

与《就业平等法》规定一致，劳动场所的多样性和各个阶段劳动职工的公平代表均是提高社会凝聚力、促进改革、提升竞争力的催化剂。为了创造多样化的劳动场所，确保历史弱势群体参与到决策制定岗位以及采矿行业的其他核心职业岗位，采矿权持有人必须实现国家或省人口统计的历史弱势群体参与上述岗位的最低门槛。相关方式如下：

2.4.1　董事会

历史弱势群体所享有的可执行投票权不低于50%，按省内或国内人口统计资料比例分配代表，其中20%为女性持有。

2.4.2　执行管理层

历史弱势群体担任执行董事的人数不低于50%，按省内或国内人口统计资料比例分配代表，其中20%须为女性。

2.4.3　高级管理层

历史弱势群体担任高级管理岗位的人数比例不低于60%，按省内或国内人口统计资料比例分配代表，其中25%须为女性。

2.4.4　中级管理层

历史弱势群体担任中级管理层人数比例不低于60%，按省内或国内人口统计资料比例分配代表，其中至少25%为女性。

2.4.5　初级管理层

历史弱势群体担任初级管理岗位人数比例不低于70%，按省内或国内人口统计资料比例分配代表,其中至少30%为女性。

2.4.6 残疾雇员

残疾雇员人数与总雇员人数的比例不低于1.5%,要反映省内或国内人口分布。

2.4.7 核心和基本技能

2.4.7.1 采矿权持有人须确保,至少60%的历史弱势群体已掌握采矿权持有人的核心和基本技能,使得已有技能池多样化发展。核心和基本技能包括覆盖整个组织阶层的科学能力、技术能力、工程能力和数学能力。为了实现此目标,采矿权持有人必须:

2.4.7.1.1 根据已批准的社会和劳动计划,确定和实施已有的技能池;

2.4.7.1.2 上述所提及的实施必须反映人口分布。

2.4.8 职业进程(与社会和劳动计划一致)

2.4.8.1 采矿权持有人须发展和实施与国家人口分布相一致的职业进程计划,规定如下:

2.4.8.1.1 每一个领域的职业发展矩阵(包含了最低准入要求和时间设定);

2.4.8.1.2 雇员的个人发展计划;

2.4.8.1.3 符合现实需求的、可以快速跟踪确认的专家库;

2.4.8.1.4 具有目标、时间设定、实施框架的综合计划。

2.4.8.2 上述所提及的董事会和执行管理层目标须包括 BEE 股东;符合《矿产和石油资源发展法》和2018年《矿业宪章》确定的促进历史弱势群体积极参与矿业行业的管理和控制的目标。此部分规定的目标可予以变更,以反映雇员平等措施。

2.5 矿业社区发展

矿业社区是矿业发展的一个重要组成部分,矿业发展要求实现采矿和矿业社区社会经济发展诉求的平衡。采矿权持有人须对矿业社区的发展做出有意义的贡献;在影响力和规模方面向矿业社区有所倾斜,实现与社会经营许可一致。

2.5.1 因此,采矿权持有人在向市政当局、矿业社区、传统行政机构和有影响力的股东咨询后,须确认矿业社区发展的优先方向。这些优先发展方向应囊括进社会和劳动计划中。

2.5.2 在相同领域操作的采矿权持有人应在确认的项目上合作，最大化社会经济发展影响，落实社会劳动计划。已通过的社会劳动计划需双语出版，语言以英语和矿业社区常使用的语言为准。

2.5.3 根据社会和劳动计划和矿业社区发展项目的实施规定，术语"矿业社区"指的是采矿发生区域，主要的采矿劳动力来源区域，在当地市政、都市区或街道区的临近社区。

2.5.4 采矿权持有人应在每一个财政年度100%履行社会劳动计划承诺。包括预算在内的社会劳动计划承诺的任何修改和变化，都应根据《矿产和石油资源发展法》第102条的规定获得批准，且应咨询矿山企业。

2.6 住房和生活条件

根据住房和生活条件的规定，在加强矿业行业的生产力，加速矿业改革的道路上，矿山雇员的人格和隐私同样重要。为此，根据《矿产和石油资源发展法》第100条规定发展的采矿和矿产行业住房和生活条件，矿业公司须提高矿山雇员住房和生活条件标准。标准规定了以下几个原则：

2.6.1 住房条件原则

- 体面的和可支付范围内的住房；
- 实现居者有其屋；
- 提供人类居住的社会、物质、经济综合条件；
- 确保雇员在住房机制中的占有权。

2.6.2 生活条件原则

- 适当的医疗服务；
- 可支付的、公平的、可持续的医疗体系；
- 营养均衡。

采矿权持有人在向劳工组织和人居部咨询后，应向该部提交住房和生活条件计划进行审批。审查的住房和生活条件标准应满足实施上述提及的住房和生活条件原则的明确目标和时间线。

采矿权持有人必须遵守住房和生活条件标准规定；确保以个人为单位和以家庭为单位的维护工作以及雇员同意的其他安排；待定最终审查

的住房和生活条件标准。

3. 初级矿工管理体制

这一部分适用于2018年《矿业宪章》颁布后规定的采矿权。此条规定仅限适用于拥有单一采矿权或多个采矿权、综合年度营业额低于1.5亿兰特的采矿权持有人。它被用于确定下表所列举的适格标准：

合格标准	免除下列条件或目标	要求遵循下列条件或目标
年营业额少于1000万兰特	公平就业 不少于10个雇员 包容性采购、企业和供应商发展	所有权未定 公平就业 雇员10人及以上 人力资源发展 矿业社区发展
年营业额在1000万兰特至1.5亿兰特		所有权未定 人力资源发展 包容性采购 团体层面的公平就业 矿业社区发展

4. 矿业宪章适用于根据1986年《钻石法》和2005年《稀有金属法》颁发的许可证

根据2018年《矿业宪章》的要求，1986年《钻石法》和2005年《稀有金属法》规定了南非钻石和稀有金属监管者（SADPMR），以审议根据这些法律提出的申请。

4.1 适用和概念的界定

4.1.1 定义和条款2应根据必要的变化予以适用；

4.1.2 任何关于2018年《矿业宪章》的定义和条款2的引用应：

4.1.2.1 "矿业社区发展条件"应被解释为社会经济发展条件的一部分；

4.1.2.2 "矿业商品"应被解释为资本产品和消费产品；

4.1.2.3 采矿权持有人应被解释为根据《稀有金属法》和《钻石

法》规定的持有许可证或许可资格的人。

4.1.3 2018年《矿业宪章》的目标和条件应因此根据下列表格适用于这些法律规定的许可证。

4.1.4 承认下列表格规定的免除内容，根据《稀有金属法》和《钻石法》规定的许可证或许可资格的持有人还应遵守2018年《矿业宪章》规定的有关目标和条件。

4.2 稀有金属珠宝商和稀有金属选矿人的门槛

种类/规模或分级	合格标准	不包含下列目标	遵守下列目标
被排除的微型企业（包括学生）	预估最高营业额少于100万兰特	矿业宪章的所有条件和目标	无
小型企业	预估最高营业额在100万兰特和5000万兰特	社会经济发展内容	所有权：无定义
		包容性采购、供应商和企业发展内容	人力资源发展内容
		公平就业内容（少于10个雇员的业务）	公平就业内容（10个及以上的雇员业务）
中等和大型企业	预估最高营业额超过5000万兰特	无	矿业宪章的所有内容

4.3 钻石选矿人的门槛

种类/规模或分级	合格标准	不包含下列目标	遵守下列目标
小型企业	营业额少于5000万兰特	社会经济发展	所有权未定
			人力资源发展内容
		公平就业内容（少于10个雇员的业务）	公平就业内容（10个及以上的雇员业务）
			包容性采购、供应商和企业发展内容
中等和大型企业	营业额超过5000万兰特	无	矿业宪章的所有条件

4.4 钻石经销商和稀有金属精炼商门槛

种类/规模或分级	合格标准	不包含下列目标	遵守下列目标
所有种类、分级和规模	无	无	矿业宪章的所有条件

4.5 有关所有权，包容性并购、企业和供应商发展，社会经济发展内容的适用

4.5.1 所有权

4.5.1.1 为与政府鼓励国家矿石资源收益的政策相一致，钻石的下游和稀有金属珠宝商和钻石选矿人的所有权应由至少 26% 的历史弱势群体持有。

4.5.1.2 26% 的 BEE 股份应按照以下方式分配：

4.5.1.2.1 自许可证或许可生效之日起，至少有 10% 股份分配给合格的雇员，其中 5% 是不可转让的附带权益；

4.5.1.2.2 至少有 16% 所有权分配给 BEE 企业家。

4.5.1.3 钻石经销商、稀有金属提炼人的 30% 的 BEE 股份应按照以下方式分配：

4.5.1.3.1 自许可证或许可生效之日起，至少有 10% 股份分配给合格的雇员，其中 5% 是不可转让的附带权益；

4.5.1.3.2 至少有 20% 所有权分配给 BEE 企业家。

4.5.1.4 当提炼人同时为采矿权持有人、与采矿权规定相符的 BEE 持股人时，应适用流经原则（flow through principle）。

4.5.2 社会经济发展

4.5.2.1 许可证持有人必须为社会和经济发展贡献税后净利润（NPAT）的 1%。

4.5.2.2 社会经济发展有关的项目须以英语和其他语言出版。

4.5.3 包容性采购和企业发展

4.5.3.1 根据《钻石法》和《稀有金属法》颁发的许可证，促进企业发展是强制性的、圈定的（ring-fenced）内容。

4.5.3.2 此部分规定的企业发展必须是与矿产行业有关的，且被南

非钻石和稀有金属管理部门批准的。

4.5.3.3 按照规定的门槛，许可证应符合此部分的规定，且许可证持有人应提交批准后的有关企业发展实施进程的 5 年计划。

4.5.3.4 许可证持有人应就企业发展进行年度报告、审计和审查。

5. 废除矿产行业良好行为准则第 3 条/段

在此废除 2009 年 4 月 29 日公布在第 32167 号政府公报上的矿产行业良好行为准则第 3 条。

6. 报告（监管和合规）

6.1 采矿权持有人出具的报告

根据 2002 年《矿产和石油资源发展法》第 28 条第 2 款（c）项的规定，采矿权持有人须每年出具有关遵守 2018 年《矿业宪章》情况的报告。矿业部应监管、评估采矿权持有人的实施情况，了解由于尚未完成设定目标的实际限制所引发的影响。

6.2 根据《钻石法》和《稀有金属法》规定颁发的许可证的持有人出具的报告

根据《钻石法》和《稀有金属法》规定，采矿权持有人须每年出具有关遵守 2018 年《矿业宪章》情况的报告。矿业部应监管、评估采矿权持有人的实施情况，了解由于尚未完成设定目标的实际限制所引发的影响。

7. 矿业宪章的适用

7.1 2018 年《矿业宪章》适用于已有的采矿权、正在进行的采矿权申请、新采矿权，根据《钻石法》和《稀有金属法》颁发的已有的许可证和许可以及根据上述两个法律颁发的新的许可证和许可。

7.2 对采矿权持有人而言，所有权和矿业社区发展内容的规定是圈定的（ring – fenced），需要在任何时候都完全得到遵守。

7.3 对于根据《钻石法》和《稀有金属法》颁发的许可证或许可持有人，所有权和包容性采购、供应商和企业发展的内容是圈定的（ring – fenced），需要在任何时候都完全得到遵守。

8. 过渡安排

采矿权持有人必须在过渡期内逐步将《矿业宪章》的现有目标与 2010 年的目标结合起来，以满足以下修订后的要求：

8.1 5年包容性采购条件。采矿权持有人须在2018年《矿业宪章》颁布后的6个月内提交一份有关逐步实施包容性采购目标的五年计划。

8.2 在过渡期内应按如下规定符合采购目标：

8.2.1 矿业商品：第一年设定10%的采购预算，第二年设定20%的采购预算，第三年设定35%的采购预算，第四年设定50%的采购预算，第五年设定70%的采购预算。

8.2.2 服务：第一年设定70%的采购预算，第二年设定80%的采购预算。

8.2.3 一旦编码体系完成后，贸易和工业部应采用编码体系核实当地成分。

8.3 五年就业平等内容。采矿权持有人须在2018年《矿业宪章》颁布后的6个月内提交一份有关逐步实施就业平等目标条款的五年计划。

8.4 采矿权持有人须遵守住房和生活条件标准规定，确保满足雇员单人、家庭和其他达成一致的管理规定，直至有关住房和生活条件标准的最终修订完成。

8.5 在过渡期末，采矿权持有人须遵守2018年《矿业宪章》就各项内容规定的目标。

8.6 采矿权持有人在所适用的过渡期内就各项内容的执行情况，每年应在进行报告、审计和核实。

9. **不合规**

9.1 没有遵守所有权内容且矿业宪章评分在第6级和第8级之间的采矿权持有人，则构成违反《矿产和石油资源发展法》，并应根据该法第93条、第47条、第98条和第99条规定的规定受到处罚。

9.2 没有遵守矿业宪章要求的许可证或许可持有人，构成违反《钻石法》和《稀有金属法》的规定并应根据这两部法律的相关规定受到处罚。

10. **矿业宪章的审查**

矿业部可通过在政府公报中发布通知对2018年《矿业宪章》进行审查。

11. **原矿业宪章的废除**

在此废除2004年颁布并在2010年经过修订的《矿业广义社会经济赋权宪章》和2017年颁布的《矿业和矿产行业广义社会经济赋权宪章》。

12. 矿业宪章的解释

12.1 当解释2018年《矿业宪章》的条款时，与2018年《矿业宪章》和2002年《矿产和石油资源发展法》规定的目标相一致的任何合理的解释都应优先于与上述目标不相符的其他解释。

12.2 矿业宪章须与自2018年《矿业宪章》公布之日起的两个月内公布的实施细则一起适用。

13. 得分表

审查矿业宪章得分表	比重
所有权	Y/N
矿业社区发展	Y/N
住房和生活条件	Y/N
公平就业	30%
供应商采购和企业发展	40%
人力资源发展	30%
总计	100%

所有权

新采矿权

项目	项目描述	合规目标	衡量方法	比重
所有权	代表历史弱势群体所有权的最小目标	30% BEE 股份	自采矿权生效之日起，合格雇员持有至少5%的不可转让附带权益	Y/N
			自采矿权生效之日起，东道社区持有的至少5%的股权等值权益或至少5%的附带权益	
			给予历史弱势群体至少20%的股份形式的有效所有权，其中5%优先给予女性	
		矿物增效股权比例机制代替 BEE 股份	最多是 BEE 股份的5%	
		有意义且有效的参与	净值	
			使用流经原则或控制原则衡量附在参与者所拥有的或持有的股票文书上的投票权	
			使用流经原则衡量在性质上类似于分红权的、代表实体的所有权回报的经济利益	

已有采矿权

项目	项目描述	目标符合	衡量方法	比重
所有权	代表历史弱势群体的最小目标	26%	有意义的经济参与 完全的股东权利	Y/N

未决申请

项目	项目描述	合规目标	衡量方法	比重
所有权	代表历史弱势群体所有权的最小目标	26%	净值 使用流经原则或控制原则衡量附在参与者所拥有的或所持有的股票文书上的投票权 使用流经原则衡量在性质上类似于分红权的、代表实体的所有权回报的经济利益	Y/N

包容性采购，供应商和企业发展

项目	项目描述	合规目标	衡量方法	比重
包容性采购	采购商品和服务的总预算	采购70%的当地生产的矿业商品，这些商品应具有60%的本土成分	采购预算的21%须花费在历史弱势群体所有或控制的公司加工生产的南非产品	5%
			采购预算的5%须花费在女性所有或控制的公司，或青年所有或控制的公司加工生产的南非产品	5%
			采购预算的44%须花费在BEE公司加工生产的南非产品	5%
		80%的服务	服务预算的50%须花费在历史弱势群体提供的服务	5%
			服务预算的15%须花费在女性所有或控股的公司提供的服务	5%
			服务预算的5%须花费在青年所有或控股的公司提供的服务	5%
			服务预算的10%须花费在BEE公司提供的服务	5%
		研究和发展	至少70%的总研究和发展预算应花费在设在南非的研发实体	2.5%
		样品分析	全部使用设在南非的设施或公司分析矿业价值链中的所有的矿产样品	2.5%

公平就业

项目	项目描述	合规目标					衡量方法	比重
公平就业		董事会							
		黑人	印度人	有色人种	白人	外国国民		
	董事总人数						50%	2%
	代表总人数							
	女性代表						50%	2%
		执行管理层							
		黑人	印度人	有色人种	白人	外国国民		
	雇员总人数						50%	4%
	代表总人数							
	女性代表						20%	3%
		高级管理层							
		黑人	印度人	有色人种	白人	外国国民		
	雇员总人数						60%	3%
	代表总人数							
	女性代表						25%	3%
		中级管理层							
		黑人	印度人	有色人种	白人	外国国民		
	雇员总人数						60%	2%
	代表总人数							
	女性代表						25%	2%
		初级管理层							
		黑人	印度人	有色人种	白人	外国国民		
	雇员总人数						70%	2%
	代表总人数							
	女性代表						30%	2%
		残疾雇员							
		黑人	印度人	有色人种	白人	外国国民		
	雇员总人数						1.5%	2%
	代表总人数							
	女性代表							
		核心基本技能							
		黑人	印度人	有色人种	白人	外国国民		
	雇员总人数						60%	3%

人力资源发展

项目	项目描述	合规目标	衡量方法	比重
人力资源发展	人力资源开支占应缴纳税额的一部分（不包括强制性技能发展征税）	应缴纳税额的5%	根据人力资源发展的规定，与适用的人口（雇员和非雇员）成比例投资5%的应缴纳税额	30%

矿业社区发展

项目	项目描述	合规目标	衡量方法	比重
矿业社区发展	采矿权持有人需对矿业社区的发展做出有意义的贡献；在影响力方面向矿业社区有所倾斜，实现与操作的社会许可证一致	100%符合经批准的社会和劳工计划（SLP）承诺	用双语（当地社区主要使用语言和英语）出版社会和劳工计划	Y/N
			履行所有经批准的社会和劳工计划承诺	Y/N

住房和生活条件

项目	项目描述	合规目标	衡量方法	比重
住房和生活条件	提高矿山雇员的住房和生活条件标准	完全遵守住房和生活条件标准承诺	履行所有住房和生活条件标准承诺	Y/N

14. 附录 A

附录提供的是贸易和工业部广义黑人经济赋权评级（BBEEE）和矿产资源部评分表之间的基准参考：

贸易和工业部分级	矿产资源部评分表	圈定的内容+权重百分比
一级	圈定的内容+100%	合规
二级	圈定的内容+80%—100%	
三级	圈定的内容+70%—80%	
四级	圈定的内容+60%—70%	
五级	圈定的内容+50%—60%	

续表

贸易和工业部分级	矿产资源部评分表	圈定的内容 + 权重百分比
六级	圈定的内容 +40%—50%	不合规（小于50%）
七级	圈定的内容 +30%—40%	
八级	圈定的内容 +20%—30%	
不合规	圈定的内容小于20%	
不合规	圈定的内容没有得到满足 + 加权内容分	—

（四）2018 年《矿业宪章修正案》

2018 年《矿业宪章》兹修订内容如下：

包容性采购，供应商和企业发展

1. 第 20 页第 2.2 条中的第 2.2.4.2 段下的第 2.2.4.2.2 项规定由以下条款替代：

"2.2.4.2.2 在 2.2.4.1.1 项和第 2.2.4.2.1 项的 2.2.4.2.2 项所提及的百分比应按以下规定实施。"

报告

2. 第 6 条通过插入以下段落而予以修正：

"2018 年《矿业宪章》第一年的年度报告将在 2020 年 3 月 31 日前完成。"

过渡期

3. 第 8 条通过插入以下条款而予以修正：

"8.7 在 2018 年《矿业宪章》颁布之日起前，根据《钻石法》或《稀有金属法》向监管者提出、未决的许可证或许可申请应按照 2010 年矿业宪章的规定或 2009 年 4 月 29 日以第 32167 号政府公报名义颁布的《矿产行业良好行为准则》第 3 条规定的要求处理，无论何者适用。

8.8 根据《钻石法》或《稀有金属法》颁发的并且需要在 2018 年《矿

业宪章》颁布之日起六个月内需要续延的许可证或许可的持有人，必须在该许可证或许可续延之日起 12 个月内遵守 2018 年《矿业宪章》的规定。

8.9 现有采矿权人持有人、现有许可证或许可持有人应自 2019 年 3 月 1 日起实施 2018 年《矿业宪章》的规定。在 2019 年 3 月 1 日前，现有采矿权持有人或现有许可证或许可持有人必须继续遵守 2010 年《矿业宪章》的要求。"

不合规

4. 第 9 条现由以下规定取代：

"9.1 没有遵守有关所有权和矿业社区发展内容且矿业宪章评分在第 6 级和 8 级之间的采矿权持有人，则构成违反《矿业和石油资源法》，并应根据该法第 93 条、第 47 条、第 98 条和第 99 条受到处罚。

9.2 没有遵守所有权和企业发展内容，构成违反《钻石法》和《稀有金属法》的规定并应根据这两部法律的相关规定受到处罚。"

附录 A

5. 2018 年《矿业宪章》附录 A 将由下表取代：

附录提供的是贸易和工业部广义黑人经济赋权评级（BBEEE）和矿产资源部评分表之间的基准参考：

贸易和工业部分级	矿产资源部评分表	圈定的内容 + 权重百分比
一级	圈定的内容 + 100%	合规
二级	圈定的内容 + 80%—100%	
三级	圈定的内容 + 70%—80%	
四级	圈定的内容 + 60%—70%	
五级	圈定的内容 + 50%—60%	
六级	圈定的内容 + 40%—50%	不合规（小于 50%）
七级	圈定的内容 + 30%—40%	
八级	圈定的内容 + 20%—30%	
不合规	圈定的内容小于 20%	
不合规	圈定的内容没有得到满足 + 加权内容分	

（五）2018 年《矿业宪章实施指南》

（简称《实施指南》）

1. 介绍

2018 年《矿业宪章》起源于 2002 年《矿产和石油资源发展法》（2002 年第 28 号法律）（MPRDA）。《矿产和石油资源发展法》的主要目标是规定促进采矿和矿产行业的转型，让所有南非人受益。《矿产和石油资源发展法》第 100 条第 2 款（a）项和（b）项授权矿产资源部部长制定《矿业宪章》，以确保采矿和矿产行业的转型。

《矿业宪章》于 2018 年 9 月 27 日在政府公报上颁布，它要求采矿行业实施下列内容：所有权，矿产增效（mineral benefication），采购、供应商和企业发展，人力资源发展，矿业社区发展，公平就业，住房和生活条件标准原则，初级采矿者机制，以及根据 2005 年《稀有金属法》和 1986 年《钻石法》授予的许可证和许可。

上述内容所包含的要求的目的是在确保经济增长、社会经济发展和采矿行业竞争力的情况下，促进就业，并提升全体南非人的社会经济福利。为此，矿业部认为有必要规定明晰的实施指南，这样可以为 2018 年《矿业宪章》的文字和精神提供确定性。

2.《实施指南》的目的

《实施指南》的目的是厘清过程、程序、表格和模板，推动与 2018 年《矿业宪章》的规定要求一致。2018 年《矿业宪章》必须与《实施指南》、评分表、采矿权持有人根据《矿产和石油资源发展法》以及许可证和许可持有人根据 2005 年《稀有金属法》和 1986 年《钻石法》应提交的报告模版一同理解。

3. 缩写

缩写	描述
ESOP	雇员股份所有权计划/机制
HRD	人力资源发展

续表

缩写	描述
MPRDA	《矿产和石油资源发展法》
Ming Charter, 2018	2018年《采矿和矿产行业广义黑人社会经济赋权宪章》
R&D	研发
SABS	南非标准局
Standard	住房和生活条件标准
HDP	历史弱势群体
BBBEE	广义黑人经济赋权

4. 所有权内容

4.1 已有采矿权

已有采矿权的持有人应每年（根据2010年《矿业宪章》的规定）报告下列内容：

（1）当前BEE股权百分比，需要有股权证书、股东协议、公司章程、董事会决议、会议记录（公司秘书签字的会议摘要）、签字的出席会议登记表、已审计的财务报表以及在BEE退出时的退出协议；

（2）已实现的BEE的最大目标；

（3）有意义的经济参与和表A所列的全部股东权利。

表A

当前BEE股权百分比①	
已实现的最大目标	
融资方式	
原始借款数额/协议	
当前借款数额	
宣布的红利	
已付的红利	
投票权	
有意义的经济参与记录	

① 包括生产单位。

4.2 未决申请

根据 2018 年《矿业宪章》的规定，在 5 年的过渡期内，采矿权持有人必须逐步增加 BEE 持股比例，从最少 26% 达到 30%。无论是一次性达到要求还是通过逐步增加股份的方式达到要求，其采取的方式应载入根据未决申请而授予的采矿权的条款中。采矿权持有人在 5 年的过渡时期内，必须使用表 A 每年报告其遵守相关规定的情况。在 5 年的过渡时期之后，采矿权持有人应使用有关新采矿权的表 B、C、D、E 报告其遵守的情况。

在提交给矿业部之前，通过劳工组织和东道社区招募过来的合格雇员应共同签署所有权合规的年度报告。

4.3 新采矿权

4.3.1 针对合格雇员的雇员股份所有权计划（ESOPS）

采矿权持有人应使用表 B 每年报告其遵守有关支付合格雇员附股权益的情况。

表 B

附：雇员股份所有权计划/协议	
附有最新受益者名单的信托书复印件	
以兰特计算的价值（5%）	
成本回收机制（提供细节）	
宣布的红利	
支付给合格雇员的红利	

合格雇员细节

合格雇员总人数和姓名	性别		种族				国籍	
	男	女	非洲人	白人	印度人	有色人	南非	其他（请注明）

4.3.2 为东道社区所做的信托或其他合适机制

东道社区的附股权益或股权等价物利益内容作为年度报告要求内容的一部分，采矿权持有人须填写表 C 并提交下列文件给矿业部：

(a) 东道社区信托证书复印件/其他设立合适机制的文件复印件；

(b) 东道社区的发展项目；

(c) 实施和进程报告；

(d) 与东道社区或相关当事方的协商报告。

表 C

收益类型（股权或股权等价物）	
以兰特计算的价值（5%）	
成本回收机制（提供细节）	
宣布的红利	
支付给东道社区信托或其他适当机制的红利	
收益的东道社区	
已批准的项目的说明	
存续时期（项目开始和结束时间）	
项目工作时间（附支持文件）	
年度总预算	
年度总开支	
项目管理和咨询费上限	

4.3.3 BEE 企业主持股

采矿权持有人应说明其遵守 BEE 企业主持股的最低要求的级别，并根据《矿产和石油资源发展法》第 28 条和 2018 年《矿业宪章》的规定出具附有评分表的年度报告。

采矿权持有人需提供支撑材料的原始证明复印件，包括：

(a) 股权证书；

(b) 身份文件；

(c) 股权协议；

(d) 董事会决议、会议记录（公司秘书签字的会议摘要）、签字的出席会议登记表、已审计的财务报表；

（e）公司章程；

（f）BEE 股东退出时的退出协议。

为了实现 2018 年《矿业宪章》规定的广义和有意义的参与，采矿权持有人应填写表 D，每年报告其遵守有关规定的程度。

表 D

持股百分比	
女性参与百分比（5%）	
以兰特计算的股权利益（20%）	
借款协议复印件	
原始借款数额	
借款偿还条件	
宣布的红利	
支付的红利	
现有借款数额	
投票权	
有意义的经济参与记录	
为实现股权等价选择而提供的独立评估报告	
合格雇员、社团和劳工组织共同签署的年度报告	

4.3.4　BEE 持股安排

采矿权持有人使用表 E 报告 BEE 持股人股权分配和退出。

表 E

遵守矿业宪章的规定	BEE 股权持有的时间	采矿权存续期间	实现的净值	退出协议

4.4 矿产增效（股权等价）

2018年《矿业宪章》规定的最大5%的抵销应按以下规定实施：

4.4.1 增效股权等价计划

采矿权持有人股权等价计划须包含下列信息：

(a) 企业名称；

(b) 企业地址；

(c) 项目执行总结；

(d) 公司总资本；

(e) 由独立第三方实施并由采矿权持有人签字的企业估值，每5年需要进行一次估值，以确保股权等价抵销仍然是正确的；

(f) 5%股权等价物将如何在按现时计算的价值（time-adjusted value）的权利期限内进行分配。

4.4.2 计划批准

采矿权所有人应向矿业部长提交计划，以待审批。部长应在计划提交后60天内考虑审批。

4.4.3 合格标准

(a) 采矿权所有人可以选择2018年《矿业宪章》规定的任何活动。

(b) 采矿权所有人应说明所计划的股权等价活动具备长期可行性。

(c) 采矿权所有人应证明为股权等价权益进行的活动的综合货币价值等于它们所抵销的股权比例。

(d) 任何可主张的增效股权等价活动都应在采矿权存续期内进行。

(e) 只要被支持的增效项目存在，采矿权持有人就可以主张股权等价。

4.4.4 股权等价计算示例

(a) 如果采矿权持有人公司或资产的所有权股权估值为10万兰特，则采矿权持有人有权主张等同于5000兰特的最大增效股权等价信贷（equity equivalent credit）。

（b）运用以下公式计算对全部增效股权等价信贷的贡献：

$$A = B + C \qquad 公式1$$

A 代表增效股权等价物的全部货币价值。

B 代表在 2018 年《矿业宪章》颁布前就已进行活动的货币值。

C 代表所有针对增效股权等价信贷的已计划的活动的货币值。这些活动创造的货币值没有上限。

（c）表 F 包含了采矿权持有人可以主张所有权的活动清单示例。

（d）活动 1：在 2018 年《矿业宪章》颁布前，采矿权持有人就已在增效工厂进行投资，其按现时计算的价值是 400 兰特。利用公式 1，该投资对 B 的贡献就是 400 兰特。

（e）活动 2：采矿权持有人计划在 10 年内每年对矿山进行价值为 100 兰特的增效。因此，该活动对 C 的贡献的总价值就是 1000 兰特。

（f）活动 3：采矿权持有人计划以矿山交货价的折扣向独立的历史弱势群体拥有的增效企业销售矿原石或矿石产品。每年的折扣为 360 兰特，并计划在 10 年内以同样的限时总折扣进行销售。该活动对 C 的总贡献就是 3600 兰特。

表 F　可据以主张增效股权等价的活动的货币价值

活动编码	增效活动	原始投资	10 年以上
1	增效工厂价值（2018 年《矿业宪章》颁布前）	400 兰特	N/A
2	B	400 兰特	N/A
3	采矿权持有人生产的部分，即采矿权持有人作为其经营活动的一部分进行的增效	每年 100 兰特	1000 兰特
	以矿山交货价格折扣向历史弱势群体所拥有的增效企业提供矿石	每年 360 兰特	3600 兰特
	C（例如，1000 兰特 + 3600 兰特）		4600 兰特
	A = B + C（例如，400 兰特 + 4600 兰特）	5000 兰特	

4.4.5 增效股权等价报告模版

主张增效股权等价的采矿权持有人必须利用表 G 向矿业部提交其合规信息。

表 G

股权等价项目或活动	年度预算数额	实际开支数额

5. 采购，供应商和企业发展

此部分的目的是向采矿权持有人详细解释如何遵守 2018 年《矿业宪章》规定的采购要求，确保采矿权持有人所从事的活动符合矿产资源部的规定。因此，该部分包含具体例子，详细解释重要子元素得分权重如何计算。此外，此部分还包含了采矿权持有人须向矿产资源部提交的报告模板。

5.1 分节

此部分包含下列分节：

（i）本土成分的计算

（ii）除外规定

（iii）本土成分核实

（iv）矿业商品

（v）服务

（vi）承包商和包容性采购

（vii）企业和供应商发展

（viii）通过原始设备制造商进行的供应商发展

（ix）研究和发展

（x）样品处理

（xi）采购报告模板

（xii）包容性采购内容计分示例

5.2 本土成分的计算

5.2.1 矿业商品（如资本商品、组成部分、可消费品）当地附加值百分比使用下列计算公式：

$$A = \frac{(B-C)}{B} \times 100\% \qquad 公式2$$

A 代表当地附加值百分比。

B 代表资本商品、组成部分、可消费品用兰特计算的销售价格〔不包括利润增长（profit mark up）以及诸如品牌价值和间接费用等无形价值〕。

C 代表在资本商品、组成部分和可消费品的组装或生产中所使用的进口输入/组件的价值。

5.2.2 资本商品、组成部分、可消费品的销售价格兰特价值（T）将不包含：

5.2.3.1 利润增长；

5.2.3.2 诸如品牌价值的无形价值；

5.2.3.3 间接费用。

5.2.3 费用成本是生产矿业商品的主要成本拉动者，例如，在计算销售价格时，可将工厂电力纳入进来，因为它们是直接费用开支。这些费用必须均摊到生产的每一件商品中。

5.2.4 矿业商品中当地附加值百分比达到60%及以上，可视为在南非加工的产品。

5.2.5 矿业商品中当地附加值百分比在60%及以下，均不能被视为在南非加工的产品，采矿权持有人不可对此内容主张任何计分。

5.3 除外规定

为遵守采购内容目标而进行的所有计算都应排除非自由裁量开支，它们包括在建筑、马路、公用设施（电力和水）土地费率、燃油等方面的开支。

5.4 本土成分核实

5.4.1 南非标准局开展本土成分核实工作。

5.4.2 采矿权持有人或供应商将支付核实的费用。

5.4.3 采矿权持有人支付供应商核实的费用，核实的费用可作为供应商发展开支的一部分。

5.4.4　在过渡期的头两年，不要求南非标准局开展本土成分核实工作。

5.5　矿业商品

5.5.1　矿业商品总开支的至少70%来源于设在南非的公司。上述提及的70%开支应按照以下方式分配：

矿业商品预算种类

5.5.2　50%+1的历史弱势群体所拥有或控股的公司（21%）。

5.5.3　50%+1的女性所拥有或控股的公司和/或50%+1的青年所拥有或控股的公司（5%）。

5.5.4　拥有至少25%+1的历史弱势群体所有权的公司且满足BBBEE良好行为准则4级水平的BBBEE合规公司（44%）。

5.5.5　为促进青年所拥有的供应商的发展和成长，采矿权持有人可以在采购合同存续期内就从青年所拥有的实体进行的采购主张计分。

5.5.6　每个预算（开支）种类的采购百分比将使用下列公式计算：

$$A = \frac{B}{C} \times 100\% \qquad 公式3$$

A是花费在每一预算种类的全部矿业商品采购开支的百分比。

B是从某一预算种类中采购商品所花费的、以兰特计算的数额。

C是矿业商品的总采购预算。

5.5.7　采购内容中每一预算种类的权重计分将使用下列公式计算：

$$\frac{A}{B} \times C \qquad 公式4$$

A是花费在每一预算种类的全部矿业商品采购开支的百分比。

B是必须从某一预算种类中采购的最低百分比。

C是在评分表中某一预算种类的最大权重百分比（percentage weighting）。

5.5.8　若已超过某一预算种类的目标，则最大权重百分比将作为权重计分。对超标不再加分。

5.6　服务

5.6.1　采矿权持有人采购服务时，该采购将被分配至服务分项内容所确定的三个预算种类中的一种。这些预算种类是：

服务预算种类

5.6.2　50%＋1 的历史弱势群体所拥有或控股的公司（50%）。

5.6.3　50%＋1 的女性所拥有或控股的公司（15%）。

5.6.4　50%＋1 的青年所拥有或控股的公司（5%）。

5.6.5　拥有至少 25%＋1 的历史弱势群体所有权且达到 4 级水平的 BBBEE 合规（10%）。

5.6.6　为促进青年所拥有的供应商的发展和增长，采矿权持有人可以在采购合同存续期内就从青年所拥有的实体进行的采购主张计分。

5.6.7　每个预算种类采购百分比将使用下列公式计算：

$$A = \frac{B}{C} \times 100\% \qquad 公式 5$$

A 是花费在每项预算种类上的服务采购开支。

B 是从每项预算种类中采购服务所花费的、以兰特计算的数额。

C 是服务采购总预算。

5.6.8　采购内容中每一预算种类的权重计分将使用下列公式计算：

$$\frac{A}{B} \times C \qquad 公式 6$$

A 是花费在每一预算种类的全部服务采购开支的百分比。

B 是必须从某一预算种类中采购的最低百分比。

C 是在评分表中某一预算种类的最大权重百分比。

5.6.9　若已超过某一预算种类的目标，则最大权重百分比将作为权重计分。对超标不再加分。

5.7　承包商和包容性采购

5.7.1　采矿权持有人使用承包商代表自己开采或加工（碾碎或提炼）矿产时，承包商使用的任何矿业商品和服务都将被视为采矿人持有人使用的。

5.7.2　因此，采矿权持有人应利用来自承包商的采购花费数据来报告采购内容。

5.8 企业和供应商发展

5.8.1 如果采矿权持有人进行供应商开发,他就可以抵销他在采购内容项下有义务花费的数额。

5.8.2 采矿权持有人可最多抵销:

5.8.2.1 30%的矿业商品采购义务;

5.8.2.2 10%的服务采购义务。

5.8.3 承认供应商和企业发展计划的标准。

5.8.3.1 只有对拥有50%+1或更多投票权的、由历史弱势群体所拥有和控股的公司才能进行供应商和企业发展计划。

5.8.3.2 这些拥有50%+1或更多投票权的、由历史弱势群体所拥有和控股的公司必须具有5000万兰特以下的年营业额。

5.8.4 花费在供应商发展计划上的开支不能等同于花费在企业发展计划上的开支(例如,如果采矿权持有人在供应商发展计划上花费100兰特,该100兰特的开支不能再被主张为是企业发展计划的开支)。

5.8.5 企业发展和供应商发展的任何活动必须可以以货币价值的形式进行量化。

5.8.6 采矿权持有人和供应商、企业发展受惠者必须缔结正式的书面协定。

5.8.7 采矿权持有人和供应商、企业发展受惠者缔结合同的最短时效是5年。

5.8.8 采矿权持有人不能使用同一企业或供应商发展开支再次抵销其应承担的有关矿业商品和服务的采购义务。

5.9 通过原始设备制造商进行的供应商发展

5.9.1 允许采矿权持有人通过原始设备制造商(OEM)进行供应商发展。

5.9.2 通过原始设备制造商进行的供应商发展计划只有是针对下列企业设施时,它才能得到承认:历史弱势群体所拥有和控股的公司、女性所拥有和控股的公司、青年人所拥有或控股的公司或拥有至少25%+1的黑人所有权且达到BBBEE良好行为准则第4级水平的BBBEE合规公司。

5.9.3 采矿权持有人通过原始设备制造商进行供应商发展可采用下列方式：

5.9.3.1 采矿权持有人和原始设备制造商确定将在当地生产的进口的组件；①

5.9.3.2 所确定的组件可以是那些原始设备制造商提供给采矿权持有人的矿业商品中已使用的组件或在 5 年内将提供给采矿权持有人的矿业商品中使用的组件；

5.9.3.3 采矿权持有人可以主张抵销他们在供应商发展项目里的货币投资（量化投资）计分。

5.9.4 如果原始设备制造商作为其股权等价项目的一部分实施供应商发展计划，采矿权持有人就不能将在该特定供应商发展计划上花费的数额主张为矿业宪章里有关供应商发展的计分。

5.10 研究和发展

采矿权持有人应根据 2018 年《矿业宪章》的规定，每年说明和报告它对设在南非的研究和发展实体（公共或私人）所投入的研发开支。

5.11 样品处理

5.11.1 若采矿权持有人需使用设在外国的设施或公司，采矿权持有人就应提前获得矿产资源部部长的书面同意。

5.11.2 使用设在外国的设施或公司的申请需要包含下列信息：

5.11.2.1 采矿权持有人的姓名以及从样品来源处获得的正确编号；

5.11.2.2 样品的分析类型；

5.11.2.3 有关南非国内最大的三个样品处理实验室、所有与矿产有关的科学委员会和学术机构不能从事上述类型分析的证据；

5.11.2.4 将要进行样品分析的国家和机构；

5.11.2.5 分析的花费数额；

5.11.2.6 用于分析的矿产的数量；

5.11.2.7 输出样品的次数。

5.11.3 矿产资源部应在 14 天内确认收到了申请，若采矿权持有人

---

① 组件也包括化学配方的组成部分。

增加了内容，则应给予同意。

5.11.4 矿产资源部（需在 30 天做出决定）可自申请提交之日起 30 天内给予书面同意。

5.11.5 书面同意在 12 个公历月内有效。

5.12 采购报告模版

此部分包括采矿权持有人将会使用到的表格 H、I、J、K、L、M，这些表格将罗列提交给矿产资源部的包容性采购合规信息。

表 H　矿业商品报告模版

公司	所有权（分类和百分比）			BBBEE 分级	标准化产品 ID②	采购的商品③	花费数额（兰特）	合同存续期	
	历史弱势群体①	女性	青年					开始日期	结束日期

表 I　服务采购报告模版

公司	所有权（分类和百分比）			BBBEE 分级	采购的服务④	花费数额（兰特）	合同存续期	
	历史弱势群体	女性	青年				开始日期	结束日期

---

① HDP，Historically Disadvantaged Persons.

② 是指标准化产品识别编码开发以后将会适用的标准化产品 ID 记录。

③ 如果从单一的实体处采购多种商品，采矿权持有人必须在不同行列记录不同的商品（例如，如果采矿权持有人从同一家公司采购了润滑油和螺栓，就需要用两行而不是一行来记录这两类商品）。

④ 如果从单一的实体处采购多种服务，采矿权持有人必须在不同行列记录不同的服务（例如，如果采矿权持有人从同一家公司采购了会计和安保服务，就需要用两行而不是一行来记录这两类服务）。

表 J　企业和供应商发展报告模版

公司	所有权（分类和百分比）			BBBEE 分级	发展类型①	发展活动②	发展活动花费数额（兰特）	发展时间	
^	历史弱势群体	女性	青年	^	^	^	^	开始日期	结束日期

表 K　通过原始设备制造商进行的供应商发展报告模版

公司	所有权（分类和百分比）			BBBEE 分级	标准化产品 ID③	供应的商品④	发展活动	发展活动花费数额（兰特）	发展时间	
^	历史弱势群体	女性	青年	^	^	^	^	^	开始日期	结束日期

表 L　研发报告模版

实体	所进行的研发⑤	花费数额（兰特）
总研发开支⑥（兰特）		

表 M　在南非或外国的设施/公司进行的样品处理报告模版

实体	实体地理位置	所进行的分析⑦	花费数额（兰特）

---

① 在发展类型栏，采矿权持有人需表明是供应商发展还是企业发展。

② 如果同一企业从事了不同的发展活动，它就必须在不同行列进行记录（例如，如果采矿权持有人为同一家公司承担了记账和质量控制活动作为发展活动，它们必须在两行而不是一行进行记录）。

③ 是指标准化产品识别编码开发以后将会适用的标准化产品 ID 记录。

④ 如果同一企业从事了不同的发展活动，它就必须在不同行列进行记录（例如，如果采矿权持有人为同一家公司承担了记账和质量控制活动作为发展活动，它们必须在两行而不是一行进行记录）。

⑤ 如果同一实体进行了多项研发活动，它们就应在不同行列进行登记。

⑥ 这是采矿权持有人进行的年度研发活动的总开支，包括在南非以外进行的研发活动开支。

⑦ 如果采矿权持有人聘用一家实体进行了不止一类样品分析，它们就应在不同行列进行登记。

5.13 包容性采购内容计分示例

5.13.1 矿业商品分项内容

对于1亿兰特的矿业商品采购预算，花费在南非生产的商品的预算应为总预算的70%，即7000万兰特（70%×1亿兰特=7000万兰特）。

对于每一预算种类应花费的目标数额是：

• 从历史弱势群体所拥有或控股的实体进行的采购花费应为1亿兰特的21%，即2100万兰特（21%×1亿兰特=2100万兰特）。

• 从女性所拥有的实体和/或青年人所拥有的实体进行的采购应为1亿兰特的5%，即500万兰特（5%×1亿兰特=500万兰特）。

• 从拥有至少26%（25%+1%）历史弱势群体所有权且达到良好行为准则4级水平的BBBEE合规公司进行的采购应为1亿兰特的44%，即4400万兰特（44%×1亿兰特=4400万兰特）。

• 每一公历年末，将确定每一预算种类的花费数额，并被用于每一预算种类的得分。

为了确定每一预算种类的得分，将使用公式2按下列方式计算：

• 对历史弱势群体所拥有和控股的实体而言，若每一公历年末的开支为500万兰特：

$$A = \frac{500 \text{万兰特}}{1 \text{亿兰特}} \times 100\% = 5\%$$

• 对于此预算种类而言，合规目标是占总矿业商品采购的21%并且该预算种类在评分表上的最大权重百分比是5%，其权重计分百分比为 $\frac{5\%}{21\%} \times 5\% = 1.19\%$，这就意味着在这一例子中，该预算种类的比例权重计分将为1.19%。

• 对女性所拥有和控股的实体和/或青年所拥有和控股的实体而言，若每一公历年末的开支为1000万兰特：

$$A = \frac{1000 \text{万兰特}}{1 \text{亿兰特}} \times 100\% = 10\%$$

• 对于此预算种类而言，合规目标是5%，该预算种类在评分表上的最大权重百分比是5%，其权重计分百分比为$\frac{10\%}{5\%} \times 5\% = 10\%$，这就意味着采矿权持有人开支高于500万兰特的目标预算开支。但比例权重计分不是10%，因为它高于所分配的最大权重百分比5%，因此比例权重计分仍为5%。

- 对于拥有至少26%（25%＋1%）历史弱势群体所有权且达到良好行为准则4级水平的BBBEE合规公司而言，若每一公历年末的开支为1000万兰特：

$$A = \frac{1000 \text{ 万兰特}}{1 \text{ 亿兰特}} \times 100\% = 10\%$$

- 对于此预算种类而言，合规目标是占总矿业商品采购的44%，并且在评分表上的最大权重百分比是5%。其权重计分百分比为$\frac{10\%}{44\%} \times 5\% = 1.14\%$，这意味着在这一例子中，该预算种类的比例权重计分将为1.14%。

表N 矿业商品评分表

内容	措施	合规目标	权重百分比	比例权重计分
矿业商品总采购预算的至少70%必须用于采购在南非生产的商品，必须来自BEE合规制造公司。计算商品和服务的开支不包含公共设施开支（电和水）、燃气开支、润滑剂开支和土地费率开支	从拥有50%＋1或更多投票权的、由历史弱势群体所拥有和控股的公司采购南非生产的商品占总商品采购预算的百分比	21%	5%	1.19%
	从拥有至少50%＋1投票权且由女性和/或青年人所拥有和控股的公司采购南非生产的商品占总商品采购预算的百分比	5%	5%	5%
	从拥有至少25%＋1历史弱势群体所有权且达到良好行为守则4级水平的BBBEE合规公司采购的南非生产的商品占总商品采购预算的百分比	44%	5%	1.14%

5.13.2 服务分项内容计分示例

对于 1 亿兰特的服务采购预算，从设在南非的公司购买的服务开支必须占总预算的 80%，即 8000 万兰特（80% × 1 亿兰特 = 8000 万兰特）

对于每一预算种类，应花费的目标数额是：

• 从历史弱势群体所拥有或控股的实体进行的采购花费应为 1 亿兰特的 50%，即 5000 万兰特（50% × 1 亿兰特 = 5000 万兰特）。

• 从黑人女性所拥有的实体进行的采购应为 1 亿兰特的 15%，即 1500 万兰特（15% × 1 亿兰特 = 1500 万兰特）。

• 从青年人所拥有的实体进行的采购应为 1 亿兰特的 5%，即 500 万兰特（5% × 1 亿兰特 = 500 万兰特）。

• 从拥有至少 26%（25% + 1%）历史弱势群体所有权且达到良好行为准则 4 级水平的 BBBEE 合规公司进行的采购应为 1 亿兰特的 10%，即 1000 万兰特（10% × 1 亿兰特 = 1000 万兰特）。

每一公历年末，将确定每一预算种类的花费数额，并被用于每一预算种类的得分。

为了确定每一预算种类的得分，将使用公式 2 按下列方式计算：

• 对历史弱势群体所拥有和控股的实体而言，若每一公历年末的开支为 500 万兰特：

$$A = \frac{500 \text{ 万兰特}}{1 \text{ 亿兰特}} \times 100\% = 5\%$$

• 对于此预算种类而言，合规目标是占总矿业商品采购的 50% 并且该预算种类在评分表上的最大权重百分比是 5%，其权重计分百分比为 $\frac{5\%}{50\%} \times 5\% = 0.5\%$，这就意味着在这一例子中，该预算种类的比例权重计分将为 0.5%。

• 对女性所拥有和控股的实体而言，若每一公历年末的开支为 1000 万兰特：

$$A = \frac{1000 \text{ 兰特}}{1 \text{ 亿兰特}} \times 100\% = 10\%$$

• 对于此预算种类而言，合规目标是占总矿业商品采购的 15% 并且该预算种类在评分表上的最大权重百分比是5%，其权重计分百分比为 $\frac{10\%}{15\%} \times 5\% = 3.33\%$，这就意味着在这一例子中，该预算种类的比例权重计分将为3.33%。

- 对青年所拥有和控股的实体而言，若每一公历年末的开支为500万兰特：

$$A = \frac{500 \text{万兰特}}{1 \text{亿兰特}} \times 100\% = 5\%$$

- 对于此预算种类而言，合规目标是占总矿业商品采购的5%并且在评分表上的最大权重百分比是5%，其权重计分百分比为 $\frac{5\%}{5\%} \times 5\% = 5\%$，这就意味着在这一例子中，该预算种类的权重计分将为5%。

- 对于拥有至少26%（25%+1%）黑人所有权且达到良好行为准则4级水平的BBBEE合规公司而言，若每一公历年末的开支为1000万兰特：

$$A = \frac{1000 \text{万兰特}}{1 \text{亿兰特}} \times 100\% = 10\%$$

- 对于此预算种类而言，合规目标是占总矿业商品采购的10%并且在评分表上的最大权重百分比是5%，其权重计分百分比为 $\frac{10\%}{10\%} \times 5\% = 5\%$，这就意味着在这一例子中，该预算种类的权重计分将为5%。

表O 服务评分表

内容	措施	合规目标	权重百分比	比例权重计分
服务总预算的最低80%必须来自设在南非的公司	从拥有50%+1%或更多投票权的、由历史弱势群体所拥有和控股的公司采购服务占总服务采购预算的百分比	65%	5%	0.5%
	从拥有至少50%+1%投票权的、由黑人女性所拥有和控股的南非公司采购的服务占总服务采购预算的百分比	15%	5%	3.33%

续表

内容	措施	合规目标	权重百分比	比例权重计分
服务总预算的最低80%必须来自设在南非的公司	从拥有至少50% +1 投票权、由青年人所拥有和控股的南非公司采购的服务占总服务采购预算的百分比	5%	5%	5%
	从拥有至少25% +1 历史弱势群体所有权且达到良好行为守则4级水平的南非公司采购的服务占总服务采购预算的百分比	10%	5%	5%

5.14 企业和供应商发展分项内容如何被用于增加矿业商品和服务采购得分的示例

若采矿权持有人就供应商发展计划花费1000万兰特，就企业发展计划花费500万兰特，则可以下列方式主张计分：

• 使用示例中关于矿业商品和服务的预算数额，其中各为1亿兰特。

• 对矿业商品而言，采矿权持有人可以使用全部1000万兰特花费于供应商发展计划，因为该笔开支低于3000万兰特的抵销限制（30%×1亿兰特）。在这种情况下，若采矿权持有人主张就花费在50% +1历史弱势群体所拥有的公司的预算开支增加计分，那么花费在50% +1历史弱势群体所拥有的公司500万兰特就可通过花费在供应商发展计划上1000万兰特予以增加。则：

$$A = \frac{500 \text{万兰特} + 1000 \text{万兰特}}{1 \text{亿兰特}} \times 100\% = 15\%$$

• 对于此预算种类而言，合规目标是占总矿业商品采购的21%，在评分表上的该预算种类的最大权重百分比是5%，其计分百分比是 $\frac{15\%}{21\%} \times 5\% = 3.57\%$。这就意味着在这一例子中，该预算种类的比例权重计分将从1.19%上升至3.57%。

• 对服务而言，采矿权持有人可以使用500万兰特开支用于企业发展计划。这笔钱可用于填补从拥有50%＋1投票权、由历史弱势群体所拥有和控股的公司采购服务开支（仅花费500万兰特）的缺口。因此，花费在供应商发展计划的500万兰特就可增加到购买历史弱势群体所拥有的和控股的公司的服务开支上。则：

$$A = \frac{500\text{万兰特}+500\text{万兰特}}{1\text{亿兰特}} \times 100\% = 10\%$$

- 对于此预算种类而言，合规目标是50%，在得评分表上该预算种类的最大权重百分比是5%，其计分百分比是$\frac{10\%}{50\%} \times 5\% = 1\%$。这就意味着在这一例子中，该预算种类的比例权重计分将从0.5%上升至1%。

表P　根据企业发展计划和供应商发展计划
所调整的矿业商品和服务的比例权重计分

内容	措施	合规目标	权重百分比	比例权重计分
矿业商品总采购预算的至少70%必须用于采购在南非生产的商品，必须来自BEE合规制造公司。计算商品和服务的开支不包含公共设施开支（电和水）、燃气开支、润滑剂开支和土地费率开支	从拥有50%＋1或更多投票权的、由历史弱势群体所拥有和控股的公司采购南非生产的商品占总商品采购预算的百分比	21%	5%	3.57%
	从拥有至少50%＋1投票权且由女性和/或青年人所拥有和控股的公司采购南非生产的商品占总商品采购预算的百分比	5%	5%	1%
	从拥有至少26%历史弱势群体所有权且达到良好行为守则4级水平的BBBEE合规公司采购的南非生产的商品占总商品采购预算的百分比	44%	5%	1.5%

续表

内容	措施	合规目标	权重百分比	比例权重计分
服务总预算的最低80%必须来自设在南非的公司	从拥有50% +1或更多投票权的、由历史弱势群体所拥有和控股的公司采购服务占总服务采购预算的百分比	65%	5%	1.5%
	从拥有至少50% +1投票权的、由黑人女性所拥有和控股的南非公司采购的服务占总服务采购预算的百分比	15%	5%	0.67%
	从拥有至少50% +1投票权、由青年人所拥有和控股的南非公司采购的服务占总服务采购预算的百分比	5%	5%	2%
	从拥有至少25% +1历史弱势群体所有权且达到良好行为守则4级水平的南非公司采购的服务占总服务采购预算的百分比	10%	5%	2%

6. 人力资源发展

为了实施将5%的投资用于发展重要技能活动、毕业生培训项目，以及研究和发展计划，采矿权持有人需使用雇员模板表 Q 和非雇员模板表 R：

（a）出资的数额，所实施的能力发展项目、毕业生培训项目以及研发计划的性质，此类项目的期限；

（b）提供可核实的受益人名单以及此类受益人的类型（是否是矿业雇员或社区成员、就业等级、姓名、种族、性别、籍贯）；

（c）如果就某一采矿权而言，省级人口统计资料在实质上比国家级人口统计资料更重要，则采矿权持有人应使用省级人口统计资料；

（d）采矿权持有人还应附上表格，已说明应纳税额的计算。

6.1

表 Q　人力资源发展报告模板（雇员）

受益人姓名	证件号	种族	性别	就业等级	项目种类	项目期限	开始时间	机构	实际开支（兰特）	预计花费
总实际开支										

6.2

表 R　人力资源发展报告模板（非雇员）

受益人姓名	证件号	种族	性别	联系方式	项目种类	项目期限	开始时间	机构	实际开支（兰特）	预计花费
总实际开支										

7. 矿业社区发展

采矿权持有人应遵守社会劳动计划（SLP）有关矿业社区发展的承诺。已审批的社会劳动计划需进行为期5年的周期审查。

采矿权持有人需根据表S说明遵守社会劳动计划承诺的情况，提供的内容包括已批准的社会劳动计划的全面介绍、项目存续时间、当前已完成的工作比例、项目审查时间表、总预算开支、预算管理上限、咨询费。采矿权持有人还需提供执行细节，包括社区发展定位、实际开支、项目管理者和咨询者细节，并向矿产资源部提供年度报告。

7.1　公开：2018年《矿业宪章》要求采矿权持有人用英语和矿业社区内所使用的一种主要语言公开已经批准的社会劳动计划。公开此处所列举的信息的责任由采矿权持有人承担。在此列出采矿权持有人应承认的出版上述信息的责任。

已经过协商且被批准的社会劳动计划应在批准后的30天内通过下列渠道公开：

（a）公司网站、当地报纸；

（b）已被批准的社会劳动计划的纸质复印件，放置于当地图书馆、市政办公室、传统权利当局、公司办公室等；

（c）通过当地电台、新闻媒体发表有关获取已被批准的社会劳动计划或其内容的通告。

7.2 合作：有关社会计划项目的合作应是透明、包容的，并与所有利益相关者协商过。根据合作要求对已被批准的社会劳动计划的修改应遵守《矿产和石油资源发展法》第44条规定。

7.3 社会劳动计划审查：在采矿权存续期内，采矿权持有人应每五年审查已被批准的社会劳动计划。审查程序可从社会劳动计划实施的第4年开始。在进行审查时，应听取受影响的矿业社区、周边社区、劳动派遣地区以及当地市政当局的意见。

7.1

表 S

已获批项目描述								
存续期（项目起始时间、结束时间）								
计划项目完成时间								
项目审查时间表								
年度预算总额								
年度开支总额								
项目管理和咨询费上限								
矿业社区发展			周边社区发展			劳动派遣地区发展		
名称	城市	开支额度	名称	城市	开支额度	名称	城市	开支额度

8. 公平就业

采矿权持有人需向政府提交五年公平就业计划，供监管者审批。公平就业计划包含逐步实施2018年《矿业宪章》规定的目标的方式以及如下细节：

(a) 组织架构（层级）；

(b) 工作角色；

(c) 工资等级；

(d) 种族和性别资料；

(e) 当前目标；

(f) 逐步实现目标指标；以及

(g) 董事会或许可证或许可持有人的类似治理机构发布的声明和同意；

(h) 说明是否适用于矿业宪章所规定的所有管理层级。

采矿权持有人根据表 T 的规定，遵守公平就业目标规定的内容，包括历史弱势群体在董事会、执行管理层、高级管理层、中级管理层、初级管理层、残疾人岗位的占比。

8.1

表 T

种类	非洲人		有色人种		印度人		白人		外国国籍人		人口统计数据	总雇员
	男	女	男	女	男	女	男	女	男	女		
董事会												
执行管理层												
高级管理层												
中级管理层												
初级管理层												
残疾人岗												
重要核心技能（反映劳动力人口统计数据）												

8.2 不同收入内容

请使用下表标明雇员数量，包括根据不同种族和性别在不同岗位残疾人获得的相关报酬。

8.2

表 U

职业等级		男性				女性				外国人		总计
		非洲人	有色人种	印度人	白人	非洲人	有色人种	印度人	白人	男	女	
董事会	人数											
	薪资											
执行管理层	人数											
	薪资											
高级管理层	人数											
	薪资											
中级管理层	人数											
	薪资											
初级管理层	人数											
	薪资											
残疾人雇员	人数											
	薪资											
总雇员（永久）	人数											
	薪资											
总雇员（暂时）	人数											
	薪资											
总计	人数											
	薪资											

为了实现 2018 年《矿业宪章》规定的职业发展要求，采矿权持有人应使用表 V。

8.3

表 V

根据职业进程路径规划的培训项目	职业	开始的岗位	目前培训介入	培训目标岗位	1—5 年已确定的雇员数量

8.4 初级采矿者、稀有金属珠宝商、珍贵金属增效者、钻石增效者、钻石销售商和稀有金属精炼商有关公平就业方面的计分方法。

1. 已得到承认的是，一些初级采矿者（矿业宪章第3项所提到的）、稀有金属珠宝商、珍贵金属增效者、钻石增效者、钻石销售商和稀有金属精炼商由于其经营规模，可能并不具有矿业宪章公平就业内容所确定的所有管理层级。

2. 对于不具有矿业宪章所确定的所有管理层级的初级采矿者（矿业宪章第3项所提到的）、稀有金属珠宝商、珍贵金属增效者、钻石增效者、钻石销售商和稀有金属精炼商，应按照以下方式计算得分：

2.1 初级采矿者、稀有金属珠宝商、珍贵金属增效者、钻石增效者、钻石销售商和稀有金属精炼商需确认涉及自己的管理层级规定，并提交公平就业计划；

2.2 所确定的相关就业种类权重必须加在一起；

2.3 每个相关就业种类的权重必须除以在第2步中获得的值，以获得相应就业种类的相对权重；

2.4 初级采矿者、许可证和许可持有人根据相关就业种类计算分值，不是与评分表上的权重相乘，而是乘以第3步所获得的相关权重；

2.5 将前一步骤计算所得权重分值相加；

2.6 将第5步的分值乘以雇员评分表上的分值（矿业宪章指南第36页），就可获得总公平就业这部分内容的分值。

3. 在初级采矿者、稀有金属珠宝商、珍贵金属增效者、钻石增效者、钻石销售商和稀有金属精炼商不具有矿业宪章所确定的所有管理层级情况下的计分示例。

在下列例子中，初级采矿者、稀有金属珠宝商、珍贵金属增效者、钻石增效者、钻石销售商和稀有金属精炼商仅具有高级管理层和初级管理层的管理等级。

3.1 初级采矿者、稀有金属珠宝商、珍贵金属增效者、钻石增效者、钻石销售商和稀有金属精炼商的相关就业种类是高级管理岗和初级管理岗。

3.2 这两个部分在评分表中的权重是：

3.2.1 高级管理岗：4%的历史弱势群体代表，以及3%的女性代表；

3.2.2 初级管理岗：2%的历史弱势群体代表，以及2%的女性代表；

3.2.3 总权重是：4%＋3%＋2%＋2%＝11%。

3.3 每一权重除以上述得到的11%的权重，获得下列相对权重：

3.3.1 高级管理岗－历史弱势群体代表（4%÷11%）×100%＝36.36%

3.3.2 高级管理岗－女性代表（3%÷11%）×100%＝27.27%

3.3.3 初级管理岗－历史弱势群体代表（2%÷11%）×100%＝18.18%

3.3.4 初级管理岗－女性代表（2%÷11%）×100%＝18.18%

3.4 如果初级采矿者、稀有金属珠宝商、珍贵金属增效者、钻石增效者、钻石销售商和稀有金属精炼商得分为：

3.4.1 高级管理岗－60%历史弱势群体代表，权重得分是：60%×36.36%＝21.82%

3.4.2 高级管理岗－30%女性代表，权重得分是：30%×27.27%＝8.18%

3.4.3 初级管理岗－80%历史弱势群体代表，权重得分是：80%×18.18%＝14.54%

3.4.4 初级管理岗－70%女性代表，权重得分是：70%×18.18%＝12.73%

3.5 相加所有的得分，我们得到：

21.82%＋8.18%＋14.54%＋12.73%＝57.27%

3.6 再根据公平就业得分表，将上述总数额乘以30%：

57.27%×30%＝17.18%

9. 住房和生活条件标准

采矿权持有人应使用表W模板，确保保留单人间、家庭间以及与工人达成的其他安排。

- 采矿权持有人应提供经核实的、不是集体协议一部分的住房和生活条件协议复印件。

9.1

表 W

住在单人间的雇员数量	住在家庭间的雇员数量	领取租房补助的雇员数量	领取住房的雇员数量	在外居住的雇员数量	总雇员数量

10. 2018 年《矿业宪章》适用于根据《钻石法》和《稀有金属法》授予的许可证和许可

本指南适用于 2018 年《矿业宪章》第 4 章，该章涉及根据 1986 年《钻石法》和 2005 年《稀有金属法》的规定授予的许可证和许可。

10.1 所有权内容

未界定的所有权（undefined ownership），是指达到最低规定的分配给合格雇员和 BEE 企业主的 BEE 股份，但未遵守 2018 年《矿业宪章》规定的比例。

10.1.1 已有许可证和许可

已有许可证和许可应使用表 A 对遵守 2010 年《矿业宪章》的具体要求出具年度报告。

10.1.2 未决许可证和许可申请

根据未决申请签发的许可证和许可的持有人应使用表 A 对遵守 2010 年《矿业宪章》的具体要求出具年度报告。

钻石交易商许可证或精炼许可证的持有人应根据 2018 年《矿业宪章》的规定，将 BEE 持股比例在过渡期 12 个月内一次性或逐步从最低 26% 增加至 30%。一次性或逐步增加的方式应纳入根据未决申请获得的钻石交易商许可证精炼许可证的条款中。

在 12 个月过渡期之后，根据未决申请签发的许可证或许可应使用表

B 对遵守 2018 年《矿业宪章》的要求进行年度报告。

10.1.3　新许可证

采矿权持有人在考虑所有除外规定或过渡安排后，应遵守 2018 年《矿业宪章》的所有内容。

合格的雇员

许可证和许可持有人应使用表 B 对遵守 2018 年《矿业宪章》有关合格雇员的具体要求出具年度报告。

BEE 企业主

许可证和许可持有人应使用表 D 对遵守 2018 年《矿业宪章》有关 BEE 企业主的具体要求出具年度报告。

BEE 股权处置

许可证和许可持有人应使用表 E 对遵守 2018 年《矿业宪章》有关 BEE 股权处置的具体要求出具年度报告。

10.1.4　矿产增效抵销

矿产增效抵消不适用根据《钻石法》和《稀有金属法》签发的许可证或许可。

10.2　包容性采购和企业发展

有关企业发展的五年计划应包含以下内容：

（a）将欲发展的有前景的企业主；

（b）有前景的企业主的经认证的身份证明文件复印件或法人成立文件；

（c）具有明确时间表的有前景的企业主的发展领域；

（d）在 5 年时间内有关企业主发展的金钱、时间投入以及相关贡献；

（e）向有前景的企业主获得许可证或许可提供融资便利；

（f）注明预期结果。

许可证或许可持有人使用表 H、I、J、K、L、M 对遵守 2018 年《矿业宪章》有关包容性采购、供应商发展、企业发展的具体要求出具年度报告。

10.3　人力资源发展

许可证或许可持有人使用表 Q 和表 R 对遵守 2018 年《矿业宪章》有

关应缴纳 5% 的税额的要求出具年度报告。

有关这部分的报告应与表 V 的指南相一致。

10.4　公平就业

许可证或许可持有人需向矿产资源部提交五年公平计划，以供监管者审批。公平就业计划应包含逐步实现 2018 年《矿业宪章》公平就业目标的方式和以下细节：

（a）组织机构（层级）；

（b）工作角色；

（c）工资等级；

（d）种族和性别资料；

（e）当前目标；

（f）逐步目标实现指标；

（g）董事会、许可证或许可持有人的相似治理机构作出的声明或同意；

（h）表明是否适用于矿业宪章所规定的所有管理层。

许可证或许可持有人应使用表 T 和表 U 对遵守 2018 年《矿业宪章》有关公平就业和已获批的公平就业计划的具体要求出具年度报告。

10.5　社会经济发展指南

许可证或许可持有人应使用表 X 对遵守社会经济发展的承诺出具年度报告。报告内容应包含：对已获批社会经济发展项目内容的全部描述、项目存续期、工作完成时间、项目审查时间表、总预算、项目管理和咨询费上限。许可证或许可持有人应提供项目执行的细节，包括所发展的社区的确定、实际花费开支、项目管理者和咨询方细节，并向矿产资源部提供年度报告。

合作：已获批项目的合作应是透明的、包容的，且与所有利益相关者协商过。应通过南非矿产资源部对已批准的项目进行修订。

项目审查：持有 5 年以上期限许可证的稀有金属精炼商应在许可证存续期间每 5 年对其对社会经济发展做出的贡献进行审查。

表 X

已获批项目描述	
存续期（项目开始时间、结束时间）	
已计划的项目当前已完成的工作	
项目审查时间表	
年度总预算	
年度总开支	
项目管理和咨询费上限	

社区发展			周边社区发展		
名称	城市	开支总额	名称	城市	开支总额

11. 初级采矿者机制

未界定的所有权（undefined ownership），是指达到最低规定的分配给所有 BEE 股东 30% 的 BEE 股份，但未遵守 2018 年《矿业宪章》规定的比例。

12. 矿业宪章审查指南

矿产资源部部长可通过在政府公报中发布公告对矿业宪章实施指南进行审查。

13. 表格清单

表格	说明
1. 表 A	现有采矿权年度报告模板
2. 表 B	适用于合规雇员的雇员股份所有权计划（ESOPS）年度报告模板
3. 表 C	东道社区股权等价利益年度报告模板

续表

表格	说明
4. 表 D	BEE 企业主年度报告模板
5. 表 E	BEE 股权处置年度报告模板
6. 表 F	矿产增效股权等价年度报告模板
7. 表 G	适用于增效股权等价的货币价值年度报告模板
8. 表 H	矿业商品采购年度报告模板
9. 表 I	服务采购年度报告模板
10. 表 J	企业发展和供应商发展年度报告模板
11. 表 K	供应商发展和原始设备制造商年度报告模板
12. 表 L	研发报告年度报告模板
13. 表 M	样品分析年度报告模板
14. 表 N	矿业商品评分表
15. 表 O	服务评分表
16. 表 P	企业和供应商发展抵消报告模板
17. 表 Q	人力资源发展年度报告（雇员）
18. 表 R	人力资源发展年度报告（非雇员）
19. 表 S	矿业社区发展（SLP）年度报告模板
20. 表 T	公平就业年度报告模板
21. 表 U	收入差异年度报告模板
22. 表 V	核心重要技能年度报告模板
23. 表 W	住房和生活条件年度报告模板
24. 表 X	社会经济发展年度报告模板

五 塞拉利昂

2016 年《本土成分管理局法》

本法旨在制定塞拉利昂《本土成分管理局法》，以便在塞拉利昂的工业、制造业、采矿业、石油、海洋资源、农业、运输、海事、航空、酒店和旅游业、货物和服务采购、公共工程、建筑和能源部门等一系列经济部门中促进本土成分的发展；保障塞拉利昂公民能够拥有和控制本土经济部门的发展；并在此基础上对其他事项作出规定。

由总统和本届议会成员制定。

第一部分 一般规定

1. 在本法中，除上下文另有含义外：

"管理局"（Agency），系指依据本法第 3 条成立的塞拉利昂本土成分管理局；

"理事会"，系指依据本法第 4 条所设立的理事会；

"主席"，系指理事会的主席；

"公民"，系指 1973 年《国籍法》中所界定的塞拉利昂公民；

"局长"，指依据本法第 16 条任命的管理局的局长；

"外国人"，指在塞拉利昂而不是在其本国工作的雇员；

"劳工条款"，是指在塞拉利昂境内，在由本法所涵盖的部门中，对于所授予的所有高于部长确定的门槛价值的所有合同中，强制在专业管理人员中雇佣最低百分比例的塞拉利昂劳工的条款；

"成员"，指理事会成员；

"部长"，是指负责贸易和工业的部长，本法中的"部"也应作出此种相应解释；

"经营者"，指依据任何合同、协议或联盟在本法案涵盖的行业中经营的国有企业、塞拉利昂本土公司、外国或国际公司；

"计划"，系指本法第 40 条所提到的、依据本法的规定所提交的塞拉利昂本土成分计划；

"塞拉利昂公司",是指依据 2009 年《公司法》的规定在塞拉利昂注册成立的、塞拉利昂公民持有 50% 股权的公司;

"塞拉利昂本土成分",是指塞拉利昂人在塞拉利昂生产货物和提供服务的价值和根据特许权、合同、许可证或其他形式的协议在该法所涉部门勘探、开发和生产中所获得的货物和服务总价值之间的比例;

"塞拉利昂本土成分网上内部门户",是指为本法所涵盖的行业中货物和服务的买方和卖方所提供的虚拟平台;

"塞拉利昂本土成分含量指标",是指依据规定的各项标准价值对公司进行的百分比评级标准;

"塞拉利昂本土成分核查人员",是指依法在塞拉利昂本土成分管理局注册的人员。

2. 即使本法所涉及内容有其他相关法律的规定,本法仍适用于与塞拉利昂本土成分有关的所有事项,包括在塞拉利昂矿业、石油、服务业、农业和农业综合企业、运输业、海事、航空、酒店和旅游、公共工程和建筑、渔业和海洋资源、制造业、卫生和能源部门进行的或与之相关的经营或交易行为。

第二部分 塞拉利昂本土成分管理局的设立

3.(1)现设立塞拉利昂本土成分管理局。

(2)本管理局应为永久法人团体,拥有取得、持有和处置任何动产或不动产并以其法人名义起诉或被诉的能力,而且在符合本法规定的情况下,能够执行所有法人团体依法可能执行的行为。

(3)本管理局须备有共同印章,其使用权应由下列人员签署确认:

(a)理事会主席或理事会一般授权或特别授权的其他理事;以及

(b)局长或理事会授权的其他人员。

4.(1)塞拉利昂本土成分管理局的管理机构是理事会,它将负责管理和监督管理局。

(2)理事会由根据第 3 款任命的主席及以下其他成员组成:

(a)贸易和工业部常务秘书;

(b)财政秘书或其代表;

（c）以下各部门的代表：

(i) 国家矿业管理局；

(ii) 石油管理局；

(iii) 青年委员会；

(iv) 第 66 条提到的塞拉利昂本土成分协商论坛；

(v) 塞拉利昂投资和出口促进局；

(vi) 国家旅游局；

(vii) 塞拉利昂工商和农业联合会；

(viii) 塞拉利昂律师协会；

(ix) 塞拉利昂工程师学会；

(x) 塞拉利昂本地银行和金融服务；

(xi) 女性论坛；

(xii) 作为秘书的局长；

(xiii) 劳动大会。

(3) 总统应依据部长的建议并经议会批准，在符合第 2 款（c）项规定的前提下，从对塞拉利昂本土成分行业具有公认知识和经验的人员中，任命理事会主席或其他成员。

(4) 依据第 2 款（c）项任命的成员须经议会批准。

5.（1）依据第 4 条第 2 款（c）项获得委任的主席及其他成员的任期为 3 年，可连选连任，但只能连任一次。

(2) 在下列任一情况下，理事会成员职务终止：

(a) 因身体原因不能继续履行职务的；

(b) 被证明存在不当行为；

(c) 破产或无偿还债务能力的；

(d) 因欺诈、不诚信犯罪被定罪、判刑的；

(e) 无正当理由连续三次未能出席理事会会议的；

(f) 以书面方式向主席辞职的。

6.（1）理事会应至少每两个月在塞拉利昂本土成分管理局的办公室内举行一次会议，并在主席决定的时间内安排业务。

(2) 主席应召开并主持理事会议，主席缺席时，从出席会议的成员中选任一名成员主持会议。

（3）3 名以上理事会成员以书面方式通知主席召开会议的，主席应就该通知内容向理事会请求召开特别会议。

（4）主席或（如主席缺席）获选任代其行事的委员，须在知道第 3 款所提的通知后 5 天内请求并召开特别会议。

（5）理事会会议的法定人数为 7 人。

（6）在票数相等的情况下，主席或其他主持会议的人有权投决定票。

（7）已在理事会全体成员中分发并经所有成员三分之二多数书面同意的提案，与正式召开的理事会会议作出的决定具有同等效力，且该提案应纳入下一次理事会会议的会议记录中。

但如果理事会有 1 名成员要求将该项提案提交理事会会议的，则本款不适用于该项提案。

（8）理事会可增选任何人出席并参与理事会对任何事项的审议，但该人不得就理事会作出的任何实质性问题进行投票。

（9）理事会召开的所有会议的记录应由主席制作并签署，且以适当的方式保存。

（10）在符合本法规定的前提下，理事会有权对自己的程序作出规定。

7.（1）对理事会正在审议或将要审议的任何与理事会成员有直接或间接利害关系的事项，该成员须向理事会披露其利害关系。该项披露应记录在理事会的会议记录中，且该成员不得参与理事会就该事宜进行的任何商议或决定。

（2）理事会成员违反第 1 款规定的，属于行为失格，应从理事会中除名。

8.（1）任何理事会成员或塞拉利昂本土成分管理局的成员依据本法规定作出的任何作为，他人不得对此行为提起诉讼或使用其他纠纷解决方式。

（2）理事会成员不对该机构的任何债务或义务承担个人责任。

9.（1）理事会为更好地履行职责可设立一个或多个委员会，由塞拉利昂本土成分管理局的成员或非成员组成，履行其职责并向该管理局报告，但具体事项仍由理事会决定。

（2）在不违反第1款规定的情况下，塞拉利昂本土成分管理局就塞拉利昂本土成分发展问题提供技术支持，促进各部和本土成分管理局在本土成分问题上的协调，并支持塞拉利昂本土成分的发展，且管理局应设立一个塞拉利昂本土成分委员会，由下列成员组成：

（a）一名贸工部的代表，并担任委员会主席；

（b）一名总检察长办公室和司法部长的代表；

（c）一名财政部的代表；

（d）一名劳工部的代表；

（e）一名总统办公室战略和政策小组的代表；

（f）一名国家公共采购局的代表；

（g）一名塞拉利昂投资和出口促进局的代表；

（h）一名社会福利、性别和儿童事务部的代表；

（i）两名塞拉利昂工商会的代表；

（j）两名来自民间社团的代表，该社团的职责与管理局有关；

（k）来自直接负责某一特定行业或与委员会审查的事项具有重大关系的某一政府部门、政府机构或专业机构的代表；

（l）一名青年事务部的代表。

10.（1）依据本法有关规定，理事会应控制和监督本土成分管理局的发展和财务状况。

（2）理事会应提供政策指导和咨询意见，以确保塞拉利昂本土成分管理局职能可以得到有效执行，并提高该机构的整体业绩。

11.（1）理事会主席和其他成员的薪酬、费用和津贴由部长批准并发放，他们因履行理事会所确定的并经部长批准的职责而发生的费用，由本土成分管理局报销。

（2）第9条规定中的理事会的增选成员应获得经部长批准的报酬、津贴和其他有关费用，他们因履行职责所产生的费用由本土成分管理局报销。

12.（1）如果理事会主席或者成员死亡、辞职、被免职、连续旷职超过三个月，或因病连续三个月不能履行职务的：

（a）理事会成员须（视情况而定）选出一名成员担任临时主席，直至主席复职或任命了新的主席；而且

（b）如果只是一名理事会成员，主席可根据该法的规定任命另一人为理事会成员。

（2）为填补空缺而被任命的理事会主席或成员，其任期为前任主席或成员（视情况而定）的剩余任期，并有资格再次被聘任。

13. 在履行本法规定的职责时，理事会不受任何人或本土成分管理局的干涉。

第三部分 本土成分管理局的职能

14.（1）塞拉利昂本土成分管理局成立的目的是通过对塞拉利昂本土成分发展进行充分有效的管理和规制，促进塞拉利昂本土成分的发展。

（2）在不违反第 1 款规定的一般性原则的情况下，管理局的职能是：

（a）监督、协调、管理、监测和监管本法所涉各部门的塞拉利昂本土成分的发展；

（b）评估、评价和批准依据本法提交给塞拉利昂本土成分管理局的塞拉利昂本土成分计划和报告；

（c）颁发授权证书，审查依据本法提交给塞拉利昂本土成分管理局的塞拉利昂本土成分计划和报告，并向部长提出建议；

（d）为全部或部分在塞拉利昂生产的指定材料、货物和服务颁发塞拉利昂本土成分证书；

（e）管理和奖励塞拉利昂本土成分记分卡系统，以便对符合塞拉利昂本土成分发展的公司和实体进行排名；

（f）管理和运营依据本法建立的塞拉利昂本土成分在线内部门户和联合资格认证系统；

（g）协助当地承包商和塞拉利昂公司发展其能力，以实现在本法所涉部门发展塞拉利昂本土成分的目标；

（h）加强和促进公共和私营部门之间的合作，以促进和保障塞拉利昂本土成分发展的目标；

（i）维持塞拉利昂本土成分交易登记，并确保其高于部长确定的

数值；

（j）依据本法规定接受和调查有关塞拉利昂本土成分发展的投诉；

（k）为促进、开发和实施塞拉利昂本土成分创造一个高效便利的环境，保障塞拉利昂本土成分发展有良好的治理和问责制度；

（l）根据本法规定监督和协调运营商在塞拉利昂本土成分实施中的表现；

（m）进行研究和调查，以进一步确保实现本法所涉部门实现发展塞拉利昂本土成分的目标；

（n）将其任何职能转授予该管理局委任的任何代理人或执行人；

（o）协助制订塞拉利昂年度本土成分计划，为本法所涉行业的运营公司提供指导；

（p）鼓励、监测和执行塞拉利昂本土成分的操作标准和业务守则；

（q）监督经营者的经营状况和交易活动，确保保持竞争和公平交易；

（r）提供与国家税务局有关的信息，以便为培训、研发和转让运营公司的技术资金征收税款；

（s）编写一份关于塞拉利昂本土成分现状的年度报告提交给部长；以及

（t）履行其在本法项下的任何其他附带或间接职能。

15. 塞拉利昂本土成分管理局应与具有本土成分局相关职能的部委、部门和机构协商和合作。

第四部分　行政规定

16.（1）由理事会任命塞拉利昂本土成分管理局的局长一名。

（2）局长必须在本土成分有关方面具有熟练的技术和丰富的经验。

（3）局长若存在以下情形，应免除其职务：

（a）因身体原因或精神存在缺陷而不能履行职务的；

(b) 严重的不当行为；

(c) 不称职或玩忽职守；或

(d) 依据其服务条款或条件有证据证明需要被免职的任何其他理由。

17. 局长应向理事会负责，并履行下列职能：

(a) 监督各部门的活动和工程部的日常行政和管理行为；

(b) 制定和执行经理事会核准的与工程部职能有关的业务政策、方案和计划；

(c) 监督塞拉利昂本土成分管理局的员工；

(d) 编制并提交运营报告和计划；

(e) 编制年度预算和财务报告；

(f) 准备理事会会议议程、记录和保存会议记录；以及

(g) 履行理事会决定的其他职责。

18. （1）塞拉利昂本土成分管理局应设立其认为履行职责所必需的部门。

（2）在不违反第1款规定的情况下，塞拉利昂本土成分管理局应设立下列部门：

(a) 采购和供应发展部，负责公共和私营部门的采购以及与塞拉利昂本土成分发展有关的供应商价值链；

(b) 就业、培训和技术转让部门，负责当地就业的发展、当地劳动力的整合、当地人员的培训、技术转让、研究和发展；

(c) 财务和行政部，负责机构的预算、人力资源和报告；

(d) 负责监测和评估塞拉利昂本土成分发展的业务部；

(e) 传播和外联部，负责塞拉利昂本土成分管理局的传播和外联战略及其执行。

19. 第18条所指的每个部门都由理事会根据局长的建议设立司级机构。

20. （1）第18条所述的每一部门均须由理事会聘任的主任领导。

（2）主任应具备相应的职责和职能。

（3）在不违反第2款规定的前提下，主任应承担以下责任：

（a）负责采购和供应商发展部的主任应负责管理联合资质审查制度和塞拉利昂本土成分在线虚拟平台，并应监督公共和私营部门依据本法监督采购和供应商发展的情况；

（b）负责就业、培训、技术转让部门的主任应负责监督本地员工的发展及其进入劳动力市场的情况，以及运营商对本地员工的培训、技术转让和研发情况。同时监督第 29 条中提到的塞拉利昂本土成分开发基金，以保障塞拉利昂本土成分的资金供给。

（c）财务和行政部主任负责管理年度预算编制过程、采购和资产以及人力资源开发；

（d）负责宣传和外联部的主任应负责塞拉利昂本土成分管理局的内部和外部宣传及其外联战略，其中包括社区的参与情况。

21. 塞拉利昂本土成分管理局应配备为有效履行其职能所需的其他工作人员。

22. 公职人员可应塞拉利昂本土成分管理局的要求借调或以其他方式向该机构提供协助，但该机构可以不符合机构规定的指派工作人员的要求为由拒绝指派。

23. 塞拉利昂本土成分管理局如认为合适，可雇用或保留专业人员、顾问及专家的服务，以适当而有效地履行本机构的职能。

24. 塞拉利昂本土成分管理局的任何官员或雇员，或按照本机构官员或雇员的指示行事的任何人，均不对其依据本法善意执行的任何事项或事务承担责任。

第五部分 财政规定

25. （1）塞拉利昂本土成分管理局的活动应由下列资金资助：
（a）议会为本机构划拨的任何款项；
（b）个人和组织为本机构更好地实现目标，以礼物、捐赠、遗赠、赠款或其他捐款的方式给予本机构的所有款项；
（c）所有投资的收益（如有）；
（d）外国援助和捐助机构的援助；

（e）塞拉利昂本土成分管理局的所有其他款项。

（2）本机构的经费只应用于机构核定预算的目的。

26. （1）塞拉利昂本土成分管理局应以审计长要求的格式，对该机构实施的活动、使用的财产或财务保存账簿或记录，并应在每个财政年度编制财务报表声明，声明应包括：

（a）资产负债表账户；

（b）收支账目；及

（c）资金来源和使用情况。

（2）依据第1款备存的账目，须由审计长或其委任的审计员在每个财政年度终结后两个月内审计。

（3）为执行第2款的规定，审计长或其委任的审计员有权查阅塞拉利昂本土成分管理局的所有账簿、凭单及其他财务记录，并有权要求塞拉利昂本土成分管理局提供有关资料及予以适当解释。

（4）塞拉利昂本土成分管理局应为审计长或其任命的审计员审查机构的有关账簿和记录提供便利。

（5）审计长或其任命的审计员应向该机构提交一份审计账目和第1款所规定的财务报表，并须在其报告中阐述：

（a）账户中的违规行为；

（b）可能对塞拉利昂本土成分管理局的运作产生不利影响的任何事项；以及

（c）审计长认为应提请该机构注意的其他事项。

27. 塞拉利昂本土成分管理局的财政年度报告应与政府的财政年度报告相同。

28. （1）塞拉利昂本土成分管理局应在财政年度结束后三个月内，向部长提交一份说明其在该年度履行职能的情况以及其政策和方案的报告。

（2）该年度报告须包括依据第26条规定拟定的账目及年度财务报表以及有关的审计报告。

（3）部长应在收到年度报告后两个月内向理事会提交年度报告的副本。

（4）一旦报告提交理事会，塞拉利昂本土成分管理局应将其副本提供给所有利益相关者。

第六部分 货物与服务

29.（1）设立塞拉利昂地方本土成分基金，为本法所涉各部门实施塞拉利昂本土成分时提供资助。

（2）该基金应由塞拉利昂本土成分管理局管理，并用于增加塞拉利昂在本法所涉部门的本土成分含量的项目、方案和活动。

（3）基金可接受政府、经营者或承包商、私营公司和捐助团体的捐赠。

30.（1）本法据此设立一项基金，以支持塞拉利昂本土成分供应商、进口商和出口商的运营，并由塞拉利昂银行管理。

（2）塞拉利昂银行应确定合适的、应向塞拉利昂本土成分供应商、进口商和出口商提供融资的银行。

（3）该基金应以政府给予的基础资金设立，并可向国际金融伙伴寻求额外资金。

（4）该基金由政府补充投资。

31.（1）在本法生效时，本法所涵盖的部门执行的任何项目中，塞拉利昂本土成分的最低含量应符合规定的水平。

（2）运营商、联盟伙伴和承包商应遵守本法中规定的特定项目、服务或产品规范的塞拉利昂本土成分最低含量。

（3）在符合第1款规定的情况下，如果没有足够的能力达到本法中规定的目标，部长可授权继续进口相关物品。

32.（1）除本条第2款另有规定外，应优先考虑由设在塞拉利昂并由其公民拥有的服务机构为本法所规定的项目和活动提供服务。

（2）满足第1款规定的服务机构，须有足够的资源及能力为第1款所提到的业务、项目或活动增加价值。

33.（1）除本条第2款另有规定外，塞拉利昂本地制造的材料、产品或货物的质量与国际比较后无较大差别的，应优先考虑塞拉利昂当地产品。

（2）提供材料、产品或货物的塞拉利昂公司应拥有足够的资源和能力，应为本法所涵盖部门中提及的业务、项目或活动增加价值。

（3）下列规定适用于各行业：

（a）在制造业中，经营者和承包商应至少利用10%的本地生产投入；

（b）在面包业和糕点糖果业中，利用本地种植的木薯而在本地生产的木薯粉应达到10%的投入；

（c）在啤酒行业，经营者和承包商应使用20%的当地生产的高粱；

（d）在制糖工业中，对于需要糖作为添加剂的任何产品，经营者和承包商应在前五年应使用15%的本地生产的糖，在接下来的五年使用30%；

（e）在肥皂制造业中，经营者和承包商在前五年应使用50%的当地生产的棕榈油，在随后的五年中使用70%；

（f）在面粉行业，经营者和承包商在前五年应使用10%的当地生产小麦粉，在接下来的五年使用当地生产的小麦粉达到30%；

（g）在酒店、饭店和旅游业中，经营者和承包商应使用25%的当地生产的扎染织物或蜡染织物、当地种植和编织的棉花织物、当地制造和当地木材制作的雕刻品，所有设施应在前五年内使用利用当地生产的木材在当地制作的家具以及在当地制作的或由塞拉利昂国民制作的绘画，或由塞拉利昂国民制作的家具，在接下来的五年内使用比例达到50%。

（4）第1及第2款适用于第3款。

34.（1）除第2款另有规定外，矿业部门应考虑在所有项目中优先授予塞拉利昂公司采矿权、许可证或执照，且授予合同的条件须符合负责矿业和矿产资源的部长规定的条件。

（2）第1款所提到的塞拉利昂公司应证明其拥有执行合同的设备和能力。

35.（1）除第2款另有规定外，应优先考虑参与采石场和金属工程的塞拉利昂公司。

（2）第1款所提到的塞拉利昂公司应证明其拥有执行合同的设备和能力。

36.（1）在符合第2款规定的情况下，在授予石油区块、油田许可证、石油起重许可证以及在塞拉利昂石油部门授予合同的所有项目中，应优先考虑塞拉利昂公司，但该公司须满足石油局规定的条件。

（2）第1款所述的塞拉利昂公司应证明其拥有执行合同的设备和能力。

37.（1）农业部门的经营者和承包商应当建立和支持小农户种植者计划，以创造就业机会，提高农产品质量，增强农业建设能力，促进知识和技术转让，特别是为农村地区的中小农户创造收入。

（2）私营和公营部门的经营者和承包商应促进更多地使用改进的生产技术和更多地使用改进的种子和化肥等投入，以提高小农户的生产力。

（3）给予小农户土地保障权，以促进对土地的投资和改善。

（4）向小农户提供更多的信贷、市场信息和水资源，以帮助提高生产力。

38.（1）除第2款另有规定外，在为各部、厅和机构采购材料、产品和货物时，应优先考虑塞拉利昂公司。

（2）第1款所提到的塞拉利昂公司应符合2004年国家公共采购法规定的要求。

（3）捐助机构、国际和地方非政府组织及其他实体在采购材料、产品和货物时，应优先考虑塞拉利昂公司。

39.向公共机构供应食品产品时，应当优先考虑当地生产的食品。

第七部分 塞拉利昂成分计划和其他有关规定

40.（1）在招标或就任何权利、许可证、特许权、许可证或利益进行谈判时，以及在本法所涵盖的部门开展业务或启动项目之前，经营者应向塞拉利昂本土成分管理局提交一份塞拉利昂成分计划，并每年都应证明该计划符合本法规定的塞拉利昂成分要求。

（2）塞拉利昂本土成分管理局应审查和评估第1款中提到的计划，

如果认为该计划符合本法，则向经营者颁发该项目的授权证书。

（3）为审查或评估第1款所提到的计划，塞拉利昂本土成分管理局可依据本法赋予的职能进行公开审查，且审查须在审查或评估开始后30天内完成，并决定是否授予证书。

（4）第1款所提到的计划，须包含有以下内容：

(a) 优先考虑在塞拉利昂境内提供的服务和在塞拉利昂制造的货物；

(b) 在提交的计划中，优先考虑塞拉利昂公民的培训和就业问题。

41.（1）第40条中提到的计划应详细说明经营者或承包商将如何优先考虑塞拉利昂公司、材料、货物和产品，并以具体例子说明在项目、运营和活动所需要的材料、货物或产品的招标中是如何进行优先考虑和评估的。

（2）该计划应规定在提交税收和其他激励措施的申请时，在生产过程中使用的本土成分的范围以及随着时间的推移这一比例的增加值。

（3）该计划应具体说明外国和塞拉利昂制造企业将在何种程度上利用合资企业、联盟或其他形式的合作方式来提高塞拉利昂企业的制造能力和专门知识的。

42.（1）经营者和承包商在评估任何投标书时，如果他们的投标书在商业评比阶段彼此金额差距不超过5%，则须考虑其中塞拉利昂成分的规定，选择其中含有塞拉利昂成分最高比例的投标书，但前提是所选投标书中的塞拉利昂成分至少比其他合适竞争对手高出5%。

（2）经营者和承包商应维持获取材料、货物、产品和服务的招标程序，确保所有招、投标书都在当地和国际上进行宣传，从而给予作为本土承包商的塞拉利昂公民和塞拉利昂公司充分和公平的机会。

（3）塞拉利昂公司有能力执行该项工作的，则选定公司时不应仅基于最低投标比例原则，且如果该公司的投标额与最低投标额之间的差额不超过10%的，也不能因其不是最低投资金额而被取消入选资格。

43.（1）对于经营者实施的可能超过25万美元（250000.00美元）的所有拟议项目、运营活动、合同、分包合同和采购订单，经营者应向塞拉利昂本土成分管理局提供批准广告、资格预审标准、技术招标文件、技术评审标准和拟投标人员名单的申请。

（2）为使管理局能够准确评估标的物，经营者或承包商应在申请中提交充分的信息，并确保其已遵守塞拉利昂本土成分的要求。

44.（1）经营者应在每个季度开始前的 30 天内向塞拉利昂本土成分管理局提交一份所有合同、分包合同和采购订单的清单，清单中所有合同、分包合同和采购订单的金额不超过与 25 万美元等值的利昂，以便进行投标或者在下个季度进一步执行。

（2）对于每份合同、分包合同和采购订单，清单应提供：

（a）合同或采购的服务或项目的说明（应根据要求提供材料和设备规范）；

（b）合同、分包合同或采购订单的估计价值；

（c）招标公告发布日期、截止日期和授标日期；以及

（d）本机构为执行本法规定而要求的任何其他信息。

45. 依据本法第 43 条的规定，塞拉利昂本土成分管理局应在每个季度开始的第一天通知经营者，哪些合同和分包合同应由本机构指定进行审查，并应将此类合同审查的结果告知经营者。

46. 在向潜在投标人发布广告或资格预审通知之前，经营者应向塞拉利昂本土成分管理局提交以下文件，以供审查和批准：

（a）工程范围说明；

（b）资格预审通知的副本，如果这些文件与管理局先前审查的标准资格预审通知不同；

（c）向其发放问卷的公司，应注明总部所在地；以及

（d）结束资格预审、开始评标和发出招标通知的预期日期。

47. 在编制项目的投标清单时，经营者或联盟伙伴应在发出招标通知前向塞拉利昂本土成分管理局提交以下文件：

（a）投标人名单；

（b）招标书副本（管理局应根据具体情况将其对招标书的要求通知经营者）；

（c）投标人的公司所有权（主要股东百分比）说明；

(d) 位于塞拉利昂的任何办公室、工厂或设施的位置；

(e) 投标结束和合同或采购订单授予的预计日期；以及

(f) 管理局要求的任何其他信息。

48. 在向中标人授予合同、分包合同或采购订单之前，经营者应向塞拉利昂本土成分管理局提交以下文件：

(a) 选定的承包商或供货商的名称；

(b) 指定分包商或分供货商名单；

(c) 在适用的情况下，建议的二级供应商名单；

(d) 对于建筑或服务合同，预期的塞拉利昂的就业水平（按工时计算）；

(e) 合同或采购订单的开始和完成日期；

(f) 由经营者或联盟合作伙伴的适当官员签署的中标通知表格；以及

(g) 中标理由（评标）说明：

(i) 所选投标人与各投标者之间的价格差异百分比；

(ii) 各投标人相关的主要工作地点；

(iii) 依据管理局提供的塞拉利昂本土成分定义计算的与每个投标人投标相关的塞拉利昂本土成分估算；

(iv) 与投标人评估有关的其他信息，包括在投标评估的技术、商业和塞拉利昂本土成分方面的概要。

49. 塞拉利昂本土成分管理局评估依据第 48 条规定提交的文件后，应在 10 天内通知经营者哪些合同、分包合同和采购订单已由管理局指定进行审查，且这些正在被审查合同、分包合同和采购订单应符合管理局的要求。

50. （1）经营者应在每个季度结束后 30 天内向塞拉利昂本土成分管理局提交一份清单，列出所有超过与 25 万美元等值利昂或与上一季度确定的其他数额相等的合同、分包合同和采购订单。

（2）第 1 款中提到的所有合同、分包合同和采购订单的清单应提供：

(a) 所有物品和服务的清单；

(b) 合同或采购订单的价值；

（c）中标承包商或供货商的名称；

（d）主要工作地点；

（e）塞拉利昂本土成分的估计数额；

（f）开工和竣工日期；以及

（g）管理局为执行本法规定所需的任何其他信息。

51. 在塞拉利昂开展任何工作或活动之前，提交计划的经营者、承包商或其他机构应在项目所在的集中区设立一个项目办公室，并在该办公室进行符合塞拉利昂本土成分管理局要求的项目管理和采购决策。

52. 第 51 条中提及的经营者或承包商应根据塞拉利昂本土成分管理局公布的人员名单，在项目办公室中任命具有决策权的人员。

53. 除第 51 条另有规定外，塞拉利昂本土成分管理局有权要求任何经营者在其有重大业务的社区内设立办公室。

第八部分 塞拉利昂公民的就业与培训

54.（1）本法所涵盖部门的任何经营者或承包商执行的任何项目中，应优先考虑具有相应就业资格和培训的塞拉利昂公民。

（2）在本法所涵盖的所有部门的所有运用阶段中，在符合劳动法的情况下，应优先考虑具备必要或充分资格、必要专门知识和经验的塞拉利昂公民。

55.（1）塞拉利昂本土成分管理局应确保经营者或承包商从其运营区域雇用并维持相当数量的具有所需技能的公民。

（2）在本法所涵盖的任何部门开展业务的经营者或承包商，不得使用外国非熟练劳动力来从事其依据许可证、许可或特许权开展的任何业务。

（3）对于正在开展的每项业务，经营者或承包商应向塞拉利昂本土成分管理局提交一份由非塞拉利昂公民担任职位的分计划，且该计划应规定塞拉利昂公民可以代替现任外籍人员的具体职位。

（4）公司雇用的塞拉利昂或外国的所有工作人员，如处在相同的职位并行使类似职能的，塞拉利昂公民应享有平等原则获得相同的待遇，如薪金和薪酬以及工作条件。

（5）公司应向管理局提交其经营者的服务条件和员工人数。

56.（1）经营者或承包商在其成立的前 5 年内经塞拉利昂本土成分管理局批准，最多可保留 50% 的管理职位作为代表投资者团体的外籍职位，此后经塞拉利昂本土成分管理局批准只能保留最多 40% 的管理职位作为代表投资者团体的外籍职位。

（2）经营者或承包商在其成立的前 5 年内，经塞拉利昂本土成分管理局的批准最多可保留 50% 的中级职位作为代表投资者团体的外籍职位，此后经塞拉利昂本土成分管理局的批准最多可保留 20% 的中级职位作为投资者团体的外籍职位。

（3）本法生效后，经营者或承包商向劳动部部长或塞拉利昂政府任何其他部、司或机构提出外籍员工配额申请的，应在提出配额申请前获得管理局的批准。

（4）第 3 款所提的申请须予以详细说明，并应包括：

（a）职称；

（b）岗位描述；

（c）拟议在塞拉利昂就业的期限；

（d）外籍员工简历；

（e）外籍员工的报酬、津贴和其他报酬；

（f）招聘广告或其他出版物的证据，包括招聘说明；

（g）聘用外籍员工的理由；以及

（h）根据 2007 年《企业启动一般法》第 34B 条设立的工作许可委员会为实施本法所要求的任何其他信息。

（5）预算总额超过 5000 万美元的项目或合同应包含"劳工条款"，并规定在塞拉利昂本土成分管理局规定的特殊职位中使用塞拉利昂劳工的最低百分比。

（6）在塞拉利昂境内经营的所有经营者或承包商和其他实体在初级和中级岗位或经营者、承包商指定的任何其他相应级别的职位只能雇用塞拉利昂公民。

57.（1）经营者或承包商为任何项目提交的计划应包含就业和培训计划，该计划须包含：

（a）对下列事项的概述：

（i）经营者、承包商或分包商的招聘和培训需求以及所需技能的详细分类；

（ii）预计的塞拉利昂劳动力中的技能短缺情况；

（iii）项目特定培训要求；以及

（iv）经营者在实施就业和培训计划时的预计支出。

（b）为项目开发和运营的每个阶段提供就业机会的期限，使塞拉利昂本土人员能够为这些机会做好准备；

（c）塞拉利昂本土成分管理局为实施本法所需的其他任何信息。

（2）如果由于公民缺乏劳动培训而没有雇用塞拉利昂本地公民，经营者或承包商应确保在符合管理局要求的前提下，在合理时间内尽一切努力在当地或其他相关地方进行培训，并且此执行程序应在经营者的雇用和培训计划中载明。

（3）本法所涵盖任何部门的经营者或承包商，应在每一经营活动或项目阶段为塞拉利昂公民雇员实施培训和就业计划，并考虑雇员的安全要求和在进行作业时保持效率的需要。

（4）第3款所提的训练计划，是指公司须提供适当的指导及训练以确保公民熟练的掌握技术、进行监督，并获得职级的晋升。

（5）应以书面方式向管理局局长提交年度报告，说明新老就业人员的国籍、就业状况、职位和公民培训方案的状况。

58.（1）所有经营者或承包商应每年与塞拉利昂本土成分管理局签署一份关于塞拉利昂公民进入劳动市场的协议。

（2）第1款所指的协议应考虑到人力资源的发展现状。

（3）协议应规定：

（a）公司的组织结构和发展前景；

（b）签订协议时，外籍和本土劳动力的数量、岗位和职业概况，包括其工资结构；

（c）职业规划；

（d）实现整合塞拉利昂本土雇员的目标计划；以及

（e）为适应业务发展而制订的合同审查计划。

59.（1）为执行与塞拉利昂本土成分管理局订立的将公民纳入劳动

市场的年度协议，各承包商应向管理局提交一份人力资源开发计划。

（2）第 1 款所述的人力资源开发计划应包括：

  （a）向塞拉利昂雇员转让的技术和管理经验，包括转让的说明、方式和时限；

  （b）对劳动力预测的表述，包括操作中雇用的技术人员数量、工作说明和关于每一类雇员总数的资料；

  （c）关于塞拉利昂雇员的融合进程的详细情况，并说明要融合的人员数量、就业职位及其专业和劳工类别；

  （d）为符合其职业计划的公民提供的培训计划详情；以及

  （e）提供本土雇员融入社会所必需的住房、交通、食品和其他社会福利。

（3）本法所涉任何部门的每一经营者或承包商应与塞拉利昂政府密切合作，以：

  （a）支持为劳动力提供必要的培训的高等教育和技术机构；

  （b）转变高等、职业、技术和商业教育机构的教育课程，依据工业增长部门所需的技能优先发展科学和技术；

  （c）使高等、职业、技术和商业教育机构的教育、课程与采矿、渔业和农业等与经济增长部门保持一致，以期建立一支熟练的劳动力队伍；

  （d）支持青年在职培训和实习，对文化程度较低的青年开展技工培训；

  （e）发展创业和管理机构，培养就业和提供商品和服务所需的管理和技术技能；

  （f）通过在职培训现有行业和公司实习和手工学徒，来促进当地青年的技能发展。

（4）塞拉利昂政府应鼓励公共和私营部门机构、行业协会和私营公司提供针对具体部门的创业和管理培训和技能培养。

60.（1）本法所涉任何部门的每一经营者或承包商应向第 29 条所规定的发展基金支付许可证、许可、合同、特许权、协议或联盟伙伴关系协议中规定的年度培训研究和发展费。

（2）对于提交计划的每个项目，经营者应执行一项满足塞拉利昂本土成分管理局要求的方案，并拨出一笔支出津贴，用于在塞拉利昂促进与其工作方案和活动有关的教育、实习、培训、研究和发展。

（3）经营者或承包商应每六个月向管理局提交并更新经营者或承包商的研发计划。

（4）第 3 款中提及的经营者或承包商的研发计划应包括：

(a) 概述本法所涉各部门将在塞拉利昂开展的相关研究和发展举措的 3—5 年计划以及执行研究和发展计划的预期支出明细；

(b) 提供与经营者活动相关的研究和开发计划的公开征集建议。

（5）经营者或承包商应每季度向管理局报告其研发活动，管理局应将这些活动与经营者或承包商提交的研发计划进行比较。

61.（1）本法所涵盖的任何部门的经营者或承包商应根据自己制订的塞拉利昂计划和优先事项，编制和执行向雇员转让满足塞拉利昂本土成分管理局要求的与相应部门有关的先进技术技能计划。

（2）经营者或承包商应通过鼓励和促进成立合资企业、联盟、合作伙伴关系、签订塞拉利昂与外国承包商、服务或供应商公司之间的许可协议，充分有效地支持技术转让，保证其承诺的塞拉利昂本土成分的发展满足管理局的要求。

（3）经营者或承包商应每年向管理局提交一份报告，说明其技术转让举措及其成果，且部长应制定条例，规定每个项目将要实现的合资企业或联盟的数量和类型。

第九部分　系统和协调论坛

62.（1）塞拉利昂本土成分管理局应为指定材料、货物和服务的供应制订塞拉利昂本土成分认证计划。

（2）管理局应指定塞拉利昂本土成分认证适用的材料、货物和服务。

（3）管理局应规定计算指定材料、货物和服务的塞拉利昂本土成分含量的方法。

（4）塞拉利昂本土成分含量的计算不适用于进口货物、服务或材料的转售。

63. 塞拉利昂本土成分管理局应建立塞拉利昂本土成分记分卡系统，该系统应：

（a）提供一个衡量是否遵守塞拉利昂本土成分发展情况的系统；

（b）建立一个通用的记分卡，其要素和权重以行业代码为基础；

（c）为塞拉利昂本土成分发展认证机构的认证制定框架；以及

（d）设定计分卡生效的过渡期。

64. 塞拉利昂本土成分管理局应建立塞拉利昂本土成分网上内部门户，该门户应：

（a）提供一个虚拟平台，促进行业内高效交付商品和服务所需的交易；

（b）提供与联合资格认证系统的功能接口，并提供从行业利益相关者中提取的通用和透明的治理结构；

（c）履行部长依据本法指示的所有其他职能、角色和职责；以及

（d）通过提供相关反馈、跟踪和监控经营者、项目发起人以及供应商和服务提供商的塞拉利昂本土成分表现。

65.（1）塞拉利昂本土成分管理局应与行业利益相关者协商，建立、维持和运行联合资格制度，并按照部长依据本法制定的条例进行管理。

（2）联合资格认证系统应构成一个可查询的行业数据库，并用于：

（a）对投标金额不少于与 25 万美元等值的利昂的有能力的承包商进行登记和选择；

（b）验证承包商的能力和技能；

（c）在经营公司和承包商的业务中对塞拉利昂本土成分的申请进行评估；

（d）国家技能发展库数据库；

（e）依据能力和塞拉利昂本土成分对服务公司进行排名和分类。

66.（1）塞拉利昂本土成分管理局应设立一个名为"塞拉利昂本土成分协商论坛"的协商机构，管理局应为本法所涉各部门在以下方面的信息共享和合作提供一个平台：

（a）各部门即将开展的项目；

（b）关于可用本土成分能力的信息；以及

（c）可能与塞拉利昂本土成分发展有关的其他政策建议。

（2）塞拉利昂本土成分协商论坛应由主要的行业利益相关者、政府和监管机构、商会、专业协会和下列部门的代表组成：

（a）加工；

（b）工程设计；

（c）金融服务；

（d）法律服务；

（e）保险；

（f）运输和物流；

（g）材料和制造；

（h）信息和通信技术；

（i）采矿；

（j）石油；

（k）农业和农业企业；

（l）酒店和旅游业；

（m）建筑和公共工程；

（n）教育和培训；

（o）管理局指定的任何其他专业服务。

第十部分 监测和评估塞拉利昂成分遵守情况的措施

67. 在每年年初的 60 天内，经营者、承包商或分包商应向塞拉利昂本土成分管理局提交一份年度报告，称为塞拉利昂本土成分执行报告，涵盖其审查年度的所有项目和活动。

68.（1）在符合本法第 67 条规定的情况下，塞拉利昂本土成分执行情况报告应按支出类别，在当前和累计成本的基础上详细说明塞拉利昂本土成分的发展，并应列出：

（a）塞拉利昂工人和外国工人在工作时间或天数方面的就业成就及其身份；以及

（b）本地制造材料和外国来源材料在数量和吨位方面的采购成果。

（2）塞拉利昂本土成分管理局应定期评估和核实经营者或承包商根

据本法提交的、管理局认为适当的塞拉利昂本土成分执行报告。

（3）塞拉利昂本土成分管理局应向经营者、承包商、其他实体或个人发布指令，以制定一个便于报告与本法任何方面有关的活动的程序。

（4）为进行评估和核实，经营者和承包商应向塞拉利昂本土成分管理局或其指定代理人提供所需的设施、文件和信息，以验证塞拉利昂本土成分报告。

（5）经营者应将其塞拉利昂本土成分政策和程序有效地传达给其承包商和分包商，以监督和执行其合规性。

第十一部分　违法行为

69.（1）经营者或承包商若违反本法实施未授权的任何项目，即属犯罪，一经定罪，可对实施犯罪的每个项目处以项目金额 5% 的罚款。

（2）违反本法规定继续实施项目的经营者或承包商在依据第 1 款规定被罚款后，其享有的与项目有关的投资鼓励应被撤回项目金额 10% 的价值，或直接取消其项目。

70. 任何人妨碍、干扰或不遵守管理局授权的官员在履行其在本法项下的职责时的任何合法要求的，即属犯罪。一经定罪，可处 1000 万利昂以下罚款或五年以下监禁。

71. 若本法下的违反行为是法人团体实施的：

（a）如该法人团体是公司法人，则该公司的每名股东或官员应被视为实施了该违法行为；

（b）如该法人团体是普通合伙企业的，则该企业的每名合伙人应被视为实施了该违法行为。

72.（1）凡被判犯有本法所规定的违法行为的任何人员，法院还可判处以下其他处罚：

（a）下令没收全部用于犯罪的资金、货币工具、文件、设施、车辆、工艺品、船只或设备；以及

（b）下令：

（i）没收在犯罪过程中获得或追回的货物或材料；

（ii）该人向塞拉利昂有关机构支付一笔相当于取得或收回的货

品及服务所得收益的款项；或

（iii）该人须向法院缴付就所收回的货物数量而评定的价值，或缴付法院在考虑所有情况后认为适当部分款项。

（2）凡法院执行依据第1款（b）项（i）作出的命令存在合理理由不能执行的，法院可依据利害关系人的申请撤销该命令，并作出第1款（b）项（ii）及（iii）所提到的其他命令。

（3）法院可在作出命令前，向本案的利害关系人发出通知并告知其享有听证的权利。

73．（1）任何人若故意实施下列行为，则构成犯罪：

（a）虚假陈述或企图虚假陈述企业的塞拉利昂本土成分地位；

（b）向核查人员提供错误信息或虚假陈述信息，以确保获得特定的塞拉利昂本土成分地位或与遵守本法相关的任何利益；或

（c）向任何国家机关或公共实体提供与评估企业塞拉利昂本土成分地位有关的错误信息或虚假陈述此类信息。

（2）任何人实施第1款违法行为的人员，一经定罪，可处不少于1000万利昂的罚款或5年以下的监禁，或并处罚款及监禁。

第十二部分　其他条款

74．（1）部长应每两年对依据本法确定的具体部门的数量指标进行一次审查，以确保塞拉利昂本土成分在本法所涉部门的所有项目、业务、活动和交易中都有可衡量的持续增长。

（2）塞拉利昂本土成分管理局应与部长协商，制定规范其程序和常设委员会程序的条例。

75．本法生效时：

（a）本土成分小组（Local Content Unit）所有权利、负债、资产、义务和特权依此转让、授予或强加给管理局；

（b）任何协议、合同、债券、担保或其他法律文件提到本土成分小组的，应具有完全的效力，并可得到全面、有效的执行，就如同这些文件已在其中提到塞拉利昂本土成分管理局并且该局也已成为这些文件的一方当事人。

76. 本法生效时，部长以书面形式指定的本土成分小组的员工应在不影响其先前工作享有的养老金、酬金或其他既得或应计权利的情况下转移至管理局，并享有不低于其先前受雇时适用的服务条款及条件。

77. 部长可通过法定文件制定实施本法的相关条例，特别是：

(a) 在该法所涵盖的部门建立培训的最低标准、设施、人员和技术；

(b) 具体说明经营者作为培训和发展伙伴参与的方式；

(c) 制定目标以确保：

(i) 在采矿和石油部门以及本法所涵盖的其他部门的其他初步活动或业务中，充分利用并稳步增长从事勘探的本土公司；

(ii) 采矿和石油部门的地震数据处理；

(iii) 工程设计；

(iv) 储层研究；

(v) 农业 GPS 调查；

(vi) 设备的加工和制造；以及

(vii) 塞拉利昂境内本法所涉部门的其他设施和其他支助服务的提供。

(d) 为该项目设立合资企业或联盟的数量和类型的目标；

(e) 为塞拉利昂本法所涉部门的研究和发展制定增长目标；

(f) 要求在本法所涉部门从事工程或其他专业服务的任何经营者或公司或其专业雇员在塞拉利昂有关专业机构登记；

(g) 要求任何经营者在塞拉利昂投资或建立设施、工厂、生产单位或其他业务，以便进行任何生产、制造或提供以其他方式进口到塞拉利昂的服务；以及

(h) 规范塞拉利昂本土成分的认证和塞拉利昂本土成分记分卡。

本法于 2015 年 11 月 24 日在议会通过

IBRAHIM S. SESAY，

议会书记员

六　坦桑尼亚

（一）2018年《矿业（本土成分）条例》

（根据坦桑尼亚《矿业法》第102条和第112条制定，2018年10月1日发布于第3期《政府公告》上）

第一部分　总则

引用

1. 本条例可引用为2018年《矿业本土成分条例》。

适用

2. 本条例适用于与采矿活动相关的本土成分。

解释

3. 在本条例中，除非另有规定：

"本法"，指《矿业法》；

"中标通知书"，是指承包商或被许可人发出的通知中标者合同中标的通知书；

"串通投标"，是指以不诚实的手段操纵投标过程；

"卡特尔化"，是指作为单一生产者共同经营的企业集合，同意通过生产和销售活动控制供应来影响某些商品和服务的价格；

"委员会"（Commission），指本法所设立的矿业委员会；

"专门委员会"（Committee），指根据本条例设立的本土成分专门委员会；

"统一资格认证体系"，是指基于能力、技能和本土成分强度对采矿业服务提供商进行资格预审的集中制度，以便对服务提供商进行排名和分类，并对其业绩进行跟踪和监督；

"承包商"，是指与坦桑尼亚联合共和国签订矿业协定，根据本法进行矿业勘探和生产活动的人；

"公司"，系指为控制政府矿产资产而设立或被指定的实体；

"欺诈"（front），是指欺骗或以某种特定的方式行事，以掩盖公司不是坦桑尼亚本土公司的事实；

"国内支出"，是指矿业公司为开展采矿活动而在坦桑尼亚花费的资金的数额；

"坦桑尼亚本土公司"，是指根据《公司法》成立的公司：

（a）坦桑尼亚公民至少拥有 51% 的股权；以及

（b）坦桑尼亚公民担任至少 80% 的行政和高级管理职务和 100% 的非管理和其他职务；

"被许可人"，是指被许可从事采矿活动的人；

"本土成分"，是指在采矿业价值链中提供的可以用货币计量的本地生产材料、人员、资金、商品和服务的数量或百分比；

"本地成分监督"，是指跟踪或监控本条例的遵守情况；

"长期本土成分计划"，指第一个附表所指明的为期五年的本土成分计划；

"国家本土成分政策"，是指矿业主管部门发布的《矿业活动中的本土成分和本土参与政策框架》；

"矿业活动"，是指在坦桑尼亚境内外从事相关的勘探、开发和生产矿物、收集数据、采矿和开采或开采矿产、储存、运输和清理以及为达到采矿作业目的而规划、设计、建造、安装、操作和使用任何设施的所有活动；

"采矿作业"，是指在采矿活动过程中进行的作业；

"采矿业价值链"，是指采矿业涉及的过程，如勘探、开发和生产、运输、加工和销售；

"合格"，是指履行采矿协议或采矿许可证下的所有义务的技术能力和财务能力；

"分包商"，指公司或承包商为采矿业务提供服务而签订采矿合同的第三方；

"技术核心人员"，包括地质学家、工程师和技术人员；

"增值"，是指采矿业的产品或服务经济的改善。

目标

4. 本条例的目标是：

（a）通过利用采矿业价值链中的当地专业知识、商品和服务、企业和融资以及它们在坦桑尼亚的存留，促进增值和创造就业机会的最大化；

（b）通过教育、技能转让和专业知识开发、科技和专有技术的转让以及积极的研究和发展计划，发展采矿业价值链的本土能力；

（c）实现附件一所述的采矿业价值链中提供商品和服务的最低当地就业水平和国内支出；

（d）提高国内企业的能力和国际竞争力；

（e）创建矿业及相关配套产业，以维持经济发展；

（f）实现并保持坦桑尼亚人对当地利益攸关方的发展举措的一定程度的控制；

（g）提供健全、透明的监督和报告系统，以确保实现当地成分政策目标；

（h）提供由承包商、分包商、被许可人及任何其他涉及采矿业的联营实体提交本土成分内容计划及相关分计划，包括：

 （i）提供货物和服务；

 （ii）向公司或矿业委员会和坦桑尼亚人转让与采矿活动有关的先进技术和技能；

 （iii）招聘和培训计划。

（i）监督和协调本土成分的实施和监督。

第二部分　管理规定

本土成分专门委员会

5.（1）应为矿业活动设立一个本土成分专门委员会。

（2）专门委员会应有以下成员：

（a）矿业委员会的一名全职成员，担任主席；

（b）劳工及就业处处长；

（c）坦桑尼亚私营部门基金会的代表；

（d）坦桑尼亚地质调查局首席执行官；

（e）负责矿产部的法律服务部门负责人；和

（f）委员会执行秘书。

（3）专门委员会主席由矿业委员会主席任命。

专门委员会的职能

6.（1）专门委员会应负责监督本条例的实施，并确保所有采矿活动中本土成分的可衡量和持续增长。

（2）在不损害第1款规定的一般性的原则下，专门委员会须：

（a）监督、调整和管理本土成分的发展；

（b）准备指南，包括本土成分计划和报告的目标和格式；

（c）向矿业委员会提出适当的建议，以便顺利实施这些条例；

（d）在适当的情况下，为本土成分计划中的本土成分设置最低标准要求；

（e）承担公共教育；

（f）进行本土成分监测和审计；和

（g）履行矿业委员会赋予本土成分专门委员会的任何其他职能。

（3）专门委员会应就其活动向矿业委员会提交季度报告。

7. 承包商、分包商、被许可方人、公司或从事采矿活动的其他联合实体应确保本土成分是该承包商、分包商和被许可人、公司或其他联合实体从事的采矿活动的组成部分。

公民在矿业经营中的利益

8.（1）在符合本条例规定的条件的情况下，在就采矿活动授予采矿许可证时，应优先考虑坦桑尼亚本土公司。

（2）除公司外，坦桑尼亚本土公司应至少有5%的股权参与的其他实体，才有资格获得采矿许可证。

（3）尽管有第2款的规定，如果坦桑尼亚本土公司无法满足5%的股权参与要求，部长可以改变该款规定的要求。

（4）为了第2款的规定，部长应确定合格人员。

（5）坦桑尼亚本土公司因采矿许可证产生的利益不得转让给非本土坦桑尼亚公司。

（6）拟向坦桑尼亚境内的承包商、分包商、被许可人、公司或其他联合实体提供货物或服务的非本土坦桑尼亚公司，应与坦桑尼亚本土公司联合成立合资公司，并向坦桑尼亚本土公司提供至少20%参与股权。

（7）承包商、分包商、被许可人或其他联合实体应在采矿活动开始前向矿业委员会提交一份计划，具体说明：

（a）坦桑尼亚本土公司的作用和责任；

（b）坦桑尼亚本土公司股权参与；和

（c）向坦桑尼亚本土公司转让技术和专门知识的战略。

第三部分　本土成分计划

设置本土办公室

9. 在切实可行的范围内，在进行采矿业的任何工作或活动之前，承包商、分包商、被许可人或其他联合实体应在项目所在的区域内设立项目办公室。

提交本土成分计划以供批准

10.（1）承包商、分包商、被许可人或其他联合实体在申请进行采矿活动时，应准备并提交本土成分计划供矿业委员会批准。

（2）就第1款而言，承建商、分包商、被许可人或其他联合实体须向矿业委员会提交：

（a）长期的本土成分计划，与应用程序附带的工作程序相对应；和

（b）关于每年的年度本土成分计划。

（3）矿业委员会应在收到本土成分计划后的7个工作日内确认收到，并向专门委员会提交本土成分计划。

审查本土成分计划

11.（1）本土成分专门委员会应在收到根据第7条第3款提交的本土成分计划后25个工作日内，审查和评估该计划，并将其建议以书面形式通知矿业委员会。

（2）本土成分专门委员会如果认为该计划符合本条例的要求，则应建议矿业委员会批准该本土成分计划。

（3）如果本土成分专门委员会对本土成分计划不满意，则应建议矿

业委员会拒绝该计划并说明建议的理由。

（4）本土成分专门委员会为审阅或评估本土成分计划：

  （a）可尽可能向参与采矿业或可能受该决定影响的人提供合理的陈述机会；并

  （b）在向矿业委员会提交建议之前考虑所作的任何陈述。

（5）如果矿业委员会认为本土成分计划符合本条例的规定，则应批准本土成分计划，并自本土成分专门委员会建议批准之日起7个工作日内将其决定通知申请人。

（6）根据本土成分专门委员会的建议，矿业委员会决定不批准本土成分计划的全部或部分，矿业委员会应在作出决定后的7个工作日内通知申请人，并向申请人提供其拒绝批准本土成分计划的书面原因说明。

（7）如果矿业委员会拒绝批准申请人提交的本土成分计划，申请人应当：

  （a）考虑矿业委员会的建议，修改本土成分计划；以及

  （b）在14个工作日内，将修改后的本土成分计划提交给矿业委员会。

（8）如果矿业委员会未能通知申请人其是否批准修改后的本土成分计划，则修改后的本土成分计划应在提交后50个工作日到期时视为已被批准。

本土成分计划的内容

12.（1）承包商、分包商、被许可人或其他联合实体提交给矿业委员会的本土成分计划应包含详细规定。

  （a）为了确保：

   （i）优先考虑本国提供的服务和在本国生产的符合标准管理局制定的采矿业标准或其他国际公认标准的货物；

   （ii）优先考虑合格的坦桑尼亚人的就业；以及

   （iii）为坦桑尼亚人的在职培训提供充足的经费。

  （b）说明承包商、分包商、被许可人或其他联合实体如何在货物符合矿业规范的情况下保证使用当地制造的货物。

（2）承包商、分包商、被许可人或其他联合实体就雇员协会的雇用

条款和条件签订的集体谈判协议应符合《就业和劳动关系法》。

（3）在不限制第1款和第2款规定的情况下，本土成分计划应有以下分计划：

（a）就业和培训分计划；

（b）研究与开发分计划；

（c）技术转让分计划；

（d）法律服务分计划；和

（e）金融服务分计划。

最低本土成分水平

13.（1）坦桑尼亚任何采矿活动的最低本土成分水平应为附件一规定的水平。

（2）承包商、分包商、被许可人、公司或其他联合实体应达到附件一规定的最低本土成分水平。

（3）在不限制第2款的情况下，矿业委员会在确定最低本土成分水平时，应考虑到各采矿许可证所指明的承包商、分包商、被许可人、公司和其他联合实体的工作方案；

（4）尽管有第2款的规定，部长在与矿业委员会进行协商后，可修改附件一规定的最低本土成分水平。

优先考虑坦桑尼亚本土公司

14. 承包商、分包商、被许可人或其他联合实体应建立并实施购买商品和服务的招标程序，以优先考虑坦桑尼亚本土公司。

评标依据

15.（1）承包商、分包商、被许可人或其他联合实体不得仅根据最低投标人的原则授予合同。

（2）如果坦桑尼亚本土公司有能力执行工作，则该坦桑尼亚本土公司不得仅因其不是最低金融投标人而被取消资格。

（3）如果合格的坦桑尼亚本土公司的投标总价值不超过最低投标金额的10%以上，则该合同应授予该本土坦桑尼亚公司。

（4）如果在评标期间，投标被判定为相等，则应选择包含最高级别本土成分的投标。

（5）如果非本土坦桑尼亚公司被要求向承包商、分包商、被许可人或其他联合实体提供货物和服务，则该非本土坦桑尼亚公司应：

(a) 在坦桑尼亚成立公司并在坦桑尼亚经营；和

(b) 在切实可行的情况下，与坦桑尼亚本土公司联合提供货物和服务。

（6）矿业委员会应当按照有关法律、法规的规定制定评标指南，以确保满足本条例本土成分目标的逐年发展。

提交拟议合同

16.（1）承包商、分包商、被许可人或其他联合实体应以书面形式通知矿业委员会每份拟议的合同或采购订单：

(a) 与采矿活动有关的唯一来源；要么

(b) 通过竞争性招标程序采购的，估计超过 10 万美元等值的先令。

（2）承包商、分包商、被许可人或其他联合实体应提交下列文件供矿业委员会批准：

(a) 与意向书有关的广告；

(b) 征求建议书；

(c) 资格预审标准；

(d) 技术投标文件；

(e) 技术评估标准；和

(f) 矿业委员会要求提供的任何其他资料，使矿业委员会能够确定本土成分要求已得到遵守。

（3）矿业委员会应在收到文件后 10 个工作日内将其决定通知承包商、分包商、被许可人或其他联合实体。

（4）如果矿业委员会在没有正当理由的情况下未能在第 3 款规定的期限内将其决定通知承包商、分包商、被许可人或其他联合实体，则该文件应视为已获批准。

提交季度预测

17.（1）在不限制第 13 条要求的情况下，承包商、分包商、被许可人或其他联合实体不得迟于每个季度的第一天向矿业委员会提交以下清单：
  (a) 独家采购订单合同；和
  (b) 估计价值超过 10 万美元的合同或采购订单，计划在下个季度进行投标或执行。
 (2) 承包商、分包商、被许可人或其他联合实体应就每份合同或采购订单提供附件二中规定的信息。

招标过程所需的文件

18. (1) 承包商、分包商、被许可人或其他联合实体应在投标过程的各个阶段向矿业委员会提供以下信息：
  (a) 在向潜在投标人发出资格预审通知之前，附件三 A 部分规定的信息；
  (b) 在发出建议书要求或报价要求之前，附件三 B 部分指明的资料；和
  (c) 在向选定的投标人授予合同或采购订单之前，附件三 C 部分规定的信息。
 (2) 矿业委员会应在收到文件后的 14 个工作日内确认提交的每份文件是否令人满意或以其他方式对招标过程中提交的文件提出书面意见。
 (3) 如果矿业委员会无正当理由不承认已收到承包商、分包商、被许可人或其他联合实体在第 2 款规定的期限内提交的文件，则该提交应视为已获批准。

审查合同

19. (1) 矿业委员会在认为必要时应审查某些合同。
 (2) 矿业委员会应在本季度开始后的 7 个工作日内，通知已选定由委员会审查合同的承包商、分包商、被许可人或其他联合实体。
 (3) 矿业委员会应在有关季度的第一天之前通知承包商、分包商、被许可人或其他联合实体审查或评估的结果。

第四部分 就业和培训分计划和继任计划

就业和培训分计划

20. (1) 承包商、分包商、被许可人或其他联合实体就采矿活动向

委员会提交的就业和培训分计划应包括：

(a) 预测承包商、分包商、被许可人或其他联合实体的雇用和培训需求，其中包括：

(i) 所需技能的说明；

(ii) 坦桑尼亚劳动力的预期技能短缺；

(iii) 具体的培训要求；

(iv) 承包商、分包商、被许可人或其他联合实体在实施预计的安置及培训分计划时所需的预计开支。

(b) 承包商、分包商、被许可人或其他联合实体将为采矿活动的每个阶段为坦桑尼亚劳动力提供就业机会的时间框架，以使坦桑尼亚劳动力成员能够为此类机会做好准备；和

(c) 为快速培训坦桑尼亚人所做的努力和采用的程序。

（2）承包商、分包商、被许可人或其他联合实体应向委员会提供以下季度报告：

(a) 本报告所述期间的就业和培训活动；和

(b) 对就业和培训分计划以及监督遵守情况的就业和培训活动进行比较分析。

21.（1）季度报告应说明在各自季度雇用的新坦桑尼亚雇员人数及其职务说明。

（2）矿业委员会可要求提供委员会认为执行本条例所必需的任何进一步资料。

（3）如果坦桑尼亚人因缺乏专业知识而未被雇用，承包商、分包商、被许可人或其他联合实体应确保，作出一切合理努力向坦桑尼亚当地或坦桑尼亚以外地区的坦桑尼亚人提供培训以使矿业委员会满意。

替代计划

22.（1）承包商、分包商、被许可人或其他联合实体应作为就业和培训分计划的一部分，向矿业委员会提交由非坦桑尼亚人占用的任何就业岗位的替代计划，以确保满足附件一中指定的最低本土成分水平。

（2）替代计划应规定并要求坦桑尼亚人在矿业委员会根据具体情况确定的一段时期内，代替非坦桑尼亚人担任该职位的需要，在此之后，

非坦桑尼亚人所担任的该职位应由坦桑尼亚公民担任。

中级和初级职位

23. （1）从事采矿活动的承包商、分包商、被许可人或其他联合实体应仅雇用初级或中级职位的坦桑尼亚人。

（2）就本条而言，"初级或中级职位"包括工头、主管或任何指定的相应职位。

第五部分 研究和研究开发计划的分计划

研究、开发和预算方案

24. 承包商、分包商、被许可人或其他联合实体在获得采矿许可证之后和采矿活动开始之前，应向矿业委员会提交研究、开发和预算方案，以在坦桑尼亚促进与其整体工作方案和活动有关的教育、实习、培训和研究。

研究和开发分计划

25. （1）承包商、分包商、被许可人或其他联合实体就采矿活动而向矿业委员会提出的提交的研究和开发分计划应：

(a) 概述将在该国开展的采矿相关研究与发展举措的3—5年循环计划；

(b) 提供实施研究与开发分计划时预计支出的详细信息；

(c) 就与承包商、分包商、被许可人或其他联合实体的活动有关的研究及开发计划，向公众发出邀请，并就选择有资格获得资助的建议提供准则。

（2）承包商、分包商、被许可人或其他联合实体须：

(a) 每年更新其研究和开发分计划；和

(b) 将最新的研究和开发分计划提交矿业委员会审查和批准。

第六部分 技术转让计划和报告

国家技术转让计划

26. 矿业委员会应与规划委员会、矿业委员会确定的有关部委、政府部门和机构协商：

（a）制定国家对采矿产业的技术转让政策；和

（b）在宪报和全国性发行量较大的报纸刊登国家政策。

27. 承包商、分包商、被许可人或其他联合实体应根据国家技术转让计划支持和实施一项方案，以促进向坦桑尼亚转让与采矿业有关的技术。

技术转让分计划

28. 承包商、分包商、被许可人或其他联合实体提交的技术转让分计划应包括一项举措计划，旨在促进承包商、分包商、被许可人或其他联合实体有效地将技术转让给坦桑尼亚本土公司或公民。

支持技术转让

29.（1）承包商、分包商、被许可人或其他联合实体应支持和推动坦桑尼亚本土公司或公民与外国承包商和服务公司或供应公司之间的就成立合资公司、开展许可协议合作方面进行技术转让。

（2）部长应与有关政府机构协商，提出财政奖励办法，以协助：

（a）旨在发展公民技术能力和技能的外国公司；和

（b）在坦桑尼亚设立工厂和生产单位的坦桑尼亚本土公司。

（3）就第2款而言，咨询的政府机构须与矿业委员会合作。

（4）矿业委员会应提出获得财政奖励的标准。

技术转让报告

30. 承包商、分包商、被许可人或其他联合实体应每年向矿业委员会提交一份技术转让报告，说明正在进行的技术转让措施以及与技术转让分计划有关的当前结果。

第七部分　本土保险服务内容

保险和再保险

31.（1）在坦桑尼亚从事采矿活动的承包商、分包商、被许可人或其他联合实体应遵守《保险法》的规定。

（2）与该国采矿活动有关的保险风险应通过当地经纪公司投保或可能时通过当地再保险经纪公司投保。

离岸保险的批准

32.（1）任何人如欲在海外获得与坦桑尼亚采矿活动有关的保险服

务，应取得保险委员会的书面批准。

（2）国家保险委员会在批准海外采购保险服务时，应确保坦桑尼亚本土的保险能力已经完全用尽。

第八部分　法律服务内容

法律服务

33. 从事采矿活动的承包商、分包商、被许可人或在坦桑尼亚需要法律服务的联合实体应仅保留坦桑尼亚法律从业者或其主要办事处位于坦桑尼亚的律师事务所服务。

法律服务分计划

34. 提交矿业委员会的法律服务分计划须包括：

　　（a）关于前六个月按支出使用的法律服务的综合报告；

　　（b）在适用的情况下预测随后六个月所需的法律服务以及服务的预计支出；和

　　（c）以坦桑尼亚先令和美元报价的下一年度法律服务年度预算。

第九部分　金融服务内容

金融服务

35. （1）承包商、分包商、被许可人或其他需要就采矿活动提供金融服务的联合实体，应仅保留坦桑尼亚金融机构或组织的服务。

（2）尽管有第1款的规定，承包商、分包商、被许可人或联合实体可以经矿业委员会批准，利用外国金融机构或组织的服务。

金融服务分计划

36. 向矿业委员会提交金融服务分计划的承包商、分包商、被许可人或联合实体应具体说明：

　　（a）前六个月按支出使用的金融服务；

　　（b）对随后六个月所需的金融服务的预测以及金融服务的预计支出；和

　　（c）在过去六个月内使用的金融服务清单，提供的金融服务的性质以及承包商、分包商、被许可人或其他联合实体提供的金融服务支出。

坦桑尼亚银行账户的运作

37.（1）承包商、分包商、被许可人或其他联合实体应在坦桑尼亚本土银行开立银行账户，并通过坦桑尼亚的银行进行交易。

（2）就本条而言，"坦桑尼亚本土银行"是指坦桑尼亚持有百分之百或多数股份的银行。

第十部分　本土成分执行报告

提交本土成分执行报告的要求

38.（1）承包商、分包商、被许可人或其他联合实体应在采矿活动开始后的每年年初 45 天内，向矿业委员会提交一份关于其审查年度所有项目和活动的本土成分的年度执行情况报告。

（2）该报告应采用矿业委员会规定的格式，并应：

（a）按消费开支类别划分的特别开支，按现时及累积成本计算的本地开支；和

（b）以坦桑尼亚人和外国人的工作时数以及他们的工作职位和薪酬表示就业成就。

评估执行报告

39.（1）矿业委员会应在收到本土成分执行情况报告后 50 个工作日内，对本土成分执行情况报告进行评估和审查，以确保遵守本条例。

（2）为评估及核实报告，承包商、分包商、被许可人或其他联合实体应按矿业委员会的要求，准许其雇员或指定代理人查阅其文件及资料。

第三方报告的要求

40.（1）承包商、分包商、被许可人或其他联合实体应确保其合作伙伴、承包商、分包商、被许可人和联合实体有合同义务向其报告本土成分信息，以及在有要求时向矿业委员会报告本土成分信息。

（2）承包商、分包商、被许可人或其他联合实体应允许矿业委员会指定的代理人或官员访问其承包商、分包商、被许可人和其他联合实体的记录，以便评估和核实向其或矿业委员会报告的本土成分信息。

第十一部分　本土成分的数据和信息

建立统一资格体系

41.（1）矿业委员会应与采矿业的利益相关者协商，建立统一资格体系。

（2）矿业委员会应按照本条例管理合格证书体系。

统一资格体系的目标

42.（1）统一资格体系的目标应作为采矿业本土成分的注册和资格预审的唯一系统。

（2）就第 1 款而言，统一资格体系须：

（a）核实承包商的能力；

（b）评估承包商、分包商、被许可人或其他联合实体提交的本土成分的申请；

（c）跟踪和监测执行情况并提供反馈意见；和

（d）根据能力和本土成分对采矿服务公司进行排名和分类。

信息的获取

43.（1）任何人可在工作时间内：

（a）查阅和检查矿业委员会保存并指定为公共记录的与本土成分有关的记录；或

（b）要求提供经认证的副本或摘录该人有权访问的任何文件。

（2）任何人有权查阅或取得矿业委员会以电子形式存档或保存的记录的副本，但该权利只适用于以矿业委员会确定的方式以书面形式复制该文件。

（3）申请摘录或所要求记录的核证副本应缴纳矿业委员会确定的费用。

（4）矿业委员会应在其网站上公布与本条例有关的信息以及本土成分和本土参与要求。

公共教育

44. 矿业委员会应确保向承包商、分包商、被许可人和其他联合实体、公众和行业利益相关者提供有关本土成分政策和理念的公共教育，并确保本条例的实施。

传达本土成分政策

45.（1）承包商、分包商、被许可人或其他联合实体须：

(a) 向承包商、分包商、被许可人或其他联合实体聘用的任何人传达本土成分政策、程序和义务，以执行采矿活动的某个方面；和

(b) 监督并确保遵守本土成分政策、程序和义务。

（2）尽管有第1款的规定，承包商、分包商、被许可人或其他联合实体应在其各自的网站上提供该承包商、分包商、被许可人或其他联合实体的当本土成分政策、程序和义务。

第十二部分　监督、遵守和执行

电子文件的存档

46.（1）矿业委员会可印发准则，规定要求根据本条例提交的文件以电子形式存档的制度。

（2）以电子形式提交文件的制度应符合《电子交易法》，并应规定：

(a) 授权人员以电子方式提交文件的标准；和

(b) 存档文件的安全性和认证。

制定准则和程序

47.（1）矿业委员会应建立并不断审查有效实施本条例的准则和程序。

（2）在不限制第1款的情况下，委员会应与相关机构协商，就下列事项发布承包商、分包商、被许可人和其他联合实体遵守的准则：

(a) 坦桑尼亚采矿业研发发展的要求和目标；

(b) 坦桑尼亚采矿业培训的最低标准、设施、人员和技术；

(c) 投资或建立设施。在坦桑尼亚进行任何生产或制造的工厂、生产单位或其他业务，或提供另外进口到坦桑尼亚的附件一第二部分所指明的任何采矿相关服务；和

(d) 本条例实施的一般事项。

本土成分监管

48. 矿业委员会应监督和调查每个承包商、分包商、被许可人和其他联合实体的活动，以确保在国家内容政策框架内实现本条例的目的。

调查

49. （1）为执行本规例，矿业委员会可就承包商、分包商、被许可人或其他联合实体的活动展开调查。

（2）在不违反第1款规定的情况下，矿业委员会可展开调查，以确保：

（a）不因欺诈行为的实施而损害坦桑尼亚的公司原则；或

（b）在采购过程中避免操纵投标和开标。

第十三部分　最后条款

违法和处罚

50. （1）提交计划、报表、报告或其他文件并故意作出虚假陈述的人，即属犯罪，一经定罪，可处5000万先令以上5亿先令以下的罚款，或判处两年以上五年以下的监禁，或两者并处。

（2）以欺诈方式或代表坦桑尼亚本土公司与外国公民或公司合谋欺骗矿业委员会以实现本条例规定的本土成分要求的坦桑尼亚公民，即属犯罪，一经定罪，可处以1亿先令以上2.5亿先令以下的罚款，或处以一年以上五年以下的监禁，或两者并处。

（3）与坦桑尼亚公民或本土公司合谋代表坦桑尼亚本土公司欺骗矿业委员会以达到本条例规定的本土成分要求的人，即属犯罪，一经简易程序定罪，可处以10亿先令以上100亿先令以下的罚款，或处以五年以上十年以下的监禁，或两者并处。

（4）任何人如果未能：

（a）根据国家技术转让计划支持和实施一项计划；

（b）在涉及坦桑尼亚本土公司或公民与外国承包商和服务公司或供应公司之间成立合资公司或开展许可协议合作方面，支持和促进技术转让；

（c）确保其承包商、分包商、被许可人和联合实体向承包商报告

本土成分信息；要么

(d) 向承包商、分包商、被许可人或其他联合实体聘用的任何人传达本土成分政策、程序和义务，以执行采矿活动的某个方面；以及

(e) 根据国家技术转让计划支持和执行一项计划，他就有责任首先向矿业委员会支付1亿先令的行政罚款，并在违规行为持续的每一天加处5%的罚款。

（5）任何人如未能在本规例所指明的期限内按要求提供资料或记录，他就须首先向矿业委员会支付20亿先令的行政罚款，并须就资料或记录未获提供的每一天，加处罚款的10%。

（6）如果承包商、分包商，被许可人或其他联合实体：

(a) 违反本条例第3条，进行不符合本土成分要求的采矿活动；

(b) 违反本条例第7条，未提交本土成分计划；

(c) 违反本规例第9条，未能符合本土成分计划的规定；或

(d) 违反本条例第16条，未将每一项拟议的合同或采购订单通知矿业委员会。

他就应向矿业委员会支付违约所涉采矿活动所得价款的5%或500万美元的行政罚款，以较高者为准，并应进一步承担取消该采矿活动合同的责任。

（7）根据本条例需要支付的罚款，如果在通知规定的期限内未支付，则视为欠国家的债务，并可由矿业委员会根据简易程序追回。

向部长申诉

51. 对矿业委员会关于执行本条例的决定感到不满的人，可向部长提出申诉，部长应在收到申诉后30天内作出决定。

过渡条款

52. 在本条例生效后三个月内，承包商、分包商、被许可人或从事采矿活动的其他联合实体应做出安排和制订计划，满足矿业委员会的要求，以遵守本条例的规定。

附件一

（条例第 13 条第 2 款规定）
商品和服务的最低本土成分水平

A：从许可证或采矿协议生效之日起，须达到的本土成分水平

项目	开始	5 年	10 年
1.1. 商品和服务	10%	50%	60%—90%
1.2. 招聘和培训			
管理人员	30%	50%—60%	70%—80%
核心技术人员	20%	50%—60%	70%—80%
（d）其他工作人员	80%	90%	100%

B：要达到的具体水平

（a）与国内服务有关的研究与开发

类型	开始	5 年	10 年	测量依据
1.1. 工程研究——仪器、设备、钻井等	20%	40%	60%	支出
1.2. 地质和地球物理服务	20%	30%	80%	支出
1.3. 安全和环境研究	40%	70%	90%	支出
1.4. 本土材料代替研究	20%	40%	75%	支出
1.5. 货运代理、物流管理服务	80%	90%	100%	支出
1.6. 供应基地、仓库、仓储服务	50%	80%	90%	支出
1.7. 卡车包装产品、运输服务	80%	90%	100%	支出

（b）健康、安全和环境服务

类型	开始	5 年	10 年	测量依据
（a）现场清理服务	30%	60%	90%	工时
（b）污染控制	20%	30%	45%	支出
（c）废水处理和处置服务	40%	60%	80%	工时

续表

类型	开始	5 年	10 年	测量依据
（d）工业清洁服务	50%	80%	50%	工时
（e）安全、防护消防系统服务	30%	50%	50%	支出
（f）维护机械和电气部件的服务	30%	50%	70%	工时
（g）设备经纪服务	50%	70%	60%	支出
（h）临时住宿、营地服务	50%	60%	80%	支出
（i）餐饮服务	100%	100%	100%	支出
（j）清洁和洗衣服务	100%	100%	100%	支出
（k）安全服务	100%	100%	100%	支出
（l）医疗服务	40%	60%	90%	支出
（m）其他配套服务	50%	80%	90%	支出

（c）信息系统、信息技术和通信服务

类型	开始	5 年	10 年	测量依据
（a）网络安装、支持服务	80%	90%	95%	支出
（b）软件发展	40%	60%	80%	支出
（c）软件支持服务	60%	80%	90%	支出
（d）基于计算机建模服务	20%	50%	70%	支出
（e）基于计算机的模拟和培训计划服务	20%	50%	70%	支出
（f）硬件安装支持服务	80%	90%	100%	支出
（g）操作系统安装和支持服务	80%	90%	100%	支出
（h）用户支持和帮助台服务	20%	50%	80%	支出
（i）信息技术管理咨询服务	30%	50%	80%	支出
（j）数据管理服务	30%	50%	80%	支出
（k）电信安装等信息技术服务	50%	70%	90%	支出
（l）支持服务	30%	50%	80%	支出

附件二

（条例第 17 条第 2 款）
资料须连同季度预测一并提供给矿业委员会

承包商、分包商、被许可人或其他联合实体应就每一合同、分包合同和采购订单提供以下规定的信息：

（a）如有要求，合同或采购的服务或项目的说明，包括特定的材料和设备规格；

（b）合同、分包合同或采购订单的估计价值；

（c）下列预计日期：

（i）发出和结束邀请建议书；和

（ii）合同授予；

（d）矿业委员会为执行本条例所要求的任何其他资料。

附件三

（条例第 18 条第 1 款）

A 部分
在发出潜在投标人资格预审前，承包商、分包商、被许可人或其他联合实体应向专员提供的信息

被许可人或承包商应在向投标人发出资格预审通知之前提供下列信息：

（a）工作范围的说明。

（b）资格预审通知书的副本，而有关文件与专员先前审阅及批准的标准资格预审通知书有所不同。

（c）指明总部地点和联系人的公司名单，以及将向其提出问题的电话号码。

（d）预期结束资格预审和发出邀请建议书或邀请报价书的数据中心。

B 部分

[第 15 条第 1 款（b）项]

在发出或请求建议书或资格要求之前，
被许可人或承包商应向本土成分专门委员会提供的信息

为编制项目投标清单，被许可人或者承包商应当在发出建议书或者资格申请书前提供下列资料：

（a）投标人名单；

（b）就专员向被许可人或承包商提出咨询意见或要求的资格提出建议或申请资格要求的副本；

（c）投标方的公司所有权的说明，包括按百分比划分的主要股东；

（d）设在坦桑尼亚的任何办事处、工厂或设施的地点；

（e）预期结束投标和授予合同或采购订单的日期；和

（f）专负所要求的其他任何信息。

C 部分

[第 15 条第 1 款（e）项]

在向选定的投标人授予合同或采购订单之前，
被许可人或承包商应向专员提供的信息

在向选定的投标人授予合同或采购订单之前，被许可人或承包商应提供以下信息：

1. 所选承包商或供应商的名称；
2. 指定分包商或分销商名单；
3. 适用时，拟议的次级供应商名单；
4. 在建筑或服务合同方面，估计坦桑尼亚人均工作时数；
5. 合同或采购订单的开始和完成日期；
6. 由营办商或承办商的有关人员签署的授标通知书；

7. 奖励理由或评标报告声明如下:

(a) 所选承包商或供应商的名称;

(b) 指定分包商或分销商名单;

(c) 适用时,拟议的次级供应商名单;

(d) 在建筑或服务合同方面,估计坦桑尼亚人的工作时数;

(e) 合同或采购订单的开始和完成日期;

(f) 由运营商的相关官员签署的奖励通知书;

(g) 表明奖励理由或评标报告:

(i) 所选投标人与另一投标人之间的投标价格差异;

(ii) 与每个投标人相关的工作的主要位置;

(iii) 根据专员将提供的本土成分的定义计算的与每个投标者的投标有关的本土成分的概算;

(iv) 与评标相关的任何其他信息,包括适用、评标的技术、商业和本土成分方面的概要。

达累斯萨拉姆　ANGELLAH JM KAIRUKI,

2018 年 1 月 9 日　矿业部部长

(二) 2019 年《矿业（本土成分）（修正）条例》

1. 本条例可被援引为 2019 年《矿业（本土成分）（修正）条例》,而且应与 2018 年《矿业（本土成分）条例》一起解读。在本条例规定以后,2018 年《矿业（本土成分）条例》被称为"主条例"。

2. 主条例第 3 条中的"坦桑尼亚本土公司"的定义予以修正,将(a) 项中的"51%"改成"20%"。

3. 主条例第 11 条做如下修正:

(a) 第 1 款中的"25"改成"60";

(b) 第 5 款中的"7"改成"30";

(c) 第 6 款中的"7"改成"30";以及

(d) 删除第 8 款。

4. 主条例第 13 条予以修正,在第 4 款后增加下列新的 1 款:

"（5）部长在根据第 4 款规定更高的最低本土成分水平时，应确保利益相关者的意见得到听取。"

5. 主条例第 35 条予以修正，在第 2 款后增加下列新的 1 款：

"（3）为本条例目的，'坦桑尼亚财政机构或组织'和'外国财政机构或组织'具有《金融与财政机构法》所赋予的含义。"

6. 主条例第 37 条做如下修正：

（a）删除第 1 款中的"本土"（indigenous）；

（b）将第 2 款修改如下：

"（2）为本条例目的，'坦桑尼亚银行'是指具有 100% 坦桑尼亚股份或不少于 20% 坦桑尼亚股份的银行。"

7. 主条例附件一予以修正，将"附件一"下面的"条例第 13 条第 2 款规定"改成"（根据条例第 13 条第 1 款、第 2 款和第 4 款制定）"。

8. 主条例附件二予以修正，将"附件二"下面的"条例第 17 条第 2 款规定"改成"（根据条例第 17 条第 2 款制定）"。

9. 主条例附件三做如下修正：

（a）将"附件三"下面的"条例第 18 条第 1 款规定"改成"（根据条例第 18 条第 1 款制定）"；

（b）将"B 部分"下面的"条例第 15 条第 1 款（b）项规定"改成"（根据条例第 18 条第 1 款（b）项制定）"；

（c）将"C 部分"下面的"条例第 15 条第 1 款（e）项规定"改成"（根据条例第 18 条第 1 款（c）项制定）"。

多多马　Doto Mashaka Biteko

2019 年 1 月 30 日　　矿业部部长

（三）2022 年《矿业（本土成分）（修正）条例》

1. 本条例可被援引为 2022 年《矿业（本土成分）（修正条例)》，而且应与 2018 年《矿业（本土成分）条例》一起解读。在本条规定以后，2018 年《矿业（本土成分）条例》被称为"主条例"。

2. 对主条例第3条进行修正——

（a）删除"承包商"一词的定义，并用下列定义取代：

"'承包商'系指在联合共和国境内或以外与被许可人就采矿作业中的货物和服务签订合同的人。"

（b）删除"矿业活动"短语的定义，并用下列定义取代：

"'矿业活动'系指在坦桑尼亚境内外从事与矿产的勘探、开发和生产、收集数据、采矿和开采或开采矿产、储存、运输和清理、以及为采矿目的而进行的规划、设计、建造、安装、操作和使用任何设施的所有相关活动。"

（c）删除"分包商"一词的定义，并用下列定义取代：

"'分包商'是指公司或承包商与之签订合同以便为采矿作业提供货物和服务的第三方。"

3. 对主条例第5条进行修正——

（a）删除第2款（b）项，代之以下列规定：

"（b）劳动专员；"

（b）紧跟（f）项，增加下列两项规定：

"（g）来自移民局的代表；

（h）负责本土成分的矿业专员的代表。"

4. 对主条例第11条进行修正，删除第1款中出现的"第7条第3款"，代之以"第10条第3款"。

5. 对主条例第15条进行修正，删除第5款（b）项，代之以：

"（b）通过与坦桑尼亚本土公司成立合资企业提供货物和服务。"

6. 对主条例第16条进行修正，紧跟第4款增加如下条款：

"（5）拟议合同只有在下列情况下才能被认为是唯一来源合同——

（a）承包商、分包商、被许可人或其他联合实体已发布广告，明确表明其采购商品和服务的意向，但只有一个投标人能够提供所需要的商品和服务；

（b）如果迫切需要某些商品和服务，并且进行投标程序是不现实的，但产生此种迫切性的情况是承包商、分包商、被许可人或其他联合实体无法预见的，也不是他们的拖延行为造成的。"

7. 对主条例第 20 条进行修正，紧跟第 2 款增加一款规定：

"（3）季度报告须按本条例附件四所指明的格式填写，并在每个季度结束后十四天内提交委员会。"

8. 对主条例第 25 条进行修正，删除第 1 段中出现的"矿业委员会"，代之以"矿业部"。

9. 对主条例第 38 条进行修正，删除"45"，代之以"60"。

10. 对主条例第 50 条进行修正——

（a）删除第 6 款，代之以下列规定：

"（6）如果承包商、分包商、被许可人或其他联合实体——

（a）违反第 7 条没有遵守本土成分要求而实施矿业活动；

（b）违反第 10 条，没有提交本土成分计划；

（c）违反第 10 条，没有满足本土成分计划中的成分要求；

（d）违反第 16 条和第 18 条，没有将每一项拟议合同和采购订单通知委员会，则其应承担下列责任——

（i）取消其矿业合同；以及

（ii）向矿业委员会支付违法采矿活动所得价款的 5% 或 5000 万先令的行政罚款，以较高者为准。"

（b）紧跟第 6 款，增加新的第 7 款规定：

"（7）如果承包商、分包商、公司、被许可人或其他联合实体未能在规定期限内提交任何季度或年度报告，应向委员会支付一千万先令。"

（c）将此前的第 7 款改为第 8 款。

（d）紧跟第 8 款，增加如下一款规定：

"（9）如承包商、分包商、公司或除矿业权持有人以外的其他联合实体未能按照第 7 款的规定付款或没能继续提交报告，在符合本条例规定的要求之前，则将被禁止就货物和服务的供应进行投标。"

11. 主条例附件三后增加如下附件：

附件四

（根据第 20 条制）

本土成分（年度/季度）报告

用于（　年度/　年　季度）

公司标识：			
范围（矿业权持有人/承包商/分包商）：			
类型（矿产/服务）：			
报告期间	（年度/季度）	起止	
提交者：			
名字：			
公司位置：			
签名：			
日期：			
批准机构：			
名字：			
公司位置：			
签名：			
日期：			
备注：			
1.	年度本土成分报告应在每年结束后的 45 天内提交		
2.	季度本土成分报告应在每一季度结束后的 14 天内提交		
3.	确保提供的信息准确		
4.	确保表格每一部分都已填满（第一至第九部分）。第七部分对矿业权持有人是强制性的		
5.	确保封面页已填满并签名		
6.	报告应以 EXCELL 形式提交，复印件以 PDF 格式提交，发送至邮箱：localcontent@tumemadini.go.tz		
7.	已签署的报告纸质版应提交至下列地址：多多马 2292 信箱矿业委员会行政秘书		

DOTO M. Biteko

矿业部部长

2022 年 7 月 23 日于多多马

（四）2017 年《石油（本土成分）条例》

（根据坦桑尼亚《石油法》第 258 条制定，2017 年 5 月 18 日发布于《坦桑尼亚联合共和国公报》第 18 卷第 98 期）

第一部分　总则

引用

1.（1）本条例可被引用为 2017 年《石油（本土成分）条例》，并应在《公报》上刊登之日起生效。

（2）尽管有第 1 款的规定，第四章以及第 47 条第 4、5、6 和 7 款中与承包商、分包商、被许可人或从事石油活动的任何其他人有关的规定，仍应自本条例发布之日起六个月内生效。

适用

2. 本条例适用于坦桑尼亚境内与石油活动有关的所有本土成分事务。

解释

3. 在本条例中，除非另有规定：

"本法"是指《石油法》；

在以下情况下，"机构"：

(a) 在上游活动中，是指石油上游监管局（PURA）；

(b) 在中游机构和下游活动中，是指能源和水公用事业监管局（EWURA）；

"串通投标"，是指通过不诚实行为操纵投标过程；

"卡特尔化"，是指作为单一生产者共同经营的企业集合，同意通过生产和销售活动控制供应来影响某些商品和服务的价格；

"统一资格认证体系"，是指基于能力、技能和本土成分强度对石油行业服务提供商进行资格预审的集中制度，以便对服务提供商进行排名和分类，并对其业绩进行跟踪和监督；

"承包商"，是指在适用有关协议的规定时，许可的任何权益可转让给其的第二方或实体；

"下游活动"，是指天然气和石油产品的运输、分配、储存、再气化和销售；

"EWURA"，是指根据《能源和水公用事业监管局法》成立的能源和水公用事业监管局；

"金融服务"，是指不限于银行业务，还包括任何金融性质的业务、信用合作社业务、保险业务或保险经纪业务、证券业务以及任何与养老基金有关的业务；

"欺诈"（front），是指欺骗或以特定方式行事，以掩盖公司不是坦桑尼亚本土公司的事实；

"创新"，是指经过研究和实验而产生的新事物，或对现有产品、想法、装置、发明、过程或领域的改变，通常是以前不存在的东西；

"液化天然气一体化项目"，是指参与者从天然气生产到液化天然气的液化天然气（LNG）价值链中拥有共同利益的项目；

"本土公司"，是指根据《公司法》注册成立的公司或子公司，该公司是由坦桑尼亚公民拥有100%的股份或与坦桑尼亚公民建立合资伙伴关系的公司，其中坦桑尼亚公民的参与比例不低于15%；

"被许可人"，是指《石油法》规定的被许可人或许可证持有人；

"本土成分"，是指通过在石油活动中有意利用坦桑尼亚的人力和物力资源以及服务，在坦桑尼亚经济中增加或创造复合价值总量，以刺激坦桑尼亚人能力的发展，并鼓励当地投资和参与；

"本土成分业绩报告"，是指对本土成分计划的评估和审查，以确保遵守条例规定；

"本土成分计划"，是指由被许可人、承包商、分包商或相关实体向管理机构提交的采购、就业、技术转让和研发机会的计划；

"中游活动"，是指与石油加工、精炼、液化、储存和运输有关的活动，以商品的形式供应或装载；

"石油"，是指无论是以气态、液态、固态形式任何天然存在的碳氢化合物；还是以气态、液态、固态形式任何天然存在的碳氢化合物混合物；或者以气态、液态或固态形式述及任何其他物质的一种或多种碳氢化合物的混合物，包括已返回天然油库的石油，但不包括煤炭或可能从煤炭或其他岩石中提取的任何物质；

"石油活动",是指石油作业和所有《石油法》规定的其他七种石油和天然气中的下游活动;

"石油作业",是指与勘察、勘探、评估、开发、生产、加工或液化有关的任何或所有作业和活动,包括与石油设施停运有关的活动;

"PURA",是指根据《石油法》设立的石油上游监管局;

"研究",是指对材料和来源进行系统的调查和研究,以便确定事实并得出新的结论;

"研究和开发或研发"(R&D),也称"研究和技术开发"(RTD),是指企业为改善现有产品和流程或促进新产品和流程开发而进行的系统性和探究性活动;

"分计划",是指本土成分计划中规定次级行动的详细计划;

"分包商",是指由承包商雇用、执行承包商根据协议条款批准的全部或部分石油作业的任何企业实体;

"替代计划",是指将公司内每个主要领导角色转移给他人的过程,使公司在现任领导人不再控制之后可以继续运作;

"技术核心人员",包括工程师、地质科学家和技术人员;

"上游作业",是指并包括地球物理勘探、石油勘探和开发、石油井的建设和运营、石油生产、建筑、储油库的运营和使用、管道的建设和运营以及其他石油专用基础设施。

第二部分　本土成分目标

总目标

4. (1) 本土成分的目标是:

(a) 通过在石油工业价值链中利用当地的专业知识、商品和服务、业务和融资以及在它们在当地的保留来促进最大化增值和创造就业机会;

(b) 通过教育、技能转让和专门知识发展、技术和专门知识转让以及积极的研究、开发和创新计划,发展石油工业价值链中的本土化能力;

(c) 达到本条例附件一所规定的当地最低就业水平和提供在该国

用于石油产业价值链中商品和服务的资金；

(d) 提高国内企业的能力和国际竞争力；

(e) 建立支撑经济发展的石油及相关配套产业；

(f) 实现并保持对坦桑尼亚发展计划的一定程度的控制；

(g) 提供健全和透明的监控和报告系统，以确保实现本土成分政策目标。

（2）机构在确保实现本土成分目标时，应进行以下控制：

(a) 制定基准数据和信息，以确定目前坦桑尼亚人的就业能力和当地公司成为供应商的能力；

(b) 对在石油工业中部署坦桑尼亚专家所需能力进行需求评估；

(c) 确定坦桑尼亚没有相关技能和能力的领域，而且坦桑尼亚还没有能力培养这一领域的人才；

(d) 确定如何通过本土成分的规范框架报告、监测、衡量和评估 (a) 至 (c) 项中的措施，以期持续改善。

（3）机构应与其他有关实体协商：

(a) 制定和发布有关石油行业技术转让的本土成分框架；

(b) 制订监测和评估当地技术转让计划的计划；

(c) 发展实现本土成分目标可能必要的其他任务。

第三部分 本土成分总则

本土成分原则

5.（1）根据《石油法》和本条例承担职能和责任的任何人，都应遵守以下基本的本土成分原则：

(a) 首先，优先考虑由承包商、分包商、被许可人或任何人获得服务，需要优先考虑本地服务提供商或本地制造的商品，但前提是这些商品或服务具有竞争性条件并符合坦桑尼亚标准局可接受的标准或其他国际上可接受的标准；

(b) 合格的坦桑尼亚人首先获得就业机会；

(c) 优先为坦桑尼亚人提供在职培训。

（2）第1款中提到的本土成分原则应反映在本条例所规定的本土成

分计划中。

第四部分　义务和责任

传达本土成分的程序和义务

6.（1）承包商、分包商、被许可人或任何其他人应：

  （a）向该承包商、分包商、被许可人或此类其他从事石油活动的任何人传达本土成分政策、程序和义务；

  （b）监督并确保遵守本土成分程序和义务。

（2）除了第1款规定外，承包商、被许可人或其他人员应在其各自的网站上提供该承包商、被许可人或其他人员的本土成分程序和义务。

一般本土成分要求

7.（1）承包商、分包商、被许可人或从事石油活动的任何人均应遵守《石油法》和本条例的本土成分要求。

（2）承包商、分包商、被许可人或任何其他人应确保其从事与石油活动有关的任何活动的人员均符合本土成分要求。

坦桑尼亚公民参与石油活动

8. 从事石油活动的人应确保：

  （a）在任何与石油活动有关的事项中，合格的坦桑尼亚公民在就业和培训方面享有优先权；

  （b）根据《石油法》和本条例的规定，优先使用在坦桑尼亚提供、制造或本地提供的商品和服务；

  （c）坦桑尼亚公民在任何与石油有关的活动的技术转让、研究、开发和创新方面都享有优先权。

提交本土成分计划以供批准

9.（1）被许可人和承包商应始终负责向机构提交全面的本土成分计划，其中应包括或反映其分包商或从事石油活动的任何其他人员的本土成分计划，以供批准。

（2）分包商或任何其他人在从事石油活动之前，应准备并向承包商提交本土成分计划，该计划应由机构进一步核实。

（3）就第1款和第2款而言，承包商及被许可人须向机构提交：

（a）与从事石油活动的工作计划相对应的本土成分计划；

（b）每年的年度本土成分计划。

审查和批准本土成分计划

10.（1）机构应在收到根据第9条提交的本土成分计划后的28个工作日内，评估和审查该计划，并传达其决定。

（2）机构应出于审查或评估本土成分计划的目的：

（a）在实际可行的情况下，为涉及石油工业或可能受该决定影响的人士提供合理的陈述机会；

（b）考虑所有陈述；

（3）在考虑批准本土成分计划时，机构应考虑下列事项：

（a）提交的本土成分计划是根据本条例完成、准备和提交的，尤其是旨在实现第4条第1款规定的目标；

（b）坦桑尼亚人，包括持股比例不低于25%的当地公司，参与受监管的活动，除非机构批准豁免或给予例外待遇。

（4）机构对申请人提交的本土成分计划不满意时，应指示申请人在14个工作日内向机构提交修订后的本土成分计划。

（5）机构如未将其根据第1款作出的决定或对根据第4款修改的本土成分计划作出的决定通知申请人，则在提交该计划后的60个工作日后，该计划应被视为批准。

本土成分计划的内容

11. 从事石油活动的人应制订本土成分计划，其中应详细说明以下内容：

（a）就业与培训；

（b）替代计划（如适用）；

（c）研究、开发和创新；

（d）采购商品和服务；

（e）技术转让；

（f）法律服务；

（g）工程服务；

（h）金融服务；

（i）保险服务；

（j）机构认为合适的其他详情。

就业培训计划

12.（1）承包商、分包商、被许可人或任何其他人提交的本土成分计划应包含详细的就业和培训分计划，其中应包括：

（a）承包商、分包商、被许可人或其他人的聘用和培训需求的预测，其中应包括：

（i）所需技能的说明；

（ii）预期的坦桑尼亚劳动力技能短缺；

（iii）可提供的企业实习岗位清单；

（iv）具体的培训要求；

（v）承包商、分包商、被许可人或任何其他人在执行就业与培训计划和继任计划时将产生的预计支出；

（b）承包商、被许可人或任何其他人将在石油活动的所有阶段为坦桑尼亚劳动力提供就业机会的时间范围，以使坦桑尼亚劳动力成员能够为此类机会做好准备；

（c）为加快培训坦桑尼亚人而作出的努力和采取的程序。

（2）被许可人和承包商须向机构提供（视属何种情况而定）半年度报告，内容包括：

（a）报告期内的就业和培训活动；

（b）对就业和培训计划与实际就业和培训活动进行比较分析，以监测遵守情况。

（3）第2款所指的半年度报告应包括其分包商或从事石油活动的任何其他人的信息。

（4）半年度报告应说明在相应季度雇用的新的坦桑尼亚人的数量及其职务说明。

（5）机构可要求其认为必要的任何进一步信息，以实施本条例。

（6）如果因缺乏专门知识而没有雇用坦桑尼亚人，为使机构满意，承包商、分包商、被许可人或任何其他人应确保已作出合理努力，在当地或其他地方向坦桑尼亚人提供了相关领域的培训。

替代计划

13. 由承包商、分包商、被许可人或其他人员提交的本土成分计划,在适用的情况下,应包含由非坦桑尼亚人担任的任何就业职位的详细替代计划,以确保满足本条例附件一规定的最低本土成分水平。

半熟练和非熟练劳工

14. (1) 从事石油活动的承包商、分包商、被许可人或其他人员仅应雇用坦桑尼亚的半熟练和非熟练劳工。

(2) 就第1款而言,"半熟练劳工"是指需要专业知识方面的基础知识的工作,而"非熟练劳工"是指不需要特殊培训或技能的工作。

(3) 如因缺乏资格而不能按第1款规定雇用坦桑尼亚人,经机构书面批准,承包商、分包商、被许可人或其他人员可雇用非坦桑尼亚人为半熟练劳工。

从坦桑尼亚企业家那里采购工程、货物和服务

15. (1) 承包商、分包商、被许可人或任何其他人应确保根据本法和本条例的规定,优先考虑在坦桑尼亚提供、制造或本地提供的产品、商品和服务。

(2) 如果在坦桑尼亚无法获得被许可人的承包商、分包商要求的货物和服务,则该等工程、货物和服务应由与当地公司成立合资企业的公司提供。

(3) 第2款所指的当地公司应拥有该合资企业至少25%的股份。

(4) 尽管有第3款的规定,但打算向坦桑尼亚的被许可人和承包商提供货物、工程或服务的非当地公司,在获得机构批准后,在订立任何其他业务安排时,应确保坦桑尼亚当地参与所提供的工程、货物和服务的合同价值中至少10%的股份、利息或权益。

(5) 如未能按第4款规定的要求成立合资企业或作出其他业务安排,在被许可人或承包商的申请下,机构应批准该申请人以任何其他安排向该本土公司提供能力和技术转让的安排来采购这些工程、货物和服务。

(6) 就第1款和第2款而言,被许可人及承包商须拟备一份采购计划,并向机构呈交为期五年的采购计划,其中须指明(其中包括)在坦桑尼亚经营过程中有关保险、金融、法律和商品中使用当地服务的情况。

研究、研发和创新计划

16. （1）承包商、分包商、被许可人或任何其他人应确保按照第 9 条的规定向机构提交的本土成分计划包含详细的研究、开发和创新计划，促进教育、培训和研究的预算以及与该国整体工作计划和活动有关的实际附件。

（2）承包商和被许可人就石油活动向机构提交的研究、发展和创新方案及预算分计划须：

（a）概述将在该国进行的与石油有关的研究、发展和创新倡议的 3—5 年预算计划；

（b）提供实施研究、开发和创新以及预算计划所需的预计支出的详细信息；

（c）公开征求与承包商、分包商、被许可人或任何其他人的活动有关的研究、开发和创新计划的提案，以及选择符合条件的提案的标准；

（d）详情请参阅机构在研究、发展及创新方面与高等院校及其他本地培训、学习及研究机构合作的方式（视个案而定）。

（3）承包商、被许可人或任何其他人应：

（a）每年更新其研究、开发创新和预算计划；

（b）将更新后的计划提交给机构审核。

技术转让计划

17. 承包商、分包商、被许可人或任何其他有关人员应：

（a）实施有关技术转让和供应商发展计划的本土成分计划；

（b）根据当地技术转让计划，支持并实施该项计划；

（c）优先考虑在石油工业及其供应链方面促进向坦桑尼亚的技术转让。

提交技术转让计划

18. （1）被许可人和承包商应按照管理局规定的形式和方式向机构提交技术转让计划。

（2）根据第 1 款提交的技术转让分计划应包括旨在促进技术从承包商、分包商、被许可人或任何其他有关人员到本地公司的有效转让的举措计划。

支持向坦桑尼亚公司进行技术转让

19. （1）承包商、分包商、被许可人或任何其他相关人员应支持和促进在组建合资企业、本地公司或公民与外国承包商和服务公司或供应商之间合作许可协议方面的技术转让。

（2）部长可根据机构的建议，与有关政府机构协商，提出财政激励措施，以协助：

(a) 旨在发展公民的技术能力和技能的外国公司；

(b) 在国内设立工厂和生产单位的当地公司；

(c) 旨在在该国建立石油研究中心的外国公司。

（3）机构应提出获得财政激励措施的标准。

技术转让报告

20. 承包商和被许可人应每年向机构提交一份技术转让报告，并视情况向部长提交一份副本，说明正在采取的技术转让举措和技术转让计划的实际实施情况。

保险与再保险

21. （1）在该国从事石油活动的承包商、分包商、被许可人或其他人员应遵守保险法的相关规定。

（2）承包商、分包商、被许可人或其他人应通过坦桑尼亚保险公司投保与该国石油活动有关的任何可保风险。

（3）如果一个寻求保险的人无法获得坦桑尼亚保险公司规定的保险类别，他可以在获得相关保险机构的事先书面批准后，向非居民保险公司投保，然后在购买外国保险之前向该机构提交批准。

法律服务

22. 承包商、分包商、被许可人或需要在该国提供法律服务的其他人应保留当地法律从业者或坦桑尼亚法律事务所的服务。

法律服务计划

23. 提交给机构的法律服务计划应包括：

(a) 关于前六个月使用的法律服务支出的综合报告；

(b) 在接下来的六个月中（如果适用）对所需法律服务的预测以及这些服务的预计支出；

（c）随后一年的年度法律服务预算，以坦桑尼亚先令或美元报价。

工程服务

24. （1）承包商、分包商、被许可人或需要在该国提供工程服务的其他人员应保留坦桑尼亚当地公司的服务。

（2）如果不能按照第 1 款的规定获得工程服务，被许可人和承包商可经有关管理机构的书面批准，获得与石油活动有关的外国工程服务，然后在进行工程服务采购之前向机构提交该批准。

工程服务计划

25. 提交机构的工程服务计划应包括：

（a）关于前六个月使用的工程服务支出的综合报告；

（b）在适用情况下，预测其后六个月所需的工程事务，以及有关事务的预计开支；

（c）随后一年的年度工程服务预算，以坦桑尼亚先令或坦桑尼亚可接受的任何其他可转换货币报价。

金融服务和离岸金融服务的批准

26. 承包商、分包商、被许可人或需要金融服务的任何其他人应在石油活动方面优先考虑坦桑尼亚的金融机构或组织。

金融服务计划

27. 被许可人和承包商应向机构提交金融服务计划，其中应具体说明：

（a）对随后六个月所需的金融服务及其预计支出的预测；

（b）在过去六个月中使用的金融服务清单，详细列出了所提供的金融服务的性质以及承包商或其分包商、被许可人或任何其他人提供的金融服务的支出。

坦桑尼亚银行账户的运作

28. （1）承包商、分包商、被许可人或任何其他人应在坦桑尼亚的银行开设银行账户，并通过该国的银行进行交易。

（2）本条例所称坦桑尼亚的银行是指经坦桑尼亚银行许可经营银行业务的银行。

最低本土成分水平

29.（1）承包商、分包商、被许可人或进行石油活动的其他人应维持其本条例附件一所列活动的最低本土成分水平。

（2）部长可就上游石油业务和综合液化天然气项目与石油上游监管局协商，或就中下游业务与能源和水公用事业监管局协商，改变本条例附件一规定的最低本土成分水平。

（3）为了实现第 2 款的目的，主管当局应以其各自的身份确定改变最低水平标准，包括：

　　（a）承包商或其分包商、被许可人和相应的石油协议或石油许可中指定的其他人的工作计划；

　　（b）有无坦桑尼亚专家；

　　（c）各个石油行业的增长水平。

招标过程及评估

30.（1）承包商、分包商、被许可人或其他人应建立并实施招标程序，以获取优先考虑本地公司的商品、工程和服务。

（2）承包商、分包商、被许可人或其他人不得仅根据最低投标者的原则授予合同。

（3）承包商、分包商、被许可人或其他人不得仅以当地公司不是最低投标人为由而取消具有执行货物、工程和服务能力的当地公司的资格。

（4）符合条件的当地公司的投标总额不超过最低投标金额 5% 以上的，则合同应授予该当地公司。

（5）在评标过程中，如果评标被确定为相等，则应选择包含最高本土成分水平的标书。

（6）如果要求非本地公司向承包商、分包商、被许可人或任何其他人提供货物和服务，则该非本地公司应与本地公司组建合资企业。

（7）第 6 款所指的当地公司应拥有合资企业至少 25% 的股份。

（8）如果：

　　（a）承包商、分包商、被许可人或任何其他人进行了公平、透明的竞争性招标，但没有让当地公司成为购买所需产品或服务

的合作伙伴；且

（b）机构确信：

（i）被许可人、承包商或任何其他人以公平和透明的方式进行了招标程序；

（ii）没有本地公司符合最低出价者的条件；

（iii）如本法和本条例规定的合资公司成立失败，

承包商、分包商、被许可人或其他任何人，经机构批准，可签订其他任何业务安排，以保证当地参与提供工程、货物和服务的合同价值的至少百分之十的股份、利息或股权。

（9）如以第8款规定的形式成立合资企业或其他业务安排未能成功，而经被许可人或承包商申请后，机构须批准该申请人通过任何其他安排提供同等工程、货物和服务。

提交拟议的采购计划

31.（1）被许可人和承包商应将每份拟议的涉及下列事项的合同或采购订单以书面形式通知机构：

（a）与单一来源的石油活动有关的；

（b）如果是通过竞争性招标程序来采购的，对于上游业务，其估值超过相当于10万美元的坦桑尼亚先令，对于中游业务，其估值超过相当于5万美元的坦桑尼亚先令。

（2）被许可人和承包商应在石油活动开始前90天向机构提交采购流程，以供批准，并至少提供以下信息：

（a）资格预审标准；

（b）评标标准；

（c）机构要求其提供的任何其他信息，以使其能够确定已满足本土成分要求；

（3）根据第2款提交的采购程序应符合本条例规定的本土成分要求。

（4）从事石油活动的被许可人和承包商，应在每个公历年开始前90天，将其年度采购计划提交给机构以供批准。

（5）在根据第1款对合同进行审查后，机构应将评估或审查的结果通知被许可人和承包商，并可采取其认为必要的适当行为。

（6）机构应在收到根据第1款提交的文件后的14个工作日内，将其决定通知被许可人和承包商。

（7）如机构在第6款规定的期限内拖延将其决定通知被许可人和承包商，则该提交应视为已获批准。

紧急采购

32.（1）如果存在紧迫的紧急情况，对石油活动、环境或安全的顺利运作或经营造成威胁，或出于类似性质的其他原因，被许可人、承包商、分包商或任何其他人员应进行未在年度采购计划中提交的紧急采购。

（2）被许可人和承包商应在根据第1款进行此类采购后的14天内，向机构提交一份报告，该报告应包含紧急采购的详细信息。

（3）机构可对根据第2款提交的报告进行调查或评估，以确定报告的真实性。

（4）在紧急采购报告中提供虚假或误导性信息的被许可人或承包商构成犯罪。

提交半年度预报

33.（1）在不影响第31条的情况下，被许可人及承包商须在不迟于每半年期的第一天向机构提交下列清单：

(a) 独家采购的合同或采购订单；

(b) 下个季度招标或执行的上游作业估值超过相当于10万美元的坦桑尼亚先令的合同或采购订单，或中游作业估值超过相当于5万美元的坦桑尼亚先令的合同或采购订单。

（2）被许可人和承包商应就每一份合同或采购订单提供本条例附件二规定的信息。

提交本土成分执行报告的要求

34.（1）被许可人和承包商应在每一公历年开始的60天内，向机构提交一份年度本土成分执行情况报告，报告内容涵盖审查年度内的所有项目和活动。

（2）提交给机构的报告应：

(a) 按支出类别分类，按当前和累计成本计算本土成分；

(b) 以坦桑尼亚人和外国人的工作时间以及他们的工作职位来说

明就业成果；

（c）说明向坦桑尼亚人提供的培训、研究、研发、创新、工业和技术转让；

（d）指出实际采购的货物、工程和服务，以及本条例附件三所列的其他信息；

（e）说明批准的本土成分计划的实施变更及原因；

（f）提供机构可能要求的任何其他信息。

第三方要求报告本土成分信息

35.（1）与承包商、分包商、被许可人或任何其他有关人员有合同隶属关系的任何人，应向承包商、分包商、被许可人或该其他人报告本土成分信息，并应要求将其副本提交给机构。

（2）承包商、分包商、被许可人或任何其他人应允许机构指定的代理人或官员获得承包商、被许可人或任何其他人的记录，以评估和验证所报告的本土成分信息。

建立统一资格认证体系

36.（1）机构应与行业利益相关者协商，按照机构发布的指南建立统一资格认证体系。

（2）机构应按照本条例管理统一资格认证体系。

统一资格认证体系的目的

37.（1）统一资格认证体系的目的是充当石油行业服务提供商注册和资格预审的唯一制度。

（2）出于第（1）款的目的，统一资格认证体系适用于：

（a）通过有关部门核查承包商的能力；

（b）评估承包商、分包商、被许可人或任何其他有关人员提交的本土成分的应用；

（c）跟踪和监控绩效并提供反馈；

（d）基于能力对石油行业服务提供商进行排名和分类。

信息可获取性

38.（1）机构应维护一个数据库，其中包含满足石油行业统一资格认证体系要求的本地供应商、服务提供商和其他实体的详细信息。

（2）任何人都可以在工作时间或通过网络：

（a）获取由机构保存并指定为公共记录的与本土成分有关的记录；

（b）要求提供该人有权访问的任何文件的认证副本或摘录。

（3）任何人拥有查阅或取得由机构以电子形式存档或备存的文件的副本的权利，但只适用于以机构决定的方式复制该文件的书面形式。

（4）申请所要求的文件摘要或核证副本时，须附上由机构决定的费用。

（5）机构须与其他有关实体协商，在准则中规定确定第 4 款规定的费用的标准。

（6）机构应在其网站上发布与本条例以及本土成分和本地参与要求有关的信息。

公众教育和宣传

39. 机构应确保开展公众教育和宣传活动，以教育承包商、被许可人或任何其他人、公众和行业利益相关者有关本土成分的政策，并确保本条例的实施。

本土成分监管

40. 机构应监督和调查每个承包商、分包商、被许可人或任何其他人的活动，以确保在本土成分的国家政策框架内实现本条例的目的。

绩效评估报告

41.（1）机构应在收到第 34 条规定的本土成分执行报告后的 60 个工作日内，评估和审查本土成分执行报告，以确保符合本条例的要求。

（2）为了评估和验证报告，承包商、分包商、被许可人或任何其他有关人员应允许机构的雇员或指定代理访问其可能需要的设施、文件和信息。

石油活动调查

42.（1）为执行本条例，机构可对承包商、分包商、被许可人或任何其他人的活动进行调查。

（2）在不损害第 1 款的原则下，机构可展开调查以确保：

（a）本土公司的原则不因实施欺诈行为而受到削弱；

（b）在采购过程中避免串通投标和卡特尔化。

第五部分　一般规定

评标准则

43. 机构应制定投标评估指南，以确保达到本条例规定的本土成分目标得以逐年提高的目的。

审查本土成分计划

44. 机构可以为准备和审查本土成分计划制订指南。

以电子方式提交文件

45.（1）机构可发布指导方针以建立一种制度，即要求将本条例规定的文件以电子形式填写。

（2）电子文件归档系统应规定：

（a）授权人员以电子形式提交文件的标准；

（b）归档文件的安全性和认证。

建立准则和程序

46.（1）机构可与有关利益攸关方协商，制定和审查有效实施本条例的准则和程序。

（2）在不损害第 1 款的原则下，机构可与有关机构和石油业界协商，就以下方面发布承包商、分包商、被许可人或任何其他人应遵守的指南：

（a）该国上游石油工业研究和发展增长的要求和目标；

（b）对该国石油工业进行培训的最低标准、设施、人员和技术；

（c）在该国投资或建立设施、工厂、生产或其他业务，以进行任何生产或制造，或提供其他与该国有关的石油相关服务；

（d）一般而言，是为了实施这些条例。

犯罪和惩罚

47.（1）任何人提交包含虚假或误导性信息的计划、申报表、报告或其他文件，即属犯罪，一经定罪，可处以不低于 2000 万先令的罚款或五年以上的监禁，或两者并处。

（2）任何坦桑尼亚公民与非本土公司或非坦桑尼亚公民串通，以代表本土公司或坦桑尼亚公民的名义欺骗管理局，以达到本条例所规定的本土成分水平，即属违法，一经定罪，可处以不少于一亿先令的罚款或五年以上监禁，或两者并处。

（3）任何人与坦桑尼亚公民或本土公司串通，作为本土公司的代表欺骗管理局，以达到本条例规定本土成分要求，即属违法，一经定罪，可处以不少于一亿先令的罚款或五年以上监禁，或两者并处。

（4）任何人，如果未能：

（a）支持并执行第17条所提到的技术转让计划；

（b）在合资企业的组建、坦桑尼亚公司或公民与外国承包商、服务公司或供应公司之间的合作许可协议方面支持或推动技术转让而违反了第19条规定；

（c）确保其合作伙伴、承包商、分包商和其他实体向承包商报告本土成分信息而违反了第34条规定；

（d）向该承包商、被许可人或任何其他人雇用的任何人传达本土成分的政策、程序和义务以履行某一方面的石油活动而违反了第6条的规定，即属犯罪，一经定罪，应负责向机构支付罚款，初犯者将处以一亿先令的罚款，并对继续违反该规定的行为，每天按罚款数额的5%进行罚款。

（5）任何人，如果未能：

（a）遵守任何石油活动的最低本土成分水平而违反第29条规定；

（b）发起并实施招标程序而违反了第30条规定；

（c）遵守第30条第2款和第30条第6款规定；

（d）雇用坦桑尼亚人从事半熟练和非熟练的劳动而违反了第14条规定；

（e）通过坦桑尼亚的经纪公司或再保险经纪人来投保与该国的石油活动有关的可保风险而违反了第21条第2款的规定；

（f）将法律服务仅保留给坦桑尼亚法律从业者或坦桑尼亚律师事务所而违反了第22条规定；或

（g）根据第28条第1款的规定经营银行账户；

则：

（i）就承包商而言，如果违反行为在规定的补救时间之后仍在继续，机构应扣留该承包商进行石油活动所需的批准和许可证，直至违反行为得到补救为止；

(ii) 就分包商、被许可人或任何其他人而言，在规定的时间后补救措施仍继续存在的情况下，机构应将分包商、被许可人或任何其他人的名称从登记从事石油活动的人的登记册中删除。

（6）任何人如无合理理由，未按要求在本条例规定的期限内提供资料或文件，应在第一次向机构支付不少于一亿先令的罚款，并在该文件仍未交付之日按罚款的2%追加罚款，最高不超过原罚款的40%。

（7）承包商、分包商、被许可人或任何其他人，如果：

（a）违反第7条规定，在没有履行所要求的本土成分要求的情况下进行石油活动；

（b）违反第9条第1款规定没有提交本土成分计划；

（c）无法满足本土成分计划的成分要求；

（d）违反第31条的规定，未将每项拟订立的合约或采购订单通知监管局；

则构成犯罪，一经定罪，应向机构缴付罚款，罚款数额为从石油活动中取得的收益价值的5%，但不得超过一亿先令。

（8）任何人士如在投标过程中有任何蒙骗、串通投标或串通投标行为，即属犯罪，一经定罪，应向石油上游服务监管局或能源和水公用事业监管局处支付不超过一亿先令的罚款或五年以上监禁，或两者并处。

（9）根据第4、5、6、7款或第8款要求支付的罚金，如未在通知规定的期限内支付，应视为对共和国的债务，由机构根据相关法律向持有人追偿。

投诉处理机制

48.（1）机构应根据本条例制定投诉处理机制的规则和准则。

（2）对机构的决定不服的任何人均可向公平竞争法庭提出上诉。

附件一

[根据第 4 条第 1 款（c）项规定]
就业方面的最低本土成分要求

第一部分：石油活动中要达到的本土成分要求

	上游			
项目编号	项目	开始	5 年	10 年
1	管理人员	10%	15%	25%
2	主管人员	15%	25%	40%
3	核心的技术人员	15%	30%	50%
4	专业支持人员	30%	40%	60%
5	半熟练员工	50%	60%	80%
6	不熟练员工	100%	100%	100%

	中游和下游			
项目编号	项目	开始	5 年	10 年
1	管理人员	15%	30%	50%
2	主管人员	25%	40%	60%
3	核心的技术人员	30%	50%	70%
4	专业支持人员	50%	60%	80%
5	半熟练员工	70%	90%	100%
6	不熟练员工	100%	100%	100%

第二部分：要达到的具体本土成分要求

1. 提供详细工程和其他工程服务

类型	开始	5 年	10 年	测量依据
1.1 提供详细的陆上工程设施	5%	10%	20%	工时
1.2 提供详细的海上设施（浅水）工程设施	5%	10%	20%	工时
1.3 提供详细的液化天然气工程设施	5%	10%	20%	工时
1.4 提供详细的工程气体收集设施	5%	10%	20%	工时

（续表）

类型	开始	5 年	10 年	测量依据
1.5 提供详细的深海设备——船体和上层甲板组件的工程设施	5%	10%	20%	工时
1.6 提供详细的深海混凝土结构的工程设施	5%	10%	20%	工时

2. 制造和施工服务

类型	开始	5 年	10 年	测量依据
2.1 终端或石油运输系统	5%	10%	15%	工时
2.2 钻井模块或包装	5%	10%	25%	工时
2.3 桩、锚、浮标、外套、桥梁、火炬扫帚、储罐、脐带压力容器	5%	10%	20%	工时
2.4 顶部模块（过程模块和存储模块）	5%	15%	25%	工时
2.5 舱室模块	20%	30%	50%	支出
2.6 海底系统	2%	5%	10%	工时
2.7 管道网络	10%	30%	50%	支出
2.8 地震记录系统	2%	5%	10%	工时
2.9 实用程序模块或软件包	2%	5%	10%	工时

3. 材料与采购

类型	开始	5 年	10 年	测量依据
3.1 钢板、平板、型材	15%	30%	50%	支出
3.2 钢管	15%	30%	50%	支出
3.3 低压电缆	10%	20%	50%	支出
3.4 高压电缆	10%	20%	50%	支出
3.5 阀门和泵	5%	15%	25%	支出
3.6 钻井泥晶膨润土	5%	15%	25%	支出
3.7 石油钻井水泥	5%	15%	25%	支出
普通建筑水泥	50%	85%	100%	支出
3.8 热交换器和其他管道配件	5%	15%	25%	支出
3.9 钢丝绳和其他系泊配件	5%	15%	25%	支出
3.10 防护漆	10%	15%	20%	支出
3.11 玻璃纤维增强环氧树脂（GRE）管道	5%	15%	25%	支出

4. 钻井服务

类型	开始	5 年	10 年	测量依据
4.1 水库监测服务	10%	30%	50%	工时
4.2 完井服务（永久仪表和智能井）	10%	30%	50%	工时
4.3 电缆服务（电动裸眼、电动套管井、光滑线）	10%	30%	50%	工时
4.4 随钻测井（LWD）（方向和倾角或伽马射线）	10%	30%	50%	工时
4.5 生产或钻井服务	10%	30%	50%	工时
4.6 2D 地震数据采集服务	10%	30%	50%	工时
4.7 油井检修或增产服务	10%	30%	50%	工时
4.8 井口服务	10%	30%	50%	工时
4.9 定向测量服务	10%	30%	50%	工时
4.10 切削注射	10%	30%	50%	工时
4.11 切割处理服务	20%	30%	40%	支出
4.12 重新削减检验服务	10%	30%	50%	工时
4.13 套管式测井服务（陀螺仪、射孔仪、量规、陀螺仪 PLT 性能、PLT 量规）	10%	30%	50%	工时
4.14 良好监测服务	10%	30%	50%	工时
4.15 水泥服务	10%	30%	50%	工时
4.16 连续油管服务	10%	30%	50%	工时
4.17 泵送服务	10%	30%	50%	工时
4.18 流体或井底采样服务	10%	30%	50%	工时
4.19 OCTS 服务（清理硬条、重新切割、重新穿线、存储）	10%	30%	50%	工时
4.20 油井危机管理服务	10%	30%	50%	工时
4.21 其他钻井服务	10%	30%	50%	工时
4.22 石油物理口译服务	10%	30%	50%	工时
4.23 长期试井或早期生产服务，包括提供浮式或自升式生产装置	10%	20%	40%	工时

5. 研究、发展和创新与国内服务相关的业务

类型	开始	5 年	10 年	测量依据
5.1 工程研究——油藏、设施、钻井等	5%	150%	30%	支出
5.2 地质和地球物理研究	5%	15%	30%	支出
5.3 安全与环境研究	50%	70%	90%	支出
5.4 本地材料替代研究	40%	50%	75%	支出

6. 勘探、地下石油工程和地震服务

类型	开始	5 年	10 年	测量依据
6.1 陆上地震数据采集服务	10%	30%	50%	工时
6.2 离岸地震数据采集服务	10%	30%	50%	工时
6.3 地震数据处理服务	10%	30%	50%	工时
6.4 地球物理解释服务	10%	30%	50%	工时
6.5 地质评估服务（有机地球化学、岩石学、成岩作用、生物地层学、流体表征、PVT、岩心分析、驱油）	10%	30%	50%	工时
6.6 泥浆测井服务	10%	30%	50%	工时
6.7 取岩心服务	10%	30%	50%	工时
6.8 测试服务	10%	30%	50%	工时
6.9 钻井平台（海外）	10%	30%	50%	工时
6.10 钻机（半潜式或其他）	10%	30%	50%	工时
6.11 钻井平台（陆地）	10%	30%	50%	工时
6.12 基础平台（海外）	10%	30%	50%	工时
6.13 缓冲服务	10%	30%	50%	工时
6.14 尾管浮子、吊挂和运行设备服务	10%	20%	30%	工时
6.15 地震数据解释服务	10%	30%	50%	工时

7. 运输、供应和处置服务

类型	开始	5 年	10 年	测量依据
7.1 拖船、远程操作车辆（ROV）支援、潜水支援船	5%	15%	25%	工时
7.2 用驳船运载	10%	15%	25%	工时
7.3 处置、分配和废物运输服务	30%	50%	60%	支出
7.4 租赁起重机和特种车辆	20%	30%	50%	支出
7.5 货运代理、物流管理服务	80%	90%	100%	支出
7.6 供应基地、仓库、仓储服务	50%	80%	90%	支出
7.7 卡车包装产品、运输服务	80%	90%	100%	支出

8. 健康、安全和环境服务

类型	开始	5 年	10 年	测量依据
8.1 现场清理服务	70%	80%	90%	支出
8.2 污染控制	10%	20%	30%	支出
8.3 废水处理与处置服务	15%	25%	35%	支出
8.4 消防和煤气保护系统服务	40%	60%	80%	工时
8.5 通风、暖气卫生服务	30%	50%	70%	支出
8.6 工业清洁服务	40%	60%	70%	支出
8.7 安全、防护、保安、消防系统服务	30%	50%	90%	支出
8.8 机电配件维修服务	30%	50%	70%	工时
8.9 设备经纪服务	50%	70%	90%	支出
8.10 临时住宿营地服务	50%	60%	80%	支出
8.11 餐饮服务	80%	90%	100%	支出
8.12 清洁和洗衣服务	90%	100%	100%	支出
8.13 安全服务	80%	100%	100%	支出
8.14 医疗服务	40%	60%	90%	支出
8.15 其他配套服务	50%	80%	90%	支出

9. 信息系统、信息技术和通信服务

类型	开始	5 年	10 年	测量依据
9.1 网络安装支持服务	50%	65%	80%	支出
9.2 软件开发	5%	15%	25%	支出
9.3 软件支持服务	60%	80%	90%	支出
9.4 基于计算机的建模服务	20%	50%	70%	工时
9.5 基于计算机的模拟和培训计划服务	15%	50%	70%	工时
9.6 硬件安装支持服务	60%	80%	100%	支出
9.7 操作系统安装和支持服务	60%	80%	100%	支出
9.8 用户支持和帮助台服务	60%	80%	100%	支出
9.9 信息技术管理咨询服务	30%	50%	80%	支出
9.10 数据管理服务	30%	50%	80%	支出
9.11 电信安装和支持服务	50%	70%	90%	支出
9.12 其他信息技术服务	30%	50%	80%	支出

10. 海洋业务和物流服务

类型	开始	5 年	10 年	测量依据
10.1 电信服务	40%	60%	80%	工时
10.2 为国内沿海服务提供船员	60%	75%	90%	数量
10.3 连接和调试，包括船舶安装服务	20%	40%	75%	工时
10.4 疏浚服务	40%	60%	80%	工时
10.5 陆地岩石倾卸服务	80%	90%	95%	工时
10.6 固定存储装置（FSU）	25%	35%	45%	工时
10.7 海底管道保护服务	10%	40%	70%	工时
10.8 水下组件的包装	10%	30%	60%	工时
10.9 系泊系统服务	40%	60%	80%	工时

附件二

（第 33 条第 2 款规定）
每半年向机构提供预测资料

承包商和被许可人应提供以下有关每个合同和采购订单的信息：
（a）拟承包或采购的服务或项目的描述，包括材料和设备的规格（如有要求）；
（b）合同、分包合同或采购订单的估计价值；
（c）下列事项的预期日期：
　（i）投标书的发出和结束；
　（ii）合同授予；
（d）机构要求执行本条例的任何其他信息。

附件三

［第 34 条第 2 款（d）项规定］

除其他外，从事石油活动的被许可人和承包商应在本土成分执行报告中提供下列信息：
（a）对工作范围的描述；
（b）投标人名单，并按公司所有权描述，包括按百分比计算的股东，任何设在坦桑尼亚的办公室、工厂或设施的地点；
（c）对于单一来源采购，报告应包括公司对公司所有权的描述（包括按百分比计算的股东），以及任何设在坦桑尼亚的办公室、工厂或设施的地点；
（d）在建筑或服务合同方面，估计坦桑尼亚人的工作时数；
（e）对中标理由的说明或评标报告，说明如下内容：
　（i）所选承包商或供应商的名称；

（ii）指定的分包商或分包商名单；

（iii）在适用的情况下，列出建议的次级供应商；

（iv）在建筑或服务合同方面，估计坦桑尼亚人的工作时数；

（v）由经营者或承办商的主管人员签署的中标通知书表格；

（vi）对中标理由的说明或评标报告，其中应说明中标理由：

（aa）选定投标者与其他投标者之间的差价百分比；

（bb）与每个投标人相关的主要工作地点；

（cc）与评标有关的任何其他资料，包括评标的技术、商业和本土成分的摘要。

多多马　SOSPETER M. MUHONGO

2017年4月6日　能源和矿业部部长

七 乌干达

（一）2019年《国家本土成分议案》

备忘录

1. 议案的目的

本议案的目的是对使用公共资金或利用乌干达自然资源或从事需要许可证的活动的人施加本土成分义务；在公共采购中优先考虑乌干达公民、乌干达公司和乌干达居民公司；确保向乌干达转让技能和技术；对本土成分的发展做出规定；对乌干达本土成分的监督、协调、监管和执行做出规定；以及对其他有关事项做出规定。

2. 现行立法存在的缺陷

乌干达本土成分的法律包含在2003年《公共采购和公共资产处置法》、2013年《石油（勘探、开发和生产）法》、2016年《石油（勘探、开发和生产）（国内成分）条例》、2018年3月《促进本土成分的保留计划的准则》和"购买乌干达建设乌干达（BUBU）政策"中。然而，上述立法存在如下缺陷：

（a）2003年《公共采购和公共资产处置法》含有与当地成分有关的规定，但这些规定仅限于制订优先和保留计划。此外，《公共采购和公共资产处置法》中的本土成分适用于公共采购，但本土成分只是在考虑了所有其他评价标准之后，才在采购过程的某端得到考虑。这意味着，本土成分所针对的特定的人并不能从本土成分的适用中得到好处，因为在适用其他评价标准时，大部分本土成分已被取消或不再具有竞争力。

（b）公共采购和公共资产处置管理局为推动本土成分而发布的关于保留计划的准则不具有和议会法案同样的法律效力，而且它们所具有的缺点对它们的效力产生不利影响。例如，这些准则：

(i) 范围有限，因为它们仅对军队制服、电缆和导体、药品和医疗用品而不是乌干达境内所能生产或获取的所有货物或服务给予优先考虑；

（ii）没有任何执行方式；

（iii）对其有效性的评估没有施加任何可行的义务；

（iv）没有对违反准则的行为规定任何制裁；

（v）只是根据一项只涉及公共采购的法律制定的，并不适用于所有其他使用公共资金的情形和采掘业；以及

（vi）并不能为在两个或多个合格实体或个人之间如何评估本土成分提供指导，因为本土成分不是独立的评估标准。

（c）"乌干达购买乌干达建设政策"（Buy Uganda Build Uganda Policy，BUBU Policy）旨在增加对当地产品的消费和利用，并使当地企业更多地参与国内贸易，但由于缺乏授权法、没有执行方式和缺乏对违规行为的制裁，该政策尚未充分实施。

（d）尽管议会颁布了若干法律来规范和管理采掘业的活动，但除了2013年《石油（勘探、开发和生产）法》和2013年《石油（炼油、转换、输送和中游储存）法》，适用于其他采掘业的法律并没有对从事涉及乌干达有限资源的活动的人施加本土成分义务。这使得根据其他法律和准则所施加的本土成分义务并不能适用于采掘业。

（e）政府已制定了对外国投资者普遍有利的政策、法律和规章，而且为投资者在乌干达设业和经营提供了很多顾虑措施，但对于拥有投资许可证和享受税收优惠和鼓励措施的投资者并没有施加本土成分义务。实际上，在大部分情况下，外国投资者并没有法律义务使用当地产品、劳工和服务，它们就会雇用外国雇员、使用外国资源、消费外国的产品和服务，而完全无视当地的产品。

本议案的拟议的补救措施

本议案对下列事项作了规定：

（1）本土成分在使用公共资金的所有活动、在采掘业、在赠款或贷款资助的项目以及在由本土成分实体根据投资协议实施的所有活动中的适用；

（2）对在乌干达生产的或在乌干达市场上可以获得的商品和服务给予优惠；

（3）对乌干达公民、乌干达公司和乌干达实体在采购商品和服务中给予优惠；

（4）对乌干达公民在所有使用公共资金的活动、在采掘业、在赠款或贷款资助的项目以及在由本土成分实体根据投资协议实施的所有活动中的就业给予优先考虑；

（5）在实施使用公共资金的活动期间，在采掘业、在赠款或贷款资助的项目以及在由本土成分实体根据投资协议实施的活动中，向乌干达人和政府转让技术和技能；

（6）实施公共工程的人员以及在采掘业中拥有许可的人员所制订的本土成分计划；以及

（7）在采购投标中对本土成分的评估。

本议案的规定

3. 本议案共有九部分和45个条款。

4. 第一部分涉及一般规定，即议案的适用和解释。

5. 第二部分涉及一个机构的安排。

6. 第三部分国家本土成分要求包括第4条至第12条规定，涉及乌干达货物和服务在采购期间的优先权、采购期间乌干达货物和服务的拒绝、完全从乌干达采购的货物的保留、乌干达市场上随时可获得的货物的优先权、乌干达公民的雇用、非乌干达公民的雇用、工作许可证发放或延长的限制、乌干达公民的培训和公共工程合同的保留。

7. 第四部分分包合同和公共工程包括第13条至第18条规定，涉及分包的禁止、分包公共工程合同或活动的要求、分包工程的责任、乌干达实体成为分包商的资格、分包商的终止、完工证明。

8. 第五部分本土成分计划包括第19条至第23条规定，涉及国家本土成分计划的制订、本土成分战略的制定、本土成分计划的制订、本土成分计划的偏离和技术转让。

9. 第六部分采购计划和本土成分评估包括第24条至第25条规定，涉及采购计划和投标中本土成分评估。

10. 第七部分法律的遵守包括第26条至第30条，涉及通过贷款资助的公共工程的本土成分、分包商的合规情况、合规的行政措施、履行义务的保证和鼓励措施。

11. 第八部分违法行为和处罚包括第 31 条至第 33 条规定，涉及违法行为和处罚，行政处罚和一般处罚的实施。

12. 第九部分杂项规定，包括第 34 条至第 45 条规定，涉及乌干达实体和公民的分类、用于乌干达实体和公民的国家供应商数据库、保存记录的要求、本法的优先地位、竞争性投标中乌干达实体和公民的待遇、行业良好行为守则、禁止实行外国标准、对外国技术资格的限制、上诉、官员豁免、2003 年第 1 号法律第 50 条和第 59A 条的废除、保留与过渡、附件和条例的修正。

PATRICK NSAMBA OSHABE（议员）

Kasanda 选区，Mubende 地区

2019 年《国家本土成分议案》

本法对使用公共资金或利用乌干达自然资源或开展需要许可证的活动的人施加本土成分义务；在公共采购中优先考虑乌干达公民、乌干达公司和乌干达居民公司；确保向乌干达实体转让技能和技术；对本土成分计划的制订作出规定；对乌干达境内本土成分的监督、协调、监测和执行作出规定；并对有关事项作出规定。

经议会批准如下：

第一部分　基本规定

1. 适用

本法适用于下列本土成分实体：

(a) 从事使用公共资金的活动；

(b) 根据 2003 年《公共采购和公共资产处置法》进行公共采购；

(c) 根据下列法律的规定从事可许可的活动或经营：

(i) 2003 年《采矿法》；

(ii) 1999 年《电力法》；

(ⅲ) 2008 年《乌干达旅游法》；或

(ⅳ) 根据议会法案颁发的任何其他许可证；

(d) 持有投资许可证或是可享受税收减免或其他税收鼓励措施的实体或个人；

(e) 根据 2015 年《公私伙伴关系法》订立的公私伙伴关系协定成为私人当事方；

(f) 从事公共工程建设；

(g) 其活动由公共借款或任何类似安排提供资金；

(h) 活动或采购由与（b）至（g）款所提到的本土成分实体具有承包或分包关系的个人、机构或实体进行的。

2. **解释**

在本法中，除非上下文有其他要求：

"缔约机构"，是指由政府设立的并在公私伙伴关系中被授权履行公共职能的部、政府机构或任何其他机构；

"货币分"具有附件一所赋予的价值；

"外国投资者"具有根据第 92 章《投资法》所赋予的含义。

"本土成分"，是含有下列因素的数量或百分比：

(a) 当地生产的货物；

(b) 当地提供的服务；以及

(c) 本土成分实体在乌干达境内的从事的任何业务或活动中对人员、资金、货物和服务的利用。

"本土成分实体"，是指：

(a) 政府，包括政府各部、司、局、地方政府、地方当局、法定机构或机关；

(b) 自然人或法人、合伙企业或任何其他实体；

(c) 与上述（a）和（b）项所列本土成分实体具有承包或分包关系的个人或实体，从事本法第 1 条规定的活动的个人或实体。

"制造"，是指：

(a) 生产、装配或加工商品或制造任何商品或任何商品的一部分；

(b) 改变、装配、整理、组装或加工任何形式的商品；或

(c) 任何商品的销售准备行为，其中使用了机械动力操作的机械。

"部长"，是指负责贸易的部长；

"私人当事方"具有 2015 年《公私伙伴关系法》所赋予的含义；

"采购和处置实体"具有 2003 年《公共采购和公共资产处置法》所赋予的含义；

"公共资金"具有 2015 年《公共财政管理法》所赋予的含义；

"公私伙伴关系协议"，是指记录缔约机构与私人当事方之间缔结的公私伙伴关系条款的书面合同；

"公共工程"，是指代表乌干达政府或地方政府的个人、机构或实体从事的全部或部分由公共资金资助的任何建筑工程；

"居民公司"具有第 340 章法律《所得税法》所赋予的含义；

"居民个人"具有第 340 章法律《所得税法》所赋予的含义；

"技术转让"，是指旨在从外国实体向乌干达公司或公民转让技能、知识、技术和方法的活动和机制；

"乌干达公司"，是指根据乌干达法律成立、由乌干达公民完全拥有和控制的公司；

"乌干达实体"，是指乌干达公司或乌干达居民公司。

第二部分　行政安排

3. 部门的指定

(1) 贸易部中应设立一个本土成分部门，负责执行本法的规定。

(2) 该部门应行使下列职责：

(a) 监督、协调和管理乌干达本土成分的发展；

(b) 就乌干达境内的本土成分问题向乌干达政府提供建议；

(c) 制订国家本土成分计划；

(d) 批准本土成分计划；

(e) 在乌干达开展关于本土成分的公共教育；

（f）开发国内成分评估系统；

（g）为乌干达本土成分的实施制定准则；

（h）根据本法监测和评估本土成分实体的本土成分绩效；

（i）为监测遵守本法的情况，制定审计程序并进行审计；

（j）为乌干达境内本土成分的评估提供定义和指标；

（k）为促进乌干达本土成分的发展，从事学习和研究；

（l）监测和审计遵守本法规定的本土成分义务的情况；

（m）促进乌干达本土成分的发展；以及

（n）行使部长可能指派的任何其他职责。

（3）该部门对本土成分具有下列权力：

（a）进行本土成分调查；

（b）对涉及本土成分义务合同和活动进行审查；

（c）审查和批准本法规定的合同；以及

（d）下令终止合同。

第三部分　国内本土成分要求

4. 采购期间乌干达商品和服务的优先权

（1）本土成分实体应优先考虑在乌干达制造的商品和由乌干达实体提供的服务。

（2）在本法中：

（a）如果商品的生产、制造、加工、装配或制作完全或部分是在乌干达境内进行的，该商品就可被视为在乌干达制造的商品；以及

（b）如果服务是由乌干达实体在乌干达境内提供的，该服务就可被视为在乌干达提供的服务。

（3）在确定商品的产地时，应适用东非共同体适用的原产地规则。

5. 在采购期间对乌干达的商品和服务的拒绝

（1）只有在商品不能满足所要求的质量、数量或交付期限时，本土成分实体才能拒绝乌干达当地生产的商品或由乌干达实体提供的服务。

（2）如果在乌干达当地生产的商品或由乌干达公民或公司提供的服务不能满足所要求的质量、数量或交付或完工期限，本土成分实体可经本部门的书面授权，按照该部门的指示采购商品或服务。

（3）如果货物或服务是在第 2 款规定的情况下采购的，本土成分实体应确保货物或服务是由与乌干达公司或公民合资经营的实体提供的。

（4）根据第 2 款提出的授权请求应说明：

（a）拟采购的货物或服务的性质；

（b）同类货物或服务在乌干达的获取度；

（c）需要货物或服务的目的；

（d）本土成分实体所需的最低质量、数量和交付期限；

（e）商品或服务的市场价格；

（f）同类商品或服务的市场价格；以及

（g）部长根据条例可能规定的任何其他信息。

（5）在乌干达本地生产的商品或由乌干达公民或公司提供的服务不能仅以下列理由被拒绝：

（a）质量，如果：

（i）对商品而言，该商品经乌干达国内标准机构认证能够满足该商品被开发或批准的标准；

（ii）对服务而言，该服务是根据最佳行业惯例提供的；或

（iii）该商品的生产商或服务提供者愿意并能够在合理的时间内生产或提供符合质量要求的商品或服务。

（b）价格，如果：

（i）本法或任何其他法律要求此类商品或服务只能在乌干达境内采购；

（ii）如果此类商品的生产商或服务提供者愿意并能够为此类商品或服务的价格进行谈判；或

（iii）此类商品或服务与东非共同体成员国的个人和实体生产或提供的类似商品或服务相比，在价格方面具有竞争力。

（c）交货数量或期限，如果此类商品的生产商或服务提供者能证明它能够满足交付此类商品或服务或所要求的部分商品或服务的数量和期限。

6. **完全从乌干达采购的商品的保留**

（1）本土成分实体应保留附件二所列货物或服务的合同，这些货物或服务完全从乌干达采购，由乌干达实体或公民供应。

（2）尽管有第1款规定，但在本土成分实体看来，没有适当合格的乌干达公司或合格的乌干达公民，或根据其性质，货物不能在要求的时间内供应，则合同应授予居民公司或与乌干达公司或公民建立合资企业的任何其他公司。

（3）第1款并不排除乌干达公民或实体提供附件二未列明的货物和服务。

7. **乌干达市场上随时可获取的商品的优先性**

（1）本土成分实体应优先考虑在乌干达市场上随时可获取的商品和服务，并将此类商品或服务的采购合同专门授予乌干达实体。

（2）第1款规定不应在下列情况下适用：

（a）在乌干达市场上没有类似的本地生产的商品；或

（b）商品或服务虽然在乌干达制造，但不能满足交付所需的质量、数量或期限。

（3）在本条规定中，如果某一商品不是在乌干达当地生产的，但可在乌干达市场上获取并由一个乌干达实体出售，该商品就是在乌干达市场上可随时获取的商品。

（4）部长应每年在政府公报和广泛流通的报纸上公布在乌干达可随时获取的商品的清单。

8. **乌干达公民的雇用**

（1）从事本法所适用的活动的人不得雇用非乌干达公民从事其活动，除非贸易部已证明不能找到合适的有资格的乌干达公民或他们不能从事特定类型的工作。

（2）所有乌干达公民拥有的工作岗位应提供与工作性质相符合的薪金、工资和福利，但从事同样工作的乌干达公民与非公民之间的薪金差额不得超过 10%。

9. 非乌干达公民的雇用

（1）从事本法所适用的活动的人应优先雇用乌干达公民。

（2）第 1 款所适用的人员只有在下列情况下才能雇用非乌干达公民：

  （a）不能找到合格的乌干达公民或乌干达公民没有能力从事特定类型的工作；

  （b）已得到本部门的事先批准。

（3）如果本部门确信已尽一切合理努力寻找合格的乌干达公民但并不存在此类人员，则本部门可授权批准雇用非乌干达公民。

（4）为技术转让目的，非乌干达公民担任的每一职位应配有一个乌干达公民作为副手。

（5）从事本法所适用的活动的人应向本部门提交一份非乌干达公民所拥有的职位的替代计划。

10. 工作许可证发放或延长的限制

从事本法所适用的活动的人，不得被签发工作许可证或延长其工作许可证，除非其工作许可证的申请或延长申请得到本部门信函的支持，以证明申请人具备该工作岗位所必需的技能，而没有乌干达公民具备这种技能。

11. 乌干达公民的培训

（1）从事本法所适用的活动的人应：

  （a）制订培训乌干达公民的详细方案；

  （b）根据乌干达的培训和就业优先事项以及为向乌干达转让与该活动有关的技术的唯一目的，执行培训方案。

（2）授予乌干达公司或乌干达公民以外的个人或实体的每项公共工程合同都应规定这些个人或实体必须在其活动中培训最低数量的乌干达公民。

（3）第 2 款提及的最低数目应由部长指定。

12. 公共工程合同的保留

部长应与公共采购和公共资产处置管理局协商后，在政府公报中发布通知，保留某些专门授予乌干达公民和乌干达公司的公共工程合同。

第四部分　公共工程和合同的分包

13. 禁止分包

除本法规定的情况外，从事本法所适用的活动的人不得将根据本法承包或分包的工程或任何合同进行分包。

14. 分包公共工程合同或活动的要求

（1）授予乌干达公司或公民以外的个人或实体的每项公共工程合同，都应规定这样的要求，即此类个人或实体应至少将承包工程的40%分包给乌干达实体。

（2）第1款适用的人应在投标中明确载明它应将其承包工程的一部分分包给的乌干达实体的名称。

（3）部长可随时在公报中通知修改第1款中专门分包给乌干达公司或个人的合同的最低部分。

15. 分包工程的责任

根据第14条将其承包工程的一部分分包出去的人员，在任何时候都应对合同的履行负责，并应为合同的履行提供相关的担保和资金，而分包商不用提供此类担保和资金。

16. 乌干达实体成为分包商的资格

乌干达实体或个人有资格分包第14条所提到的工程，如果：

- （a）它不是进行分包的同一公司集团的子公司，也不被该公司集团所有或是其一部分；
- （b）它不是进行分包的实体的代理人；
- （c）它是作为乌干达公司登记的；
- （d）它遵守了所有的纳税义务，并获得了相关税务机构的税务清单；
- （e）它拥有从事拟分包工程所需的技能、设备和技术专长；
- （f）它未被贸易部或公共采购和公共资产处置管理局列入黑名单；或
- （g）它没有违反本法的任何规定。

17. 分包合同的终止

（1）分包合同只能由本土成分部门自行终止或根据本土成分实体依据第 2 款规定的任何理由提出的申请而予以终止。

（2）第 1 款所提到的理由是指乌干达实体：

（a）不能履行或殆于履行所承包的工程；

（b）逃避或放弃所分包的工程；

（c）转让或出售其股份或不再具有分包资格；

（d）违反本法的任何规定；

（e）通过欺诈或虚假陈述获得分包合同；

（f）缺乏执行合同所需的技能、专门知识或人员；以及

（g）未按规定标准实施工程。

（3）如果分包商根据第 2 款规定被终止资格，则该乌干达实体将在 10 年内被禁止与政府做生意。

（4）如分包商已根据第 3 款的规定被终止资格、列入黑名单或被禁止与政府做生意，则该实体管理人员，包括董事、合伙人或股东在第 3 款规定的期限内，没有资格成为根据本法承包或分包工程的实体的一部分。

（5）如果分包商已被终止资格，总承包商经本部门批准后应根据第 14 条规定的要求指定一名合格的分包商。

18. 完工证明

（1）根据第 14 条规定获得分包合同的乌干达实体在成功完成承包工程后，应从总承包商处取得完工证明。

（2）完工证明应按部长根据条例规定的格式制作。

第五部分　本土成分计划

19. 制订国家本土成分计划

（1）本土成分部门应与部长协商后，制订国家本土成分计划。

（2）国家本土成分计划经部长批准后，应在公报和任何广泛发行的报纸上公布。

（3）国家本土成分计划除任何其他事项外，还应包含实现本法或任

何其他法律所规定的本土成分义务的机制。

20. 制定本土成分战略

（1）乌干达政府部委、部门、机构、当局或地方政府在与本土成分部门协商后，应制定本土成分战略，以履行本法规定的本成分义务。

（2）第 1 款所指的本土成分战略应分发给承包商和供应商。

21. 制订本土成分计划

（1）商品供应商、服务提供商或承包商在投标第 1 条所规定的公共工程或任何活动时，应就整个工程或活动制订本土成分计划。

（2）从事第 1 条所规定的活动的供应商、提供商或承包商应在本法生效后六个月内向本部门提交本土成分计划，以便审查和批准。

（3）第 1 款和第 2 款所提到的本土成分计划应详细载明本法附件三所列事项。

（4）第 1 款所提到的本土成分计划应根据情况提交下列不同机构以便评估和批准：

(a) 如果是根据《公共采购和公共资产处置法》所进行的采购，则向负责采购和处置资产的实体提交；

(b) 如果活动是由作为免税、减税或任何类似税收优惠措施的受益人的实体或个人进行的，则向财政部提交；

(c) 如果承诺或活动是 2003 年《采矿法》、1999 年《电力法》、2008 年《乌干达旅游业法》或部长规定的任何其他可许可活动的规定范围内的可许可活动或经营活动，则向负责依法发放许可证的部委提交；

(d) 如果活动是由外国投资者进行的，则向财政部提交；

(e) 如果活动是由私人当事方根据公私伙伴关系协议进行的，则向缔约机构提交；

(f) 如果活动是由乌干达政府或法定机构或代理处进行的，则向法定机构或代理处或乌干达政府包括地方政府提交；以及

(g) 如果活动是公共工程，包括通过公共借款资助的建造、设计、采购和建设，则向采购和处置实体提交。

（5）接收第 4 款所提到的本土成分计划的实体应审查该计划，在对

该计划满意的情况下，批准该计划，并附上修正意见或不予修正。

22. **对本土成分计划的偏离**

（1）本土成分计划一经批准，不得偏离，除非在特殊情况下，并经批准的实体的同意。

（2）有意偏离本土成分计划的供应商、提供商或承包商应以书面形式向批准该计划的实体提出申请，说明寻求偏离的理由。

（3）第1款提到的例外情况是：

  （a）如果由于申请人无法控制的情况，本土成分计划所载事项的履行是不可能的，而且申请人无法采取任何行动来克服这种不可能性；以及

  （b）在制订本土成分计划时，存在不能合理预期申请人会考虑到的意外障碍。

（4）未经第21条所提到的部委、部门、机构或实体的同意，任何人偏离已被批准的本土成分计划，均属违法行为。

23. **技术转让**

供应商、提供商或承包商应推动有效转让与本法所适用的承诺或活动有关的技术和技能，并造福于乌干达公民和乌干达实体。

第六部分　采购规划和本土成分的评估

24. **采购规划**

（1）本土成分实体、供应商、提供商或承包商应确保投标过程包括本土成分，作为评标标准之一。

（2）对任何受本土成分义务约束的采购发出的投标文件，应当说明采购应遵守的本土成分要求，包括最低本土成分要求或义务以及法规可能规定的任何其他信息。

（3）本土成分实体、供应商、提供商或承包商应通过分解合同和制订乌干达实体和个人可以执行的一揽子采购计划，来减少采购的规模和复杂性。

（4）部长应确定专门提供给乌干达实体的采购的门槛。

（5）执行公共工程合同的本土成分实体应在投标中注明它将从乌干

达独家采购的最低数量的商品和服务，这些商品和服务应按合同总额的百分比量化。

25. 评标中的本土成分评估

（1）受本土成分义务约束的投标，应首先对其是否对本土成分义务作出的回应进行评估。如果投标没有作出回应，则应予以拒绝，而不作任何进一步评估。

（2）如果在评估时，投标包含第 21 条所要求的本土成分计划，则该投标应被视为对本法规定的本土成分作出回应。

（3）经初步评估后，投标应按优先顺序排列，其中包含本土成分的最高价值的投标应被给予更高的分数。

（4）公共采购和公共资产处置管理局应发布评标中本土成分的评估准则。

（5）投标人为使采购实体满意，应提供证据并证明其本土成分计划中包含的所有事项。

第七部分　本法的遵守

26. 通过贷款资助的公共工程的本土成分

（1）本土成分实体应确保通过贷款供资的项目符合本法规定的本土成分义务。

（2）如果：

　（a）公共工程项目由外国金融机构直接向供应商、提供商或承包商提供的借款而予以资助；或

　（b）公共工程项目的承包商是通过适用《公共采购与公共资产处置法》所规定的公共采购程序以外的采购程序与外国实体缔约的；

则供应商、提供商或承包商应在开始承包活动或公共工程项目之前，向贸易部提交本土成分计划，以便批准。

（3）第 2 款中提到的本土成分计划应特别要求供应商、提供商或承包商：

　（a）将承包活动内容的至少 40% 分包给乌干达公司；

（b）从乌干达采购附件二所列的商品和服务；

（c）将合同总额的 20% 用于采购在乌干达制造或随时可获取的商品或来自乌干达的商品；

（d）在该项目中雇用乌干达公民，并确保其员工总数中至少有 80% 是乌干达公民；

（e）确保其承包商和分包商遵守本法的本土成分规定；

（f）对乌干达工作人员进行项目所有领域的培训，并将合同总额的至少 2% 用于培训活动；

（g）所有由非乌干达公民拥有的岗位应由乌干达公民做副手；

（h）实施与乌干达公民有关的劳动力发展战略，包括培训计划和规划，以解决与当地劳动力有关的任何技能差距；

（i）实施向乌干达公民转让技术、知识和技能的战略；

（j）进行当地供应商能力开发；

（k）酌情与乌干达实体和公民建立分包和伙伴关系；

（l）为外国人从事的所有工作或活动制订替代计划，并确保乌干达公民从事的工作每年增加；

（m）实施支持当地参与其活动的战略，并保证将合同总额的至少 1% 用于这些活动；

（n）条例规定的任何其他信息。

（4）承包商应向本部门和采购实体提交季度报告，说明遵守本条和该法一般规定的情况。

（5）如果承包商没有遵守本条的规定，采购实体或本土成分部门或本土成分实体可以：

（a）要求承包商为履行其义务提供担保；

（b）要求承包商向基金支付一笔金钱，数额相当于该承包商有义务在本条规定的本土成分义务上支出的数额；

（c）从承包商处扣留承包商应支付的上述（b）项中的金钱。

27. 分包商合规

（1）本土成分实体、承包商、供应商或分包商应确保其所有承包商和分包商遵守本法和本法规定的本土成分要求。

（2）本土成分实体、承包商、供应商或分包商根据本法承担的义务，在同等程度上应由承包商、分包商、代理人或此类人员、机构或实体的继承人承担。

（3）共同承诺执行受本法约束的任何活动的当事方，应被连带要求遵守本法规定的义务。

28. 合规的行政措施

（1）如果某人或某实体不能、拒绝或疏于遵守本法的任何规定或本部门或本土成分实体发布的指示或命令，本土成分部门或本土成分实体可以：

(a) 将该本土成分实体、承包商、供应商或分包商列入黑名单，自该命令发出之日起不超过五年；

(b) 暂停或指示暂停由该本土成分实体、承包商、供应商或分包商进行的活动，期限由本部门或与承包商、供应商或分包商签订承包或分包合同的本土成分实体或批准本土成分计划的实体确定；

(c) 对该本土成分实体、承包商、供应商或分包商或根据本法授权的任何其他个人处以行政罚款；

(d) 要求该本土成分实体、承包商、供应商或分包商向基金支付合同总额一定百分比的金钱，其数额相当于该人、机构或实体为遵守本条规定的本土成分义务而应支付的数额；

(e) 扣留或指示扣留该本土成分实体、承包商、供应商或分包商应支付的任何款项；

(f) 下令该本土成分实体、承包商、供应商或分包商发生的费用和支出不应作为税务机关确定应纳税收入的业务成本扣除；

(g) 采取其认为适当的或条例可能规定的任何其他行动。

（2）当一个本土成分实体、承包商、供应商或分包商被本部门或本土成分实体暂停或列入黑名单时，该本土成分实体应：

(a) 在暂停的情况下，停止或暂停其所有活动，直至取消暂停；

(b) 在被列入黑名单的情况下，被禁止与乌干达政府做生意或参与任何公共采购或被授予为期十年的分包合同。

（3）本土成分部门或本土成分实体应在作出本条规定中的决定后 5 天内以其认为合适的方式通知该本土成分实体、承包商、供应商或分包商，除非：

  （a）在根据第 1 款（a）项作出命令的情况下，将其决定通知公共采购和公共资产处置管理局；

  （b）在根据第 1 款（f）项作出命令时，将其命令通知有关税务机构和财政部；

  （c）在根据第 1 款（c）项作出命令时，将其命令通知财政部和税务总局；以及

  （d）在根据第 1 款（e）项作出命令时，将其命令通知负责支付款项的相关人员、机构或实体。

（4）收到第 3 款通知的实体应立即按照通知中的要求采取行动，并报告所采取的行动。

29. 履行义务的保证

本土成分部门或本土成分实体可以要求承包商、分包商或供应商作出安排，为履行和遵守本法或该本土成分实体可能遵守的任何合同规定的义务或执行保证金或其他形式的担保。

30. 鼓励措施

部长可对遵守本法要求的人给予适当的鼓励措施。

第八部分　违法行为和处罚

31. 违法行为和处罚

（1）对于个人而言，下列行为构成违法：

  （a）不提交或拒绝提交根据本法要求提交的计划、报告或其他文件；

  （b）故意作虚假陈述；

  （c）纵容任何人或实体违反本法的规定；

  （d）防碍、阻碍或不适当地试图影响本部门行使本法规定的任何权力或履行任何职责；

  （e）歪曲或试图歪曲本土成分义务的履行；

（f）违反根据本法发布的任何指令；

（g）作为乌干达公民，代理或纵容任何实体或本土成分实体或公民不遵守本法的本土成分要求；

（h）从事欺诈行为（fronting）；

（i）从事利益偏差行为（benefit diversion）；

（j）未经指定部门授权销售、转让或转让分包合同或分包合同的一部分；

（k）作为本法中合同或部分合同的分包人，没有从事所承包的工程，但默许或接受任何人的付款；

（l）没有或疏于履行承包的工程或在工程竣工前逃避或者放弃合同；

（m）未经授权，将其合同的全部份额或义务进行分包；

（n）未经授权，违反本法规定分包或试图分包任何合同或其义务；

（o）转让或出售其股份，或因其具有的乌干达实体或公民的身份而被授予合同或分包合同后的任何时间终止其乌干达实体或公民的身份；

（p）已不再是乌干达公司或个人，但仍以此身份进行贸易；

（q）以欺诈或歪曲其真实所有权或来源的方式获得合同或分包合同；以及

（r）实施以次充好的工程。

（2）违反下列规定的人员：

（a）若违反第1款（a）、（b）、（c）、（d）和（e）项规定，一经定罪，可判处不超过五年的监禁。

（b）若违反第1款（f）、（g）、（h）、（i）、（j）、（k）、（l）、（m）、（n）、（o）、（p）、（q）和（r）项规定，一经定罪，可判处不超过10年的监禁。

（3）若法人团体实施了第1款规定的违法行为，则该法人团体和该法人团体的董事、经理、秘书或其他类似官员或任何声称以任何此类身份行事的本土成分实体，应被视为实施了该违法行为，并应按第2款规定的要求受到起诉和惩罚。

（4）被指控实施第1款规定所提到的违法行为的人，除第2款和第3款规定的处罚外，还被禁止自定罪之日起10年内不得与其他人订立合同，或担任法人团体的董事、经理、秘书或其他类似官员。

（5）在本条规定中：

  （a）"利益偏差行为"是指本土成分实体或任何其他实体所实施的行为，使得它因执行本法规定而获得的经济利益并没有按照本法规定的要求流向乌干达公司或个人。

  （b）"欺诈行为"是指直接或间接损害或妨碍实现本法目标或执行本法或任何其他与本土成分有关的法律规定的交易、安排或其他行为。

32. 行政处罚的实施

（1）本土成分部门或本土成分实体，除施加所规定的处罚外，也可作为替代对违反本法规定的人员、机构或实体实施如下行政处罚：

  （a）若违反第31条第1款（a）、（b）、（c）、（d）项规定，可对每项违法行为处以不超过四万货币分的行政罚款，在知悉或被告知该违法行为后，仍持续该违法行为的，每天可另处两万五千货币分的罚款；

  （b）若违反第31条第1款（f）、（g）、（h）、（i）、（j）、（k）、（l）、（m）、（n）、（o）、（p）、（q）、（r）项的规定，可对每项违法行为处以不超过五万货币分的行政处罚，在知悉或被告知该违法行为后，仍持续该违法行为的，每天可另处两万五千货币分的罚款；

  （c）若违反第33条规定，对每一违法行为处以不超过一万货币分的行政处罚，在知悉或被告知该违法行为后，仍持续该违法行为的，每天可另处5000货币分的罚款；

（2）第1款规定的罚款应视为一项民事债务，并应在征收后的7个工作日内缴入综合基金。除非缴清罚款，被处以罚款的本土成分实体、承包商、供应商或分包商应停止进行承包活动。

（3）行政处罚自实施之日起按法院利率计息。

33. 一般处罚

对于违反本法没有规定处罚措施的任何规定的人员，应处以不超过 1000 货币分的罚款或不超过 3 年的监禁，或两者并处。

第九部分 杂项规定

34. 乌干达实体和公民的分类

（1）本土成分部门应对乌干达实体和公民进行分类，并为这些实体和公民保留和保持登记册。

（2）除条例规定的任何其他事项外，分类应基于实体和公民的：

（a）能力；

（b）经验；

（c）实体或公民参与的相关经济行业；

（d）实体或公民所经营的商品或服务；

（e）实体或公民所从事的业务的性质；以及

（f）本部门认为合适的任何其他事项。

（3）本土成分部门应确保：

（a）实体或公民被归类为商品供应商或服务提供商；

（b）具有或不具有必要经验的实体或公民被归入不同类别；以及

（c）如果被归入较低类别的实体或公民获得了必要的经验，则将其归入并登记在较高类别。

35. 用于乌干达实体和公民的国内供应商数据库

（1）本部门应为每个经济行业建立一个国内供应商数据库。

（2）数据库应采用规定的形式，公众可按条例规定的条件访问。

（3）希望在数据库中登记的实体或公民应向本部门提出申请，并应向相关指定部门证明它是乌干达实体或公民。

（4）数据库的登记期限为 3 年，可在任何时候再延长 3 年。

（5）本部门应在每年 12 月 31 日之前公布在国内供应商数据库中登记的乌干达实体和公民名单。

（6）尽管有第 5 款的规定，本部门可在必要时更新国内供应商数据库。

（7）本部门可基于以下理由将一个实体或公民从数据库中删除：

（a）不再符合数据库登记要求的；

（b）如本部门有理由相信该实体或公民虽然看似有资格注册，但已没有或不再具有资格登记在数据库；

（c）该实体或其任何董事或任何其他主管人员违反了本法的规定；以及

（d）贸易部长可能规定的任何其他理由。

36. 保存记录的要求

（1）本土成分实体应保存其遵守和履行本法、合同或活动中的本土成分义务有关的记录。

（2）尽管有第 1 款的规定，本土成分实体应确保其承包商和分包商在合同上有义务向其报告本土成分遵守情况，并应要求直接向指定部门报告。

（3）本土成分实体根据第 1 款保存的记录应包含与该人、其承包商和分包商履行本法规定的本土成分义务的支出有关的证明文件。

（4）第 1 款所提到的本土成分实体应向本部门提交年度报表，说明其遵守本土成分义务的情况。

（5）第 3 款所提到的证明文件应包括下列相关信息：

（a）因向乌干达实体和公民购买商品、服务或其他物品而向它们支付的款项；

（b）因向乌干达实体和公民以外的个人或实体购买商品和服务而向它们支付的款项；

（c）向包括公民、居民和外国人在内的人员支付的工资、利润、股票和其他有形资产的红利；

（d）在审议期间授予的所有合同和所承包的服务或设备清单；以及

（e）贸易部长通过条例可能规定的任何其他信息。

（6）本土成分实体应允许本土成分部门或授权官员查阅其记录，以评估和核实本土成分遵守情况。

37. 行业良好行为准则

（1）本土成分部门应经贸易部部长批准后，制定行业良好行为准则，以在相关行业实施本土成分。

（2）第 1 款所提到的行业良好行为准则在拟订或核准后，应在政府公报或广泛发行的报纸上公布。

38. 禁止实施外国标准

（1）本土成分实体、承包商、提供商或供应商在实施公共工程时，不得要求基于乌干达国家标准局或任何其他乌干达国内标准机构制定或批准的标准以外的标准提供商品或服务或使用材料。

（2）当不可避免地使用外国标准时，本土成分实体、承包商、提供商或供应商应确保使用适用在乌干达适用的相似的标准。

（3）在乌干达没有适用的相似的标准时，本土成分实体、承包商、提供商或供应商应向乌干达国家标准局申请授权适用适合于乌干达的标准。

39. 禁止外国技术资格

（1）本土成分实体、承包商、提供商或供应商不得要求乌干达公民具备外国技术资格作为就业条件。

（2）尽管有第 1 款的规定，在不可避免地需要外国技术资格时，本土成分实体、承包商、提供商或供应商应确保使用在乌干达适用的类似资格。

（3）为避免争议，第 2 款所提到的资格应由乌干达国家高等教育委员会或任何其他授权的政府机构确定，该决定应为最终决定。

40. 上诉

（1）因本部门的决定而受损害的本土成分实体、承包商、提供商或供应商应在决定作出后 5 天内向高等法院提出上诉。

41. 本法的优先性

（1）本法应优先于乌干达国内有关本土成分的所有现行法律。如果本法的规定与任何其他法律有冲突，则以本法的规定为准。

（2）本法适用于保险行业和石油行业中 2015 年《保险法》和 2013 年《石油（勘探、开发和生产）法》或 2013 年《石油（精炼、转化、运输和中游储存）法》没有做成规定的事项。

（3）当任何法律授权任何本土成分实体或机构发布准则，为促进公共采购中的本土成分而保留某些合同时，这种优惠或保留计划应符合本法以及根据本法制定的一般条例的规定。

（4）自本法生效之日起，凡为促进公共采购中的本土成分而发布的与本法规定不符的任何保留方案，就其不符部分而言，均应无效。

42. 废除 2003 年 1 月第 1 号法律第 50 条和第 59A 条的规定

2003 年《公共采购和公共资产处置法》第 50 条和第 59A 条被废除。

43. 保留和过渡

（1）在本法开始时，从事本法所涉活动的本土成分实体、承包商、提供商或供应商应继续从事该活动，就像根据本法签订的合同一样。

（2）虽有第 1 款的规定，本土成分实体、承包商、提供商或供应商应在本法生效后六个月内作出使本土成分部门满意的必要安排，以遵守本法的规定。

44. 附件的修订

部长可根据本土成分部门的建议，对本法的附件以及本法规定的条件进行修订。

45. 条例

（1）部长可通过法定文书，为实施本法规定和它的适当管理制定一般条例。

（2）根据第 1 款制定的条例应提交议会。

附 件

附件一　货币分

一货币分相当于两万先令。

附件二　完全由乌干达实体和公民供应的商品和服务的清单

A. 服务行业和子行业　　　　　　　　　　对应编码

1. 商业服务

专业服务

a. 法律服务	861
b. 会计、审计、账簿服务	862
c. 税收服务	863
d. 建筑服务	8671
e. 工程服务＊＊	8672
f. 城市规划与景观	8674

建筑服务

g. 医疗和牙科服务	9312
h. 兽医服务	932
i. 由助产士、护士、理疗师、医疗辅助人员 　提供的服务	93191

j. 与会计有关的其他服务如审计保证和咨询、法医会计、财务和风险管理、交易服务和破产实践

计算机及相关服务

a. 与电脑硬件安装有关的咨询服务	841
b. 软件执行服务	842
c. 数据处理服务	843

d. 数据库服务　　　　　　　　　　　　　　844
　　　　　　　　　　　　　　　　　　　　845＋849

研发服务
a. 自然科学的研发服务＊＊　　　　　　　851
b. 人文社会科学研发服务　　　　　　　　852
c. 跨学科研发服务　　　　　　　　　　　853

房产服务
a. 有关房产的所有或租赁　　　　　　　　821
b. 有关收费和合同依据　　　　　　　　　822

没有操作者的租赁/租用服务
a. 与其他运输设备相关的　　　　　　　　83101＋83102＋83105
b. 与其他机械和设备相关的　　　　　　　83106－83109　832

其他商业服务
a. 广告服务　　　　　　　　　　　　　　871
b. 市场调研及舆情服务　　　　　　　　　864
c. 管理咨询服务　　　　　　　　　　　　865
d. 与管理咨询相关的服务　　　　　　　　866
e. 技术测试和分析服务　　　　　　　　　8676
f. 农业、狩猎业、林业附带服务　　　　　881
g. 渔业附带服务　　　　　　　　　　　　882
h. 矿业附带服务　　　　　　　　　　　　883＋5115
i. 制造业附带服务　　　　　　　　　　　884＋885（除去88442）
j. 能源供应附带服务　　　　　　　　　　887
k. 人事替代和供应服务　　　　　　　　　872
l. 调查和安保　　　　　　　　　　　　　873
m. 科技咨询相关服务　　　　　　　　　　8675

n. 设备维护和修理服务（不包括海上船 633 +
舶、航空器和其他运输设备）** 8861 – 8866
o. 建筑清洗服务 874
p. 摄像服务 875
q. 包装服务 876
r. 印刷、出版 88442
s. 会议服务 87909[1]*

2. **通信服务**
a. 邮政服务 7511
b. 速递服务 7512

电讯服务
a. 语音电话服务 7521
b. 分组数据交换传输服务 7523*[2]*
c. 电路数据交换传输服务 7523**
d. 电传服务 7523**
e. 电报服务 7522
f. 传真服务 7521* + 7529*
g. 电子信箱 7523
h. 语音信箱 7523
i. 网上信息和/或数据处理（包括交易处理）** 843
j. 私人电路服务 7522 + 7523

视听服务
a. 电影和录像带的制作、发行服务 9611
b. 电影放映服务 9612
c. 广播和电视服务 9613
d. 广播电视传送服务 7524
e. 录音不适用

3. **建筑及相关工程服务**
   a. 建筑物的一般建筑工作　　　　　　　　512
   b. 土木工程的一般建筑工作　　　　　　　513
   c. 安装和组装工作　　　　　　　　　　　514 + 516
   d. 建筑完工和结尾工作　　　　　　　　　517
   　　　　　　　　　　　　　　　　　　　511 + 515 + 518

4. **分销服务**
   a. 佣金代理商服务　　　　　　　　　　　621
   b. 批发贸易服务　　　　　　　　　　　　622
   c. 零售服务　　　　　　　　　　　　　　631 + 6326111
   　　　　　　　　　　　　　　　　　　　+ 6113 + 6121
   d. 连锁经营　　　　　　　　　　　　　　8929

5. **教育服务**
   a. 早期儿童开发服务
   a. 初级教育服务　　　　　　　　　　　　921
   b. 中等教育服务　　　　　　　　　　　　922
   c. 高等教育服务　　　　　　　　　　　　923
   d. 成人教育　　　　　　　　　　　　　　924
   e. 其他教育服务　　　　　　　　　　　　929

6. **环境服务**
   a. 污水处理服务　　　　　　　　　　　　9401
   b. 垃圾处理服务　　　　　　　　　　　　9402
   c. 卫生和类似服务　　　　　　　　　　　9403

7. **金融服务**
   所有保险及保险相关服务　　　　　　　　812

a. 人寿、事故和健康保险服务   8121
b. 非人寿保险服务   8129
c. 再保险和转保   81299
d. 保险辅助服务   8140
（经纪和代理服务）

银行和其他金融服务
（不包括保险）

a. 接受公众存款和其他应返还资金   8115 – 8119
b. 各类贷款，包括消费信贷、商业信贷、   8113
　　抵押贷款、保理和融资
c. 融资租赁   8112
d. 所有支付和汇款服务   81339
e. 保证和承诺   81199
f. 为自己或客户的账户进行的以下交易，无论是在交易所、场外市场或其他：
◆ 货币市场工具（支票、汇票、存款证明等）   81339
◆ 外汇   81333
◆ 衍生产品包括但不限于期货和期权   81339
◆ 汇率和利率工具包括诸如互惠信贷、远期   81339
　　利率协议等产品
◆ 可转让证券   81321
◆ 其他可转让票据和金融资产，包括金条   81339
g. 参与各类证券的发行，包括承销和作为配   8132
　　售代理人
（无论是公开还是私下发行）以及提供发行相关服务
h. 货币经纪   81339**
i. 资产管理，如现金或投资组合管理，所有形   8119 + **
　　式的集体投资管理，养老金福利管理，保管
　　服务和信托   81323*

j. 金融资产包括证券、衍生产品和其他流通　　81339
票据的交割和结算服务　　　　　　　　　　或 81319

k. 咨询和其他金融附带服务，如信用调查和　　8131 或 8133
分析、投资和投资组合研究和咨询、公司并购、
公司重组和战略咨询

l. 金融信息的提供和转让、金融数据处理以及　8131
其他金融服务提供者提供的相关软件

银行保险服务

8. 卫生相关和社会服务

a. 医院服务，如在医务人员、医生指导下进　　9311
行的手术服务、康复、精神科、产科、军队，
监狱，警察

b. 其他人类健康服务，如医药、放射、麻　　　9319（93191 除外）
醉、辅助医疗、护理

c. 社会服务，如有住宿和无住宿的社会服务　　933

9. 旅游和旅游相关服务

a. 酒店和餐厅（包括餐饮服务）　　　　　　　641 – 643

b. 旅行社和旅游经营者服务　　　　　　　　　7471

c. 导游服务　　　　　　　　　　　　　　　　7472

10. 娱乐、文化和体育服务

（视听服务除外）

a. 娱乐服务（含剧院、直播、迪斯科舞厅、　　9619
游乐园、作家、作曲家、马戏团服务）

b. 新闻机构服务　　　　　　　　　　　　　　962

c. 图书馆、档案馆、博物馆和其他文化服务　　963

d. 体育和其他娱乐服务　　　　　　　　　　　964

e. 艺术设计（文化遗产）

11. 运输服务

内陆水路运输（不全面）

a. 客运	7221
b. 货运	7222
c. 配备船员的船只的租赁	7223
d. 船舶的保养和维修	8868
e. 推运拖运服务	7224
f. 内陆航道支持服务、运输	745

空运服务

a. 飞机的保养和维修	8868
b. 航空运输支持服务	746

铁路运输服务

a. 客运	7111
b. 货运	7112
c. 推运拖运服务	7113
d. 铁路运输设备的保养和维修	8868
e. 铁路运输服务支持服务	743

公路运输服务

a. 客运	7121 + 7122
b. 货运	7123
c. 配备驾驶员的商用车辆的租赁	7124d
公路运输设备的保养和维修	6112 + 8867
e. 公路运输服务支持服务	744

所有运输方式的辅助服务（后勤服务）

a. 货物装卸服务　　　　　　　　　　　741

b. 储存和仓库服务　　　　　　　　　　742

c. 货运代理服务　　　　　　　　　　　748

d. 货运经纪、票据审核、运价信息服务、停车卸货、货运检验、称重抽检服务、货运收货验收服务、运输、单证制作服务　　749

其他运输服务（自行车和摩托车运输服务）

商品
所有在乌干达制造的商品

附件三　本土成分计划的内容

1. 采购并利用在乌干达可获取的商品和服务；

2. 乌干达公民的就业、报酬以及最低资格要求；

3. 与乌干达公民有关的劳动力发展战略，包括培训计划和解决可能与当地劳动力有关的任何技能差距的规划；

4. 向乌干达公民转让技术、知识和技能的战略；

5. 当地供应商能力开发；

6. 酌情与乌干达公司和乌干达居民公司建立分包和伙伴关系；

7. 外国人从事的所用工作岗位或从事的所用活动的替代计划；

8. 乌干达公民的培训和能力建设；

9. 仅由乌干达实体和公民或根据该法提供的商品和服务的详细清单；

10. 支持当地参与投标人活动的战略；

11. 投标人为履行本土成分义务而将作出的最低估计支出；以及

12. 条例规定的任何其他信息。

（二）《石油（勘探、开发和生产）（国内成分）条例》
2016 年第 44 号法律

〔根据 2013 年第 3 号法律《石油（勘探、开发和生产）法》第 125 条第 4 款（b）项、第 183 条第 3 款（x）项以及第 183 条（ag）项规定制定〕

本条例是为实施 2013 年《石油（勘探、开发和生产）法》第 183 条赋予负责石油活动的部长的权力而在 2016 年 5 月 6 日制定的。

第一部分 基本条款

1. 名称

本条例可被引用为 2016 年《石油（勘探、开发和生产）（国内成分）条例》。

2. 适用

（1）本条例适用于石油活动中的国内成分。

（2）在乌干达从事石油活动的每一个被许可人、经营者、承包商、分包商和任何其他实体都应将国内成分作为其总体石油活动的一个重要内容纳入和实施。

3. 条例的目的

本条例的目的是：

（a）在石油活动中，推动雇用和培训乌干达人、转让知识和技术以及使用由乌干达公司、乌干达公民和经登记的实体提供的货物和服务；

（b）要求每一个被许可人、承包商和分包商优先从乌干达公司、乌干达公民和经登记的实体处采购货物和服务，如果这些货物和服务在质量和及时供应方面具有竞争力；

（c）对于乌干达境内没有的货物和服务，要求由与乌干达公司建立合资企业的公司提供；

（d）在乌干达没有提供货物和服务的能力且经石油管理局批准的

特殊情况下，对由非乌干达人全部拥有的任何其他公司提供货物和服务的行为进行规范；

(e) 通过向乌干达公民和乌干达公司提供支持，确保企业发展；

(f) 推动被许可人、承包商、分包商和乌干达大学、研究机构和技术部门之间的合作。

4. 解释

在本条例中，除非上下文另有要求：

"本法"，是指 2013 年《石油（勘探、开发和生产）法》；

"管理局"，是指根据本法第 9 条设立的乌干达石油管理局；

"被授权官员"，是指根据本法和本条例在部长或管理局授权下行事的官员或其他人；

"货币分"（current point）具有分配给该法中货币分的价值；

"许可证"，是指根据该法颁发的许可证；

"被许可人"，是指根据该法获得许可的人；

"国内成分"，是指：

(a) 在石油活动中使用乌干达当地专门知识、货物和服务、乌干达公司、乌干达公民、经登记的实体、商业和资金的程度；以及

(b) 通过利用乌干达人力和物质资源向乌干达石油工业提供货物和服务而在乌干达经济中创造或增加的实质性综合价值；

"经登记的实体"，是指根据《企业名称登记法》或 2010 年《合伙法》登记的、由乌干达公民拥有的企业；

"技术人员"包括石油工程师、石油地球科学家、技术人员、卫生、安全和环境人员、石油经济学家和成本工程师；

"技术转让"，是指经规划和核准的活动和机制，旨在由被许可人、经营者、承包商和分包商向政府转让技术；

"乌干达公司"，系指为本法第 125 条和本条例的目的根据 2012 年《公司法》成立的公司，并且该公司：

(a) 为乌干达创造增值；

(b) 使用现有的当地原材料；

(c) 雇用至少70%的乌干达人；以及

(d) 是由管理局根据本条例第9条第4款批准的。

第二部分　国内成分的监管和实施

一般规定

5. 国内成分的监管

在对国内成分进行监管时，管理局应：

(a) 监督、协调和指导石油活动中国内成分的发展；

(b) 对根据本条例提交给管理局的国内成分方案和报告进行评估和评分；

(c) 为被许可人、经营者、承包商和分包商开发和运营国内成分评估系统；

(d) 协助乌干达公司、乌干达公民和经登记的实体发展其能力，以进一步发展石油活动中的国内成分；

(e) 制定国内成分实施指南；

(f) 根据本条例监督和评估被许可人的国内成分业绩；

(g) 制定审计程序并进行定期审计，以监督本条例的遵守情况；

(h) 为衡量国内成分提供定义和指标；

(i) 开展学习和研究，以进一步发展石油活动中的国内成分；

(j) 组织会议、研修班、研讨会、专题讨论会、培训、路演和其他公共教育手段，以进一步发展石油活动中的国内成分；

(k) 执行国内成分监管和实施所需的任何其他职能。

6. 许可期间的国内成分

部长在根据《石油（勘探、开发和生产）法》对任何许可申请进行评估时，应考虑到国内成分。

7. 国内成分方案的提交

（1）被许可人应在获得许可证后的十二个月内，向管理局提交一份国内成分方案以备批准，国内成分方案应就下列事项提出计划：

(a) 乌干达人的雇用和培训；

(b) 采购货物和服务所需的质量、健康、安全和环境标准；

（c）向乌干达公司、乌干达公民和经登记的实体转让技术、知识和技能；

（d）乌干达的开展的研发活动；

（e）在乌干达可获得的货物和服务的采购；

（f）当地供应商的开发；

（g）与乌干达公司、乌干达公民和经登记的实体建立伙伴关系；

（h）由乌干达公民取代外国人的计划；

（i）支持地方教育机构；

（j）支持伙伴关系和合作；

（k）由乌干达公司、乌干达公民和经登记的实体提供的服务；以及

（l）管理局可能需要的任何其他信息。

（2）管理局应审查根据本条第1款所提交的国内成分方案，并可对方案提出修正。

（3）如果管理局对根据本条第1款提交的国内成分方案不满意，管理局应将国内成分方案退还给被许可人，并提出改进意见，被许可人应在收到意见之日起21天内对方案作出必要的修正，并将方案重新提交管理局批准。

（4）如果管理局对根据本条第1款提交的或根据本条第3款重新提交的国内成分方案感到满意，管理局应在21天内批准该方案。未经管理局的批准，被许可人不得修改或偏离已批准的方案。

8. 优先考虑乌干达可提供的货物和服务的计划

被许可人根据本条例第7条向管理局提交的国内成分方案应：

（a）载有一份详细计划，说明被许可人应如何优先考虑在乌干达本地制造或可获得的货物，如果货物符合质量和交货时间要求；以及

（b）载有一份详细计划，列出被许可人及其承包商和分包商应以何种方式优先考虑乌干达公司、乌干达公民和经登记的实体提供的服务，以及被许可人在对所需服务招标评估过程中应如何确保乌干达公司、乌干达公民和经登记的实体得到优先考虑。

采购期间的当地成分要求

9. 采购期间乌干达货物和服务的优先权

（1）每个被许可人、承包商和分包商应优先考虑在乌干达生产和提供的货物和服务以及由乌干达公民和公司提供的服务。

（2）如果被许可人或承包商或分包商所需的货物和服务在乌干达无法获取，则此类货物和服务应由与乌干达公司合资的公司提供。

（3）本条第 2 款所提到的乌干达公司在合资企业中的参与权益至少为 48%。

（4）乌干达公司在根据第 2 款成立合资企业之前，应得到管理局的批准，并应：

　　（a）具有技术和财务能力，能够及时交付货物和服务；

　　（b）展示向乌干达公民转让知识和技术的能力；以及

　　（c）有提供所需要的货物和服务的经验。

（5）乌干达公司应积极参与合资企业。

（6）如乌干达公民、乌干达公司或经登记的实体因缺乏技术能力或财务能力而无法提供所需的货物和服务，被许可人可经管理局批准，在管理局规定的期限内使用任何其他公司提供的货物和服务。

（7）如果乌干达公民和公司不具有所要求质量的货物和服务、技术能力或财务能力，被许可人可制备一份当地供应商发展计划，该计划应经管理局批准。

10. 乌干达公民和公司独家提供的货物和服务合同

（1）每个被许可人、经营者、承包商和分包商应保留附件中列明的由乌干达公司、乌干达公民和经登记的实体提供的货物和服务的合同。

（2）本条第 1 款不排除乌干达公司、乌干达公民和经登记的实体提供附件中未列明的货物和服务。

（3）每个被许可人、经营者、承包商和分包商应提供更多和及时的信息，通过分拆合同缩小工程范围的规模和复杂性，并分解一些乌干达公司、乌干达公民和经登记的实体可以承担的工作包。

11. 国内供应商数据库

（1）管理局应建立石油活动国内供应商数据库。

（2）公司不得为石油活动提供货物、工程或服务，除非它在国内供应商数据库中。

（3）管理局应与被许可人协商，制定标准，用于乌干达公司、乌干达公民和经登记的实体进入国内供应商数据库。

（4）管理局应每年在国内和国际发行的报纸上以及在其他电子和印刷媒体上刊登广告，对乌干达公司、乌干达公民和经登记的实体进行资格审查。

（5）管理局应在每年 12 月 31 日之前在国内供应商数据库中公布有资格为石油活动提供货物、工程和服务的乌干达公司、乌干达公民和经登记的实体的名单。

（6）虽有本条第 5 款规定，管理局可在必要时更新国内供应商数据库。

（7）根据本条例合格的公司应在国内供应商数据库中保留最长三年，并可重新申请列入国内供应商数据库。

12. 考虑国内成分的招标原则

（1）每个被许可人、承包商和分包商应确保投标过程将国内成分作为资格要求之一纳入。

（2）每个被许可人、承包商和分包商应每季度举办一次投标讲习班，向乌干达公民和公司宣传采购过程、要求、业绩标准和以往投标过程的经验教训。

（3）在可能的情况下，被许可人、承包商或分包商应提供如下合同期限，以便其他乌干达公司、乌干达公民和经登记的实体能够参与石油行业：

（a）对于资本密集型合同，最长期限为五年；以及

（b）对于低成本合同，最长期限为三年。

（4）被许可人、承包商和分包商应提供有利的付款条件，以更频繁的付款里程碑、更短的期限，并在可能的情况下以预先支付的方式，帮助乌干达公司、乌干达公民和经登记的实体购买材料。

13. 评标原则

（1）国内成分应构成评标标准的一部分，在任何情况下，国内成分

应至少占总评分的 10%，应全部或主要分布在以下几个方面：

（a）乌干达公民的雇用和培训；

（b）当地货物和服务的使用；以及

（c）技术转让计划。

（2）在财务评估阶段，当投标价格接近 5% 时，含有国内成分最高的投标应当选。

14. 成立招标信息办公室

（1）在适用的情况下，在乌干达进行任何工作或活动之前，被许可人、承包商和分包商应在乌干达设立一个招标办公室，从该处可以获得有关石油活动和采购的信息。

（2）除第 1 款规定的要求外，管理局还可要求被许可人在被许可人有重大活动的乌干达某一社区设立一个办公室。

15. 劳工条款

所有预算总额超过 100 万美元并将在乌干达执行的合同，都应包含一项劳工条款，对于管理局可能列明的某些种类的劳工，必须达到最低的雇用比例。

乌干达人的雇用和培训及技术转让

16. 乌干达人的雇用和培训

（1）被许可人应制定一项透明的乌干达人培训和雇用的政策和计划，并提交管理局批准，应载明所需的最低资格。

（2）第 1 款所指的政策应：

（a）确保乌干达公民在任何被许可人从事的任何石油活动中优先被雇用；

（b）要考虑到促进特定群体的参与，包括妇女、残疾人和来自不同地区或族裔背景的人。

17. 乌干达人的招募和培训计划

（1）被许可人应在部长颁发许可证后十二个月内，并在该许可证颁发后的每一周年，向管理局提交一份招募和培训乌干达公民从事石油活动的详细计划，由其予以批准。

（2）招募和培训计划应规定在石油活动的所有阶段对乌干达公民进

行培训。

（3）被许可人根据第 1 款提交的计划应包括：

（a）一项含有下列内容的概要：

（i）被许可人和被许可人的主要承包商的雇用和培训需求，并列出所需技能的细目；

（ii）特定活动的培训要求；以及

（iii）被许可人在执行雇用及培训计划时须直接的预期开支；

（b）为乌干达公民提供石油活动每一阶段就业机会的时间框架；

（c）管理局可能需要的任何其他相关信息。

（4）被许可人应确保年度招聘和培训计划考虑到以下目标：

（a）对于管理人员，从石油活动开始起，至少有 30% 的管理人员是乌干达公民，在石油活动开始后五年内，这一百分比应增加到至少 70%；

（b）对于技术人员，在石油活动开始时，技术人员中至少有 40% 是乌干达公民，在石油活动开始后五年内，该百分比应增加到至少 60%，在石油活动开始后十年内增加到 90%；以及

（c）对于其他工作人员，从石油活动开始，至少 95% 的辅助人员和中级工作人员应是乌干达公民。

（5）被许可人应在计划中列入被许可人雇用的乌干达公民的明确培训战略，可在乌干达境内或境外进行，并可包括奖学金和其他财政支助。

（6）该计划应包括被许可人承诺最大限度地向乌干达公民转让知识和技能，并根据《石油（勘探、开发和生产）法》第 127 条第 2 款，在乌干达建立管理和技术能力以及技术工作的任何必要设施。

（7）根据本条例提交的计划经管理局批准后，不得被更改，除非得到管理局的同意。

18. 乌干达人招募和培训计划的执行

（1）被许可人应根据乌干达的培训和就业需求以及优先性、适用的法律、许可证的条款和条件以及管理局发布的准则，执行已经批准的乌干达人的招募和培训计划。

（2）如果乌干达人由于缺乏必要的资格而不被雇用，被许可人应确

保在管理局规定的期限内作出努力，通过管理局批准的附件或其他方式在当地或其他地方提供培训，其执行程序应包含在被许可人的招募和培训计划中。

（3）被许可人应通过不同的手段提供培训和知识转让，包括：

　　（a）乌干达公民在石油活动中的实习和短期工作；

　　（b）支持行业强化中心，包括健康、安全、环境和质量标准；

　　（c）通过提供知识和技术，支持乌干达现有的机构；

　　（d）辅导；

　　（e）奖学金；

　　（f）派遣顾问到培训机构进行知识和技术转让；以及

　　（g）必要时，建立培训中心。

（4）被许可人应根据管理局的要求，为学生提供行业训练并为教育机构提供支持。

（5）如有可能，培训应在乌干达进行。

（6）被许可人应向管理局提交报告期间的招募和培训计划执行的季度报告，报告应说明：

　　（a）季度内新雇员的人数和姓名；

　　（b）公平和透明的招聘过程的证据，包括在当地印刷媒体上发布岗位招聘广告；

　　（c）雇用时的居住地；

　　（d）资格和以前的经验；

　　（e）培训报告；以及

　　（f）管理局为执行该法和本条例的规定所需要的任何其他资料。

19. 公职人员的培训

（1）管理局或部长可要求被许可人为任何政府部委、部门或机构的雇员提供培训。

（2）第1款规定的培训应以管理局指定的方式进行。

（3）部长可要求被许可人为在乌干达教育机构教授石油相关科目的人员提供安排，以便他们可以从被许可人的办公室、设施或厂区获得实际工作经验。

20. **替代计划要求**

（1）被许可人应向管理局提交乌干达公民未担任的所有职位的替代计划，供其批准。

（2）乌干达人担任的所有职位应提供与工作性质相称的薪金、工资和福利。

（3）所有被许可人的所有服务条件和工作人员的人口统计资料均须提供给管理局。

21. **外籍人员的工作许可**

（1）每个被许可人、承建商或分包商应在向政府负责入境事务的部委、部门或机构申请外籍人士工作许可证前，向管理局提出建议申请。

（2）第1款所提到的申请应包括：

（a）职位名称；

（b）经认证或公证的学术成绩单和简历，并附有证明所提到的经验和工作建议的建议；

（c）岗位职责说明；

（d）在乌干达计划任职的期限；

（e）乌干达国民不适合从事这项工作的证明；

（f）被确定参加培训的乌干达人员的名单；

（g）用于取代外籍人员的专门培训计划；以及

（h）管理局为执行该法和本条例的规定所需要的任何其他资料。

22. **移民工人**

（1）被许可人、承包商或分包商不得雇用被许可人、承包商或分包商明知是非法进入乌干达境内的人员。

（2）被许可人、承建商或分包商如违反本条例，即属违法，一经定罪，可处以5000货币分以下的罚款，如果此种违法行为继续存在，每天可再处500货币分的罚款。

23. **技术转让**

（1）每个被许可人应向管理局提交一份管理局满意的年度计划，其中列出旨在促进被许可人向乌干达政府、乌干达公司、乌干达公民和经登记的实体有效转让与石油活动有关的技术、技术诀窍和技能的详细情况和举措,供管理局批准。

(2) 根据第 1 款提交的计划应包括被许可人的承包商和分包商的技术转让举措。

(3) 被许可人须执行第 1 款提到的计划,并且未经管理局同意,不得修改或偏离该计划。

(4) 被许可人应通过鼓励和推动外国承包商、服务或商品供应商与乌干达公司、乌干达公民和经登记的实体组建合资企业和伙伴关系以及订立技术许可协议的方式,支持技术转让。

(5) 第 4 款所提到的合资企业和伙伴关系协议应具有可持续性,并应满足管理局所认可的国内成分发展要求。

(6) 被许可人应向管理局提交年度报告,说明其技术转让举措及其成果。

(7) 被许可人应组织旨在发展国际公司与乌干达公司、乌干达公民和经登记的实体之间联系的国内活动和交易会。

(8) 被许可人可应管理局的请求,或根据自己的计划并经管理局批准,为技术、职业或商业工作及技术转让目的,支持在乌干达建立和改进任何设施。

研究与发展

24. 研发计划

(1) 被许可人可在必要时在乌干达或管理局可能批准的其他地方进行研究和开发。

(2) 如果被许可人计划根据第 1 款进行研究和开发,被许可人应向管理局提交一份有待批准的研发计划,研发计划应载明:

 (a) 研发的目标以及它与被许可人的石油活动的关系;

 (b) 乌干达公民、乌干达公司、经登记的实体和教育机构应如何参与研发;以及

 (c) 研发的预计成本。

(3) 被许可人须在研究发完成之日起一个月内,向管理局提交研发报告及任何其他有关管理局可能需要的研发资料。

第三部分　信息和报告要求

25. 国内成分绩效报告

（1）被许可人应向管理局提交涵盖其所有石油活动的国内成分执行情况季度报告。

（2）虽有第 1 款的规定，被许可人应在每个公历年开始之日起 60 天内向管理局提交本审查年度的综合国内成分执行情况报告。

（3）国内成分执行情况报告应在现有和累积费用的基础上具体说明国内成分支出，并应列出：

(a) 乌干达公民和外国工人的工作时间或天数及其身份；

(b) 乌干达公民接受培训和受雇情况，并具体说明其姓名、工作岗位和培训和就业水平；

(c) 本地制造材料和外国来源材料就其数量而言的采购结果；

(d) 签约的乌干达公司、乌干达公民和经登记的实体的名称、授予的合同、授予的每项合同的价值和合同期限；

(e) 技术转让计划、研发方案以及被许可人提供的任何培训方案；以及

(f) 管理局要求的任何其他有关资料。

（4）管理局应定期评估和核实被许可人根据本条例提交的、经管理局认为适当的国内成分绩效报告。

26. 被授权官员进入设施的权利

每个被许可人、承包商和分包商应在工作时间内，为评估和核实的目的，允许管理局或被授权官员进入其设施以及获得为核实国内成分遵守情况所需要的所有文件和信息。

27. 向承包商传达国内成分政策

（1）被许可人应向其承包商和分包商传达其国内成分政策、方案、目标和程序，并确保与承包商和分包商签署的合同对国内成分作出规定。

（2）被许可人应确保其承包商和分包商遵守被许可人的国内成分政策。

28. 承包商和分包商的报告

（1）被许可人应确保承包商和分包商有向被许可人报告国内成分遵

守情况的合同义务，并应管理局的要求直接向管理局报告。

（2）被许可人应每季度向管理局报告其监督以及承包商和分包商遵守规定的情况。

（3）被许可人应允许管理局或被授权人员查阅其记录，以评估和核实承包商或分包商向被许可人或管理局报告的国内成分遵守情况。

29. **承认**

如果管理局根据第9条第4款批准了一家乌干达公司，该公司应得到所有被许可人、承包商和分包商的承认。

第四部分　杂项规定

30. **乌干达国内的制造和焊接要求**

（1）在可能的情况下，管理局可要求被许可人、承包商、分包商和在乌干达从事石油活动的任何其他实体在乌干达进行制造和焊接活动。

（2）管理局应确定乌干达焊接行业的能力并就此提出建议。

31. **管理局对国内人员能力的监测**

（1）管理局应与行业利益攸关方协商后，建立、维持和运作一个国家人力资源登记册，该登记册应按照本条例和管理局发布的准则管理。

（2）第1款所提到的登记册应构成乌干达现有人员能力和技术技能的数据库，可供被许可人、承包商和分包商招聘人员之用。

32. **条例的遵守**

（1）每个被许可人应确保其所有承包商和分包商遵守该法和本条例规定的国内成分要求。

（2）被许可人、承包商或分包商如果不遵守该法和本条例的规定，即构成犯罪，一经定罪，可处以5000货币分以下的罚款，如果违法行为持续，可另处每天500货币分的罚款。

（3）如果被许可人、承包商或分包商多次不遵守本条例规定的国内成分要求，部长可根据《石油（勘探、开发和生产）法》第90条暂停许可证，或在被许可人遵守本条例之前拒绝批准或同意许可。

附 件

根据本条例第 10 条第 1 款和第 2 款制定

乌干达公司、乌干达公民和经登记的实体提供的货物和服务清单

(a) 运输

(b) 安全

(c) 食物和饮料

(d) 酒店住宿及餐饮

(e) 人力资源管理

(f) 办公用品

(g) 燃料供应

(h) 土地测量

(i) 结算和保理

(j) 吊车租赁

(k) 当地可获取的建筑材料

(l) 土木工程

(m) 当地可获取的钻井和生产材料的供应

(n) 环境研究和影响评估

(o) 通信和信息技术服务

(p) 可能情况下的废物处理

艾琳·穆罗尼（议员）
能源和矿业发展部部长

(三)《石油（精炼、转化、转运和中游储存）（国内成分）条例》
2016 年第 34 号法律

(根据 2013 年第 4 号法律《石油（精炼、转化、转运和中游储存）

法》第53条第2款（b）项、第55条第3款以及第95条规定制定）

本条例是为实施2013年《石油（精炼、转化、转运和中游储存）法》第95条授予负责石油活动的部长的权力并与乌干达石油管理局协商后而在2016年5月6日制定的。

<h3 style="text-align:center">第一部分　基本条款</h3>

1. **名称**

本条例可被引用为2016年《石油（精炼、转化、转运和中游储存）（国内成分）条例》。

2. **适用**

（1）本条例适用于石油中游经营活动中的国内成分。

（2）在乌干达从事石油中游经营活动的每一个被许可人、承包商、分包商和任何其他实体都应将国内成分作为其总体中游经营活动的一个重要内容纳入和实施。

3. **条例的目的**

本条例的目的是：

- （a）在中游经营活动中，推动雇用和培训乌干达人、转让知识和技术以及使用由乌干达公司、乌干达公民和经登记的实体提供的货物和服务；
- （b）要求每一个被许可人、承包商和分包商优先从乌干达公司、乌干达公民和经登记的实体处采购货物和服务，如果这些货物和服务在质量和及时供应方面具有竞争力；
- （c）对于乌干达境内没有的货物和服务，在可能情况下，要求由与乌干达公司、经登记的实体或乌干达公民建立合资企业的公司提供；
- （d）在例外情况下且经石油管理局批准后，对由非乌干达人全部拥有的任何其他公司提供货物和服务的行为进行规范；
- （e）通过向乌干达公民和乌干达公司提供支持，确保企业发展；
- （f）推动被许可人、承包商、分包商和乌干达大学、研究机构和技术部门之间的合作。

4. 解释

在本条例中，除非上下文另有要求：

"本法"，是指 2013 年《石油（精炼、转化、转运和中游储存）法》；

"管理局"，是指根据 2013 年《石油（精炼、转化、转运和中游储存）法》第 9 条设立的乌干达石油管理局；

"被授权官员"，是指根据法律和本条例在部长或管理局授权下行事的官员或其他人；

"货币分"（currency point）具有分配给法律中某一货币分的价值；

"许可证"，是指根据法律颁发的许可证；

"被许可人"，是指根据法律获得许可的人；

"国内成分"，是指：

（a）在中游经营活动中使用乌干达当地专门知识、货物和服务、乌干达公司、乌干达公民、经登记的实体、商业和资金的程度；以及

（b）通过利用乌干达人力和物质资源向乌干达石油工业提供货物和服务而在乌干达经济中创造或增加的实质性综合价值；

"经登记的实体"，是指根据《企业名称登记法》或 2010 年《合伙法》登记的、由乌干达公民拥有的企业；

"技术人员"，包括精炼工程师、化学工程师、电气和仪表工程师、公益工程师、化学师、管道工程师、卫生、安全和环境人员、石油经济学家和成本工程师；

"技术转让"，是指计划和计划外的活动和机制，旨在最大限度地向政府、经登记的实体和乌干达公民转让知识和技能并由被许可人、经营者、承包商和分包商在乌干达建立起管理和技术能力以及技术工程设施；

"乌干达公司"，是指为法律第 53 条第 4 款和本条例的目的根据 2012 年《公司法》成立的公司，并且该公司：

（a）为乌干达创造增值；

（b）使用现有的当地原材料；

（c）雇用至少 70% 的乌干达人；以及

（d）是由管理局根据本条例第 10 条第 3 款批准的。

第二部分　国内成分的监管和实施

一般规定

5. 国内成分的监管

在对国内成分进行监管时，管理局应：

（a）监督、协调和指导中游经营活动中国内成分的发展；

（b）对根据本条例提交给管理局的国内成分方案和报告进行评估和评分；

（c）为被许可人、经营者、承包商和分包商开发和运营国内成分评估系统；

（d）协助乌干达公司、乌干达公民和经登记的实体发展其能力，以进一步发展中游经营活动中的国内成分；

（e）制定国内成分实施指南；

（f）根据本条例监督和评估被许可人的国内成分业绩；

（g）制定审计程序并进行定期审计，以监督本条例的遵守情况；

（h）为衡量国内成分提供定义和指标；

（i）开展学习和研究，以进一步发展中游经营活动中的国内成分；

（j）组织会议、研修班、研讨会、专题讨论会、培训、路演和其他公共教育手段，以进一步发展中游经营活动中的国内成分；

（k）执行国内成分监管和实施所需的任何其他职能。

6. 许可期间的国内成分

部长在根据《石油（精炼、转化、转运和中游储存）法》对任何许可申请进行评估时，应考虑到国内成分。

7. 国内成分方案的提交

（1）被许可人应在获得许可证后的 12 个月内，向管理局提交一份国内成分方案以备批准，国内成分方案应就下列事项提出计划：

（a）乌干达人的雇用和培训；

（b）采购货物和服务所需的质量、健康、安全和环境标准；

（c）向乌干达公司、乌干达公民和经登记的实体转让技术、知识和技能；

（d）在乌干达开展的研发活动；

（e）在乌干达可获得的货物和服务的采购；

（f）当地供应商的开发；

（g）与乌干达公司、乌干达公民和经登记的实体建立伙伴关系；

（h）由乌干达公民取代外国人的计划；

（i）支持地方教育机构；

（j）支持伙伴关系和合作；

（k）由乌干达公司、乌干达公民和经登记的实体提供的服务；以及

（l）管理局可能需要的任何其他信息。

（2）管理局应审查根据本条第 1 款所提交的国内成分方案，并可对方案提出修正。

（3）如果管理局对根据本条第 1 款提交的国内成分方案不满意，管理局应将国内成分方案退还给被许可人，并提出改进意见，被许可人应在收到意见之日起 21 天内对方案作出必要的修正，并将方案重新提交管理局批准。

（4）如果管理局对根据本条第 1 款提交的或根据本条第 3 款重新提交的国内成分方案感到满意，管理局应在 21 天内批准该方案。未经管理局的批准，被许可人不得修改或偏离已批准的方案。

（5）如果被许可人已根据本条第 1 款适当提交国内成分方案或根据本条第 3 款重新提交了国内成分方案，并且自提交国内成分方案之日起，在本条第 4 款规定的期限内，没有收到来自管理局的任何信息，管理局将被视为已批准国内成分方案，只要被许可人能够证明管理局承认已收到该方案。

（6）本条第 1—5 款适用于根据《石油（精炼、转化、转运和中游储存）法》第 8 条已与政府达成协议的人员。

8. 优先考虑乌干达可提供的货物和服务的计划

被许可人根据本条例第 7 条向管理局提交的国内成分方案应：

（a）载有一份详细计划，说明被许可人应如何优先考虑在乌干达本地制造或可获得的货物，如果货物符合质量和交货时间要求；以及

（b）载有一份详细计划，列出被许可人及其承包商和分包商应以何种方式优先考虑乌干达公司、乌干达公民和经登记的实体提供的服务，以及被许可人在对所需服务招标评估过程中应如何确保乌干达公司、乌干达公民和经登记的实体得到优先考虑。

采购要求

9. 向管理局提交采购预告

（1）每个被许可人、承包商和分包商应在每季第一天前30天向管理局提交一份所有预期合同和分包合同的清单，这些合同和分包合同将在下一季度招标或执行。

（2）如果根据第1款提交的合同清单中的每一合同或分包合同价值超过10万美元，清单中应包含：

（a）采购货物和服务的说明；

（b）材料和设备规格，如果有的话；

（c）合同或分包合同的估计价值；

（d）投标邀请的预计日期；以及

（e）管理局为执行法律和本条例的规定而要求提供的任何其他资料。

10. 采购期间乌干达货物和服务的优先权

（1）每个被许可人、承包商和分包商应优先考虑在乌干达生产和提供的货物和服务以及由乌干达公民和公司提供的服务。

（2）如果被许可人或承包商或分包商所需的货物和服务在乌干达无法获取，则此类货物和服务应由与乌干达公司合资的公司提供。

（3）乌干达公司在根据第2款成立合资企业之前，应得到管理局的批准，并应：

（a）具有技术和财务能力，能够及时交付货物和服务；

（b）展示向乌干达公民转让知识和技术的能力；以及

(c) 有提供所需要的货物和服务的经验。

（4）如乌干达公民、乌干达公司或经登记的实体因缺乏技术能力或财务能力而无法提供所需的货物和服务，被许可人可经管理局批准，在管理局规定的期限内使用任何其他公司提供的货物和服务。

11. 乌干达公民和公司提供的货物和服务合同

（1）每个被许可人、承包商和分包商应保留附件中列明的由乌干达公司、乌干达公民和经登记的实体提供的货物和服务的合同。

（2）本条第1款不排除乌干达公司、乌干达公民和经登记的实体提供附件中未列明的货物和服务。

（3）每个被许可人、承包商和分包商应提供更多及时的信息，通过分拆合同缩小工程范围的规模和复杂性，并分解一些乌干达公司、乌干达公民和经登记的实体可以承担的工作包。

（4）如乌干达公司、经登记的实体或乌干达公民因缺乏技术能力或财务能力而无法提供附件所列货物和服务的所需质量，被许可人可经管理局批准，在管理局规定的期限内从任何其他公司采购货物和服务。

12. 招标原则

（1）每个被许可人、承包商和分包商应确保投标过程将国内成分作为资格要求之一纳入。

（2）在采购工程、货物和服务的投标过程之前，被许可人、承包商和分包商应至少在采购过程开始前一个月在两份全国广泛发行的报纸上刊登所有即将签订的合同的广告。

（3）每个被许可人、承包商和分包商应向未中标的投标人提供反馈，说明投标不成功的原因。

（4）被许可人、承包商和分包商可举办投标人论坛，为潜在的投标人提供采购程序、要求和业绩标准的培训。

（5）在可能的情况下，被许可人、承包商或分包商应提供如下合同期限，以便其他乌干达公司、乌干达公民和经登记的实体能够参与石油行业：

(a) 对于资本密集型合同，最长期限为五年；以及

(b) 对于低成本合同，最长期限为三年。

13. 评标原则

国内成分应构成评标标准的一部分，在任何情况下，国内成分应至少占总评分的10%，应全部或主要分布在以下几个方面：

（a）乌干达公民的雇用和培训；

（b）当地货物和服务的使用；以及

（c）技术转让计划。

14. 成立招标信息办公室

（1）在适用的情况下，在乌干达进行任何工作或活动之前，被许可人、承包商和分包商应在乌干达设立一个招标办公室，从该处可以获得有关经营和采购的信息。

（2）除第1款规定的要求外，管理局还可要求被许可人在被许可人有重大经营活动的乌干达某一社区设立一个办公室。

15. 季度采购报告

（1）被许可人、承包商或分包商应在每季度结束后30天内向管理局提交一份超过10万美元的所有合同和分包合同清单，或管理局在上一季度可能确定的其他限额。

（2）第1款所提到的清单应说明：

（a）采购的所有项目和服务；

（b）所有合同和定购单的总价值；

（c）竞标成功的承包商或供应商的名称；

（d）主要工作地点；

（e）国内成分的估值；

（f）起始日期；以及

（g）管理局为本条例目的所要求的任和其他信息。

16. 劳工条款

所有预算总额超过100万美元并将在乌干达执行的合同，都应包含一项劳工条款，对于管理局可能列明的某些种类的劳工，必须达到最低的雇用比例，这一比例可由管理局根据本条例第7条批准的国内成分方案作出规定。

乌干达人的雇用和培训及技术转让

17. 乌干达人的雇用

（1）被许可人应制定一项乌干达人培训和雇用的政策和计划，并提交管理局批准，应载明所需的最低资格。

（2）第1款所指的政策应：

（a）确保乌干达公民在任何被许可人从事的中游经营活动中优先被雇用；

（b）要考虑到促进特定群体的参与，包括妇女、残疾人和来自不同地区或族裔背景的人。

18. 乌干达人的招募和培训计划

（1）被许可人应在部长颁发许可证后十二个月内，并在该许可证颁发后的每一周年，向管理局提交一份招募和培训乌干达公民从事中游经营活动的详细计划，由其予以批准。

（2）招募和培训计划应规定在中游经营活动的所有阶段对乌干达公民进行培训。

（3）被许可人根据第1款提交的计划应包括：

（a）一项含有下列内容的概要：

（i）被许可人和被许可人的主要承包商的雇用和培训需求，并列出所需技能的细目；

（ii）特定活动的培训要求；以及

（iii）被许可人在执行雇用及培训计划时须直接的预期开支；

（b）为乌干达公民提供中游经营活动每一阶段就业机会的时间框架；

（c）管理局可能需要的任何其他相关信息。

（4）被许可人应确保年度招聘和培训计划考虑到以下目标：

（a）在获得建设设施的许可时，管理局在根据本条第1款提交的招募和培训计划中所批准的目标；以及

（b）在获得启动经营活动的许可时，下列目标：

（i）对于管理人员，从中游经营活动开始起，至少有20%的管理人员是乌干达公民，在五年内，这一比例应增加到至少

60%，在十年内增加到 80%；

  （ii）对于技术人员，在中游经营活动开始时，技术人员中至少有 30% 是乌干达公民，在中游经营活动开始后五年内，该比例应增加到至少 60%，在十年内增加到 80%；以及

  （iii）对于其他工作人员，至少 95% 的辅助人员和中级工作人员应是乌干达公民。

（5）被许可人应在计划中列入被许可人雇用的乌干达公民的明确培训战略，可在乌干达境内或境外进行，并可包括奖学金和其他财政支助。

（6）该计划应包括被许可人承诺最大限度地向乌干达公民转让知识和技能，并在乌干达建立管理和技术能力以及技术工作的任何必要设施。

（7）管理局可对根据第 1 款提交的计划进行审查，并提出修改建议。

（8）如果管理局对根据第 1 款提交的计划不满意，管理局应自被许可人提交计划之日起 20 天内将计划连同修改建议返回被许可人，被许可人应在 14 天内对计划进行必要修改，并再次提交管理局以俟批准。

（9）如果管理局对根据第 1 款提交的或根据第 8 款再次提交的计划感到满意，管理局就应在 21 天内批准该计划。

（10）根据本条例提交的计划经管理局批准后，不得被更改，除非得到管理局的同意。

19. 乌干达人招募和培训计划的执行

（1）被许可人应根据乌干达的培训和就业需求以及优先性、适用的法律、许可证的条款和条件以及管理局根据法律第 54 条第 2 款发布的准则，执行已经批准的乌干达人的招募和培训计划。

（2）如果乌干达人由于缺乏必要的资格而不被雇用，被许可人应确保在管理局规定的期限内作出努力，通过管理局批准的附件或其他方式在当地或其他地方提供培训，其执行程序应包含在被许可人的招募和培训计划中。

（3）被许可人应通过不同的手段提供培训和知识转让，包括：

  （a）乌干达公民在中游经营活动中的实习和短期工作；

  （b）支持行业强化中心，包括健康、安全、环境和质量标准；

  （c）通过提供知识和技术，支持乌干达现有的机构；

（d）辅导；

（e）奖学金；

（f）派遣顾问到培训机构进行知识和技术转让；以及

（g）必要时，建立培训中心。

（4）第2款提到的培训应与被许可人的核心经营活动相关。

（5）第4款并不排除被许可人在中游经营活动的其他方面对乌干达人进行培训。

（6）被许可人应根据管理局的要求，为学生提供行业训练并为教育机构提供支持。

（7）被许可人应确保在可能情况下培训应在乌干达进行。

（8）被许可人应向管理局提交报告期间的招募和培训计划执行的季度报告，报告应说明：

（a）季度内新雇员的人数和姓名；

（b）所采用的招聘方式；

（c）雇用时的居住地；

（d）被雇用人员的资格和以前的经验；

（e）培训报告；以及

（f）管理局为执行本法和本条例的规定所需要的任何其他资料。

20. 替代计划要求

（1）被许可人应向管理局提交乌干达公民未担任的所有职位的替代计划，除非根据本条例第18条第4款提到的目标已得到实现；

（2）乌干达人担任的所有职位应提供与工作性质相称的薪金、工资和福利。

（3）所有被许可人的所有服务条件和工作人员的人口统计资料均须提供给管理局。

21. 外籍人员的工作许可

（1）每个被许可人、承建商或分包商应在向政府负责入境事务的部委、部门或机构申请外籍人士工作许可证前，向管理局提出建议申请。

（2）第1款所提到的申请应包括：

（a）职位名称；

（b）经认证或公证的学术成绩单和简历，并附有一份意见证明所提到的经验和工作经历；

（c）岗位职责说明；

（d）在乌干达计划任职的期限；

（e）乌干达国民不适合从事这项工作的证明；

（f）用于取代外籍人员的专门培训计划；以及

（g）管理局为执行法律和本条例的规定所需要的任何其他资料。

22. 移民工人

（1）被许可人、承包商或分包商不得雇用被许可人、承包商或分包商明知是非法进入乌干达境内的人员。

（2）被许可人、承建商或分包商如违反本条例，即属违法，一经定罪，可处以2000货币分以下的罚款，如果此种违法行为继续存在，每天可再处300货币分的罚款。

23. 技术转让

（1）每个被许可人应向管理局提交一份管理局满意的年度计划，其中列出旨在促进被许可人向乌干达政府、乌干达公司、乌干达公民和经登记的实体有效转让与中游经营活动有关的技术、技术诀窍和技能的详细情况和举措，供管理局批准。

（2）根据第1款提交的计划应包括被许可人的承包商和分包商的技术转让举措。

（3）被许可人须执行第1款提到的计划，并且未经管理局同意，不得修改或偏离该计划。

（4）被许可人应通过鼓励和推动在乌干达公司、乌干达公民和经登记的实体与外国承包商和服务或供应商公司之间组建合资企业和伙伴关系以及订立技术许可协议的方式，支持技术转让。

（5）第4款所提到的合资企业和伙伴关系协议应具有可持续性，并应满足管理局所认可的国内成分发展要求。

（6）被许可人可应管理局的请求，或根据自己的计划并经管理局批准，为技术、职业或商业工作及技术转让目的，支持在乌干达建立和改进任何设施。

研究与开发

24. 研发计划

（1）被许可人可在必要时在乌干达或管理局可能批准的其他地方进行研究和开发。

（2）如果被许可人计划根据第 1 款进行研究和开发，被许可人应向管理局提交一份有待批准的研发计划，研发计划应载明：

  (a) 研发的目标以及它与被许可人的中游经营活动的关系；

  (b) 乌干达公民、乌干达公司、经登记的实体和教育机构应如何参与研发。

第三部分　信息和报告要求

25. 国内成分绩效报告

（1）被许可人应向管理局提交涵盖其所有中游经营活动的国内成分执行情况季度报告。

（2）虽有第 1 款的规定，被许可人应在每个公历年开始之日起 60 天内向管理局提交本审查年度的综合国内成分执行情况报告。

（3）国内成分执行情况报告应在现有和累积费用的基础上具体说明国内成分支出，并应列出：

  (a) 乌干达公民和外国工人的工作时间或天数及其身份；

  (b) 乌干达公民接受培训和受雇情况，并具体说明其姓名、工作岗位和培训及就业水平；

  (c) 本地制造材料和外国来源材料就其数量而言的采购结果；

  (d) 签约的乌干达公司、乌干达公民和经登记的实体的名称、授予的合同、授予的每项合同的价值和合同期限；

  (e) 技术转让计划、研发方案以及被许可人提供的任何培训方案；以及

  (f) 管理局要求的任何其他有关资料。

（4）管理局应定期评估和核实被许可人根据本条例提交的、经管理局认为适当的国内成分绩效报告。

26. 被授权官员进入设施的权利

每个被许可人、承包商和分包商应在工作时间内，为评估和核实的目的，允许管理局或被授权官员进入其设施以及获得为核实国内成分遵守情况所需要的所有文件和信息。

27. 向承包商传达国内成分政策

（1）被许可人应向其承包商和分包商传达其国内成分政策、方案、目标和程序，并确保与承包商和分包商签署的合同对国内成分作出规定。

（2）被许可人应确保其承包商和分包商遵守被许可人的国内成分政策。

28. 承包商和分包商的报告

（1）被许可人应确保承包商和分包商有向被许可人报告国内成分遵守情况的合同义务，并应管理局的要求直接向管理局报告。

（2）被许可人应每季度向管理局报告其监督以及承包商和分包商遵守规定的情况。

（3）被许可人应允许管理局或被授权人员查阅其记录，以评估和核实承包商或分包商向被许可人或管理局报告的国内成分遵守情况。

第四部分　杂项规定

29. 乌干达国内的制造和焊接要求

（1）在可能的情况下，管理局可要求被许可人、承包商、分包商和在乌干达从事中游经营活动的任何其他实体在乌干达进行制造和焊接活动。

（2）管理局应确定乌干达焊接行业的能力并就此提出建议。

30. 国内供应商数据库

（1）管理局应建立国内供应商数据库。

（2）任何公司不得为中游经营活动提供货物、工程或服务，除非它在国内供应商数据库中。

（3）虽有第2款规定，但在遵守第10款规定的情况下，在乌干达不能获取的有关中游经营活动的货物、工作或服务可由国内供应商数据库中没有列举的公司提供。

（4）国内供应商数据库应含有合格的乌干达公司和经登记的实体的清单，以及根据 2012 年《公司法》登记的合格的外国公司清单及其可以提供中游经营活动所需货物和服务的资质、经验和技能。

（5）管理局应与被许可人协商，制定标准，以用来确定服务提供商是否具有进入国内供应商数据库的资格。

（6）管理局应每年在国内和国际发行的报纸上以及在其他电子和印刷媒体上刊登广告，公布合格的服务提供商。

（7）管理局应通过对希望进入国内供应商数据库的公司和经登记的实体进行询问和调查的方式，确保第 3 款提到的公司和经登记的实体具有从事中游经营活动的工作和提供相关服务和货物所必需的技能、资格、财务和技术能力。

（8）管理局应在每年 12 月 31 日之前在国内供应商数据库中公布有资格为中游经营活动提供货物、工程和服务的公司名单，并且能够使被许可人和公众通过电子形式获取这一名单。

（9）虽有本条第 6 款规定，管理局可在必要时更新国内供应商数据库。

（10）根据本条例合格的公司应在国内供应商数据库中保留最长三年，并可重新申请列入国内供应商数据库。

31. 管理局对国内人员能力的监测

（1）管理局应与行业利益攸关方协商后，应建立、维持和运作一个国家人力资源登记册，该登记册应按照本条例和管理局发布的准则管理。

（2）第 1 款所提到的登记册应构成乌干达现有人员能力和技术技能的数据库，可供被许可人、承包商和分包商招聘人员之用。

32. 条例的遵守

（1）每个被许可人应确保其所有承包商和分包商遵守本法和本条例规定的国内成分要求。

（2）被许可人、承包商或分包商如果不遵守本法和本条例的规定，即构成犯罪，一经定罪，可处以 100 货币分以下的罚款，如果违法行为持续，可另处每天 50 货币分的罚款。

（3）如果被许可人多次不遵守本条例规定的国内成分要求，被许可人即构成犯罪，一经定罪，将被处以 5000 货币分以下的罚款。

附　件

根据本条例第 11 条第 1 款和第 2 款制定

乌干达公司、乌干达公民和经登记的实体提供的货物和服务清单

　　（a）运输

　　（b）安全

　　（c）食物和饮料

　　（d）酒店住宿及餐饮

　　（e）人力资源管理

　　（f）办公用品

　　（g）燃料供应

　　（h）土地测量

　　（i）清关和保理

　　（j）吊车租赁

　　（k）当地可获取的建筑材料

　　（l）土木工程

　　（m）环境研究和影响评估

　　（n）通信和信息技术服务

　　（o）可能情况下的废物处理

艾伦·穆罗尼（议员）
能源和矿业发展部部长

八 赞比亚

(一) 2006 年《公民经济赋权法》

赞比亚政府

2006 年第 9 号法律

批准日期：2006 年 5 月 12 日

本法设立公民经济赋权委员会并界定其职能和权力；设立公民经济赋权基金；促进目标公民、公民授权的公司、受公民影响的公司和公民拥有的公司的经济赋权；在获取、拥有、管理、控制和开发经济资源方面促进性别平等；鼓励增加目标公民、公民授权的公司、受公民影响的公司和公民拥有的公司在经济中的广义和有效的所有权，并切实参与其中，以促进可持续的经济增长；废除限制任一性别获得有效参与经济部门必不可少的技能培训的社会习俗、法律规定或其他惯例；通过消除阻碍任何特定性别的就业机会的结构性和歧视性限制，促进两性的就业，从而确保公平的收入分配；促进目标公民、公民授权的公司、受公民影响的公司以及公民拥有的公司从国家机构获取并被授予采购合同和其他服务的公平机会；通过本地投资者和外国投资者之间的合资企业和伙伴关系促进绿地投资，以增强基础广义经济赋权；并就上述事项的附带问题或与之相关的问题作出规定。

2006 年 5 月 19 日
由赞比亚议会颁布

第一部分 一般规定

简称和生效日期

1. 该法可被称为 2006 年《公民经济赋权法》，并应由总统通过法定文书指定的日期生效。

适用

2. 尽管有其他法律，本法也应适用于所有经济部门，包括价值链，以及适用于：

（a）所有国家机构；和

（b）雇用至少二十五人的雇主，只要涉及本法所规定的广义经济赋权。

解释

3. 在本法中，除非文意另有所指，否则"广义经济赋权"是指以下方面的经济赋权：

（a）目标公民；

（b）公民授权公司；

（c）受公民影响的公司；和

（d）公民所有的公司；

通过多样化但综合的社会经济战略，包括对生产性资产和资源的所有权，增加正规部门的就业水平，提高家庭收入，扩大识字率和技能发展，并确保优先采购和获得国家机构的服务。

"主席"，是指根据第 7 条任命的委员会主席；

"公民"，是指赞比亚公民；

"公民赋权公司"，是指公民拥有 25%—50% 的股权的公司；

"受公民影响的公司"，是指 5%—25% 的股权由公民拥有并且公民对公司管理有重大控制权的公司；

"公民所有的公司"，是指至少有 51% 的股权是由公民所有的公司，其中公民对公司的管理有重大控制权；

"准则"，是指委员会根据第 24 条发布的良好行为准则；

"委员会"，是指根据第 4 条设立的公民经济赋权委员会；

"委员"，是指委员会的成员；

"公司"，是指《公司法》所定义的私人或上市公司；

"合作社"，是指根据《合作社团法》建立的合作社；

"发展服务"包括促进培训和筹资，协助制作商业计划、项目招标书、贷款申请、财务报表、经审计的支出和账户报表的咨询服务以及其他类似服务；

"总干事"，是指根据第 12 条任命的委员会总干事；

"经济资源"包括物质、技术、人力和财务资源；

"就业政策或实践"包括以下内容：

（a）招聘程序、广告和选聘标准；

（b）任命以及任命的程序；

（c）工作分类和等级；

（d）薪酬、就业福利以及雇用条款和条件；

（e）工作分配；

（f）工作环境和设施；

（g）培训和发展；

（h）绩效评估系统；

（i）晋升；

（j）调动；

（k）降级；

（l）除解雇外的纪律措施；和

（m）解雇。

"赋权"，是指一项综合的、基础广义的、多方面的战略，旨在大幅增加目标公民、公民授权公司、受公民影响的公司和公民拥有的公司在经济中的有意义的参与，并减少收入不平等；

"财政资源"包括信贷、工资、现金和财务担保；

"金融机构"，是指根据《银行和金融服务法》持有金融机构执照的人；

"性别"，是指女性或男性以及个人由于性别和地位在社会中所扮演的角色；

"绿地投资"，是指新的投资；

"艾滋病病毒/艾滋病"，是指人类免疫缺陷病毒；

"人力资源"包括劳动力、教育机会、知识、知识管理和信息；

"学习"包括特定性质和持续时间的指导、结构化学习和具有特定性质和期限的实际工作经验；

"微型企业",是指总投资额(不包括土地和建筑物以及年营业额)不超过总统规定的数值并且雇用最多十人的商业企业;

"物质资源"包括土地、个人财产、知识产权和基础设施;

"规定的",是指总统通过法定文书规定的;

"合理调整",是指对工作或工作环境的任何修改或调整,以使目标公民能够获得、参与或促进就业;

"地方区域",是指赞比亚国内经济落后的任何地区;

"性别",是指女性或男性;

"小企业",是指总投资额(不包括土地和建筑物以及年营业额)不超过总统规定的数值并且雇用最多三十人的任何商业企业;

"国家机构"包括政府的部或司,政府具有控制权的公共办公室或办事处或机构、法定机构或公司,根据宪法设立的地方政府机构、委员会或机构;

"身份"包括年龄、HIV／AIDS 状况或其他疾病、残疾、社会地位、经济地位或农村或城市位置;

"支持文化"包括公司的支持以使个人能够开办企业,国家机构及时向供应商付款以及公司为鼓励社会经济增长和发展而进行的社会投资,如住房、交通、保健、体育、艾滋病病毒/艾滋病项目、技能培养筹划、环境责任和慈善捐款;

"目标公民",是指由于种族、性别、教育背景、地位和残疾等各种因素而处于或已被边缘化或处于不利地位的公民,其获得经济资源和发展能力的机会受到限制;

"技术"包括专有技术、知识和技术;

"TEVETA",是指根据《技术教育、职业和创业培训法》设立的技术教育、职业和创业培训机构(以下简称 TEVETA);以及

"价值链",是指可能对目标公民的授权产生影响的任何经济部门,并包括在同一行业不同部门中所有过程增加的特定价值。

第二部分 公民经济赋权委员会

4.(1)依照本法设立公民经济赋权委员会,该委员会应是具有永久

继承权和法人印章的法人团体，能够以团体名义起诉并应诉，并有权依照本法实施团体法人依法实施或执行的事项。

（2）附件适用于委员会。

5.（1）委员会的印章应为委员会决定的物品，并由总干事保管。

（2）盖章应由主席或委员会决议授权的任何其他人认证。

（3）由委员会盖章或以委员会名义签发的文件应作为证据收取，并无须进一步证明就应被视为已如此作成或签发，除非有相反的证明。

6.（1）委员会的职能应是促进对那些被边缘化、处境不利并且因种族、性别、教育背景、身份和残疾等各种因素的限制而无法获得经济资源和发展能力的公民。

（2）在不限制第 1 款规定的前提下，委员会的职能应为：

(a) 就有效实施经济赋权计划的各种立法的必要变更提供建议；

(b) 在获取、拥有、控制、管理和利用经济资源方面促进性别平等；

(c) 鼓励目标公民有效和有意义地参与经济活动，以促进可持续的经济增长；

(d) 通过向有关当局建议消除妨碍任何特定性别获得就业机会的结构性和歧视性限制和做法，促进男女就业；

(e) 确保目标公民、公民授权的公司、受公民影响的公司和公民拥有的公司在获取任何国家机构的采购合同和其他服务时享有的同等机会，并在必要时确保给予优先待遇；

(f) 推动向目标公民、公民授权的公司、受公民影响的公司和公民拥有的公司分包服务、材料和设备；

(g) 为经济赋权计划调动资源；

(h) 审查为应对不断变化的情况向微型和小型企业提供的发展服务框架；

(i) 制定或促进部门规范和良好实践规范的发展，以增强经济赋权；

(j) 委托和引导进行经济赋权研究；

(k) 开发创造商机的创新模式，如确定国家机构需要外包的服务；
- （l） 发展商业理念并引进其他国家商业理念，并将这些理念传播给目标公民，以使他们有兴趣将这些理念发展为企业；
- （m） 通过各种可能的授权计划，为目标公民、公民授权的公司、受公民影响的公司和公民拥有的公司提供信息、教育和交流平台；
- （n） 在公民中推广储蓄文化；
- （o） 探索促进业务联系的方式，例如绿地投资中的合资企业和合伙企业；
- （p） 对经济赋权政策进行审查；
- （q） 提出对赞比亚教育课程的修改建议，以在公民中灌输创业文化；
- （r） 推动或进行公民教育和意识项目，以确保所有机构和个人保持积极的工作文化；
- （s） 鼓励增加对劳动力市场教育和培训的投资；
- （t） 鼓励将工作场所用作积极的学习环境；
- （u） 鼓励公共和私人机构向目标公民提供机会，以获取必要的技能培训和工作经验；以及
- （v） 监督和评估经济赋权计划。

（3） 委员会在执行第2款规定的职能时，应考虑并遵守：
- （a） 政府在其国家发展计划中制订的任何部门计划；
- （b） 政府有关权力下放、青年性别、技术教育和职业培训、土地、贸易、商业和投资的任何政策；以及
- （c） 政府为加强本地和外国投资者之间的合伙企业和合资企业而采取的任何举措。

（4） 在根据本法履行职能时，委员会应有效地联络并咨询有关国家机构，并有权向任何国家机构或公司发出此类指示或指导，以履行委员会根据该法所负有的职责。

（5） 委员会应制定并向总统推荐用于确定目标公民能力的标准，以区别那些有能力维持自身生活的公民，总统应颁布这些标准。

（6）当总统认为必要时，可向委员会就其履行职责提供一般或具体指示，委员会则应予以执行。

（7）经部长批准，委员会可就与根据本法执行委员会职能有关的任何事项与任何组织或机构订立协议。

7.（1）委员会应由下列由总统任命的兼职委员组成；

　（a）主席；

　（b）负责财政事务部的财政部秘书；

　（c）负责商业、贸易和工业部的常务秘书；

　（d）负责劳工和社会保障部的常务秘书；

　（e）总检察长或总检察长代表；

　（f）一位青年代表；

　（g）两位私营部门和民间社会组织的代表；

　（h）三位大学社区、中央统计局和工会各自的代表；和

　（i）一位残疾人代表。

（2）副主席由成员从其成员中选出。

8. 任何人士如有下列情况，则不应该获任为委员：

　（a）不是赞比亚公民；

　（b）被宣布无力偿债或破产；

　（c）被宣布精神不健全；

　（d）因涉及欺诈或不诚实的罪行而被定罪；

　（e）根据任何成文法被定罪，并处以不得以罚金取代的、六个月以上的监禁；或

　（f）因管理不善而被解雇。

9.（1）在不违反本法其他规定的前提下，委员的任期为自任命之日起三年，并有资格连任三年。

（2）在提交书面申请一个月后，委员可向总统和任命委员的组织辞职，或者经总统和委员同意在通知后的更短期限内辞职。

（3）委员职位在下列情况下空缺：

　（a）委员去世；

　（b）委员在接到通知的情况下，无正当理由连续缺席三届委员会

会议；

(c) 不再担任提名委员的组织的代表；

(d) 委员在精神上或身体上无能力履行委员的职责；

(e) 委员被宣布破产或无力偿债；

(f) 委员被裁定犯有欺诈或不诚实的违法行为；

(g) 委员被裁定犯有任何成文法规定的罪行，并被判处不得以罚金替代的、不少于六个月的监禁；或

(h) 委员不再是赞比亚公民。

(4) 任命委员的期限届满后，委员应继续任职直至任命继任者，但在任何情况下，其任期均不得再超过四个月。

10. (1) 每当委员任期届满前空缺时，总统可任命另一名委员代替离职委员，但该新任命委员只能在未届满的任期内任职。

(2) 根据第1款任命的委员应由离职委员代表的组织提名。

11. 经内阁秘书批准，应向委员支付委员会确定的津贴。

12. (1) 委员会应按照委员会确定的条款和条件任命总干事，他应是委员会的首席执行官。

(2) 总干事应在委员会的总指示下负责：

(a) 委员会事务的管理和行政；

(b) 执行委员会的决定；以及

(c) 委员会或本法或根据本法赋予总干事的任何其他职能。

(3) 总干事应出席委员会的会议并可以在这些会议上发言，但不得投票。

(4) 总干事应在委员会确定的条款和条件下，得到委员会任命的人员的协助。

第三部分 经济赋权措施

13. (1) 在本部分中，经济赋权措施包括旨在确保根据本法规定对目标公民、公民授权公司、受公民影响的公司和公民拥有的公司进行广义经济赋权的行动。

(2) 国家机构和公司应实施的经济赋权措施，包括以下内容：

(a) 在其就业政策或实践中发现和消除对目标公民具有不利影响的就业障碍；

(b) 基于尊严和对所有人的尊重，旨在进一步促进工作场所的多样性和包容性的措施；

(c) 为目标公民进行合理的调整，以确保他们享有平等的机会，并在董事会、管理层和员工队伍中得到公平的代表；

(d) 采取措施：

(i) 确保适格且公平的代表人员来自工作中不同职业和层级的目标公民；以及

(ii) 保留和发展目标公民就业，并根据有关培养技能的法律实施适当的培训计划。

14.（1）根据第13条，个人或公司不得在任何雇用政策或实践中因其身份、残疾或性别而直接或间接地歧视雇员。

（2）本条中的内容均不得被解释为要求雇主为非目标公民的预期或继续就业或晋升设置绝对障碍。

15.（1）尽管有《就业法》，国家机构和公司仍应制订和实施就业平等计划，以实现在就业平等方面的进展。

（2）根据第1款制订的就业平等计划应说明：

(a) 计划每年要实现的目标；

(b) 根据第13条规定予以执行的授权措施；

(c) 在确定了目标公民代表的情况下，实现工作中每个职业类别和层级上的适格目标公民的公平代表的数字目标、实现目标的时间表以及旨在实现这些目标的战略；

(d) 实现数字目标之外的目标的每个计划的年度时间表；

(e) 计划的期限不得短于一年或长于五年；

(f) 用于监测和评估计划执行情况以及在实现就业平等方面是否正在取得合理进展的程序；

(g) 解决涉及计划的解释或实施的任何争议的内部程序；

(h) 包括高级管理人员在内的员工队伍中负责监督和实施计划的人员；以及

（i）本法或根据本法规定的任何其他事项。

16. 国家机构和公司应汇编有关就业政策和实践以及工作环境的信息，并向委员会提交，以供委员会确定对目标公民有不利影响或可能产生不利影响的就业障碍。

17. （1）尽管有《技术教育，职业和企业家精神培训法》，TEVETA 仍应联络并告知委员会培训目标公民方面的进展，以使他们有效地参与价值链或实现基础广义经济赋权。

（2）尽管有《技术教育，职业和企业家精神培训法》，TEVETA 仍应以规定的方式向委员会报告针对目标公民的培训进展情况，以使其能够有效地参与价值链或实现广义经济赋权。

18. （1）尽管有《技术教育，职业和创业培训法》，TEVETA 仍应与委员会联络，为任何经济部门的教育和技能开发制订一项独立的部门计划。

（2）根据第 1 款制订的行业计划应在国家技能和职业培训政策与策略的框架内，并应：

（a）建立培训协议；

（b）提供工作场所技能培训计划；以及

（c）提供对该部门教育和技能培训的监测。

（3）TEVETA 应向那些在工作场所制订技能培训计划或建立培训协议的任何国家机构或公司提供建议和其他咨询服务。

（4）TEVETA 应就根据第 1 款制订的行业计划的实施和进展向委员会提供建议。

19. （1）尽管有《赞比亚国家招标委员会法》和其他与采购公共服务和商品有关的法律，委员会仍应与招标委员会协商，确定由财务部部长规定的门槛，以确保目标公民、公民授权的公司、受公民影响的公司和公民所有的公司的参与，为国家、各省和地区各级的国家机构采购服务和商品而竞标。

（2）委员会应与招标委员会协商，制定政策指导方针，以确保第 1 款中规定的目标公民和公司在为任何政府机构采购服务或商品的招标中享有优先待遇。

20. 委员会应与负责投资、贸易发展、关税征收和退税、养恤金、证券和金融的国家机构联络并密切协商，通过培育创建有利于宏观和微观经济环境的措施以及其他措施，来提升和促进本地和外国投资进入市场：

（a）这些措施不限制本地和外国投资的流入；

（b）这些措施有利于在公民中推广储蓄文化；

（c）这些措施确保雇主和雇员对国家养老金计划和基金进行强制性缴款；以及

（d）这些措施确保及时优先向微型和小型企业付款，特别是向公民、公民授权的公司、受公民影响的公司和公民拥有的公司。

21.（1）尽管有其他法律，本法的投资机会开始实施后，负责商业、贸易和工业的部门应根据总统的指令为目标公民、公民授权的公司、受其公民影响的公司以及公民所有的公司在商业、贸易和工业方面保留特定领域。

（2）尽管有其他法律，本法生效后：

（a）根据总统的指令，对于任何涉及技术发展的业务，根据第1款指定的目标公民和公司均应被授予特许许可；

（b）根据总统的指令，外国投资者从事特定业务的许可证应在与公民和公民授权公司合资和合伙的基础上授予；

（c）在授予任何人以其名义经营资产或企业的许可或特许经营权时，每个国家机构均应根据总统的指令，适用总统颁布的与任何特定业务有关的特别许可或特许经营权的标准；以及

（d）根据任何法律授予的特许权、许可证和激励措施应优先授予正在实施本法所规定的广义经济赋权计划的公司。

22. 委员会应鼓励那些负责并且对经济发展产生影响的部门的国家机构：

（a）扩大对地方区域的投资；

（b）制订计划以在地方区域中建立合作社和其他社区项目；

（c）向金融机构和其他机构引入激励措施在地方区域中开展业务；

(d) 向愿意与当地社区合作在地方区域中投资可行项目的私营部门投资者提供配对赠款；以及

(e) 向在地方区域范围内支持广义经济赋权计划的公司提供奖励。

23. 委员会应采取下列方式促进支持文化：

(a) 通过经济各个部门的领导者渗透到机构所有层级中；

(b) 通过确保在支付任何提供的服务或提供的商品时优先考虑目标公民、公民授权的公司、受公民影响的公司和公民拥有的公司；

(c) 通过确保对采用支持性文化项目的公司给予奖励措施；以及

(d) 确保及时偿还所获得的贷款。

24. （1）为了促进本法的目的，委员会应在政府公报上通过公告发布关于广义经济赋权计划的良好行为准则，其中应包括：

(a) 对广义经济赋权做进一步解释和定义以及对不同国家机构和公司做细化分类；

(b) 在采购和其他经济活动中获得优惠待遇的资格标准；

(c) 衡量广义经济赋权的指标；

(d) (c) 项提及的广义经济赋权指标应赋予的权重；

(e) 能够使国家机构和公司制定本行业的良好行为准则的规范和本行业行业规范的指南；以及

(f) 实现该法目标所需的任何其他事项。

（2）在编制任何良好行为准则时，应考虑到委员会根据第 27 条发布的策略。

（3）根据第 1 款发布的良好行为准则应具体说明：

(a) 与本法目标一致的目标；和

(b) 必须达到这些目标的期限。

（4）为了促进实现妇女平等，根据第 1 款颁布的良好行为准则以及根据第 3 款制定的良好行为准则确定的任何特定目标，可以区分每种性别。

（5）委员会在发布、替换或修订根据第 1 款发布的良好行为准则之前应该：

（a）在政府公报上公布良好行为准则草案，以征询公众意见；并且

（b）给予利益相关者至少 30 天的时间对良好行为准则草案进行评论。

25. 每个国家机构应考虑到并在合理可能的范围内适用根据本法颁布的任何相关良好行为准则：

（a）确定根据任何法律签发许可证、特许权或其他授权的资格或标准；

（b）制定和引入优惠的采购政策；

（c）确定出售国有企业的资格或标准；以及

（d）制定与私营部门建立合伙企业或合资企业的标准。

26. 为了衡量实现广义经济赋权所取得的进展，委员会应：

（a）确保良好行为准则在纸质和电子媒体上发布；

（b）制定记分卡，以测量、评估和确保遵守本法以及根据本法制定的任何法规；以及

（c）定期从经济赋权计划参与人员处获得有关信息的反馈。

27. （1）委员会应：

（a）应发布基于广义经济赋权战略；

（b）可以更改或替换根据本条已发布的战略。

（2）根据本条发布的战略应：

（a）为广义经济赋权提供一种综合、协调和统一的方法；

（b）为广义经济赋权的融资制定准则；

（c）为国家机构和公司提供一个制作广义经济赋权计划并报告遵守这些计划的情况的系统；

（d）对未按要求提交报告的行为规定相应处罚；以及

（e）遵守本法的规定。

28. 委员会应为特定经济行业推广行业规范，并在政府公报上公布该行业规范，以便公众知悉，只要委员会确信该行业规范：

（a）是由该行业的主要官员或利益相关者制定的；并且

（b）可以推进本法的目标。

第四部分　公民经济赋权基金

29.（1）特此设立公民经济赋权基金，以支持广义经济赋权计划的发展。

（2）该基金须包括：

（a）议会为基金目的拨出的款项；

（b）为基金的目的通过补贴、收费、贷款或捐赠获得的款项；和

（c）委员会通过任何投资获得的利益或通过当地证券交易所筹集的利益。

（3）为了促进财政资源流向广义经济赋权计划，委员会应：

（a）自行或与其他国家机构合作，确定公民所有的公司、公民团体、或合作社、公民授权的公司和受公民影响的公司以及需要财政援助的广义经济赋权计划；

（b）提供有关资金来源的信息并促进对（a）项指定的公司和计划的投资；

（c）自行或与其他国家机构和其他机构合作，向（a）项指定的公司提供发展服务，以使其能够获得财务资源；

（d）与为微小型企业提供融资的金融机构一起，对贷款管理、贷款资金的有效使用以及对公民团体、合作社或公司的还款机制进行监督、建立和设计标准，以防止财务资源的滥用；

（e）自行或与任何有关金融机构协商，建立或筹集风险投资基金，以促进对（a）项确定的公司的投资；以及

（f）通过相关部门，为任何承诺资助和发展根据（a）项所确定的公司的金融机构和任何执行广义经济赋权计划的公司提供激励措施。

（4）如果第3款（a）项所确定的公司是由公民经济赋权基金提供资金的，则委员会应与任何金融机构合作设计一种在合理期间内锁定公司股权的机制，以确保为公司增值。

（5）如果委员会确实证明由第3款（a）项所确定的任何公司实施了

欺诈行为，则该公司将被禁止从公民经济赋权基金中获得任何资金或从本法中的任何激励措施中受益，并且该公司还应当承担第 6 款规定的任何处罚。

（6）如果公司已获得公民经济赋权基金或本法规定的激励措施拨付的资金，但该公司的董事或股东从事欺诈行为的，这些资金将被收回。

（7）公司的董事或股东从事欺诈行为的构成犯罪，一经定罪，可处不超过 20 万个罚款单位的罚款。

（8）在本条中，"欺诈行为"包括冒充某公司的事实上的董事或股东，以隐藏该公司的股东或董事的真实身份。

30.（1）根据第 29 条设立的公民经济赋权基金应归属委员会，但应由符合总统规定标准的各种金融机构和基金管理人进行管理。

（2）委员会应当制定公民经济赋权基金资金的申请和拨付标准。

31. 公民经济赋权基金应由委员会任命的审计员每年在审计长的批准下进行审计。

32.（1）委员会应要求准备一份关于公民经济赋权基金的年度收支审计表，并将其提交给总统。

（2）商业、贸易和工业部长应在收到第 1 款所提到的收支审计表后，在国民议会第一次召开后的 7 天之内，将其提交给国民议会。

第五部分 一般规定

33. 在确定国家机构或公司是否遵守本法时，委员会或委员会授权的任何人均应考虑以下因素：

（a）在该机构或公司的每个职业类别和级别中，来自不同目标公民和其中的适格人员在以下方面被公平代表的程度：
  (i) 由负责人口统计职能的国家机构确定的从事经济活动的国民人口统计概况；
  (ii) 根据该法令，可以合理预期机构或公司根据本法能从中提拔或任命雇员的适格目标公民人才库；
  (iii) 机构或公司所在行业的经济和财务因素；
  (iv) 机构或公司的预期经济和财务情况的现状；以及

（v）现有和计划中的各职类和职等的空缺数量和劳动力的流动情况。

　（b）在可比情况下并且在同一部门内运营的国家机构和公司在实施本法方面取得的进展；

　（c）国家机构或公司为实施行业规范所做的努力；

　（d）国家机构或公司在实现广义经济赋权方面取得了进展程度；以及

　（e）总统可能规定的任何其他因素。

34.（1）如果委员会有合理的理由相信国家机构或公司未能：

　（a）按照第16条的要求汇编和提交信息；

　（b）根据第15条的要求，准备一份就业平等计划；

　（c）实施其就业公平计划；

　（d）根据第36条的要求提交进度报告；并且

　（e）未能根据第36条的要求发布其报告；

委员会就应要求并获得该国家机构或公司的书面承诺，即该机构或公司会在规定的时间内遵守本法的规定。

（2）屡次不遵守第1款规定的国家机构或公司将被禁止从公民经济赋权基金中获取任何款项，或从本法规定的任何激励措施中受益。

35.（1）每个国家机构和公司应每年向委员会提交一份报告，说明根据行业计划或战略在实现广义经济赋权方面取得的进展。

（2）每个国家机构和公司均应在该机构或公司的年度报告中发布进度报告摘要。

36. 为本法之目的，委员会应当保存并登记由委员会所确定的每一家公民拥有的公司、公民授权的公司和受公民影响的公司的综合性数据库。

37. 委员会或委员会授权的任何工作人员，只要出示委员会的证件，即可在合理时间内进入任何国家机构或公司的处所并予以查验，以确保该法得到遵守。

38.（1）任何人不得：

　（a）妨碍或试图不适当地影响根据本法行使权力或履行职能的任何人；或

(b) 出于本法目的，故意在提交给委员会的文件或信息中提供虚假信息。

（2）任何人若违反第 1 款的规定，即构成犯罪，一经定罪，可处以不超过 8000 个罚款单位的罚款或不超过六个月的监禁，或两者并处。

39.（1）总统可根据委员会的建议，就本法规定的任何事项作出条例，并确保本法的目标得到适当实施。

（2）在不限制第 1 款规定情况下，条例可：

(a) 根据不同经济行业和广义授权政策的不同部分作出不同的规定；

(b) 对违反条例的行为处以不超过 8000 个罚款单位的罚款或不超过三年的监禁，或两者并处；并且

(c) 对那些没有实施广义经济赋权计划或广义经济赋权计划的实施已不再有效或终止的公司或机构，可规定取消其登记、或取消给予其的激励措施或者其他利益。

附　件

（第 4 条第 2 款）

行政规定

委员会程序

1.（1）在不违反本法的前提下，委员会可以规定自己的程序。

（2）在委员会的任何会议上，法定人数为 7 名委员。

（3）在委员会的任何会议，应由下列人员主持：

(a) 主席；或

(b) 在主席缺席时，由副主席主持；在副主席缺席时，由出席会议的委员选出的委员主持。

（4）委员会对任何问题的决定应由出席会议并在会上投票的委员的多数决定，如果票数均等，则主持会议的人除审议表决票外，还应投决定票。

（5）委员会可邀请其认为合适出席的任何人出席和参加委员会会议的审议，但该人无表决权。

（6）委员会的任何程序、行为或决定的效力，不应受到委员会成员空缺或任命委员过程中存在的任何缺陷或因任何无权参加此类程序的人参加了此类程序而受到影响。

小组委员会

2.（1）为了履行本法规定的职能，委员会可以设立其认为必要的小组委员会，并将其认为必要的职能委托给任何小组委员会。

（2）在不限制第 1 款规定的情况下，委员会应设立一个专门的授权小组委员会，以有效地履行其与授权有关的职能，并通过部长向国民议会报告。

（3）委员会可委任委员或非委员为小组委员会委员，但小组委员会中至少有一名成员为委员会委员，由他担任小组委员会主席。

（4）担任小组委员会委员的任期，应由委员会决定。

（5）除委员会另有任何其他特定或一般指示外，小组委员会还可规定其本身的程序。

利益披露

3.（1）如果有人出席委员会或由其设立的小组委员会的会议，如果会议审议的事项与该人或其配偶具有直接或间接的私人利益关系，则该人应在会议开始后尽快公布这种利益关系，并且不得参与有关该问题的任何审议、讨论或对该问题进行表决，除非委员会或小组委员会另有指示。

（2）根据第 1 款作出的利益披露，须记录在披露利益的会议记录中。

（3）任何人若违反第 1 款，即构成犯罪，一经定罪，可处一万个罚款单位以下的罚款或一年以下的监禁，或两者并处。

委员会的豁免

4. 对或就委员会的任何委员、职员、代理人或代表在行使或声称行使委员会的职能时出于善意而采取的或未能采取的任何行为,不得提起诉讼或其他程序。

禁止披露的信息

5.(1)未经委员会或代表委员会作出书面同意,任何人不得向他人公布或披露他在根据本法履行其职责过程中所了解的任何文件、通信或其他相关信息的内容,除非该人有义务这么做。

(2)任何人若违反第 1 款的规定,即构成犯罪,一经定罪,可处一万个罚款单位以下的罚款或一年以下的监禁,或两者并处。

(3)任何拥有因违反第 1 款的规定而予以发布或披露的信息的人,如果他非法将该信息发布或传达给任何人,该人即构成犯罪,一经定罪,可处一万个罚款单位以下的罚款或一年以下的监禁,或两者并处。

委员会资金

6.(1)委员会的资金包括以下可能的款项:

(a)由议会为委员会目的而拨付的款项;

(b)向委员会支付的费用、赠款或捐款;以及

(c)委员会拥有或获益的款项。

(2)经部长批准,委员会可以:

(a)接受任何来源的赠款或捐款;并且

(b)可以通过贷款或其他方式筹集履行其职能所需的资金。

(3)下列款项须从委员会的经费中拨付:

(a)委员会工作人员的薪金、津贴和借款以及委员的津贴;

(b)在从事委员会业务时,按委员会确定标准为委员会的工作人员、委员和委员会小组委员会成员提供的合理旅行、交通和生活津贴;以及

(c)委员会在履行职能时产生的任何其他费用。

(4)委员会可按其认为合适的方式对闲置资金进行投资,但须经负责财务的部长批准。

财政年度

7. 委员会的财政年度为十二个月，截至每年的 12 月 31 日。

账目

8. （1）委员会应妥善保管账簿和与其账目有关的记录。

（2）委员会的账目应每年由审计长或经审计长批准由委员会任命的独立审计员进行审计。

（3）审计员的费用由委员会支付。

年度报告

9. （1）委员会应在切实可行的范围内尽快但不迟于财政年度结束后的 90 天，向部长提交一份有关财政年度活动的报告。

（2）第 1 款所提述的报告须包括委员会财务的资料，而该报告还需附上下列材料：

（a）经审计的资产负债表；

（b）经审计的收支表；和

（c）部长可能要求的其他信息。

（3）部长应在收到第 1 款所指明的报告后，在国民议会第一次开会后 7 天内，将该报告提交国民议会。

（二）2010 年《公民经济赋权法修正案》

赞比亚政府 2010 年第 43 号法律

批准日期：2010 年 11 月 24 日

本法由赞亚议会制定。

简称

1. 该法可被称为 2010 年《公民经济赋权法修正案》，应与 2006 年《公民经济赋权法》一并解读，该法称为主要法。

第 29 条的修订

2. 主要法第 29 条第 3 款做如下修改：

（1）在（a）项中，在紧跟"公民团体"一词后插入逗号与"目标公民"一词；

（2）删去（b）项而代入以下内容：（b）提供有关资金来源的信息并促进对（a）项指定的公司、公民团体或合作社、目标公民和计划的投资；

（3）在（c）项中，在"公司"一词之后紧接着插入一个逗号和"公民团体或合作社和目标公民"这些词语；

（4）在（d）项中，删除紧接着"还款机制"词之前的"公民团体或公司的合作社"等词语，并用"目标公民、公民团体或合作社和公司"等词语代替"；以及

（5）删去（f）项而代入以下内容：（f）通过相关部门，为任何承诺资助和发展（a）项所确定的目标公民、公民团体、合作社或公司的金融机构和任何执行广义经济赋权计划的公司提供激励措施。

第 30 条的修订

3. 对主要法第 30 条进行了修改，删除了第 1 款，并用以下内容代替：（1）根据第 29 条设立的公民经济赋权基金应归属委员会，并由委员会自己或由委员会为基金目的指定的金融机构和基金管理人共同进行管理。

第 36 条的修订

4. 主要法第 36 条的修改如下：紧跟"受公民影响的公司"之后插入逗号和"目标公民、公民团体或合作社"这些词语。

（三）2017 年《公民经济赋权（保留计划）条例》

赞比亚政府 2017 年第 1 号法定文件

依据 2006 年《公民经济赋权法》第 21 条赋予的权力，制定如下条例：

名称

1. 本条例可被援引为 2017 年《公民经济赋权（保留计划）条例》。

解释

2. 在本条例中，除非另有其他要求：

"活禽"，是指自由放养的肉鸡或蛋鸡；

"市场"具有 2007 年《市场和公交车站法》赋予它的含义；以及

"保留计划"，是指包括家禽和国内运输部门或子部门在内的为目标公民、受公民影响的公司、公民授权的公司以及由公民拥有的公司所保留的业务领域。

活禽的销售

3. 只有目标公民、受公民影响的公司、公民授权的公司和由公民拥有的公司才能在市场上或在成文法指定的任何其他地方出售活禽。

国内运输

4. （1）所有公共采购过程的国内运输都保留给目标公民以及受公民影响的公司、公民授权的公司和由公民拥有的公司。

（2）非目标公民和公司只能继续进行私人运输交易。

一般罪行及处罚

5. 任何人若在根据本条例所保留的部门和/或子部门中经营或从事业务，即构成犯罪，一经定罪，可处以 2500 个罚款单位以下的罚款或 2 年以下的监禁，或两者并处。

总统：埃德加·C. 伦古

卢萨卡

2017 年 1 月 4 日

（四）《公民经济赋权（优先采购）条例》

赞比亚政府 2011 年第 36 号法定文书

根据 2006 年《公民经济赋权法》第 19 条赋予的权力，兹制定以下条例：

标题

1. 本条例可被援引为 2011 年《公民经济赋权（优先采购）条例》。

解释

2. 在本条例中，除非另有其他要求：

"机构"，是指《2008年公共采购法》第五条规定的赞比亚公共采购局；

"投标"具有《2008年公共采购法》赋予的含义；

"委员会"具有《公民经济赋权法》赋予的含义；

"功能性"，是指服务或商品提供可接受的性能水平的能力，其中要考虑到服务或商品的质量、可靠性、耐用性以及目的的适用性；以及

"国家机构"具有《公民经济赋权法》赋予的含义。

优惠采购制度的适用

3. 国家机构应根据《公民经济赋权法》和本条例实施优惠采购制度。

优惠待遇

4. 在评估投标时，国家机构可以按照下列情形调整投标价格，以促进对投标的优先评估：

  （a）对于受公民影响的公司，减少4%；

  （b）对于公民赋权的公司，减少8%；

  （c）对于公民所有的公司，减少12%；以及

  （d）对于受公民影响的公司、公民赋权的公司和公民所有的公司在国内生产的商品，减少15%。

保留计划

5.（1）委员会和管理局应为受影响的公司、公民赋权的公司或公民所有的公司预留下列公共采购项目：

  （a）就商品而言，公共采购的商品不超过30亿克瓦查；以及

  （b）就工程而言：

    （i）不超过200亿克瓦查的建筑工程；和

    （ii）不超过300亿克瓦查的土建和道路工程。

（2）若受公民影响的公司、公民赋权的公司或公民所有的公司参与公共采购的估计值超过第1款的规定，则不具有第1款规定的保留资格。

非咨询服务

6. 价值不超过10亿克瓦查的非咨询服务的采购，应专门保留给受公

民影响的公司、公民赋权的公司或公民所有的公司，除非不能获得它们提供的服务。

外国投标人的职员

7. 被授予合同并需要人员执行合同的外国投标人，应在可行的情况下确保其至少40%的关键人员是赞比亚公民。

对投标的功能性进行评估

8. （1）国家机构应在招标文件中针对特定的招标邀请指出是否可以根据招标文件规定的功能性和评估标准对投标书进行评估。

（2）如果投标书不符合招标文件中规定的最低功能要求，则采购单位应取消其投标的资格。

（3）在评估过程的下一阶段，采购部门应考虑符合招标文件规定的最低功能要求的投标。

招标的取消和重新招标

9. 采购单位应当在下列情况下取消采购招标：
   （a）采购需求已不存在或已发生重大变化；
   （b）采购资金不足；
   （c）所需的技术细节、投标条件、合同条件或任何其他细节有重大变化；
   （d）采购单位未收到响应性投标；
   （e）有证据表明投标人之间有串通；
   （f）取消投标符合公共利益；或
   （g）有证据表明公职人员或投标人存在腐败行为。

S. Musokotwane，博士
财政和国家规划部部长
卢萨卡
2011年4月12日

九　津巴布韦

（一）《本土化和经济赋权法》（2007 年第 14 号）

第 14/2007、5/2011、11/2014 号法律

2007 年第 14 号法案

在政府公报上颁布：2008 年 3 月 7 日，星期五

生效时间：2008 年 4 月 17 日（星期四）（根据 2008 年第 63A 号法定文件第 1 条第 2 款确定）

修正：

1. 根据 2011 年《一般法律修正法》（2011 年第 5 号）第 9 条进行修正，并自 2011 年 5 月 17 日起生效［对第 3 条第 6 款进行了修正，删除了"公司"（company）一词，并用"企业"（business）一词代替］。

2. 根据《2014 年金融（第 3 号）法》（2014 年第 11 号）第 27 条第 1 款进行修正，"自 2015 年 1 月 1 日起生效"。①

---

① 第 11/2014 号法第 27 条第 2 款、第 3 款和第 4 款也非常重要："（2）为免生疑问，特此声明：(a) 在 2010 年第 21 号法定文件中发布的 2010 年《本土化和经济赋权（一般）规则》仍然有效，只是需要作出部分修改，以符合根据本法对《本土化和经济赋权法》［第 14：33 章］（2007 年第 14 号）所做的修正，包括在适当情况下用'直线部长'（Line Minister）代替'部长'（Minister）；(b) 在本法生效之日或之前，根据上述规则批准的本土化实施计划应根据第 3 款的规定被视为已得到由第 1 款所界定的相应部门直线部长的批准。对（b）的注释：第 11/2014 号法（'本法'）于 2015 年 1 月 7 日在政府公报上公布并生效。(3) 如果某一企业希望修改第 2 款 (b) 项所提及的本土化实施计划，则该企业可在经本法所修正的《本土化和经济赋权法》［第 14：33 章］（2007 年第 14 号）第 3 条第 6 款提及的公报通告发布后六十天内，向直线部长提交修订后的本土化实施计划，直线部长应在向其提交修订后的本土化实施计划后三个月内，以书面形式通知相关企业，批准或拒绝企业提交的修订后本土化实施计划。(4) 如果根据第 3 款向直线部长提交的修订后的本土化实施计划根据该款 (b) 项规定被拒绝，相关企业应在收到通知之日起的六十天内，再次有机会提交另一份修订的本土化实施计划，第 3 款规定适用于该计划，其适用方式与适用于其提交的第一份修订后的本土化实施计划的方式相同。"

法律

为了对经济的进一步本土化支持措施作出规定；为了对津巴布韦本地人民的经济赋权支持措施作出规定；为了对国家本土化和经济赋权委员会的设立及其职能和管理作出规定；为了对国家本土化和经济赋权基金的设立作出规定；为了对国家本土化和赋权宪章作出规定；为了对与上述事项有关或附带的事项作出规定；

由津巴布韦总统和议会制定了本法。

第一部分　一般规定

1. **简称和生效日期**

（1）本法可被援引为《本土化和经济赋权法》。

（2）本法自总统通过法定文件确定的日期起施行。①

2. **解释**

（1）在本法中：

"批准"就第3条第1款（b）、（c）、（d）或（e）项所提及的交易而言，是指根据第4条所进行的批准；

"委员会"（Board），是指根据第7条第1款设立的国家本土化和赋权委员会；

"企业"，是指任何公司、协会、集团或合伙人，其目的是由该公司、协会、集团或合伙人获取收益，或由它们的单个成员获取收益，无论该企业是否按照《公司法》或其他方式进行登记；

"企业协会"，是指代表任何类别的企业的利益的任何自愿组织；

"合规证书"，是指为第3条第8款的目的而签发的最终的或临时的证书；②

"主席"，是指根据第7条第2款任命的委员会主席；

"宪章"，是指附件四所列的国家本土化和经济赋权宪章；

"首席执行官"，是指根据第9条所任命的委员会的首席执行官；

---

① 确定的日期为2008年4月17日［SI 63A/2008］。

② 第11/2014号法第27条插入的定义，自2015年1月1日起生效。

"控制利益":

(a) 就涉及公司而言，是指公司所有类别股份所附的多数表决权；

(b) 就公司以外的任何企业而言，是指能够使其持有人直接或间接对该企业的活动或资产行使任何控制权的任何权益；

"员工持股计划或信托"，是指一项安排，其主要目的或效果是使公司或公司集团的员工能够参与或获得因收购、持有、管理或处置该公司或公司集团的股票、股份或债券而产生的利润或收入；只要此类股票、股份或债券是以员工的名义保存在某一信托中或以单位形式保存在根据《集体投资计划法》（1997年第25号）登记或豁免的员工单位信托机制中；

"赋权"，是指创造一种可以提高本土津巴布韦人的经济活动绩效的环境，通过本土化可以将本土津巴布韦人引入或参与到经济活动中；

"确定日期"，是指根据第1条第2款确定的、作为本法生效的日期；

"基金"，是指根据第12条设立的国家本土化和经济赋权基金；

"本土化"，是有意引导本土津巴布韦人参与他们一直没有参与的国家的经济活动，以确保国家资源的公平拥有；

"本土津巴布韦人"，是指在1980年4月18日之前因种族歧视而受到不公正待遇而处于不利地位的任何人以及该人的任何后代，并且包括本土津巴布韦占多数成员或拥有控制利益的任何公司、协会、集团或合伙；

"直线部长（Line Minister）"，是指第4条所提及的交易的一个或多个当事人应根据第4条规定向其提交评估申请的部长，该部长对应遵守本法规定的企业所属的经济部门或分部门负责；①

"成员"，是指委员会成员；

"部长"，是指负责本土化和赋权的国家部长或总统可随时指派其执行本法的任何其他部长；

"规定的登记簿"，是指根据第21条制定的规则所规定的登记簿，并

---

① 第11/2014号法案第27条插入的定义，自2015年1月1日起生效。

由委员会代表负责本法实施的部长进行保存,在登记簿中载有第3条第8款和第4条第5款所提及的证书的细节;①

"私人公司",是指《公司法》第33条第1款所定义的公司;

"公共公司",是指不是私人公司的任何公司,或根据《公司法》第26条获得许可的任何公司;

"经济行业"、"经济分行业"和"行业的",是指规定的经济行业或分行业;②

"副主席",是指根据第7条第2款任命的委员会副主席。

(2)③ 在本法中凡提及的"部长",在合适情况下均应解释为"直线部长"。

(3)适当的直线部长应负责在法定文件中通过公告对可以根据第3条第4款予以规定的任何事项作出规定:

但自2014年《金融(第3号)法》生效之日起有效的任何此类通告应一直有效,直到适当的直线部长发布了自己的通告,在这种情况下有效的通知就其与第二份通告任何相抵触的部分应视为已被废除。

第二部分　本地化和经济赋权:一般目标和措施

3. 实现本土化和经济赋权的目标和措施

(1)政府应通过本法或条例或根据本法或任何其他法律规定的措施,努力确保:

- (a)本土津巴布韦人应至少拥有每家公共公司和任何其他企业的51%的股份;
- (b)不得批准下列需要根据《竞争法》第四A部分通知竞争委员会的行为:
  - (i)对两个或多个相关或关联企业进行合并或重组;
  - (ii)由某人收购某企业的控制利益;

---

① 第11/2014号法第27条插入的定义,自2015年1月1日起生效。
② 第11/2014号法第27条插入的定义,自2015年1月1日起生效。
③ 第11/2014号法第27节插入第(2)和(3)小节,自2015年1月1日起生效。

除非：

  （ⅲ）在被合并或重组后的企业中 51% 的股份（或为第 5 款目的而临时规定的较小份额）由本土津巴布韦人持有；

  （ⅳ）在合并或重组后的企业的管理机构中第（ⅲ）目所提及的本土津巴布韦人得到公正代表；

（c）不得批准任何企业的分拆或两个或两个以上企业的分离，如果因此种分拆或分离使任何企业的价值达到或超过规定的门槛，除非：

  （ⅰ）在分离或分拆后的任何企业的 51% 的股份（或为第 5 款目的而临时规定的较小份额）由本土津巴布韦人持有；

  （ⅱ）在分离或分拆后企业的管理机构中，第（ⅰ）目提及的本土津巴布韦人得到公正代表；

（d）不得批准某人让渡企业中的控制利益，如果该控制利益的价值达到或超过了规定的门槛，除非该控制利益（或为第 5 款目的而临时规定的较小份额）让渡给本土津巴布韦人；

（e）不得批准向所规定的、对国内或外国投资者开放的经济行业的投资申请，如果对行业的投资需要根据《津巴布韦投资局法》要求获得投资许可，除非该投资中的控制利益（或为第 5 款目的而临时规定的较小份额）是为本土津巴布韦人保留的；

（f）所有政府部门、法定机构和地方当局以及所有公司应根据《采购法》的要求从本土津巴布韦人具有控制利益的企业中采购其所需商品和服务的至少 50%；

（g）如果根据《采购法》从本土津巴布韦人未拥有控制利益的企业采购商品和服务，则应由供应商承担的转包工作的规定部分必须由本土津巴布韦人具有控制利益的企业来承担；

（2）为第 1 款（d）项目的，对企业中控制利益的让渡：

  （a）不包括向下列人员捐赠或处置企业资产：

    （ⅰ）让渡人的家庭成员；

    （ⅱ）在企业是私人公司或合伙时，该企业的任何其他合伙人或股东；

  （b）包括由公司或其他法人团体的清算人或企业或能够作为独立企业运营的该企业的分支机构、单位或部门的破产财产的信托人；

（3）第 1 款规定的目标或措施可由政府特别代表以下任何一个或多个本土津巴布韦人群体实施：

  （a）妇女；

  （b）规定年龄以下的年轻人；以及

  （c）根据《残疾人法》所界定的残疾人。

（4）部长可通过法定文件中的通告，规定根据第 1 款或第 3 款可规定的任何事项。但部长不得出于以下目的而规定任何事项：

  （a）第 1 款（b）项，除非与负责《竞争法》事项的时任部长进行过协商；

  （b）第 1 款（e）项，除非与负责《津巴布韦投资局法》事项的时任部长进行过协商；

  （c）第 1 款（f）项和（g）项，除非与负责《采购法》事项的时任部长进行过协商。

（5）部长可以规定在第 1 款（b）项（iii）目、第 1 款（c）项（i）目以及第 1 款（d）项和（e）项所提及的任何企业中的本土津巴布韦人可以获得少于 51% 的股份或少于控制利益的更小利益，以便达到合规要求，但在这样做时，部长应规定一个总的最大时限，以在该时限内达到 51% 的股份或控制利益这一目标。

（6）为了确保政府的本土化和经济赋权的政策和目标得到实施，部长应对每一企业进行本土化和赋权评估分级[①]，该分级应按规定方式进行。

（7）[②] 为确保政府的本地化和经济赋权政策和目标得到实施：

  （a）企业应提交本土化实施计划，以供直线部长批准；并且

[①] 自 2011 年 5 月 17 日起，第 5/2011 号法第 9 条以"企业"一词取代了之前的"公司"。

[②] 由第 11/2014 号法第 27 条插入的第 7 款至第 9 款，自 2015 年 1 月 1 日起生效。

（b）部长应对每一企业进行本土化和赋权评估分级。

（8）在对任何企业进行本土化和赋权评估分级之后，如果发现有关企业已经实施了政府的本土化和经济赋权政策和目标，则直线部长应根据该企业的书面请求，在收到该请求后不迟于 14 个工作日内，向该企业签发合规证书，而且直线部长应毫不延迟地将其副本送交委员会，以纳入规定的登记簿。如果企业承诺或被要求遵守任何规定的条件，直线部长就可向相关企业签发临时的而不是最终的证书。在该企业完成所有条件后，直线部长应签发最终证书。

（9）秘书作为指定登记簿的保管人向委员会作出的关于第 8 款所提及的证书的存在与否以及其内容的声明，应是有关该证书存在与否及其内容的结论性证据。

4. 部长审查和批准本土化和赋权安排的权力

（1）自部长通过一项法定文件中的公告为第 3 条第 1 款（b）项（iii）目、第 1 款（c）项（i）目以及第 1 款（d）项或（e）项目的而被要求作出规定的事项作出的规定生效之日起，才可缔结第 3 条第 1 款（b）、（c）、（d）或（e）项所提及的交易；除非：

    （a）交易的任何一方或双方（在本条中称为"通知当事方"）在规定的时间内以规定的方式向部长发出了该交易的通知；并且

    （b）部长在收到在规定时间内以规定方式提交的交易通知之日起的 45 天内：

        （i）书面告知提交通知当事方已批准该交易；或

        （ii）没有书面向提交通知当事方表明其批准还是不批准该交易。

如果部长在 45 天期限到期前的任何时间，以书面形式告知提交通知当事方他需要更多的时间来考虑该交易，则部长应在另外 45 天以表明他批准还是不批准该交易。

（2）部长可在收到交易通知之日后的 45 天内，书面告知通知当事人他不批准该交易，在这种情况下，第 3 款规定应适用于该交易。

部长不应拒绝批准第 1 款中提到的交易，除非其理由是该交易不符合第 3 条第 1 款（b）、（c）、（d）或（e）项规定的目标，这需视情况而定。

（3）如果部长根据第 2 款拒绝批准一项交易，则他应在另外 90 天内向通知当事方书面指明他们应采取哪些措施以使交易符合第 3 条第 1 款（b）、（c）、（d）或（e）项规定的目标，这需视情况而定。

部长不得要求采取可能导致相关交易的缔结条件低于最初通知他的交易条件的任何措施。

（4）部长在行使本条赋予的权力时，即使有其他法律有相反的规定，他也有权获得与企业股份和控制利益有关的所有公共记录。

（5）[①] 在直线部长根据本条规定批准一项交易后，如果通知当事方书面要求，直线部长应在收到该请求后的不迟于 14 个工作日内签发交易批准证书，并且直线部长应立即将其副本发送给委员会，以纳入规定的登记簿。

（6）秘书作为指定登记簿的保管人向委员会作出的关于第 5 款所提及的证书的存在与否及其内容的声明，应是该证书存在与否及其内容的结论性证据。

5. 实施通知和批准要求

（1）在本条中"许可部门"：

 （a）就公共服务车辆而言，是指《道路汽车运输法》（1997 年第 1 号法律）第 3 条所提及的道路运输专员或任何道路运输助理专员；

 （b）就任何金融机构而言，是指根据与资产管理人、银行、建筑协会、单位信托机制、保险人或养老基金有关的任何法律而许可或注册的任何团体或协会，或根据该法律而指定的许可或注册机构；

 （c）就根据《商店许可法》被要求获得许可的贸易或营业而言，是指该法所界定的许可机构；

 （d）就拥有、从事或经营《旅游法》所定义的指定旅游设施的人

[①] 由第 11/2014 号法第 27 条插入的第（5）和第（6）款，自 2015 年 1 月 1 日起生效。

或提供或协助提供此类指定旅游设施的任何服务的人而言，是指该法所界定的许可机构；

(e) 就任何其他法定机构而言，是指负责许可任何业务或活动的任何其他部门或机构；

"不合规企业"是指第3条第1款(b)、(c)、(d)或(e)项所提及的，据称与其有关的任何交易的任何一方或双方当事人未根据第4条第1款的规定将该项交易及时通知部长的企业。

(2) 根据本条和第20条的规定，部长可以向任何许可不合规的企业的许可部门发布书面命令，命令有关的许可部门拒绝更新该企业的许可、登记或授权，或在有关的许可、登记或授权是无限期授予的情况下，下令自部长向相关的许可部门发出书面命令之日起六个月内终止有关的许可、登记或其他授权。

(3) 在根据第2款采取任何行动之前，部长应将其根据第2款发出命令的意图以及这样做的理由，以书面形式通知不合规企业，并须在该通知中：

(a) 要求不合规企业在通知书所指明的合理期限内，说明不应该发出该命令的正当理由；

(b) 如不存在(a)项所规定的正当理由，则：

(i) 要求不合规的企业采取或不采取通知中指定的措施，以纠正或避免违反第4条第1款(a)项的规定；

(ii) 指定(i)目所提及的任何要求应予开始或完成的期限。

(4) 如果部长在根据第3款发出的通知中指定的任何期限届满后，并且在考虑了不合规企业的任何陈述之后，部长确信他必须根据第2款的规定发布命令，部长就应书面通知不合规企业并以其认为适当的方式公开该通知，以引起其他受影响的或可能受到影响的人的注意。

(5) 在部长根据第3条第3款向当事人发出书面通知后的30天内（或部长出于正当理由允许的更长期限），如果当事人没有遵守部长已要求他们按照该规定所采取的任何措施，则部长可在不另行通知有关当事方的情况下，向有关企业的许可部门签发书面命令，要求拒绝更新有关的许可、登记或其他有授权，或在有关的许可、登记或授权是无限期授予的情况下，下令自部长向相关的许可部门发出书面命令之日起六个月内终止有关的许可、登记或其他授权。

（6）部长根据第 2 款或第 5 款向许可部门发出的命令应具有效力，即使许可部门据依行事的任何法律有相反规定。

6. 向部长转交尚未确定交易对手的、拟议的应予通报的交易

（1）自部长通过在法定文件中以公告形式为第 3 条第 1 款（b）项第（ⅲ）目、第 1 款（c）项第（i）目、第 1 款（d）项或（e）项所要求规定的事项作出的规定生效之日起，任何希望确定在其企业中获得控制利益的本土津巴布韦人的人员，无论：

(a) 是直接通过让渡其企业的方式；还是

(b) 作为拟议中的两个或多个相关或关联企业的股权的合并或重组的结果，还是作为一个企业分拆或两个或多个企业分立的结果；

可在规定的时间内按规定的方式通知部长，要求部长协助确定有关的本土津巴布韦人。

（2）部长收到第 1 款规定的通知后，应在合理的时间内努力确定合适的本土津巴布韦人，以取得相关企业的控制利益。

第三部分　国家本土化和经济赋权委员会的设立和职能

7. 国家本土化和经济赋权委员会的设立和任命

（1）应设立一个称为国家本土化和经济赋权委员会的委员会，由当然（ex officio）首席执行官和由部长经与总统协商后任命的不少于 11 名且不超过 15 名的成员组成，其中：

(a) 一名成员应为部长所负责的那个部的秘书；以及

(b) 至少有一名成员代表部长认为代表妇女或妇女组织的任何组织；

(c) 至少有一名成员代表部长认为是一个或多个青年组织的代表的任何组织；

(d) 至少有一名成员代表部长认为其代表残疾人或残疾人组织的任何组织；

(e) 至少有一名成员应是根据《法律执业者法》进行注登记的法律执业者；

(f) 至少有两名成员应是部长认为在本土化和经济赋权问题上有知识或经验的人员；

(g) 三名成员应由部长认为是推动本土和经济赋权最重要的部门的负责人提名。

（2）部长应指定一名成员为委员会主席，另一名成员为副主席，在主席不能行使职责时，副主席应行使其职权并履行其职责。

（3）附件一适用于委员会成员的资格，他们的任职条件、休假、中止和解雇以及委员会在开会时应遵循的程序。

8. 委员会的职能

委员会的职能是：

(a) 就政府的本土化和经济赋权战略向部长提供咨询；

(b) 就实施本法的目标的适当措施向部长提供建议；

(c) 管理根据第15条设立的基金；

(d) 监督对宪章的遵守情况；

(e) 履行根据本法或任何其他成文法赋予委员会的其他职能。

9. 首席执行官和委员会职员

（1）委员会应按照其可能确定的条款和条件任命一个人担任委员会的首席执行官，并任命能够使委员会履行本法规定职能的工作人员。部长在经过公共服务委员会批准后，可以指派其所在部雇用的人员担任委员会的首席执行官和工作人员。

（2）未经部长的授权，委员会不得任命任何人担任首席执行官，并且如果某人根据附件一第一段的规定没有相应的资格，则他没有资格担任首席执行官。

（3）首席执行官的任命应予终止，如果附件一第三段要求他辞职。如果部长已根据第2款授权，则他的任命不得以他不再是津巴布韦公民或津巴布韦通常居民为由而终止。

（4）首席执行官应按照委员会的指示，监督和管理委员会的职员、活动、资金和财产，并代表委员会执行委员会分配给他的其他职能。

（5）就第 4 款而言，任何职能的分配：
　　（a）可以一般性地或特别地作出，并要遵守委员会决定的条件、限制、保留和例外；
　　（b）委员会可随时将其撤销；
　　（c）不得排除委员会本身行使这些职能。

10. 委员会报告

（1）委员会：
　　（a）应在每年的 12 月 31 日之后尽快向部长提交年度报告，说明委员会在上一年的工作；
　　（b）随时可以就委员会认为需要报告的任何事项向部长提交特别报告；
　　（c）应向部长提交部长可能要求的其他报告。
（2）部长应将根据第 1 款（a）项提交给他的年度报告提交议会。

11. 部长可为国家利益向委员会发出指示

（1）部长可以书面形式向委员会提出与部长行使职能有关的政策指示，而这对部长而言是符合国家利益的。
（2）委员会须采取一切适当的措施，遵守根据第 1 款向其作出的任何指示。
（3）如果已根据 1 款向委员会作出了指示，则委员会应确保将该指示以及它就该指示表达的任何观点列入它根据《审计与财政法》以及第 10 条第 1 款（a）项提交的年度报告中。

第四部分　国家本土化与经济赋权基金

12. 国家本土化和经济赋权基金的设立和目标

（1）据此设立了一项称为国家本土化和经济赋权基金的基金。
（2）根据本法，基金的目标是：
　　（a）为下列任何目的向本土津巴布韦人提供财政援助：
　　　　（i）购股融资；
　　　　（ii）根据员工持股计划或信托进行的股份购入；
　　　　（iii）对股份的买进和卖出进行管理；

以及

(b) 为创业、重整和扩张提供资金；

(c) 为与该法的目标有关的市场研究提供资金；

(d) 代表本土津巴布韦人对能力建设项目提供资金；

(e) 部长认为可以促进本土津巴布韦人经济赋权的任何其他目标。

13. 国家本土化和经济赋权基金单位信托账户

（1）根据本条规定，由公证信托契约于 1999 年 7 月 18 日成立，并在契约登记处（No. MA635/2000）登记的津巴布韦国家投资信托基金（以下简称"信托"）自第 22 条所提到的转移日期起，将被撤销，其所有资产和负债将转移至国家本土化和经济赋权基金的一个特殊账户，称为"单位信托账户"（Unit trust Account）。

（2）尽管有第 1 款的规定：

(a) 在转让日当日或之前，由单位持有人或投资者在信托中持有的基金单位，应视为在转让日当日或之后由该单位持有人或投资者在基金的单位信托账户中持有的基金单位；

(b) 已纳入附件二的津巴布韦国家投资信托的公证信托契约（以下简称"信托契约"）应进行相应的修改，以使其符合本条规定，并将继续适用于本基金单位信托账户中的现有和未来基金单位持有人或投资者。

（3）就第 2 款（b）项而言：

(a) 信托契约中"信托"一词已被附件二中的"基金单位信托账户"代替；

(b) 信托契约中的"托管人"一词已被附件二中的"委员会"代替；

(c) 信托契约中的"经理人"一词应被理解为基金单位信托账户中各个基金单位投资组合的经理人，除非首席执行官代表委员会承担并行使任何经理人的职责。

（3）在不违反附件二第 55 段的前提下，部长可应根据委员会的建议或与委员会协商后，通过在法定文件中发布通告对附件二进行修改。

但此类修改不得强加给任何基金单位持有人就其持有的基金单位支付额外款项或承担更多责任的任何义务。

14. 基金构成

该基金须由以下各项组成：

(a) 可以通过国会法案为该目的拨出的款项中应支付给基金的任何款项；

(b) 经部长和负责财政的部长的批准，基金可通过捐赠、贷款或其他财务援助方式获得的任何款项；

(c) 根据本法第五部分支付的税款以及应付的任何利息或罚款；

(d) 无论是根据本法还是其他方式，可能归属于本基金或应归于本基金的任何款项。

15. 基金管理

（1）根据本法，基金应由委员会会通过以其名义并根据其指示而行事的首席执行官进行管理。

（2）经部长批准，委员会应开设一个或多个银行账户，以代表基金接收所有款项。

（3）有关基金管理的其他规定载于附件三。

16. 国家本土化与经济赋权宪章

作为通过基金提供的任何财政援助的条件，受益人应尽其最大能力遵守附件四所列的国家本土化和经济赋权宪章所载的道德和良好商业行为框架。

第五部分　税收

17. 实施征税

（1）经负责财政的部长的批准并在遵守第 3 款规定的情况下，部长可通过法定文件对位于津巴布韦的任何私人或上市公司以及任何其他企业征收一项或多项税款。

（2）除本部分另有规定外，对于根据第 1 款征收的税款，部长可以通过法定文件规定：

(a) 负责缴税的人员；

(b) 负责征税和汇款的人员；

　　(c) 税款缴付、收取、汇款的方式、时间及缴付时间；

　　(d) 征税的期限；

　　(e) 税收的利息以及未在规定的时间内支付税收时应缴付的罚款；

　　(f) 为税收目的而对公司和企业进行的登记；

　　(g) 为税收目的，应予保留的簿册和记录以及向部长和委员会或任何其他人提供的回报和信息。

　（3）除非已将草案提交议会并获得议会决议批准，否则不得根据第1款或第2款制定法定文件。

　（4）所有征税应汇入基金。

18. 未能支付、收取或汇回征税

　（1）任何人负有支付、收取或汇回征税的人员，如无合法理由而未能或拒绝支付、收取或汇回任何征税或与之有关的任何利息或罚款，即属犯罪，可处以六级以下罚款或一年以下监禁，或两者并罚。

　（2）确信某人具有第1款犯罪行为的法院可应检察官的申请，并在作出任何惩罚外，可对被定罪的人作出有利于委员会的简易判决，使其能够以基金管理人的身份追回犯罪人员未能或拒绝支付、收取或汇回的任何税收、利息或罚款。

第六部分　一般和过渡性规定

19. 部长可要求提供信息

　（1）适用本法规定的每一公司或企业，应部长的书面要求，应向其提供载有公司成员或企业所有者的股份或其他类似利益的股份登记簿或其他文件。

　（2）任何公司或企业若无合理理由拒绝、未能或忽略遵守根据第1款提出的要求，均构成犯罪，可处以五级以下的罚款。

20. 上诉

　（1）任何人如因下列情形受到伤害：

　　(a) 部长根据第4条第2款作出的进行的交易的决定；

（b）部长根据第 5 条第 2 款、第 4 款或第 5 款发布的命令；

（c）他支付根据本法第五部分征收的任何税收的义务；

他就可在收到有关决定或采取的行动的通知之日起 30 天内，向行政法院上诉。

（2）除非行政法院另有指示，否则在上诉裁决作出之前，根据本条提出的上诉不应中止上诉所针对的决定、命令或其他行动的执行。

21. 条例

（1）部长与委员会协商后，可制定条例对本法要求或允许规定的任何事项，或其认为对执行或实施本法是必要的且便利的事项，作出规定。

（2）根据第 1 款作出的条例，可对违反条例的罪行和刑罚作出规定，其刑罚不得超过十二级以上罚款或五年以上的监禁，或两者并罚。

22. 将国家投资信托的资产、债务等转移给基金

（1）在本条及第 20 条中：

"国家投资信托"，是指第 13 条第 1 款提到的津巴布韦国家投资信托；

"转移日期"，是指根据第 2 款确定的日期；

"单位信托账户"，是指第 13 条第 1 款所提到的基金单位信托账户。

（2）国家投资信托的资产和权利以及与之相关的任何债务或义务，应自部长在政府公报上刊登的通告指定的日期起，转移至基金单位信托账户。

（3）与根据本条规定转移至基金的任何资产、权利、义务或债务有关的、在转移之日前存在的并且国家投资信托作为当事一方的所有债券、抵押、契约、文书、文件和工作安排，应在转移之日或之后，具有完全效力，并可针对基金得到执行，就如同基金是当事一方。

（4）为避免疑问，宣布在转移之日或之前，由基金单位持有人或投资者在信托中持有的所有权利应继续保留在单位信托账户中，而不会在该日之后有所减损。

23. 国家投资信托的雇员向委员会的转移以及被转移的雇员的服务条件

（1）自转移之日起，由国家投资信托已在该日之前雇用的每个人员，在征得其同意后，应被转移至委员会工作，其工作条件不得低于他在被转移之前所享有的条件。

（2）在委员会制定服务条件之前，适用于国家投资信托雇员的服务条款和条件应继续适用于被转移至委员会的每位员工，就好像他们仍在为国家投资信托服务。

附件一（第 7 条第 3 款）

适用于委员会和专门委员会的规定

段：

1. 不具有被任命为委员的资格；
2. 委员任职的条款和条件；
3. 由委员会任命的成员离职；
4. 成员中止；
5. 委员会空缺的填补；
6. 委员会的会议和程序；
7. 委员会的专门委员会；
8. 委员会和专门委员会的会议记录；
9. 委员会和专门委员会的决定和行为的有效性。

不具有被任命为成员的资格

1. （1）根据本法，在以下情况下，任何人均无资格被任命为委员：

（a）他不是津巴布韦的公民或经常居住在津巴布韦；

（b）根据任何国家的现行法律，他：

（i）被判定或以其他方式被宣布无力偿债或破产，并且尚未得到恢复或被解除义务；或

（ii）与他的债权人达成的财产安排或和解协议还未被撤销；

或

（c）在其被提议任命的之前五年之内，他在任何国家/地区已被主管法院判处不得用罚款代替的一定期限的监禁，而不论其任何部分刑期是否已被暂停，而且他尚未获得赦免；

（d）他是国会议员；或

（e）他未经许可连续三次缺席委员会会议。

（2）任何人如是两个或两个以上其他法定组织的成员，则他无资格被任命为委员或履行委员的职责。

（3）为第2款目的而言：

- (a) 被任命到作为法定机构的或负责某一法定机构事务管理的委员会、专门委员会或其他部门的人员，应被视为该法定机构的成员；
- (b)"法定机构"是指：
  - (i) 根据宪法设立的任何专门委员会；
  - (ii) 由或根据某一专门法律直接设立的任何法人团体，其成员全部或主要由总统、副总统、部长或任何其他法定机构或根据宪法设立的专门委员会任命的。

委员任职的条款和条件

2.（1）除第7条1款（a）项或（g）项所指的成员外，其他委员的任期应不超过部长在其被任命时确定的不超过三年的时间。

（2）在委员被任命的职位期限届满之际，他应继续任职，直到其被重新任命或已任命其继承人为止，除非根据本款规定，委员不得继续担任职务超过六个月以上。

（3）不再是委员的人有资格再次获得任命。

（4）会员应按部长确定的条件任职。

委员的离职

3.（1）第2段第1款所提到的成员在下列情况下离职，其职位将空缺：

- (a) 自其书面通知部长打算辞职之日后或自其与部长都同意的其他通知期限届满后的一个月；
- (b) 自其因下列原因开始服刑之日起，不论是否有任何部分期限被中止，其此类服刑不得以罚金代替：
  - (i) 在津巴布韦因一项犯罪行为而服刑；
  - (ii) 在津巴布韦以外地区因某一行为服刑，如果这种行为在津巴布韦实施将构成犯罪行为；或
- (c) 若其根据第1段丧失了担任委员的资格。

（2）部长可要求第2段第1款所提到的委员离职，如果该委员：

（a）被控有罪，使其不适合继续担任委员职务；

（b）没有遵守第 2 段第 4 款确定的任职条件；

（c）因精神或身体上无能力而不能有效履行委员职务。

（3）部长可应委员会的建议要求第 2 段第 1 款提到的委员离职，如果部长确信该委员未经委员会主席的同意连续三次缺席委员会会议，而会议通知至少已提前 7 天通知了他，并且该委员确信不存在任何正当理由。

委员中止

4. 如果一名委员因涉及诚信的犯罪行为面临刑事程序，而他不是第 7 条第 1 款（a）项或（g）项所提到的委员，则部长可中止其委员职务。在该委员被中止职务期间，他不得履行任何委员职务，也无权获得任何委员报酬或津贴。

委员会空缺的填补

5. 第 7 条第 1 款（a）项或（g）项所提到的委员以外的委员如果死亡或离职，其职位应根据第 7 条规定在三个月内予以填补。

委员会的会议和程序

6. （1）委员会应在部长确定的日期和地点举行第一次会议，此后应举行会议以决定事务，并休会、闭会，并以其他认为合适的方式管理会议和程序，但委员会应每三个月至少召开一次会议。

（2）主席：

（a）可随时召开委员会特别会议；

（b）应部长或至少两名委员的书面要求召开委员会特别会议，该会议的召开日期应不早于主席收到书面要求后的 7 天并且不晚于主席收到书面要求后的 30 天。

（3）根据第 2 款召开的特别会议的书面通知应在会议召开前的 48 小时内发送给每个委员，并应指明召开会议的事项。

（4）除下列事项外，不得在根据本段第 2 款召集的特别会议上讨论任何其他事项：

（a）在主席根据第 2 款（a）项召集会议时，他可能决定的事项；

（b）在主席根据第 2 款（b）项召集会议时，书面要求所列明的事项。

（5）主席应主持委员会的所有会议；在主席缺席时，由副主席主持；如果主席和副主席均缺席会议，则出席会议的委员应从他们当中选择一名委员作为主席主持会议。

（6）在委员会的任何会议上，委员的多数应构成法定人数。

（7）委员会授权或要求做的所有行为、事项或事情，可由达到法定人数的任何委员会会议的多数票决定。如果票数相等，主持会议的主席或主持人除具有其表决权外，还应投决定票。

（8）经委员会批准，委员会主席可以邀请任何人参加委员会或专门委员会的会议，如果主席认为该人对委员会或专门委员会要审议的任何事项具有特殊知识或经验。

（9）根据第8款受邀出席委员会或专门委员会会议的人可以像其他委员一样参加委员会或专门委员会的议事程序，但不得在委员会或专门委员会上对任何问题进行表决。

（10）所有在全体委员中散发并经多数人书面同意的提案，应与在正式组成的委员会议上通过的决议具有同等效力，并应纳入委员会下次会议的会议记录中。但如果一名委员要求将该提案提交委员会会议，则该款规定不适用于这一提案。

委员会的专门委员会

7.（1）为了更好地行使其职能，委员会会可以设立一个或多个专门委员会，委员会可授予专门委员会其认为适当的职能。但授予专门委员会的任何职能并不得剥夺委员会行使该职能，并且委员会可以修改或撤销专门委员会在行使该职能时作出的任何决定。

（2）在成立第1款所指的专门委员会时，委员会：

(a) 应任命至少一名委员会委员为专门委员会成员，该成员或其中一名成员（视情况而定）应为专门委员会主席；

(b) 可以任命不是委员会委员的人为专门委员会成员，并可以确定其任命的条款和条件。

（3）专门委员会的会议可由委员会主席在任何时间、任何地点召开。

（4）如果专门委员会主席缺席任何专门委员会会议，出席会议的成员可从其中选举一名成员作为主席主持会议。

（5）专门委员会的大多数成员应构成专门委员会的任何会议上的法定人数。

（6）专门委员会授权或要求做的任何事情，均可由达到法定人数的任何专门委员会会议的多数票决定。

（7）在专门委员会的所有会议上，出席会议的每一成员应就专门委员会的每个问题有一票表决权。如果票数相等，主持会议的主席或副主席除具有其表决权外，还可投决定票。

（8）除本款另有规定外，由委员会确定专门委员会的任何会议应遵循的程序。

委员会和专门委员会的会议记录

8.（1）委员会应将在委员会和每个专门委员会的每次会议上进行的所有会议记录和做出的决定的会议记录，记入为此目的而保存的簿册中。

（2）第1款所提到的、应由主持与该记录有关的会议的人士或由主持委员会或相关专门委员会下届会议的主席签署的任何会议记录，应为所有目的被接受作为有关会议程序及所作出的决定的初步证据。

（3）委员会和委员会的任何专门委员会应将根据第2款规定签署的所有会议记录的副本发送给部长，以供其参考。

委员会和专门委员会的决定和行为的有效性

9. 委员会或专门委员会的决定或行为，或经委员会或专门委员会授权的行为，不能仅仅因为在作出该决定或实施或授权该行为时，委员会或专门委员会有一名成员缺席或无资格的人士声称作为委员会或专门委员会的一名成员而行事，就被认为无效。

附件二［第13条第2款（b）项］

基金单位信托账户规则

第一部分　定义

1. 在本附件中，除上下文另有所指外，另有词语含义如下：

1.1　"会计日期"，是指每年的12月31日，或者在最终会计期间

（指最后会计期间），指的是将分配账户所需的资金转入分配账户的日期；

1.2 "会计期间"，是指开始于上一个或最后一个会计期间（视情况而定）终了时而结束于一个会计日期的一段期间；

1.3 "审计员"，是指由首席执行官经委员会批准任命的合格会计师或合资格会计师事务所；

1.4 "授权投资"，是指在法律授权的范围内而且首席执行官或管理人（managers）经委员会批准可以选择用于投资托管资产（deposited property）目的的任何投资；

1.5 "证书"，是指委员会根据本附件颁发给基金单位持有人的证书；

1.6 "转换要约"，是指用另一信托的单位或子单位交换单位信托账户单位的任何要约；

1.7 "交易票据"，是指单位购买人在购买单位时或单位销售人在销售单位时，由管理人向他们签发的收据形式；

1.8 "交易日"，是指管理人在每周处理单位申请并赎回单位的日子，即除星期六外所有任何工作日；

1.9 "托管资产"，是指按本附件的规定被视为由信托暂时持有的所有资产，但不包括当时分配给第八部分规定的分配账户信贷的任何金额；

1.10 "分配账户"，是指第 40 段第 2 款所指的分配账户；"分配声明"是指第 40 段第 1 款所指的分配声明；

1.11 "均衡支付"（equalizaiton payment）：

1.11.1 对于委员会发行的基金单位，是指管理人在咨询审计员后认为代表该基金单位发行价格中所包含的金额，以作为该单位信托账户在分组日期（grouping date）截至交易结束时应计的收入；

1.11.2 对于为现金价值而退回并随后再出售的基金单位，是指和均衡支付相同的金额，该金额与委员会在同一日期出售的单位有关。

1.12 "分组日期"就委员会发行的基金单位或就为现金价值而退回并随后再出售的基金单位而言，是指前一个日历月的最后一个工作日；

1.13 "投资者"，是指可以购买单位信托账户中的基金单位的任何人，但不包括不是津巴布韦公民的人员以及公司，无论是外国或本地公司；

1.14 "投资"，是指无论任何性质的投资，在不减损上述一般规定的情况下，包括任何股份、股票、债券、公司债券、信用债券或其他证券；

1.15 "中间市场价格"应参考相关日期津巴布韦证券交易所的股价确定，而且：

1.15.1 如果标明销售价格，应是销售价格；

1.15.2 如果没有标明销售价格，应是买方和卖方的经四舍五入最接近到分（cent）的平均价格；

1.15.3 如果仅注明买方价格，应是买方价格，但如果该价格：

1.15.3.1 每股不足1000分，该价格应加5分；

1.15.3.2 每股多于1000分但少于5000分，则该价格应加50分；

1.15.3.3 每股多于5000分，则该价格应加200分；

1.15.4 如仅注明卖方价格，应是卖方价格规定，如果该价格：

1.15.4.1 每股少于1000分，则该价格应增加5分；

1.15.4.2 每股多于1000分但少于5000分，则该价格应减去50分；

1.15.4.3 每股多于5000分，则该价格应减去200分；

1.15.5 如果同一天的销售价格、卖方价格或买方价格发生变化，应该以当天的最后报价为准；

1.16 "部长"，是指负责执行本法的部长；

1.17 "公共服务部门"，是指在公共服务部门受雇的、根据议会立法直接设立的任何法人团体成员的任何人员；

1.18 "合格会计师"，是指作为津巴布韦会计师协会会员的会计师；

1.19 "登记员"，是指集体投资计划的登记员；

1.20 "单位信托账户"，是指本法第13条所指的国家本土化和经济赋权基金的单位信托账户；

1.21 "单位"（unit），是指单位信托账户中的一份不可分割的股份；

1.22 "单位持有人",是指已经登记的股份证书的登记持有人,不论该证书是否签发给他,包括共同登记的人员;

1.23 "价值"(value),除非另有明确说明:

1.23.1 就在某一特定时间证券交易所上市的股票而言,是指中间市场价格;

1.23.2 就不动产而言,是指市场价值,即在给定合理的议价期间内有意愿的买方和有意愿的卖方对该不动产支付的可能出价;

1.23.3 就所有其他财产和投资而言,是指由管理人在必要时与专家协商并经委员会批准后确定的价格;

1.24 "年份",是指日历年。

第二部分 单位信托账户

2. 单位信托账户的受益人应是本土津巴布韦人。

2.1 单位信托账户的目标

单位信托账户应具有以下目标:

2.1.1 提供一种媒介,使津巴布韦的投资者能够不受限制地参与管理人、首席执行官和委员会批准的财务状况良好的投资的多元化投资组合;

2.1.2 增加、加强和推动本土津巴布韦人参与国家经济。

2.2 单位信托账户目标的实现

为实现这些目标,委员会有权:

2.2.1 在单位投资组合中设立并发行无限数量的基金单位;

2.2.2 取得、接受和拥有任何性质的财产和捐赠;

2.2.3 根据本附件的规定获得、接收、购买或持有任何性质的任何股份、债券、股票、股票或证券的权益;

2.2.4 建立不同的单位投资组合,以便为投资者提供不止一组证券和其他投资形式的投资机会;

2.2.5 为单位信托账户筹集资金。

本附件约束所有持有人

3. 根据本法第 13 条第 3 款不时修订的本附件的条款和条件,对每个单位持有人和通过他提出要求的所有人员具有约束力。

本附件及修正案副本

4. 本附件及其任何修订本的副本应在正常工作时间内随时可在首席执行官或任何管理人的办公室予以查验，并由首席执行官或任何管理人以首席执行官确定的并经委员会批准的价格提供给提出请求的任何人员。

第三部分　委员会对单位信托账户的责任

5. 与单位信托账户有关的所有法律程序均应由委员会提出或针对委员会提出。

委员会的责任

6.1　就单位信托账户而言，委员会不应对委员会根据首席执行官或管理人的任何要求或建议善意完成或遭受的任何行为承担任何责任。首席执行官或任何管理人无论何时向委员会提交的任何证书、通知、指示或其他通讯时，委员会均可接受它们作为由任何两人以首席执行官或管理人名义签署或声称已签署的文件的充分证据，而首席执行官已授权委员接受这任何两个人的签名。

6.2　首席执行官可以接受任何事实的充分证据，尤其是其成本价或销售价的任何投资价值或首席执行官或任何管理人或经批准的股票经纪人的任何证券交易所的报价证书。

6.3　委员会对于首席执行官或任何管理人、法律执业者、银行家、清算人、代理人，或根据委员会、首席执行官或任何管理人的建议或作为其代理人行事的其他任何人的任何不当行为、错误、疏忽、判断错误、健忘或缺乏审慎概不负责。

业务和会议的开展

7.1　委员会与单位信托账户有关的会议必须至少每两个月举行一次。

7.2　附件一第 6 段适用于委员会举行的与单位信托账户有关的会议应遵循的程序。

委员会的权力

8.1　委员会应具有保护基金单位持有人利益的一切必要权力，除本附件另有规定外，还应具有实施单位信托账户职能并确保其目标实现的一切必要权力。

8.2 除本条另有规定外，委员会对于行使信托、权力、权限和授予的酌处权具有绝对的不受控制的自由裁量权，无论此类行使的方式、手段、时间如何，并且在没有重大过失和欺诈的情况下，委员会不对因行使或不执行而造成的任何损失、成本、损害或不便承担任何责任。

8.3 委员会有权代表单位信托账户筹集资金，但只有在委员会确信借款不会损害单位持有人的权利的情况下，才能行使该权力。

8.4 委员会可以与管理人，或任何单位持有人，或任何其股份或证券构成托管资产的一部分或对相关合同或交易感兴趣的公司或机构订立合同或进行任何金融、银行或其他交易。

8.5 除本附件所规定的为此目的所拥有的托管资产，委员会无须向单位持有人付款。

8.6 委员会不应为任何单位持有人的账户负责，或为委员会善意向适当授权的津巴布韦的财政部门作出的或获得的付款负责，或为产生于或涉及本附件的任何交易的税款或其他费用负责。

8.7 委员会可根据从法律执业者（无论是否被委员会、首席执行官或任何管理人咨询）、银行家、会计师、经纪人或委员会善意认为是所咨询事项方面的专家的任何人员处获得的建议和声明或信息行事，并且不应因此而作出的，或疏于作出的，或遭致的任何事情负责。

8.8 根据本段的规定，对于针对委员会提出的任何诉讼、费用、请求、损害赔偿、支出或要求，委员会有权利用托管资产或其任何部分。

8.9 委员会可以在任何给定时间限制单个单位持有人可以在单位信托账户中购买的最大单位数量，并可以根据需要不时更改此数量。

第四部分 首席执行官和管理人

管理人的权力

管理人应是位于会任命的公司或公司联合体，它们对单位持有人负责单位信托账户的管理和控制以及计划单位的发行和赎回。

在不违反本附件的前提下，管理人应以自己的名义和单位信托账户的名义以其认为最有利于单位持有人的方式，采取实现单位信托的规定、意图和目的所必要的措施和安排，他们应具有以下权力：

9.1 购买动产和不动产并提供服务，并以管理人作为这些财产的收益的所有人那样的方式进行任何形式的经营活动；

9.2 为了基金的权利，将单位信托账户资金用于对单位信托账户拥有的土地上的建筑物的维护、建造、改善、改建或拆除；

9.3 经委员会批准，以其认为合适的方式对货币进行投资，并随时变换投资；

9.4 借款并在必要时抵押不动产或给予任何其他形式的法定抵押作为担保；

9.5 出租和租赁财产；

9.6 支付向单位信托账户资产合法征收的所有费率、税金、费用以及与管理单位信托账户有关的任何其他费用；

9.7 聘请他们认为从事本附件所规定的所有性质的交易所必需的会计师、法律执业者、建筑师、数量测量师、土地测量师、估价师、代理、经纪人或其他专业顾问；

9.8 为任一特定目的，任命一个或多个代理人代表他们行事，并代表他们执行其认为适当的权力和职责；

9.9 在任何法院提起诉讼，要求追回单位信托账户的欠款或要求强制实施对它们有利的义务；

9.10 对可能针对单位信托账户提起的任何诉讼进行抗辩；

9.11 允许留出时间清偿单位信托账户的欠款，并在其职责范围内自由裁量对单位信托账户的债权达成和解；

9.12 就所有与单位信托账户有关的事项，以他们认为可行的条款与调解进行妥协和和解，并且所有此类妥协和和解对所有单位持有人具有最终的约束力；

9.13 在他们绝对自由裁量权范围内，以他们认为合适的方式，有偿或无偿地为每一交易提供补偿、担保或保证；

9.14 经委员会批准，可以购买、选择、出售、交换或更改任何托管资产，但本款规定不要求他们承担与托管资产有关的任何证书或任何交易的签章费用。

管理人的职责

10.1 管理人的职责是：

10.1.1 准备委员会必须按照规定所要发行、发送或送交的所有支票、权证、声明和通知；

10.1.2 将第10.1.1段中提到的文件盖章并与必要的加盖邮票的信封一起寄给委员会，以便委员会有足够的时间检查并签署支票、权证、声明和通知，并在它们应该分发之日分发；

10.1.3 准备所有需要签发的证书，并缴存委员会签署。

10.2 管理人应保存或安排保存适当的账簿和记录，所有单位信托账户管理人所进行的交易均应记入该账簿和记录，并应允许委员会按要求检查并从中提取或摘录所有此类账簿或记录。

10.3 审计员的费用应由管理人从托管资产中支付。

管理人的责任

11.1 如果由于任何原因管理人无法或不能执行本附件的规定，则管理人不应因此而承担任何责任，并且管理人也不得因任何法律错误、任何事项或原因而承担任何责任。

11.2 除根据本附件应由管理人明确承担的责任，管理人不承担任何责任，而且除非本附件另有规定，管理人亦不对委员会的任何作为或不作为负责，但其因故意违反本附件项下职责而应负的责任除外。

第五部分　与委员会和管理人有关的一般规定

委员会和管理人的责任

12.1 委员会或管理人均不对其依赖任何通知、决议、指示、同意、证书、誓章、声明、股票、计划或重组或其他文件所采取的任何行动或所导致的任何事情承担责任，如果他们相信所依赖的材料是真实的，并且是由包括他们自己或他们的官员在内的适当各方通过的、盖章的或签署的。

12.2 委员会或管理人均不对因任何现行或未来法律或法规的任何规定，或因任何法院的任何法令、命令或判决，或因任何指示、要求、声明或由任何与政府一起行事或声称行使任何政府权力的人员或团体所无论是否合法采取的类似行动（无论是否具有法律约束力），而作出或未能作出的任何作为或事情承担责任。

核实签名

13. 位于会或管理人有权要求任何单位持有人或联合单位持有人根据本附件或与其有关而要求签署的任何文件的签名应由银行或经纪人或其他负责人进行核实，或以其他方式进行核实，以使其确信。

赔偿

14. 本附件中明确向委员会或管理人提供的任何赔偿并不包括也不影响法律允许的任何赔偿。

委员会与管理人进行的交易

15.1 在为单位信托账户的原因而将投资出售给单位信托账户时，委员会、管理人或他们的任何一家公司或子公司均不得以委托人的身份出售或交易，除非是通过认可的证券交易所或通过向所有单位持有人或另一单位信托通过换券要约（conversion offer）的方式进行。但委员会或管理人或任何此类子公司可在其各自的个人账户上购买、持有或交易任何投资，尽管根据本附件可将类似投资作为托管资产的一部分持有。

15.2 管理人无权购买、出售、持有或买卖单位信托账户的单位，但委员会或任何关联公司，或委员会或管理人的任何雇员、股东或董事可以成为证书的所有人，并享有和其他单位持有人同样的持有、处置或以其他方式交易单位的权利。

第六部分 单位

单位的发行

16.1 管理人与委员会协商后，应代表单位信托账户发行新单位。

16.2 管理人与委员会协商后，可安排发行单位以提供初始投资组合，并可确定这些单位的发行价格。

16.3 随后新单位的发行价格应按照本附件第17段确定。

16.4 管理人还可经委员会批准后，通过与一个或多个其他单位信托的单位或子单位的持有人交换此类单位或子单位，或此类单位或子单位所代表的现金或其他财产的方式，以管理人认为适当的条款（包括为从托管财产中支付这种交换的成本、费用和支出以及在为获取现金而发行单位的情况下不超过所许可的首次费用），随时发行单位，如果委员会确信这些单位、子单位、现金或其他财产的价格已计入单位信托账户，而且其他条款不会给现有的单位持有人造成任何损害。

16.5　管理人还可经委员会批准后，以管理人认为合适的条款安排向基金单位持有人发行红利单位，只要委员会确信该发行不会给任何现有的单位持有人造成任何损害。

16.6　管理人应按要求向委员会提供所有单位发行的说明、发行单位的条款以及单位信托账户持有或打算为该账户购买的任何投资和不动产的说明、单位信托账户的资产负债表以及根据本附件赋予他们的权力，他们打算为单位信托账户的账户出售的任何投资和不动产的说明以及委员会为随时确定托管资产的价值所需要的任何其他信息。

16.7　如果委员会在任何时候认为本段中有关单位发行的规定受到侵犯，则委员会有权拒绝授权签发证书；但本段以及本附件的其他规定不应因委员会在签发证书前相信管理人已遵守本段规定的条件而承担责任。

16.8　不得为增加已发行的和未偿付的或被视为已发行未偿付的单位数量而发行超过委员会和管理人随时书面同意的数量的单位。

单位价格

17.1　任何单位的发行价格（为提供初始投资组合的价格除外）应通过在发行之日的托管资产的价值除以当时已发行的单位数量来确定；再加上管理人认为能够适当代表财政和采购费用的备用金的数额；再加上第 16 段中提供的差额，并将所产生的总数向上调整每单位不超过 1 美分。

17.2　尽管有第 17 段第 1 款的规定，管理人经委员会批准后仍有权随时在津巴布韦广泛流通的报纸、传单和其他形式的广告媒体上向公众发布以固定价格认购新单位的要约邀请，该固定价格应不超过根据第 17 段第 1 款所确定的价格，并应在发出该邀请之日前的交易日确定。该固定价格应在要约邀请保持开放期间有效。只要新单位应被视为在管理人收到该新单位的认购申请之日发行的，该新单位就可以固定价格发行。

17.3　尽管有第 17 段第 1 款和第 17 段第 2 款的规定，管理人有权在收到从津巴布韦哈拉雷以外的其他地方寄出的单位的认购申请时以高于第 17 段第 1 款或第 17 段第 2 款确定的价格发行此类单位，但该价格不得比发行之日确定的价格高百分之五（5%）。

17.4　如果管理人准备发行在津巴布韦以外的任何国家交付的单位，则此类单位的发行价格由管理人酌情决定，包括在发行价格上额外加上可足以支付在该国国家层面或地区层面就此类发行或交付或与签发证书有关或将款项汇回津巴布韦而征收的印花税或税款。

17.5　所有单位的价格应按照管理人要求的方式支付。

17.6　所有支票、汇票、本票和其他可转让票据均应以单位信托账户为受益人，收到的所有现金均应存入以单位信托账户名义开立的账户，并且委员会批准对账户的签字权。

单位细分

18.1　经委员会批准，管理人可以决定将每个单位细分为两个或多个单位，然后将每个单位相应地细分并相应地增加单位数量。

18.2　管理人应立即向每个单位持有人发送证书，该证书代表该单位持有人因细分而有权获得的额外单位数量。

单位的变现

19.1　管理人拥有书面通知委员会后减少单位信托账户的专有权利，管理人可以通过将单位证书交回委员会予以撤销或通过要求委员会撤销其证书尚未流通的单位来减少单位信托账户。

19.2　此类通知应说明要撤销的单位数量和应付给其管理人的款项。在发出行使该权利的通知之前，管理人有责任确保托管资产拥有（或在投资或同意出售的不动产出卖完成后拥有）足够的现金支付为减少账户而应向管理人支付的款项。

19.3　对于任何此类单位的撤销，管理人有权从托管资产中收取每单位的金额，该金额是通过在发出通知时的托管资产的价值除以当时发行中的单位的数量而确定的，还要从中扣除管理人可能认为代表与托管资产变现有关的财政和销售费用的津贴的金额，并将由此产生的总额向下调整每单位不超过 11 分。

19.4　此类款项应在向委员会提交将被撤销的、不具有流通证书的单位的细节时支付给管理人时支付，或尽快向其支付。在付款和交出单位后，有关单位应视为已被撤销并撤出发行。

19.5 委员会应检查应付给管理人的款项的计算，并可以要求管理人说明该款项的合理性。

交出单位予以变现

20. 在基金单位信托账户有效期内，基金持有人有权在任何时候向经理或其在证明书中正式授权并已适当背书的代理人提出书面要求，将其证书中包含的全部或部分单位交出以换取现金，每一单位的变现价格以提交单位时托管资产的价值除以所发行的单位的数量确定，同时还需从中扣除管理人认为与托管资产变现有关的适当的财政和销售费用的津贴，并将单位价格下调为每单位不超过 1 分，但：

20.1 任何人无权仅交出证书中所含单位的一部分，如果这会导致其持有的单位少于 10 个或经委员会批准后管理人说确定的更少的数量；

20.2 在只交出证书所含单位的一部分时，管理人就该剩余的单位签发余额证书；

20.3 管理人可以选择不要求交付已丢失、被盗或毁坏的任何证书，只要单位持有人遵守他们在申请替换证书时所应遵守的同样要求；

20.4 变现的价款应在津巴布韦证券交易所的投资变现惯常期限结束后的 7 天届满后支付，而且证券交易可能在任何时间适用的延期付款命令同样也适用于管理人的交付变现。

第七部分 关于证书的规定

证书形式

21. 证书应采用管理人与委员会之间同意的格式。证书应标明独特的编号，并应注明所代表的单位数和单位持有人的姓名。

证书面额

22. 证书可以任何面额发行，但不得为少于十（10）个单位或经委员会批准后由管理人确定的更少数量的单位签发证书。

证书的制作、签署和签发

23.1 在经委员会批准后，证书可以管理人随时确定的方式，刻制或打印出来，并应由委员会正式授权官员代表委员会签署。签字可以是亲笔签名的，或可通过刻印或其他机械手段印制。证书未经签名不具有任何效力。已签署的证书具有效力和约束力，即使在证书签发前，经委员会合法授权在证书上签字的人员已不再是委员会委员，或已不是被授权签署证书的人员。

23.2 委员会应签署证书，并根据管理人或其代理人的指示，交付相应数量单位所要求的、具有一定面额的证书，但委员会只有在收到付款或将有关情况或单位信托账户就相关发行的单位所应收取的资产转移至委员会后，才会交付证书。

23.3 委员会还应随时签署并交付在符合相关条件后根据本附件要求发行的任何其他证书。

有权获得承认的持有人

24. 证书的持有人应是委员会或管理人认可的唯一拥有该证书的权利的人，并且委员会和管理人应将该单位持有人确认为证书的绝对所有者，不受任何相反通告的约束，除非是本附件明确规定的通告，或是任何具有司法管辖权的法院作出的命令。

委员会持有的单位

25. 在没有其他人有权被视为单位的登记持有人的情况下，委员会应被视为每个单位的持有人。

证书的交换和更换

26.1 在遵守本附件的规定，特别是第 22 段所规定的有关证书面额的限制规定，以及管理人在与委员会协商后随时制定的任何规则的情况下，每个单位持有人均可用其部分或全部证书换取其所要求的、代表其证书单位数量之和的面额的证书。在进行任何此类交换之前，单位持有人可将要交换的一份或多份证书交还给委员会，并应向委员会支付签发新证书所应支付的所有款项。

26.2 如果证书出现残损或损坏，委员会在收到退回的残损或损坏的证书后，可酌情向单位持有人签发代表相同数量的新证书。

26.3 如果证书丢失、被盗或损毁，委员会可酌情向单位持有人签发新证书。

26.4 除非申请人提供以下内容，否则不得签发此类新证书：

26.4.1 向管理人和委员会提供令他们满意的原始证书的残损、毁损、丢失、被盗或毁坏的证据；

26.4.2 已支付与事实调查有关的所有费用；

26.4.3 在证书出现污损或残损的情况下，将已污损或残损的证书出示并交还给委员会；

26.4.4 如果管理人或委员会有此要求，应向管理人或委员会提供所要求的赔偿。管理人和委员会不会对根据本款规定善意采取的任何行为承担责任。

持有人登记

27.1 单位持有人的名册应在委员会的控制下保存，管理人应在名册中载明：

27.1.1 单位持有人的姓名和地址；

27.1.2 单位持有人持有的单位数量以及一个或多个证书的专有编号；

27.1.3 单位持有人登记以其名义持有的单位的日期。

27.2 任何单位持有人应立即将其姓名或地址的任何变更通知委员会，在委员会确信后，遵照他们要求的手续，更改登记或让委员会对登记进行更改。

27.3 登记册应（应遵守管理人规定的合理限制）在营业时间内开放给任何单位持有人免费检查。

27.4 经委员会批准后，管理人可确定登记关闭的时间和期限，但在任何一年内关闭的时间不得超过30天，并且如果管理人决定关闭登记，他们应自费在津巴布韦广泛发行的报纸上刊登广告予以通告。

27.5 有关任何单位的信托或利益的通告，无论是明示的、暗示的或解释性的，均不得记入登记册。

27.6 根据第19段未被取消的任何单位在进行转售时，委员会应将购买者的姓名作为单位持有人载入登记册，并为其签发一张证书。

单位的转让

28.1 每个单位持有人均有权以委员会批准的形式的书面文件转让

其单位或其持有的任何单位。如果对转让的登记将导致转让人或受让人成为不足十个单位或由管理人经委员会批准后所确定的更少数量的单位的登记持有人，则该转让不予登记。

28.2 每项转让文件均须由转让人和受让人双方签字，在转让人的姓名或名称已记入有关登记册之前，转让人应被视为仍是被转让单位的持有人。

28.3 每份转让文件必须妥善盖章并留存在委员会进行登记，同时附上与转让单位有关的证书，以及委员会可能要求用来证明转让人的所有权或转让其单位的权利的其他证明。在转让人遵守申请替换证书情况下所应遵守的同样条件时，委员会可让转让人免于提及已丢失的、被盗的或损毁的证书。

28.4 所有已登记的转让文件应由委员会保留。

28.5 对于每次转让的登记和以受让人的名义签发的新证书以及在必要时以转让人的名义签发余额证书时，委员会可收取与管理人一致约定的费用。如果委员会有此要求，则该笔费用必须在转让登记之前支付。

28.6 在收到单位持有人就证书所代表的单位所应支付的任何款项后，委员会的责任就予以解除。如果有数人被登记为共同的单位持有人，或者由于共同的单位持有人死亡或破产，他们中的任何人都可以提供收到此类款项的有效收据。

单位持有人死亡

29.1 若单位持有人死亡，已故单位持有人的遗嘱执行人或管理人应是委员会认可的唯一对单位有所有权的人，直至遗产分配完毕。

29.2 任何因单位持有人死亡而有权获得单位的人，在向委员会出示委员会所要求的有关其权利的证据后，经书面通知委员会其意愿，其自己可被登记为单位的持有人，他也可将单位转让其他人。本附件中有关转让的所有规定应适用于任何此类通知或转让，就如同单位持有人并没有死亡，该通知或转让是由其完成的一样。

29.3 因前述死亡而有权获得单位的人可解除有关该单位的所有应付款项，但他无权在其被登记为该单位的持有人之前接收有关任何单位持有人会议的通知、参加此类会议或在此类会议上表决。

29.4 对于任何管理证书、委托书、结婚或死亡证书、法院命令、名称更改公证书，或其他与单位权利有关或影响该权利的文件的登记，应向委员会支付委员会与管理人协商后所确定的费用。

保留付款

30. 委员会可保留就任何单位所支付的款项，直到有权被登记为单位持有人的人或有权获得单位转让的人已被登记为单位持有人或已获得该转让。

注销证书

31. 在根据第 20 段对单位进行变现后，委员会应注销已被交回的单位证书，并将该单位持有人的姓名从登记册上除名，但为本附件目的，如果管理人未能在津巴布韦证券交易所投资变现的通常期间终止前进行转售，此种除名仅应作为对单位的注销或将单位撤出发行渠道。

签发证书的限制

32. 尽管存在有关证书的规定，管理人仅有义务向要求他们提供证书的单位持有人签发证书。如单位持有人没有要求签发证书，管理人签发的任何成交单据对附件目的而言应视为证书。

交易报表

33. 如任何单位持有人提出要求，管理人应向该单位持有人提供一份季度交易报表，以确认来源于所签发的证书的一切交易详情。

第八部分　托管资产

托管财产

34. 托管资产包括：

34.1　委员会掌握的财产；

34.2　管理人同意发行的股票单位所收到的任何现金或其他财产的价值，如果是根据转换要约同意发行的单位，则从中扣除或提供转换安排应从托管资产中支付的任何款项；

34.3　如已同意购买或出售投资，但该等购买或出售尚未完成，则该等投资应包括或排除托管资产，而净购买或出售对价应视情况需要予以排除或包括在内，如同该等购买或出售已正当完成；

34.4　若管理人已向委员会发出通过注销单位而减少单位信托账户

的通知，但该注销尚未完成，则待被注销的单位不应被视为已发行，且托管资产的价值应减去注销时应向管理人支付的款项。

第九部分　托管资产的投资

向委员会转让财产

35.1　根据本附件的规定，应将应根据本附件的规定构成托管资产的所有现金和其他财产支付或转移给委员会。所有现金除非管理人认为应转入分配账户，则应由管理人酌情适用于（但始终要遵守本附件的规定）购买已被授权的投资和不动产。但所有或任何数量的现金也可在管理人认为合适的时间以现金形式保留，或存入经委员会和管理人批准的任何银行或建筑协会。

35.2　委员会有权在任何时候全权酌情决定而无须说明理由的情况下，通知管理人其不准备接受其认为违反本附件规定而转移的任何财产的转让，而且委员会有权要求管理人缴存除委员会可接受的财产以外的其他财产。

投资变现

36.1　管理人可在任何时候自行决定将托管资产中的任何投资变现，以提供为本附件任何规定的目的所需要的现金，或以现金或存款或以部分现金和部分存款的形式保留销售的费用。

36.2　如委员会要求，托管资产中包含的投资和不动产可由管理人变现，变现所得的净收益应按照本附件的规定使用，但管理人可将任何该等投资或不动产的变现延期至一段他们认为符合单位持有人利益的期间，除非委员会要求该等投资或不动产立即变现。

变现方式

37.　为单位信托账户出售投资，应在委员会批准后，由管理人或其指定的人按管理人的指示作出，如果管理人收到应付给经纪人的佣金份额，则管理人有权保留该款项，而无须对此负责。

投资限额

38.　单位信托账户持有的在任何公司或团体内的投资的价值须由管理人及委员会确定。

部分支付的投资

39.1 未经委员会同意，管理人无权将托管资产的任何部分用于收购任何投资或不动产，如果这些投资或不动产当时仅部分支付，或委员会认为它们可能会使委员会承担任何责任。但所有投资或不动产的选择，不论是否已部分支付，应是管理人的自身职责，而不是委员会的职责。如果委员会同意收购任何部分付讫的投资或不动产，则其在所有方面均应由管理人单独负责，而非委员会负责。如果委员会同意收购任何部分付讫的投资或不动产，委员会应有权提取并留出经管理人员批准且委员会可接受的现金或其他财产，以便足以全额支付该等投资或足以满足此类责任。

39.2 如此提取的现金或其他财产应构成托管资产的一部分，但未经委员会同意，不得以任何方式使用它们，除非是支付提取所涉及的投资，只要该投资仍然是托管资产的一部分，或托管资产存在（或附带的）任何债务。

39.3 委员会有权在任何时候全权酌情决定，且无须说明任何理由通知管理人，委员会不准备接受委员会认为违反本附件规定的任何财产的转让，委员会有权要求管理人缴存委员会可接受的财产以外的其他财产。

第十部分　分配

分配

40.1 在每年12月31日，或在第43段第1款所提到的审计报表发布之日后，委员会应按照其在上一个会计日持有的证书所代表的单位数量，在各单位持有人之间按比例分配根据第43段第1款核实的、在审计期间可分配给股东的金额，该金额应调整至不涉及分配每10个单位1分的数额。

40.2 在每个会计日，进行此类分配所需的现金应转入一个名为"分配账户"的特别账户，分配账户贷方的金额不得视为委员会根据规定以信托方式持有以进行分配的托管资产的一部分。

分配计算

41.1 出售权利所得收益以及管理人在咨询审计师后认为，属于投资和不动产应计资本性质的所有其他收入不得视为可供分配资产，而应作为托管资产的一部分予以保留。

41.2 任何会计期间的可供分配金额应通过从委员会在会计期间收到的所有利息、股息和其他管理人在咨询审计师后认为本质上属于收入的总净额中扣除管理层参与的费用，同时还应作出管理人在咨询审计师后认为适当的调整。

允许的调整应为：

41.2.1 通过调整增加或扣除一笔金额，以考虑销售或购买附带的股息的影响；

41.2.2 增加一笔代表委员会在会计期末应计但未收到的任何利息或股息的款项，并扣除（在已就任何前一会计期间进行了增加调整的情况下）上一会计期末应计利息或股息的金额；

41.2.3 增加新单位价格中包含的金额，用于支付发行日期之前的应计收入，并扣除代表在会计期间放弃和注销的单位清算时分配的收入。

41.3 与每个期间有关的分配报表（附有审计报告）应提交给委员会，该报表应具有决定性和约束力，其副本应在正常营业时间在管理人办公室开放，以供任何单位持有人查阅。委员会和管理人在依赖和执行此类经审计报告时应受到绝对保护。

平衡支付

42.1 单位发行后首次分配应包括一笔资本金，其金额等于该单位的平衡支付款。

42.2 对于根据第20段提交变现并随后再出售的单位，委员会应在第十部分规定的分配日或之前，就相关会计期间，将适用于该单位的平衡支付款记入分配账户的信贷。

分配报表

43.1 委员会应在每年8月31日或之前，或在此后尽快促使管理人编制一份经审计师认证的分配报表，涵盖截至上述日期前最后一个会计日的会计期间的分配情况，该报表应显示：

43.1.1 与报表相关的会计期间的单位总收入、应扣除的所得税金额（如有）以及相应的净额；

43.1.2 每单位可分配资本性质的金额及其来源；

43.1.3 在有关会计期间，与管理层参与有关的单位收费金额；

43.1.4 从上一个会计期间结转的单位净金额和结转到下一个会计期间的单位净额，在每种情况下应区分收入和资本；

43.1.5 分配给单位持有人的单位总额和净额，区分收入和资本；

43.1.6 如果委员会和审计师认为分配给单位持有人的金额因出售或购买附股息的证券而增加或减少，除非委员会和审计员同意，该增加或减少的净额并不重要，也不会对分配给份额持有人的金额产生实质性影响，否则应说明该增加或减少的净额；

43.1.7 每项投资占有关会计日托管资产总价值的百分比，以及代表现金的百分比，但在会计期间应转入分配账户的现金除外；

43.1.8 会计日单位（除息）的投标价格。

分配的支付

44.1 委员会根据本附件应付予单位持有人的任何款项，须以支票或付款凭单以邮递方式寄往该单位持有人的注册地址。

44.2 所有此类支票或付款凭单均应按其交付或寄送人的指示付款，且支票或付款凭单的付款应满足应付款项的要求。

44.3 如果委员会收到了审计师认为形式充分的授权书，则委员会应将可分配给单位持有人的金额支付给其银行或其他代理人，该银行或其他代理人的收据即是付款的充分证明。

税务证书

45.1 对于每次分配付款，委员会应向相关单位持有人签发一份税务证书。税务证书由审计师或管理人按照委员会批准的格式制作。

45.2 在单位信托账户清算时进行分配的，每份税务证书应说明分配的资本比例和收入比例。

账户

46.1 管理人应至少每年一次但不超过与之相关的会计期结束后六个月内，向单位持有人提交一份载有委员会与管理人协商后可能要求的信息的账户。

46.2 账户应由信誉良好的审计事务所的独立审计师审计，并须附有审计师的证书，以表明该账目已连同单位信托账目的簿册及记录和与该账目有关的经理人的簿册及记录已一并审核，而且审计师他们所要求的一切解释及资料。审计师应进一步报告其认为该账目是否已按照该等簿册及记录妥当制作，以披露该单位信托账户中经理人应累计的利润或亏损。

46.3　管理人应在财政年度结束后的六个月内，向财政部部长提交一次单位信托账户的审计账目。

第十一部分　单位持有人会议

会议的召集

47. 单位持有人会议可由以下人士随时召集：

47.1　委员会自行决定；或

47.2　持有不少于当时发行单位百分之二十五（25%）的单位持有人；或

47.3　管理人。

会议通知

48.1　召集会议的人员应按照第十四部分的规定，向单位持有人、委员会和管理人发出不少于二十一（21）天的通知，包括通知送达或视为送达之日和发出通知之日。

48.2　通知应说明会议地点和时间以及拟提出的任何决议的条款。

48.3　因意外疏忽而未向某些单位持有人发出通知或某些单位持有人未收到通知，不得使任何会议的议事程序无效。

法定人数

49.1　必要的法定人数应为足够的亲自或代理出席的人员，他们代表不少于当时发行的所有单位的百分之十五（15%），除非在开始营业时达到了必要的法定人数，否则不得在任何会议上处理任何交易活动。

49.2　如果在指定的会议时间后一小时内，出席人数未达到法定人数，则会议应延期至不少于十五（15）天在大会主席指定的某个时间和地点举行，且在该延期会议上，亲自或通过代理人出席的单位持有人应为法定人数。

49.3 任何延期会议的通知应以与原会议相同的方式发出，且通知应说明出席延期会议的单位持有人（无论其人数和持有的单位数量）将为法定人数。

49.4 管理人不应计入任何会议的法定人数。

会议程序

50.1 委员会应以书面形式提名一名无须为单位持有人的人士主持任何会议，如果未提名任何人士或在任何会议上指定的主席在指定时间后 15 分钟内仍未出席，则出席会议的单位持有人应在其成员中选出一人担任主席。

50.2 经达到法定人数的任何会议同意，主席可在任何时间和地点将会议延期，但任何延期会议上不得处理任何事务，除非是在进行延期的会议上合法处理的事务。

50.3 在任何会议上，提交会议表决的所有决议均应通过举手表决决定，除非在宣布举手表决结果之前或之后，主席或一名或多名亲自或通过代理人出席并持有或代表已发行单位百分之一的股份持有人要求投票表决。

50.4 除非要求投票表决，否则主席宣布某项决议获得通过或失败，即为该事实的确凿证据，而无须证书所记录的赞成或反对该决议的票数或比例。

50.5 如果要求投票表决，应按照主席指示的方式进行，投票结果应视为要求投票表决的会议的决议。

50.6 对于选举主席或休会问题所要求的投票应立即进行，对任何其他问题的投票应在主席指示的时间和地点进行。

50.7 投票表决的要求不得妨碍会议继续进行，以处理除要求投票表决的问题以外的任何事务。

50.8 投票可由个人或代理人进行。

50.9 举手表决时，亲自出席或由代理人出席的每名单位持有人应有一票表决权；在投票表决中，亲自或由代理人出席的每名单位持有人对其持有的每一单位应有一票表决权。

50.10 对于联合单位持有人，无论是亲自还是通过代理人投票的高级联合持有人的投票应被接受，以排除其他联合持有人的投票，为此目的，级别应根据联合持有人登记册上的姓名顺序确定。

50.11 管理人无权在任何会议上投票。

50.12 管理人应确保所有决议和会议程序的适当会议记录均妥善编制和保存。此类会议记录应保存在管理人办公室，并应在正常营业时间内供单位持有人查阅。

代理人

51.1 委托代理人的文件应采用书面形式，并由其委托人以书面形式正式授权签字。

51.2 委托书应采用委员会批准的格式。

51.3 委托书、授权书或其他授权委托书，或经公证的授权书副本，应存放在委员会或管理人经委员会同意后会在召开会议的通知中指定的地点，或者如果没有指定地点，则在指定举行会议或延期会议的时间前不少于 48 小时或在投票表决的情况下，在指定的投票时间之前，存放在管理人注册办公室，若违反这些规定，委托书应视为无效。

51.4 即使委托人之前死亡或精神失常，或执行委托书的代理或授权被撤销，或委托书所涉及的单位转让被撤销，根据委托书条款进行的表决仍应有效，只要委员会在使用代理人的会议或延期会议开始前没有对任何转让进行登记。

会议的权力

52.1 根据本部分正式召集和召开的单位持有人会议应通过特别决议：

52.1.1 根据第十四部分的规定，经委员会和管理人同意的对本附件规定的任何修订、变更或增补；

52.1.2 要求管理人辞职，但不得有任何进一步的权力。

52.2 在本款中，特别决议是指由不少于赞成和反对该决议总票数百分之七十五（75%）的多数票通过的决议。

第十二部分　投票权

对托管资产的投票权

53.1 除另有明文规定外，任何托管资产所赋予的所有表决权均应以管理人书面指示的方式行使，管理人可自行决定不行使任何表决权，任何单位持有人均无权干涉或投诉。

53.2 委员会应根据管理人的书面请求，随时自费签署并交付或促使他人签署或交付给管理人或其提名人足够的授权书或委托书，以管理人可能要求的名义，授权这些委托人和代理人投票、同意或以其他方式进行表决对全部或部分托管资产采取行动。

53.3 管理人有权在其认为符合单位持有人最大利益的情况下行使该等权利，但管理人或委员会均不对有关投资或投资的管理或就管理人亲自或通过代理人或委托书给予或采取或未给予或未采取的任何投票、行动或同意承担任何责任，他们也不会因任何法律错误或事实错误，或委员会或管理人或此类代理权或授权书的持有人根据本附件作出或疏于作出的任何事项或事情而招致任何责任。

53.4 本段中使用的短语"投票权"或"投票"应被视为不仅包括在会议上的投票，还应包括对任何安排、方案或决议的任何同意或批准，或对附属于托管资产的任何部分的任何权利以及申请召开会议或加入申请召开会议的权利或发出任何决议通知或分发任何声明的权利的任何变更或放弃。

第十三部分 广告

广告

54. 管理人或其代表不得发布包含任何关于单位发行价格或收益率的声明或包含任何购买单位的要约邀请的广告、通告或其他文件，除非委员会已批准此类文件。

第十四部分 附件二的修订

修正案

55. 除非委员会以书面形式证明，其认为对附件二进行修订仅为使本附件的条文能更方便、更经济地管理，或以其他方式使单位持有人受益，且该等修订不会损害单位持有人或其中任何一人的利益，亦不会更改基本条文或单位信托账户的目的或解除委员会或管理人对单位持有人的任何责任，否则未经根据第十一部分正式召集和举行的单位持有人会议的特别决议批准，不得进行此类修订。

第十五部分 通知

通知的送达

56. 下列规定适用于通知的送达。

56.1 要求向单位持有人送达的任何通知，如果以邮递方式寄往或置于其登记册上的地址，则应视为已正式发出。任何以邮递方式送达的通知，须视为已在该信件投递后的第五天送达，而在证明该项送达时，须足以证明该信件的地址、盖印及邮递妥当。

56.2 向多个联合单位持有人中的任何一个发出通知或文件，应视为对其他联合单位持有人的有效送达。

56.3 将通知或其他文件邮寄或置于某一单位持有人的注册地址，均应视为已妥当送达，即使该单位持有人已死亡或无力偿债，且无论委员会或管理人是否收到其死亡或无力偿债的通知，且该等送达应视为已向所有利害关系人（无论是联合还是通过该单位持有人向有关单位提出请求）充分送达。

附件三（第 15 条第 3 款）

基金管理适用规定

基金的使用

1. 基金内的款项须用于第 12 条所提及的目的及基金的管理费用。

基金财政年度

2. 基金的财政年度为截至每年 12 月 31 日的十二个月期间。

基金财务管理

3. （1）代表基金收取的所有款项，均须存入银行账户，除由委员会授权的人签署支票外，不得从银行账户中提取任何款项。

（2）基金的任何部分如并非立即需要作基金用途，可按委员会决定的方式投资。

账簿与基金审计

4. （1）委员会须确保：

（a）就基金的所有财务交易备存适当的账目及其他有关记录；及

（b）就每个财政年度而言：

（i）资产负债表；

（ii）（a）项所提及的交易的报表；

均应毫不迟延地制作。

（2）基金的账目应由主计长（Comptroller）和审计长（Auditor - General）审计，审计长应具有《审计和国库法》第9条赋予他的一切权力，如同基金的资产是公款或国家财产、委员会雇用的人是国家雇员一样。

附件四（第16条）国家本土化和经济赋权宪章

段

1. 宪章原则；
2. 宪章的目标；
3. 道德规范；
4. 监测和评估机制。

宪章原则

1. 本宪章应以下列基本原则为前提：

（a）良好的公司治理；

（b）发展一个高度竞争、可持续和工业化的经济体，受益于国家的自然资源等禀赋；

（c）人人机会平等，包括由津巴布韦土著人在经济中性别敏感的所有权和参与；

（d）加快农村发展；

（e）发展和利用现代科学技术；

（f）可持续利用自然资源。

宪章的目标

2. 《国家赋权宪章》的目标是：

（a）促进商业道德行为；

（b）促进津巴布韦土著人公平获得经济财富；

(c) 加强员工和管理层在企业中的持股比例；

(d) 促进在经济活动中使用当地原材料和增加附加值；

(e) 促进本土研发；

(f) 促进技术转让；

(g) 利用本土知识体系；

(h) 培养和发展技能基础，以增强津巴布韦土著人的经济能力；以及

(i) 为制定特定部门的章程提供通用框架。

道德规范

3. 为实现上述目标，所有利益相关者承诺遵守以下规定：

公司治理

(a) 作为公司的所有企业都致力于良好的公司治理，其中包括以下要素：定期召开董事会会议，在董事会上代表股东利益，任命适当的合格人员担任董事会成员，董事会制定政策和程序来管理经营情况，董事会遵守最佳业务和其他惯例，并定期向股东报告；

(b) 所有企业必须通过员工持股计划或信托或管理层收购等权宜之计，鼓励员工或管理层参与决策。

行为责任

(a) 所有企业应确保公平、诚实、真诚、透明、问责、效率、承诺、专业性、保密性、诚信、尊重和联网的原则适用于其经营活动，以维护企业在当地和国际上的声誉，从而保护国家形象；

(b) 特别是，所有企业应当为其投资、提供商品和服务寻求公平的经济回报，不得通过不公平或剥削性的定价做法，取得对其客户的不正当利益。

生产责任

(a) 所有企业都有义务生产或制造符合国家和国际标准的货物；

(b) 一切经营活动均应以符合成本效益的方式进行；

(c) 企业应尽可能利用当地可用资源，促进增值；

(d) 企业应利用本土知识体系，促进本土研发和技术转让。

雇用责任

所有企业都应享有平等的就业机会。

安全健康责任

各企业应为员工创造安全、健康的工作环境。

环境责任

企业应当保护经营环境，确保可持续发展。

法律责任

企业从事经营活动，应当遵守国家经济的法律、法规和规章。

社会责任

所有企业都应该为他们所服务的社区做出贡献。

监测和评估

4.（1）政府和部门应维持和定期更新监测和评估数据库。

（2）部长应编制一份关于遵守和不遵守《宪章》的年度报告，供部长审议。

（二）本土化和经济赋权法（2020 年修订）[①]

第 14/2007、5/2011、11/2014、3/2016、1/2018、10/2020 号法律

2007 年第 14 号法案

在政府公报上颁布：2008 年 3 月 7 日，星期五

生效时间：2008 年 4 月 17 日（星期四）（根据2008 年第 63A 号法定文件第 1 条第 2 款确定）

修正：

1. 根据 2011 年《一般法律修正法》（2011 年第 5 号法律）第 9 条进行修正，并自 2011 年 5 月 17 日起生效［对第 3 条第 6 款进行了修正，删

[①] 该法是在 2018 年法律基础上制定的。也许是制定匆忙，该法的很多条款内容存在不对应或不符之处，可对照 2007 年《本土化和经济赋权法》来看。

除了"公司"（company）一词，并用"企业"（business）一词代替]。

2. 根据 2014 年《金融（第 3 号）法》（2014 年第 11 号法律）第 27 条第 1 款进行修正，"自 2015 年 1 月 1 日起生效"。①

3. 根据 2016 年《一般法律修正法》（2016 年第 3 号法律）附件第 55 部分进行修正。

4. 根据 2018 年《金融法》（2018 年第 1 号法律）第 36 条进行修正。

5. 根据 2020 年《金融（第 2 号）法》第 36 条进行修正。

法律

为了对经济的进一步本土化的支持措施作出规定；为了对津巴布韦本地人民的经济赋权支持措施作出规定；为了对国家本土化和经济赋权委员会的设立及其职能和管理作出规定；为了对国家本土化和赋权宪章作出规定；为了对与上述事项有关或附带的事项作出规定。

由津巴布韦总统和议会制定了本法。

---

① 第 11/2014 号法第 27 条第 2、3 款和第 4 款也非常重要：

"（2）为免生疑问，特此声明：

（a）在 2010 年第 21 号法定文件中发布的 2010 年《本土化和经济赋权（一般）规则》仍然有效，只是需要作出部分修改，以符合根据本法对《本土化和经济赋权法》［第 14：33 章］（2007 年第 14 号）所做的修正，包括在适当情况下用'直线部长'（Line Minister）代替'部长'（Minister）；

（b）在本法生效之日或之前，根据上述规则批准的本土化实施计划应根据第 3 款的规定被视为已得到由第 1 款所界定的相应部门直线部长的批准。

对（b）的注释：第 11/2014 号法（'本法'）于 2015 年 1 月 7 日在政府公报上公布并生效。

（3）如果某一企业希望修改第 2 款（b）项所提及的本土化实施计划，则该企业可在经本法所修正的《本土化和经济赋权法》［第 14：33 章］（2007 年第 14 号）第 3 条第 6 款提及的公报通告发布后六十天内，向直线部长提交修订后的本土化实施计划，直线部长应在向其提交修订后的本土化实施计划后三个月内，以书面形式通知相关企业，批准或拒绝企业提交的修订后本土化实施计划。

（4）如果根据第 3 款向直线部长提交的修订后的本土化实施计划根据该款（b）项规定被拒绝，相关企业应在收到通知之日起的六十天内，再次有机会提交另一份修订的本土化实施计划，第 3 款规定适用于该计划，其适用方式与适用于其提交的第一份修订后的本土化实施计划的方式相同。"

第一部分　一般规定

1. 简称和生效日期

（1）本法可被援引为《本土化和经济赋权法》[第 14：33 章]。

（2）本法自总统通过法定文件确定的日期起施行。①

2. 解释

（1）在本法中：

"适当指定的实体"是指下列任何实体（以及直线部长通过公告在政府公报中指定的其他实体）——

(a) 根据津巴布韦《矿业开发公司法》[第 21：08 章]设立的津巴布韦矿业开发公司，以及由津巴布韦矿业开发公司或津巴布韦共和国为第 3 条第 2 款（b）项目的成立的任何公司或其他实体；或

(b) 津巴布韦联合钻石公司，它是一家在 2015 年 5 月 11 日成立的、完全由政府所有的私人有限责任公司，主要或专门参与钻石开采利润；或

(c) 国家本土化和经济赋权基金。

"批准"就第 3 条第 1 款（b）、（c）、（d）或（e）项所提及的交易而言，是指根据第 4 条所进行的批准；

"委员会"（Board）是指根据第 7 条第 1 款设立的国家本土化和赋权委员会；

"企业"是指任何公司、协会、集团或合伙人，其目的是由该公司、协会、集团或合伙人获取收益，或由它们的单个成员获取收益，无论该企业是否按照公司法或其他方式进行登记；

"企业协会"是指代表任何类别的企业的利益的任何自愿组织；

"合规证书"是指为第 3 条第 8 款的目的而签发的最终的或临时的证书；②

---

① 确定的日期为 2008 年 4 月 17 日 [SI 63A/2008]。
② 第 11/2014 号法第 27 条插入的定义，自 2015 年 1 月 1 日起生效。

"主席"（chairperson）是指根据第7条第2款任命的委员会主席；

"宪章"是指附件四所列的国家本土化和经济赋权宪章；

"首席执行官"（chief executive officer）是指根据第9条所任命的委员会的首席执行官；

"社区持股计划"是指在2010年第21号法定文件中发布的2010年《本土化和经济赋权（一般）条例》第14B条提及的计划，但该条规定或条例的规定会经常被修正或取代；

"控制利益"：

（a）就涉及公司而言，是指公司所有类别股份所附的多数表决权；

（b）就公司以外的任何企业而言，是指能够使其持有人直接或间接对该企业的活动或资产行使任何控制权的任何权益；

"指定的采掘企业"是指第3条第1款提到的公司、实体或企业；

"员工持股计划或信托"是指一项安排，其主要目的或效果是使公司或公司集团的员工能够参与或获得因收购、持有、管理或处置该公司或公司集团的股票、股份或债券而产生的利润或收入；只要此类股票、股份或债券是以员工的名义保存在某一信托中或以单位形式保存在根据《集体投资计划法》[第24：19章]（1997年第25号）登记或豁免的员工单位信托机制中；

"赋权"是指创造一种可以提高本土津巴布韦人的经济活动绩效的环境，通过本土化可以将本土津巴布韦人引入或使其参与到经济活动中；

"确定日期"是指根据第1条第2款确定的、作为本法生效的日期；

"基金"是指根据第12条设立的国家本土化和经济赋权基金；

"本土化"是有意引导本土津巴布韦人参与到他们一直没有参与的国家的经济活动，以确保国家资源的公平拥有；

"本土津巴布韦人"是指在1980年4月18日之前因种族歧视而受到不公正待遇而处于不利地位的任何人以及该人的任何后代，并且包括本土津巴布韦人占多数成员或拥有控制利益的任何公司、协会、集团或合伙；

"直线部长"（line Minister）是指第4条所提及的交易的一个或多个当事人应根据第4条规定向其提交评估申请的部长，该部长对应遵守本法规定的企业所属的经济部门或分部门负责；

"成员"是指委员会成员；

"部长"是指总统指派其执行本法的部长；

"规定的登记簿"是指根据第 21 条制定的规则所规定的登记簿，并由委员会代表负责本法实施的部长进行保存，在登记簿中载有第 3 条第 8 款和第 4 条第 5 款所提及的证书的细节；

"私人公司"是指《公司法》[第 24：03 章] 第 33 条第 1 款所定义的公司；

"公共公司"是指不是私人公司的任何公司或根据《公司法》[第 24：03 章] 第 26 条获得许可的任何公司；

"保留的经济行业"是指根据附件一由为津巴布韦公民保留的各类商业组成的行业；

"经济行业"、"经济分行业"和"行业的"是指规定的经济行业或分行业；①

"小组"（Unit）是指第 6A 条提到的国家本土化与经济赋权小组；②

"副主席"是指根据第 7 条第 2 款任命的委员会副主席。

（2）在本法中凡提及的"部长"，在合适情况下均应解释为"直线部长"。

（3）适当的直线部长应负责在法定文件中通过公告对可以根据第 3 条第 4 款予以规定的任何事项作出规定。

但自 2014 年《金融（第 3 号）法》生效之日起有效的任何此类公告应一直有效，直到适当的直线部长发布了自己的公告，在这种情况下有效的公告就其与第二份公告任何相抵触的部分应视为已被废除。

2A. 本法的适用

为避免争议，特此宣告，本法除适用于第 3 条第 1 款指定的企业以及保留的经济行业中的企业外，不能适用于国家经济的任何企业，因此任何人均可自由地向第 3 条第 1 款不包含的或不在保留的经济行业内的任何企业投资、组建或经营此类企业，以及获得此类企业的所有权或控制权。

---

① 第 11/2014 号法第 27 条插入的定义，自 2015 年 1 月 1 日起生效。
② 本法中没有第 6A 条——译者注。

第二部分　本地化和经济赋权：一般目标和措施

3. 实现本土化和经济赋权的目标和措施

（1）国家应通过本法或根据本法或任何其他法律制定的条例，确保每一被指定的采掘业企业的至少 51% 的股权或其他所有权益应通过一个适当指定的实体（可有或没有社区持股计划或员工持股计划或信托的参与，或两者都有或都没有）拥有，被指定的采掘业的企业是指从事开采部部长在与矿业部部长和金融部部长协商后指定的矿业的公司、实体或企业。

（2）不得批准下列需要根据《竞争法》第 4A 部分通知竞争委员会的行为：

（a）对两个或多个相关或关联的指定的采掘业企业进行合并或重组；

（b）由某人收购指定的采掘业企业的控制利益；

除非：

（c）就指定的采掘业企业而言，在被合并或重组后的企业中 51% 的股份或企业所有权益应有某一适当指定的实体持有，但此处所提及的 51% 的股份可以由社区持股计划或员工持股计划或信托持有，或由两者持有。

（d）在合并或重组后的企业的管理机构中适当指定的实体根据其股份行使代表权。

（3）不得批准任何指定的采掘业企业的分拆或将此类企业分立成两个或两个以上企业，如果因此种分拆或分立使任何企业的价值达到或超过规定的门槛，除非：

（a）在分立或分拆后的任何企业的 51% 的股份由适当指定的实体持有（可有或没有社区持股计划或员工持股计划或信托的参与，或两者都有或都没有）；

（b）在分立或分拆后的企业的管理机构中，第（a）项提及的适当指定的实体机构根据其股份行使代表权；

（4）不得批准某人让渡指定的采掘业企业中的控制利益，如果该控制利益的价值达到或超过了规定的门槛，除非该控制利益让渡给适当指定的实体（可有或没有社区持股计划或员工持股计划或信托的参与，或两者都有或都没有）；

（5）不得批准向所规定的、对国内或外国投资者开放的经济行业的投资申请，如果对该行业的投资需要根据《津巴布韦投资局法》[第14∶30章] 要求获得投资许可，除非就指定的采掘业企业而言，该投资中的控制利益保留给了适当指定的实体（可有或没有社区持股计划或员工持股计划或信托的参与，或两者都有或都没有）；

(6) 就指定的采掘业企业而言，部长可书面许可该企业采取下列行为之一——

(a) 在部长规定的期限内遵守本法的规定，以达到本土化和赋权的指标；或

(b) 通过使用信贷并在部长规定的期限内实现本土化和赋权的指标。

3A. 保留的经济行业

(1) 根据第2款和第10款，只有津巴布韦公民才能拥有保留的经济行业中的企业。

(2) 非津巴布韦公民所拥有的每一企业，如果在2018年1月1日前已在所保留的经济行业内开始经营的，可以继续经营，如果——

(a) 它在——

(i) 津巴布韦税务局进行了登记；

(ii) 根据第3款在本土化和经济赋权小组进行了登记；并且

(b) 它根据《银行使用促进法》开立并保留了银行账户。

(3) 为了从根据第2款授予企业的例外规定中受益或进行证明——

(a) 相关企业应不迟于2018年7月1日通过宣誓书通知本土化和经济赋权小组——

(i) 它在2018年1月1日前已在所保留的经济行业内开始经营；并且

（ii）为税务目的它已在津巴布韦税务局登记，而且已根据《银行使用促进法》在指定的金融机构开立并继续保留一个银行账户。以及

(b) 本土化和经济赋权小组应开设并保留一份登记簿以便对（a）项提及的每一企业的详情进行记录，并且应企业的请求，应向企业免费提供一份它已为第 2 款目的得到登记的证明。

(4) 作为非津巴布韦公民且希望在 2018 年 1 月 1 日后在所保留的经济行业内经营企业的任何人，应获得第 10 款所提及的部长的许可。

(5) 作为非津巴布韦公民且有下列行为的任何人——

(a) 在 2018 年 7 月 1 日后没有遵守第 2 款和第 3 款的规定；或

(b) 在 2018 年 1 月 1 日后且在未取得第 10 款所提及的部长许可的情况下，开始经营第 1 款所提及的企业，

则构成犯罪，应被处以八级以下罚款或六个月以下监禁，或两者并处。

(6) 此外，部长可指示任何许可机构撤销、中止或取消因违反第 2 款和第 3 款或第 5 款规定而经营的企业的经营许可证。

(7) 本土化与经济赋权小组和任何其他执法机构的任何官员，或负有部长授权的任何人员，在提交部长的书面授权后，可进入在所保留的行业内经营的任何企业的场所内，并要求提交任何相关文件，以查验该企业是否遵守本条的规定。

(8) 第 7 款所提及的官员可复制任何可被用来证明是否遵守本条规定的任何文件或材料。

(9) 任何人如果干涉或阻碍第 7 款和第 8 款提及的官员行使其职务，就构成犯罪，应被处以十级以下罚款或两年以下监禁，或两者并处。

(10) 在遵守第 11 款规定的情况下，作为非津巴布韦公民的任何人员，在 2018 年 1 月 1 日后可以向所保留的经济行业中的某一企业投资，如果该企业满足部长基于下列目的的规定的标准或门槛——

(a) 在津巴布韦创造大量的、可持续的就业机会；

(b) 为津巴布韦人民的利益转让技能和技术；

(c) 创造可持续的价值链；

(d) 其他所规定的社会或经济所需求的目标。

(11) 为第 10 款目的——

(a) 有意向的投资者应向本土化和经济赋权小组提出书面申请，说明他满足或有意满足第 10 款所规定的标准或门槛；

(b) 本土化和经济赋权小组应在收到此类申请后的 7 天内或它和有意向的投资者可能同意的更长时间内，把申请连同它对申请的推荐意见送交部长；并且

(c) 部长应在考虑申请后，批准或拒绝它。如果部长批准它，他将把一份允许投资者投资的许可免费提供给申请人，只要任何此类许可的授予和有意向的投资者的姓名在政府公报中以公告的形式发布。

4. 部长审查和批准本土化和赋权安排的权力

(1) 自部长通过一项法定文件中的公告为第 3 条第 1 款（b）项（iii）目、第 1 款（c）项（i）目以及第 1 款（d）项或（e）项目的而被要求作出规定的事项作出的规定生效之日起，才可缔结第 3 条第 1 款（b）、（c）、（d）或（e）项所提及的交易，除非：

(a) 交易的任何一方或双方（在本条中称为"通知当事方"）在规定的时间内以规定的方式向部长发出了该交易的通知；并且

(b) 部长在收到根据（a）项所规定的方式和时间内缔结的交易通知之日起的 45 天内：

(i) 书面告知提交通知当事方已批准该交易；或

(ii) 没有书面向提交通知当事方表明其批准还是不批准该交易。

只要部长在本段规定的 45 天期限到期前的任何时间，以书面形式告知通知当事方他需要更多的时间来考虑该交易，则部长应在另外 45 天以

表明他批准还是不批准该交易。

（2）部长可在收到根据第 1 款（a）项规定的时间内和方式提交的交易通知之日后的 45 天内，书面告知通知当事方他不批准该交易，在这种情况下，第 3 款规定应适用于该交易，但部长不应拒绝批准第 1 款中提到的交易，除非其理由是该交易不符合第 3 条第 1 款（b）、（c）、（d）或（e）项规定的目标，这须视情况而定。[①]

（3）如果部长根据第（2）款拒绝批准一项交易，则他应在另外 90 天内向通知当事方书面指明他们应采取哪些措施以使交易符合第 3 条第（1）款（b）、（c）、（d）或（e）项规定的目标，这需视情况而定。

但部长不得要求采取可能导致相关交易的缔结条件低于最初根据第 1 款（a）项通知他的任何交易条件。

（4）部长在行使本条赋予的权力时，即使有其他法律有相反的规定，他也有权获得与企业股份和控制利益有关的所有公共记录。

（5）在直线部长根据本条规定批准一项交易后，如果通知当事方书面要求，直线部长应在收到该请求后的不迟于 14 个工作日内签发交易批准证书，并且直线部长应立即将其副本发送给委员会，以纳入规定的登记簿。

（6）作为指定登记簿的保管人的委员会秘书作出的关于第（5）款所提及的证书的存在与否及其内容的声明，应是该证书存在与否及其内容的结论性证据。

5. 实施通知和批准要求（已被废除）

第三部分　国家本土化和经济赋权小组的设立和职能

6. 小组的设立、组成和位置

应在负责实施该法的部内设立一个称为国家本土化和经济赋权小组的小组，它具有下列特征：

---

① 该法中实际上没有第 3 条第 1 款（b）、（c）、（d）或（e）项规定，这仍然是此前 2018 年《本土化和经济赋权法》中的规定，在目前的法律中，它们对应的分别是第 3 条第 2、3、4、5 款规定。

（a）它应有一个主任（Director）领导，其职位应为公务员局中的职位；以及

（b）它应由实施其职责所必需的职员组成，这些职员应为公务员。

7. 小组的职能

（1）小组应行使下列职能：

　　（a）管理根据第15条设立的基金；以及

　　（b）行使根据本法或任何其他立法赋予小组的其他职能。

（2）主任以及小组的所有职员及机构应公正、廉洁并根据第11条公开行使职能。

（3）在根据本法作出影响或可能影响任何人的权利或权益时，主任以及小组的所有职员和机构应尽量考虑——

　　（a）把将要作出的决定的性质以及作出决定时可能考虑的因素及时、明确地告知该人；并且

　　（b）在遵守第11条（保密性）规定的情况下，允许该人合理查阅主任或小组的职员或机构就所考虑的事项所获得的相关信息；以及

　　（c）根据情况授予该人充分机会就相关事项进行陈述；并且

　　（d）考虑到该人就该事项作出的任何陈述；

并总体上遵守正当程序和自然公正规则的要求。

（4）在遵守第11条规定的情况下，如果主任或小组的任何职员或机构已经作出决定，或采取了严重影响任何人权利或权益的行动，主任或职员或机构在收到请求时，应立即向该人提供作出该决定或采取该行动的完整书面理由。

（5）部长可向主任发出小组行使其职责时应采纳的总体政策指示。

（6）根据第5款给出的指示应以书面形式作出并由主任拷贝在小组总部办公室内，公众人员可在上班的任何合理时间内免费查阅该指示。

8. 有关小组主任、职员、机构和稽查员的更多规定

（1）主任必须是在经济、银行、会计、法律方面有经验或有资格的人，或具有任何其他适当的资格或经验。

（2）根据本法规定，主任应负责指导、管理和控制本小组及其工作人员和代理人的活动。

（3）主任在必要时可任命下列人员——

(a) 警务官员；或

(b) 根据宪法成立的津巴布韦反贪委员会的职员；或

(c) 储备银行职员；或

(d) 津巴布韦投资局职员；或

(e) 主任认为合适的其他机构或部门所雇用的人员；

成为小组职员以根据该法实施其职能，但任何此类任命应得到部长的批准，并且在下列情况下——

(a) 如果是警务官员，应得到警察总监的批准；

(b) 如果是津巴布韦反贪委员会的职员，应得到该委员会主席的批准；

(c) 如果是储备银行的职员，应得到该银行行长的批准；

(d) 如果是津巴布韦投资局的职员，应得到该局主席的批准；

(e) 如果是任何其他机构或部门的职员，应得到该机构或部门负责人的批准。

（4）在得到部长批准后，主任可将根据该法授予他的职权委托给小组的任一职员。

9. 稽查员及其权力

（1）为本法目的，主任可任命小组的任一职员或机构为稽查员。

（2）主任应为每一稽查员配备一份证书，注明其已被任命为稽查员，稽查员应在要求时向因其行使职权而受到影响的任何人出示该证书。

（3）任何稽查员，如果没有提前通知且没有在合理时间内，不得进入第3条第1款提及的任何企业或在所保留的经济行业内经营或准备经营的任何企业的场所内，在通知负责或控制企业场所的人员其检查场所的目的后，稽查员可采取下列行为——

(a) 进行他认为适当的检查或查验；

(b) 对企业雇员或企业场所内的人员进行询问；

(c) 要求上述人员提交账簿、账户、通知、记录、名单或其他文件；

(d) 要求任何人员就上述文件中的记录进行解释；

(e) 检查或复制上述文件；

(f) 占有上述文件，只要保留此类文件是检查、调查、审理或查验违反本法的行为所必需；

在有合理理由认为采取下列行为是必需时——

(g) 为预防、调查或侦查本法中的违法行为，扣押作为此类违法行为标的物的财产或与该违法行为有关的证据，或合法拘押某人。

(4) 在根据第3款进行调查时，稽查员可由一个或多个警务官员陪同或给予协助，此类人员应具有该款中稽查员同样的权力。

(5) 其场所已被稽查员根据第3款及第4款进入的人员，以及该人在该场所的每名雇员或代理人，须立即向稽查员及其助手提供他们为行使该款赋予他们的职责而合理需要的任何便利。

(6) 本条中的任何规定不得被认为要求律师披露向其提供的任何特权通信；

(7) 任何人，如果——

(a) 阻碍或阻挠稽查员或其助手行使其本条中的职责；或

(b) 没有正当理由，没有遵守或拒绝遵守稽查员或其助手根据本条规定提出的合法要求；

则构成犯罪，应被处以六级以下罚款或一年以下监禁，或两者并处。

(8) 指控某人未能根据本条规定在被要求提供信息或文件时未能提供此类信息或文件的法院，可以要求该人在法院指定的期间内根据情况提供信息或文件。

10. 小组获取信息

(1) 为正确履行其职责，小组有权从下列任一机构——

(a) 金融机构；或

(b) 执法机构；或

(c) 公共部门或官员；或

(d) 公共法人团体；或

（e）公共公司；

获取任何信息，无论是具体的还是一般的，只要主任认为它们是履行其职责所必需的。

（2）如果在行使第 1 款中的权力时，主任或小组的职员、稽查员或机构要求从第 1 款提及的机构中获取信息，该信息应按照主任或相关职员、稽查员或机构书面明确的合理时间内以确定的方式提供。

（3）本条规定不应被解读为——

（a）限制了稽查员第 9 条中的权力；或

（b）禁止小组从任何人员或实体处获取信息，无论是根据《获取信息和保护隐私法》［第 10：27 章］还是其他法律。

（4）本条规定不应被认为要求律师披露任何特权通信。

11. 保密

（1）小组职员、稽查员或机构在根据本法行使职责过程中向小组报告的、收集的、发现的任何信息应予保密，任何人不得向其他人或机构披露此类信息，除非——

（a）是在根据本法行使其职责过程中；或

（b）根据本法为某一诉讼程序向司法官员披露此类信息；或

（c）根据法院的命令；或

（d）为了进行指控或某一刑事诉讼程序；或

（e）根据本法或其他法律，披露信息是得到批准的或被要求的。

（2）小组的任何官员、职员、稽查员或机构如果不是根据第 1 款披露信息，或为了获取个人私利披露此类信息，就构成犯罪，应被处以八级以下罚款或三年以下监禁，或两者并处。

（3）主任应确保小组有充分的制度和程序对第 1 款提及的信息进行保密。

11A. 小组报告

（1）主任应尽早：

（a）在每年的 3 月 31 日、9 月 30 日以及 12 月 31 日之后，尽快向部长提交小组在相关日期截止前 3 个月的活动报告；

（b）在每年 12 月 31 日后，向部长提交小组在该年的综合报告。

（2）部长在收到根据第 1 款（b）项提交的综合报告后应尽早提交参议院和国民大会。

第四部分　国家本土化与经济赋权基金

12. 国家本土化和经济赋权基金的设立和目标

（1）据此设立了一项称为国家本土化和经济赋权基金的基金。

（2）根据本法，基金的目标是：

（a）为下列任何目的向本土津巴布韦人提供财政援助：

（i）购股融资；

（ii）根据员工持股计划或信托进行的股份购入；

（iii）对股份的买进和卖出进行管理；

以及

（b）为创业、重整和扩张提供资金；

（c）为与该法的目标有关的市场研究提供资金；

（d）代表本土津巴布韦人对能力建设项目提供资金；

（e）部长认为可以促进本土津巴布韦人经济赋权的任何其他目标。

13. 国家本土化和经济赋权基金单位信托账户

（1）根据本条规定，由公证信托契约于 1999 年 7 月 18 日成立，并在契约登记处（No. MA635/2000）登记的津巴布韦国家投资信托基金（以下简称"信托"）自第 22 条所提到的转移日期起，将被撤销，其所有资产和负债将转移至国家本土化和经济赋权基金的一个特殊账户，被称为"单位信托账户"。

（2）尽管有第（1）款的规定——

（a）在转让日当日或之前，由单位持有人或投资者在信托中持有的基金单位，应视为在转让日当日或之后由该单位持有人或投资者在基金的单位信托账户中持有的基金单位；

（b）已纳入附件二的津巴布韦国家投资信托的公证信托契约（以下简称"信托契约"）应进行相应的修改，以使其符合本条规定，并将继续适用于本基金单位信托账户中的现有和未来基金单位持有人或投资者。

（3）就第 2 款（b）项而言：

(a) 信托契约中"信托"一词已被附件二中的"基金单位信托账户"代替；

(b) 信托契约中的"托管人"一词已被附件二中的"委员会"代替；

(c) 信托契约中的"经理人"一词应被理解为基金单位信托账户中各个基金单位投资组合的经理人，除非首席执行官代表委员会承担并行使任何经理人的职责。

（4）在不违反附件二第 55 段的前提下，部长应根据委员会的建议或与委员会协商后，通过在法定文件中发布通告对附件二进行修改。

但此类修改不得强加给任何基金单位持有人就其持有的基金单位支付额外款项或承担更多责任的任何义务。

14. 基金构成

该基金须由以下各项组成：

(a) 可以通过国会法案为该目的拨出的款项中应支付给基金的任何款项；

(b) 经部长和负责财政的部长的批准，基金可通过捐赠、贷款或其他财务援助方式获得的任何款项；

(c) 根据本法第五部分支付的税款以及应付的任何利息或罚款；

(d) 无论是根据本法还是其他方式，可能归属于本基金或应归于本基金的任何款项。

15. 基金管理

（1）根据本法，基金应由部长通过小组主任进行管理，小组主任以部长名义并根据其指示而行事。

（2）经部长批准，小组主任应开设一个或多个银行账户，以代表基金接收所有款项。

（3）有关基金管理的其他规定载于附件三。

16. 国家本土化与经济赋权宪章（已被废除）

第五部分　税收

17. 实施征税

（1）经负责财政的部长的批准并在遵守第 3 款规的情况下，部长可通过法定文件对位于津巴布韦的任何私人或上市公司以及任何其他企业征收一项或多项税款。

（2）除本部分另有规定外，对于根据第 1 款征收的税款，部长可以通过法定文件规定：

  （a）负责缴税的人员；

  （b）负责征税和汇款的人员；

  （c）税款缴付、收取、汇款的方式、时间及缴付时间；

  （d）征税的期限；

  （e）税收的利息以及未在规定的时间内支付税收时应交付的罚款；

  （f）为税收目的而对公司和企业进行的登记；

  （g）为税收目的，应予保留的簿册和记录以及向部长和委员会或任何其他人提供的回报和信息。

（3）除非已将草案提交议会并获得议会决议批准，否则不得根据第 1 款或第 2 款制定法定文件。

（4）所有征税应汇入基金。

18. 未能支付、收取或汇回征税

（1）任何负有支付、收取或汇回征税的人员，如无合法理由而未能或拒绝支付、收取或汇回任何征税，或与之有关的任何利息或罚款，即属犯罪，可处以六级以下罚款或一年以下监禁，或两者并罚。

（2）确信某人具有第（1）款犯罪行为的法院可应检察官的申请，并在作出任何惩罚外，可对被定罪的人作出有利于委员会的简易判决，使其能够以基金管理人的身份追回犯罪人员未能或拒绝支付、收取或汇回的任何税收、利息或罚款。

第六部分　一般和过渡性规定

19. 小组主任可要求提供信息

（1）适用本法规定的每一公司或企业，应小组主任的书面要求，应向其提供载有公司成员或企业所有者的股份或其他类似利益的股份登记簿或其他文件。

（2）任何公司或企业若无合理理由拒绝、未能或忽略遵守根据第 1 款提出的要求，均构成犯罪，可处以五级以下的罚款。

20. 上诉

（1）任何人如因下列情形受到伤害：

（a）被小组的决定或行为伤害，他就可在得到作出该决定或行为的通知之日起 30 天内向部长提起针对该决定或行为的上诉；

（b）因部长根据第 3A 条第 11 款（c）项拒绝授予许可的决定、部长根据上述（a）项就向其提起的上诉而作出的决定、部长根据本法任何条款作出的任何其他决定或行为而受到伤害，他就可在得到作出该决定或行为的通知之日起 30 天内，向行政法院提起上诉。

（2）除非行政法院另有指示，否则在上诉裁决作出之前，根据本条提出的上诉不应中止上诉所针对的决定、命令或其他行动的执行。

21. 条例

（1）部长可制定条例对本法要求或允许规定的任何事项，或其认为对执行或实施本法是必要的且便利的事项，作出规定。

（2）根据第 1 款作出的条例，可对违反条例的罪行和刑罚作出规定，其刑罚应为十二级以下罚款或五年以下的监禁，或两者并处。

22. 将国家投资信托的资产、债务等转移给基金

（1）在本条及第 20 条中：

"国家投资信托"是指第 13 条第 1 款提到的津巴布韦国家投资信托；

"转移日期"是指根据第 2 款确定的日期；

"单位信托账户"是指第 13 条第 1 款所提到的基金单位信托账户。

（2）国家投资信托的资产和权利以及与之相关的任何债务或义务，

应自部长在政府公报上刊登的通告指定的日期起,转移至基金单位信托账户。

(3)与根据本条规定转移至基金的任何资产、权利、义务或债务有关的、在转移之日前存在的并且国家投资信托作为当事一方的所有债券、抵押、契约、文书、文件和工作安排,应在转移之日或之后,具有完全效力,并可针对基金得到执行,就如同基金是当事一方。

(4)为避免疑问,宣布在转移之日或之前,由基金单位持有人或投资者在信托中持有的所有权利应继续保留在小组信托账户中,而不会在该日之后有所减损。

23. 国家投资信托的雇员向委员会的转移以及被转移的雇员的服务条件

(1)自转移之日起,由国家投资信托已在该日之前雇用的每个人员,在征得其同意后,应被转移至委员会工作,其工作条件不得低于他在被转移之前所享有的条件。

(2)在委员会制定服务条件之前,适用于国家投资信托雇员的服务条款和条件应继续适用于被转移至委员会的每位员工,就好像他们仍在为国家投资信托服务。

附件一(第3A条第1款)

保留的行业

1. 运输业:客运巴士、出租车以及轿车租赁服务。
2. 批发及零售行业。
3. 理发店、美发店和美容沙龙。
4. 就业服务机构。
5. 房地产机构。
6. 洗熨服务。
7. 谷物碾磨服务。

8. 面包店。

9. 烟草分级和包装。

10. 广告机构。

11. 当地艺术品、工艺品供应、营销和分销。

12. 手工采矿。

附件二（第13条第2款（b）项）

基金单位信托账户规则

第一部分　定义

1. 在本附件中，除上下文另有所指外，下列词语含义如下：

1.1 "会计日期"是指每年的12月31日，或者在最终会计期间（指最后会计期间），将分配账户所需的资金转入分配账户的日期；

1.2 "会计期间"是指开始于上一个或最后一个会计期间（视情况而定）终了时而结束于一个会计日期的一段期间；

1.3 "审计员"是指由首席执行官经委员会批准任命的合格会计师或合格会计师事务所；

1.4 "授权投资"是指在法律授权的范围内而且首席执行官或管理人（managers）经委员会批准可以选择用于投资托管资产（deposited property）目的的任何投资；

1.5 "证书"是指委员会根据本附件颁发给基金单位持有人的证书；

1.6 "转换要约"是指用另一信托的单位或子单位交换单位信托账户单位的任何要约；

1.7 "交易票据"是指单位购买人在购买单位时或单位销售人在销售单位时，由管理人向他们签发的收据形式；

1.8 "交易日"是指管理人在每周处理单位申请并赎回单位的日子，即除星期六外所有任何工作日；

1.9 "托管资产"是指按本附件的规定被视为由信托暂时持有的所

有资产，但不包括当时分配给第八部分规定的分配账户信贷的任何金额；

1.10 "分配账户"是指第 40 段第 2 款所指的分配账户；"分配声明"是指第 40 段第 1 款所指的分配声明；

1.11 "均衡支付"（equalization payment）：

1.11.1 对于委员会发行的基金单位，是指管理人在咨询审计员后认为代表该基金单位发行价格中所包含的金额，以作为该单位信托账户在分组日期（grouping date）截至交易结束时应计的收入；

1.11.2 对于为现金价值而退回并随后再出售的基金单位，是指和均衡支付相同的金额，该金额与委员会在同一日期出售的单位有关；

1.12 "分组日期"就委员会发行的基金单位或就为现金价值而退回并随后再出售的基金单位而言，是指前一个日历月的最后一个工作日；

1.13 "投资者"是指可以购买单位信托账户中的基金单位的任何人，但不包括不是津巴布韦公民的人员以及公司，无论是外国还是本地公司；

1.14 "投资"是指无论任何性质的投资，在不减损上述一般规定的情况下，包括任何股份、股票、债券、公司债券、信用债券或其他证券；

1.15 "中间市场价格"应参考相关日期津巴布韦证券交易所的股价确定，而且：

1.15.1 如果标明销售价格，应是销售价格；

1.15.2 如果没有标明销售价格，应是买方和卖方经四舍五入最接近到美分（cent）的平均价格；

1.15.3 如果仅注明买方价格，应是买方价格，但如果该价格：

1.15.3.1 每股不足 1000 美分时，该价格应加 5 美分；

1.15.3.2 每股多于 1000 美分但少于 5000 美分，则该价格应加 50 美分；

1.15.3.3 每股多于 5000 美分，则该价格应加 200 美分；

1.15.4 如果仅注明卖方价格，应是卖方价格规定，如果该价格：

1.15.4.1 每股少于 1000 美分，则该价格应增加 5 美分；

1.15.4.2 每股多于 1000 美分但少于 5000 美分，则该价格应减去 50 美分；

1.15.4.3 每股多于 5000 美分，则该价格应减去 200 美分；

1.15.5 如果同一天的销售价格、卖方价格或买方价格发生变化，应该以当天的最后报价为准；

1.16 "部长"是指负责执行本法的部长；

1.17 "公共服务部门"是指在公共服务部门受雇的、作为由或根据议会立法直接设立的任何法人团体成员的任何人员；

1.18 "合格会计师"是指作为津巴布韦会计师协会会员的会计师；

1.19 "登记员"是指集体投资计划的登记员；

1.20 "单位信托账户"是指本法第 13 条所指的国家本土化和经济赋权基金的单位信托账户；

1.21 "单位"（unit）是指单位信托账户中的一份不可分割的股份；

1.22 "单位持有人"是指已经登记的股份证书的登记持有人，不论该证书是否签发给他，包括共同登记的人员；

1.23 "价值"（value），除非另有明确说明：

1.23.1 就在某一特定时间证券交易所上市的股票而言，是指中间市场价格；

1.23.2 就不动产而言，是指市场价值，即在给定合理的议价期间内有意愿的买方和有意愿的卖方对该不动产支付的可能出价；

1.23.3 就所有其他财产和投资而言，是指由管理人在必要时与专家协商并经委员会批准后确定的价格；

1.24 "年份"是指日历年。

第二部分　单位信托账户

单位信托账户的受益人

2. 单位信托账户的受益人应是本土津巴布韦人。

2.1 单位信托账户的目标

单位信托账户应具有以下目标：

2.1.1 提供一种媒介，使津巴布韦的投资者能够不受限制地参与管理人、首席执行官和委员会批准的财务状况良好的投资的多元化投资组合；

2.1.2　加强和推动本土津巴布韦人参与国家经济。

2.2　单位信托账户目标的实现

为实现这些目标，委员会有权：

2.2.1　在单位投资组合中设立并发行无限数量的基金单位；

2.2.2　取得、接受和拥有任何性质的财产和捐赠；

2.2.3　根据本附件的规定获得、接收、购买或持有任何性质的任何股份、债券、股票、股票或证券的权益；

2.2.4　建立不同的单位投资组合，以便为投资者提供不止一组证券和其他投资形式的投资机会；

2.2.5　为单位信托账户筹集资金。

本附件约束所有持有人

3. 根据本法第 13 条第 3 款不时修订的本附件的条款和条件，对每个单位持有人和通过他提出要求的所有人员具有约束力。

本附件及修正案副本

4. 本附件及其任何修订本附件的副本应在正常工作时间内随时可在首席执行官或任何管理人的办公室予以查验，并由首席执行官或任何管理人以首席执行官确定的并经委员会批准的价格提供给提出请求的任何人员。

第三部分　委员会对单位信托账户的责任

法律诉讼

5. 与单位信托账户有关的所有法律程序均应由委员会提出或针对委员会提出。

委员会的责任

6.1　就单位信托账户而言，委员会不应对委员会根据首席执行官或管理人的任何要求或建议善意完成或遭受的任何行为承担任何责任。首席执行官或任何管理人无论何时向委员会提交的任何证书、通知、指示或其他通信时，委员会均可接受它们作为由任何两人以首席执行官或管理人名义签署或声称已签署的文件的充分证据，而首席执行官已授权委员会接受这任何两个人的签名。

6.2 首席执行官可以接受任何事实的充分证据，尤其是其成本价或销售价的任何投资价值或首席执行官或任何管理人或经批准的股票经纪人的任何证券交易所的报价证书。

6.3 委员会对于首席执行官或任何管理人、法律执业者、银行家、清算人、代理人，或根据委员会、首席执行官或任何管理人的建议或作为其代理人行事的其他任何人的任何不当行为、错误、疏忽、判断错误、健忘或缺乏审慎概不负责。

业务和会议的开展

7.1 委员会与单位信托账户有关的会议必须至少每两个月举行一次。

7.2 附件一第 6 段适用于委员会举行的与单位信托账户有关的会议应遵循的程序。

委员会的权力

8.1 委员会应具有保护基金单位持有人利益的一切必要权力，除本附件另有规定外，还应具有实施单位信托账户职能并确保其目标实现的一切必要权力。

8.2 除本条另有规定外，委员会对于行使信托、权力、权限和授予的酌处权具有绝对的不受控制的自由裁量权，无论此类行使的方式、手段、时间如何，并且在没有重大过失和欺诈的情况下，委员会不对因行使或不执行而造成的任何损失、成本、损害或不便承担任何责任。

8.3 委员会有权代表单位信托账户筹集资金，但只有在委员会确信借款不会损害单位持有人的权利的情况下，才能行使该权力。

8.4 委员会可以与管理人、任何单位持有人、任何其股份或证券构成托管资产的一部分或对相关合同或交易感兴趣的公司或机构订立合同或进行任何金融、银行或其他交易。

8.5 除本附件所规定的为此目的所拥有的托管资产外，委员会无须向单位持有人付款。

8.6 委员会不应为任何单位持有人的账户负责，或为委员会善意向适当授权的津巴布韦的财政部门作出的或获得的付款负责，或为产生于或涉及本附件的任何交易的税款或其他费用负责。

8.7　委员会可根据从法律执业者（无论是否被委员会、首席执行官或任何管理人咨询）、银行家、会计师、经纪人或委员会善意认为是所咨询事项方面的专家的任何人员处获得的建议和声明或信息行事，并且不应因此而作出的、疏于作出的或遭致的任何事情负责。

8.8　根据本条的规定，对于针对委员会提出的任何诉讼、费用、请求、损害赔偿、支出或要求，委员会有权利用托管资产或其任何部分。

8.9　委员会可以在任何给定时间限制单个单位持有人可以在单位信托账户中购买的最大单位数量，并可以根据需要不时更改此数量。

第四部分　首席执行官和管理人

管理人的权力

管理人应是位于会任命的公司或公司联合体，它们对单位持有人负责单位信托账户的管理和控制以及计划单位的发行和赎回。

在不违反本附件的前提下，管理人应以自己的名义和单位信托账户的名义以其认为最有利于单位持有人的方式，采取实现单位信托的规定、意图和目的所必要的措施和安排，它们应具有以下权力：

9.1　购买动产和不动产并提供服务，并以管理人作为这些财产的收益的所有人那样的方式进行任何形式的经营活动；

9.2　为了基金的权利，将单位信托账户资金用于对小组信托账户拥有的土地上的建筑物的维护、建造、改善、改建或拆除；

9.3　经委员会批准，以其认为合适的方式对货币进行投资，并随时变换投资；

9.4　借款并在必要时抵押不动产或给予任何其他形式的法定抵押作为担保；

9.5　出租和租赁财产；

9.6　支付向单位信托账户资产合法征收的所有费率、税金、费用以及与管理小组信托账户有关的任何其他费用；

9.7　聘请它们认为从事本附件所规定的所有性质的交易所必需的会计师、法律执业者、建筑师、数量测量师、土地测量师、估价师、代理、经纪人或其他专业顾问；

9.8 为任一特定目的，任命一个或多个代理人代表它们行事，并代表它们执行其认为适当的权力和职责；

9.9 在任何法院提起诉讼，要求追回单位信托账户的欠款或要求强制实施对它们有利的义务；

9.10 对可能针对单位信托账户提起的任何诉讼进行抗辩；

9.11 允许留出时间清偿单位信托账户的欠款，并在其职责范围内自由裁量对小组信托账户的债权达成和解；

9.12 就所有与单位信托账户有关的事项，以它们认为可行的条款与调解进行妥协和和解，并且所有此类妥协和和解对所有单位持有人具有最终的约束力；

9.13 在它们绝对自由裁量权范围内，以它们认为合适的方式，有偿或无偿地为每一交易提供补偿、担保或保证；

9.14 经委员会批准，可以购买、选择、出售、交换或更改任何托管资产，但本款规定不要求它们承担与托管资产有关的任何证书或任何交易的签章费用。

管理人的职责

10.1 管理人的职责是：

10.1.1 准备委员会必须按照规定所要发行、发送或送交的所有支票、权证、声明和通知；

10.1.2 将第10.1.1段中提到的文件盖章并与必要的加盖邮票的信封一起寄给委员会，以便委员会有足够的时间检查并签署支票、权证、声明和通知并在它们应该分发之日分发；

10.1.3 准备所有需要签发的证书，并缴存委员会签署。

10.2 管理人应保存或安排保存适当的账簿和记录，所有单位信托账户管理人所进行的交易均应记入该账簿和记录，并应允许委员会按要求检查并从中提取或摘录所有此类账簿或记录。

10.3 审计员的费用应由管理人从托管资产中支付。

管理人的责任

11.1 如果由于任何原因管理人无法或不能执行本附件的规定，则管理人不应因此而承担任何责任，并且管理人也不得因任何法律错误或任何事项或原因而承担任何责任。

11.2 除根据本附件应由管理人明确承担的责任外，管理人不承担任何责任，而且除非本附件另有规定，管理人亦不对委员会的任何作为或不作为负责，但其因故意违反本附件项下职责而应付的责任除外。

第五部分 与委员会和管理人有关的一般规定

委员会和管理人的责任

12.1 委员会或管理人均不对其依赖任何通知、决议、指示、同意、证书、誓章、声明、股票、计划或重组或其他文件所采取的任何行动或所导致的任何事情承担责任，如果他们相信所依赖的材料是真实的并是由包括他们自己或他们的官员在内的适格各方通过的、盖章的或签署的。

12.2 委员会或管理人均不对因任何现行或未来法律或法规的任何规定，或因任何法院的任何法令、命令或判决，或因任何指示、要求、声明或由任何与政府一起行事或声称行使任何政府权力的人员或团体无论是否合法采取的类似行动（无论是否具有法律约束力），而作出或未能作出的任何作为或事情承担责任。

核实签名

13. 委员会或管理人有权要求任何单位持有人或联合单位持有人根据本附件或与其有关而要求签署的任何文件的签名，应由银行或经纪人或其他负责人进行核实，或以其他方式进行核实，以使其确信。

赔偿

14. 本附件中明确向委员会或管理人提供的任何赔偿并不包括也不影响法律允许的任何赔偿。

委员会与管理人进行的交易

15.1 在为单位信托账户的原因而将投资出售给单位信托账户时，委员会、管理人或他们的任何一家公司或子公司均不得以委托人的身份出售或交易，除非是通过认可的证券交易所或通过向所有单位持有人或另一单位信托通过换券要约（conversion offer）的方式进行。但委员会或管理人或任何此类子公司可在其各自的个人账户上购买、持有或交易任何投资，尽管根据本附件可将类似投资作为托管资产的一部分持有。

15.2　管理人无权购买、出售、持有或买卖单位信托账户的单位，但委员会或任何关联公司，或委员会或管理人的任何雇员、股东或董事可以成为证书的所有人，并享有和其他单位持有人同样的持有、处置或以其他方式交易单位的权利。

第六部分　单位

单位的发行

16.1　管理人与委员会协商后，应代表单位信托账户发行新单位。

16.2　管理人与委员会协商后，可安排发行单位以提供初始投资组合，并可确定这些单位的发行价格。

16.3　随后新单位的发行价格应按照本附件第 17 段确定。

16.4　管理人还可经委员会批准后，通过与一个或多个其他单位信托的单位或子单位的持有人交换此类单位或子单位，或此类单位或子单位所代表的现金或其他财产的方式，以管理人认为适当的条款（包括为从托管财产中支付这种交换的成本、费用和支出以及在为获取现金而发行单位的情况下不超过所许可的首次费用），随时发行单位，如果委员会确信这些单位、子单位、现金或其他财产的价格已计入小组信托账户，而且其他条款不会给现有的单位持有人造成任何损害。

16.5　管理人还可经委员会批准后，以管理人认为合适的条款安排向基金单位持有人发行红利单位，只要委员会确信该发行不会给任何现有的单位持有人造成任何损害。

16.6　管理人应按要求向委员会提供所有单位发行的说明、发行单位的条款以及单位信托账户持有或打算为该账户购买的任何投资和不动产的说明、单位信托账户的资产负债表，以及根据本附件赋予他们的权力、他们打算为单位信托账户的账户出售的任何投资和不动产的说明，以及委员会为随时确定托管资产的价值所需要的任何其他信息。

16.7　如果委员会在任何时候认为本段中有关单位发行的规定受到侵犯，则委员会有权拒绝授权签发证书，但本段以及本附件的其他规定不应因委员会在签发证书前相信管理人已遵守本段规定的条件而承担责任。

16.8　不得为增加已发行的和未偿付的或被视为已发行未偿付的单位数量而发行超过委员会和管理人随时书面同意的数量的单位。

单位价格

17.1　任何单位的发行价格（为提供初始投资组合的价格除外）应通过在发行之日的托管资产的价值除以当时已发行的单位数量来确定；再加上管理人认为能够适当代表财政和采购费用的备用金的数额；再加上第 16 段中提供的差额，并将所产生的总数向上调整每单位不超过 1 美分。

17.2　尽管有第 17 段第 1 款的规定，管理人经委员会批准后仍有权随时在津巴布韦广泛流通的报纸、传单和其他形式的广告媒体上向公众发布以固定价格认购新单位的要约邀请，该固定价格应不超过根据第 17 段第 1 款所确定的价格，并应在发出该邀请之日前的交易日确定。该固定价格应在要约邀请保持开放期间有效。只要新单位被视为在管理人收到该新单位的认购申请之日发行的，该新单位就可以固定价格发行。

17.3　尽管有第 17 段第 1 款和第 17 段第 2 款的规定，管理人有权在收到从津巴布韦哈拉雷以外的其他地方寄出的单位的认购申请时，以高于第 17 段第 1 款或第 17 段第 2 款确定的价格发行此类单位，但该价格不得比发行之日确定的价格高百分之五（5%）。

17.4　如果管理人准备发行在津巴布韦以外的任何国家交付的单位，则此类单位的发行价格由管理人酌情决定，包括在发行价格上额外加上可足以支付在该国国家层面或地区层面就此类发行或交付或与签发证书有关或将款项汇回津巴布韦而征收的印花税或税款。

17.5　所有单位的价格应按照管理人要求的方式支付。

17.6　所有支票、汇票、本票和其他可转让票据均应以单位信托账户为受益人，收到的所有现金均应存入以单位信托账户名义开立的账户，并且委员会批准对账户的签字权。

单位细分

18.1　经委员会批准，管理人可以决定将每个单位细分为两个或多个单位，然后将每个单位相应地细分并相应地增加单位数量。

18.2　管理人应立即向每个单位持有人发送证书,该证书代表该单位持有人因细分而有权获得的额外单位数量。

单位的变现

19.1　管理人拥有书面通知委员会后减少单位信托账户的专有权利,管理人可以通过将单位证书交回委员会予以撤销或通过要求委员会撤销其证书尚未流通的单位来减少单位信托账户。

19.2　此类通知应说明要撤销的单位数量和应付给其管理人的款项。在发出行使该权利的通知之前,管理人有责任确保托管资产拥有(或在投资或同意出售的不动产出卖完成后拥有)足够的现金支付为减少账户而应向管理人支付的款项。

19.3　对于任何此类单位的撤销,管理人有权从托管资产中收取每单位的金额,该金额是以通过在发出通知时的托管资产的价值除以当时发行中的单位的数量而确定的,还要从中扣除管理人可能认为代表与托管资产变现有关的财政和销售费用的津贴的金额,并将由此产生的总额向下调整每单位不超过11美分。

19.4　此类款项应在向委员会提交将被撤销的、不具有流通证书的单位的细节时支付给管理人,或尽快向其支付。在付款和交出单位后,有关单位应视为已被撤销并撤出发行。

19.5　委员会应检查应付给管理人的款项的计算,并可以要求管理人说明该款项的合理性。

交出单位予以变现

20.　在单位基金信托账户有效期内,基金持有人有权在任何时候向经理或其在证明书中正式授权并已适当背书的代理人提出书面要求,将其证书中包含的全部或部分单位交出以换取现金,每一单位的变现价格以提交单位时托管资产的价值除以所发行的单位的数量确定,同时还需从中扣除管理人认为与托管资产变现有关的适当的财政和销售费用的津贴,并将单位价格下调为每单位不超过1美分,但:

20.1　任何人无权仅交出证书中所含单位的一部分,如果这会导致其持有的单位少于10个或经委员会批准后管理人所确定的更少的数量;

20.2　在只交出证书所含单位的一部分时,管理人就该剩余的单位签发余额证书；

20.3 管理人可以选择不要求交付已丢失、被盗或毁坏的任何证书，只要单位持有人遵守他们在申请替换证书时所应遵守的同样要求；

20.4 变现的价款应在津巴布韦证券交易所的投资变现惯常期限结束后的 7 天届满后支付，而且证券交易可能在任何时间适用的延期付款命令同样也适用于管理人的交付变现。

第七部分 关于证书的规定

证书形式

21. 证书应采用管理人与委员会之间同意的格式。证书应标明独特的编号，并应注明所代表的单位数和单位持有人的姓名。

证书面额

22. 证书可以任何面额发行，但不得为少于十个单位或经委员会批准后由管理人确定的更少数量的单位签发证书。

证书的制作、签署和签发

23.1 在经委员会批准后，证书可以管理人随时确定的方式，刻制或打印出来，并应由委员会正式授权官员代表委员会签署。签字可以是亲笔签名，或可通过刻印或其他机械手段印制。证书未经签名不具有任何效力。已签署的证书具有效力和约束力，即使在证书签发前，经委员会合法授权在证书上签字的人员已不再是委员会委员，或已不是被授权签署证书的人员。

23.2 委员会应签署证书，并根据管理人或其代理人的指示，交付相应数量单位所要求的、具有一定面额的证书，但委员会只有在收到付款或将有关情况或单位信托账户就相关发行的单位所应收取的资产转移至委员会后，才会交付证书。

23.3 委员会还应随时签署并交付在符合相关条件后根据本附件要求发行的任何其他证书。

有权获得承认的持有人

24. 证书的持有人应是委员会或管理人认可的唯一拥有该证书的权利的人，并且委员会和管理人应将该单位持有人确认为证书的绝对所有者，不受任何相反通告的约束，除非是本附件明确规定的通告，或是任何具有司法管辖权的法院作出的命令。

委员会持有的单位

25. 在没有其他人有权被视为单位的登记持有人的情况下，委员会应被视为每个单位的持有人。

证书的交换和更换

26.1 在遵守本附件的规定，特别是第 22 段所规定的有关证书面额的限制规定，以及管理人在与委员会协商后随时制定的任何规则的情况下，每个单位持有人均可用其部分或全部证书换取其所要求的，代表其证书单位数量之和的面额的证书。在进行任何此类交换之前，单位持有人可将要交换的一份或多份证书交还委员会，并应向委员会支付签发新证书所应支付的所有款项。

26.2 如果证书出现残损或损坏，委员会在收到退回的残损或损坏的证书后，可酌情向单位持有人签发代表相同数量的新证书。

26.3 如果证书丢失、被盗或损毁，委员会可酌情向单位持有人签发新证书。

26.4 除非申请人提供以下内容，否则不得签发此类新证书：

26.4.1 向管理人和委员会提供令他们满意的原始证书的残损、毁损、丢失、被盗或毁坏的证据；

26.4.2 已支付与事实调查有关的所有费用；

26.4.3 在证书出现污损或残损的情况下，已污损或残损的证书出示并交还给委员会；

26.4.4 如果管理人或委员会有此要求，应向管理人或委员会提供所要求的赔偿。管理人和委员会不会对根据本款规定善意采取的任何行为承担责任。

持有人登记

27.1 单位持有人的名册应委员会的控制下保存，管理人应在名册中载明：

27.1.1 单位持有人的姓名和地址；

27.1.2 单位持有人持有的单位数量以及一个或多个证书的专有

编号；

27.1.3 单位持有人登记以其名义持有的单位的日期。

27.2 任何单位持有人应立即将其姓名或地址的任何变更通知委员会，在委员会确信后，遵照他们要求的手续，更改登记或让委员会对登记进行更改。

27.3 登记册应在营业时间内开放给任何单位持有人免费检查（应遵守管理人规定的合理限制）。

27.4 经委员会批准后，管理人可确定登记关闭的时间和期限，但在任何一年内关闭的时间不得超过30天，并且如果管理人决定关闭登记，他们应自费在津巴布韦广泛发行的报纸上刊登广告予以通告。

27.5 有关任何单位的信托或利益的通告，无论是明示的、暗示的或解释性的，均不得记入登记册。

27.6 根据第19段未被取消的任何单位在进行转售时，委员会应将购买者的姓名作为单位持有人载入登记册，并为其签发一张证书。

单位的转让

28.1 每个单位持有人均有权以委员会批准的形式的书面文件转让其单位或其持有的任何单位。如果对转让的登记将导致转让人或受让人成为不足十个单位或由管理人经委员会批准后所确定的更少数量的单位的登记持有人，则该转让不予登记。

28.2 每项转让文件均须由转让人和受让人双方签字，在转让人的姓名或名称已记入有关登记册之前，转让人应仍被视为被转让单位的持有人。

28.3 每份转让文件必须妥善盖章并留存在委员会进行登记，同时附上与转让单位有关的证书，以及委员会可能要求用来证明转让人的所有权或转让其单位的权利的其他证明。在转让人遵守申请替换证书情况下所应遵守的同样条件时，委员会可让转让人免于提及已丢失的、被盗的或损毁的证书。

28.4 所有已登记的转让文件应由委员会保留。

28.5 对于每次转让的登记和以受让人的名义签发的新证书以及在必要时以转让人的名义签发余额证书时，委员会可收取与管理人一致约定的费用。如果委员会有此要求，则该笔费用必须在转让登记之前支付。

28.6 在收到单位持有人就证书所代表的单位所应支付的任何款项后，委员会的责任就予以解除。如果有数人被登记为共同的单位持有人，或者由于共同的单位持有人死亡或破产，他们中的任何人都可以提供收到此类款项的有效收据。

单位持有人死亡

29.1 若单位持有人死亡，已故单位持有人的遗嘱执行人或管理人应是委员会认可的唯一对单位有所有权的人，直至遗产分配完毕。

29.2 任何因单位持有人死亡而有权获得单位的人，在向委员会出示委员会所要求的有关其权利的证据后，经书面通知委员会其意愿，其可被登记为单位的持有人，也可将单位转让其他人。本附件中有关转让的所有规定应适用于任何此类通知或转让，就如同单位持有人并没有死亡，该通知或转让是由其完成的一样。

29.3 因前述死亡而有权获得单位的人可解除有关该单位的所有应付款项，但他无权在其被登记为该单位的持有人之前，接收有关任何单位持有人会议的通知、参加此类会议或在此类会议上表决。

29.4 对于任何管理证书、委托书、结婚或死亡证书、法院命令、名称更改公证书或其他与单位权利有关或影响该权利的文件的登记，应向委员会支付委员会与管理人协商后所确定的费用。

保留付款

30. 委员会可保留就任何单位所支付的款项，直到有权被登记为单位持有人的人或有权获得单位转让的人已被登记为单位持有人或已获得该转让。

注销证书

31. 在根据第20段对单位进行变现后，委员会应注销已被交回的单位证书，并将该单位持有人的姓名从登记册上除名，但为本附件目的，如果管理人未能在津巴布韦证券交易所投资变现的通常期间终止前进行转售，此种除名仅应作为对单位的注销或将单位撤出发行渠道。

签发证书的限制

32. 尽管存在有关证书的规定，管理人仅有义务向要求他们提供证书的单位持有人签发证书。如单位持有人没有要求签发证书，管理人签发的任何成交单据应为附件目的而言视为证书。

交易报表

33. 如任何单位持有人提出要求，管理人应向该单位持有人提供一份季度交易报表，以确认来源于所签发的证书的一切交易详情。

第八部分　托管资产

托管财产

34. 托管资产包括：

34.1　委员会掌握的财产；

34.2　管理人同意发行的股票单位所收到的任何现金或其他财产的价值，如果是根据转换要约同意发行的单位，则从中扣除或提供转换安排应从托管资产中支付的任何款项；

34.3　如已同意购买或出售投资，但该等购买或出售尚未完成，则该等投资应包括进或排除出托管资产，而净购买或出售对价应视情况需要予以排除或包括在内，如同该等购买或出售已正当完成；

34.4　若管理人已向委员会发出通过注销单位而减少单位信托账户的通知，但该注销尚未完成，则待被注销的单位不应被视为已发行，且托管资产的价值应减去注销时应向管理人支付的款项。

第九部分　托管资产的投资

向委员会转让财产

35.1　根据本附件的规定，应将根据本附件的规定构成托管资产的所有现金和其他财产支付转移给委员会。所有现金除非管理人认为应转入分配账户，则应由管理人酌情适用于（但始终要遵守本附件的规定）购买已被授权的投资和不动产。但所有或任何数量的现金也可在管理人认为合适的时间以现金形式保留，或存入经委员会和管理人批准的任何银行或建筑协会。

35.2　委员会有权在任何时候全权酌情决定而无须说明理由的情况下，通知管理人其不准备接受其认为违反本附件规定而转移的任何财产的转让，而且委员会有权要求管理人缴存除委员会可接受的财产以外的其他财产。

投资变现

36.1 管理人可在任何时候自行决定将托管资产中的任何投资变现，以提供为本附件任何规定的目的所需要的现金，或以现金和存款或以部分现金和部分存款的形式保留销售的费用。

36.2 如委员会要求，托管资产中包含的投资和不动产可由管理人变现，变现所得的净收益应按照本附件的规定使用，但管理人可将任何该等投资或不动产的变现延期至一段他们认为符合单位持有人利益的期间，除非委员会要求该等投资或不动产立即变现。

变现方式

37. 为单位信托账户出售投资，应在委员会批准后，由管理人或其指定的人按管理人的指示作出，如果管理人收到应付给经纪人的佣金份额，则管理人有权保留该款项，而无须对此负责。

投资限额

38. 单位信托账户持有的在任何公司或团体内的投资的价值须由管理人及委员会确定。

部分支付的投资

39.1 未经委员会同意，管理人无权将托管资产的任何部分用于收购任何投资或不动产，如果这些投资或不动产当时仅部分支付，或委员会认为它们可能会使委员会承担任何责任。但所有投资或不动产的选择，不论是否已部分支付，应是管理人的自身职责而不是委员会的职责。如果委员会同意收购任何部分付讫的投资或不动产，则其在所有方面均应由管理人单独负责，而非委员会负责。如果委员会同意收购任何部分付讫的投资或不动产，委员会应有权提取并留出经管理人员批准且委员会可接受的现金或其他财产，以便足以全额支付该等投资或足以满足此类责任。

39.2 如此提取的现金或其他财产应构成托管资产的一部分，但未经委员会同意，不得以任何方式使用它们，除非是支付拨款所涉及的投资，只要该投资仍然是托管资产的一部分，或就此类投资存在任何责任

（或负债）。

39.3　委员会有权在任何时候全权酌情决定，且无须说明任何理由通知管理人，委员会不准备接受委员会认为违反本附件规定的任何财产的转让，委员会有权要求管理人缴存委员会可接受的财产以外的其他财产。

第十部分　分配

分配

40.1　在每年12月31日，或在第43段第1款所提到的审计报表发布之日后，委员会应按照其在上一个会计日持有的证书所代表的单位数量，在各单位持有人之间按比例分配根据第43段第1款核实的、在审计期间可分配给股东的金额，该金额应调整至不涉及分配每十个单位1分的数额。

40.2　在每个会计日，进行此类分配所需的现金应转入一个名为"分配账户"的特别账户，分配账户贷方的金额不得视为委员会根据规定以信托方式持有以进行分配的托管资产的一部分。

分配计算

41.1　出售权利所得收益以及管理人在咨询审计师后认为属于投资和不动产应计资本性质的所有其他收入不得视为可供分配资产，而应作为托管资产的一部分予以保留。

41.2　任何会计期间的可供分配金额应通过从委员会在会计期间收到的所有利息、股息和其他管理人在咨询审计师后认为本质上属于收入的总净额中扣除管理层参与的费用，同时还应作出管理人在咨询审计师后认为适当的调整。允许的调整应为：

41.2.1　通过调整增加或扣除一笔金额，以考虑销售或购买附带的股息的影响；

41.2.2　增加一笔代表委员会在会计期末应计但未收到的任何利息或股息的款项，并扣除（在已就任何前一会计期间进行了增加调整的情况下）上一会计期末应计利息或股息的金额；

41.2.3　增加新单位价格中包含的金额，用于支付发行日期之前的应计收入，并扣除代表在会计期间放弃和注销的单位清算时分配的收入。

41.3　与每个期间有关的分配报表（附有审计报告）应提交委员会，该报表应具有决定性和约束力，其副本应在正常营业时间在管理人办公室开放，以供任何单位持有人查阅。委员会和管理人在依赖和执行此类经审计报告时应受到绝对保护。

平衡支付

42.1　单位发行后首次分配应包括一笔资本金，其金额等于该单位的平衡支付款。

42.2　对于根据第20段提交变现并随后再出售的单位，委员会应在第十部分规定的分配日或之前，就相关会计期间，将适用于该单位的平衡支付款记入分配账户的信贷。

分配报表

43.1　委员会应在每年8月31日或之前，或在此后尽快促使管理人编制一份经审计师认证的分配报表，涵盖截止上述日期前最后一个会计日的会计期间的分配情况，该报表应显示：

43.1.1　与报表相关的会计期间的单位总收入、应扣除的所得税金额（如有）以及相应的净额；

43.1.2　每单位可分配资本性质的金额及其来源；

43.1.3　在有关会计期间，与管理层参与有关的单位收费金额；

43.1.4　从上一个会计期间结转的单位净金额和结转到下一个会计期间的单位净额，在每种情况下应区分收入和资本；

43.1.5　分配给单位持有人的单位总额和净额，区分收入和资本；

43.1.6　如果委员会和审计师认为分配给单位持有人的金额因出售或购买附股息的证券而增加或减少，除非委员会和审计员同意，该增加或减少的净额并不重要，也不会对分配给份额持有人的金额产生实质性影响，否则应说明该增加或减少的净额；

43.1.7　每项投资占有关会计日托管资产总价值的百分比，以及代表现金的百分比，但在会计期间应转入分配账户的现金除外；

43.1.8　会计日单位（除息）的投标价格。

分配的支付

44.1　委员会根据本附件应付予单位持有人的任何款项，须以支票或付款凭单以邮递方式寄往该单位持有人的注册地址。

44.2　所有此类支票或付款凭单均应按其交付或寄送人的指示付款，且支票或付款凭单的付款应满足应付款项的要求。

44.3　如果委员会收到了审计师认为形式充分的授权书，则委员会应将可分配给单位持有人的金额支付给其银行或其他代理人，该银行或其他代理人的收据即是付款的充分证明。

税务证书

45.1　对于每次分配付款，委员会应向相关单位持有人签发一份税务证书。税务证书由审计师或管理人按照委员会批准的格式制作。

45.2　在单位信托账户清算时进行分配的，每份税务证书应说明分配的资本比例和收入比例。

账户

46.1　管理人应至少每年一次但不超过与之相关的会计期结束后六个月内，向单位持有人提交一份载有委员会与管理人协商后可能要求的信息的账户。

46.2　账户应由信誉良好的审计事务所的独立审计师审计，并须附有审计师的证书，以表明该账目已连同单位信托账目的簿册及记录及与该账目有关的经理人的簿册及记录一并审核，而且审计师他们所要求的一切解释及资料。审计师应进一步报告其认为该账目是否已按照该等簿册及记录妥当制作，以披露该单位信托账户中经理人应累计的利润或亏损。

46.3　管理人应在财政年度结束后的六个月内，向财政部部长提交一次单位信托账户的审计账目。

第十一部分　单位持有人会议

会议的召集

47. 单位持有人会议可由以下人士随时召集：

47.1　委员会自行决定；

47.2 持有不少于当时发行单位百分之二十五（25%）的单位持有人的要求；

47.3 管理人。

会议通知

48.1 召集会议的人员应按照第十四部分的规定，向单位持有人、委员会和管理人发出不少于二十一（21）天的通知，包括通知送达或视为送达之日和发出通知之日。

48.2 通知应说明会议地点和时间以及拟提出的任何决议的条款。

48.3 因意外疏忽而未向某些单位持有人发出通知或某些单位持有人未收到通知，不得使任何会议的议事程序无效。

法定人数

49.1 必要的法定人数应为足够的亲自或代理出席的人员，他们代表不少于当时发行的所有单位的百分之十五（15%），除非在开始营业时达到了必要的法定人数，否则不得在任何会议上处理任何交易活动。

49.2 如果在指定的会议时间后一小时内，出席人数未达到法定人数，则会议应延期至不少于十五（15）天在大会主席指定的某个时间和地点举行，且在该延期会议上，亲自或通过代理人出席的单位持有人应为法定人数。

49.3 任何延期会议的通知应以与原会议相同的方式发出，且通知应说明出席延期会议的单位持有人（无论其人数和持有的单位数量）将为法定人数。

49.4 管理人不应计入任何会议的法定人数。

会议程序

50.1 委员会应以书面形式提名一名无须为单位持有人的人士主持任何会议，如果未提名任何人士或在任何会议上指定的主席在指定时间后15分钟内仍未出席，则出席会议的单位持有人应在其成员中选出一人担任主席。

50.2 经达到法定人数的任何会议同意，主席可在任何时间和地点将会议延期，但任何延期会议上不得处理任何事务，除非是在进行延期的会议上合法处理的事务。

50.3 在任何会议上，提交会议表决的所有决议均应通过举手表决决定，除非在宣布举手表决结果之前或之后，主席或一名或多名亲自或通过代理人出席并持有或代表已发行单位百分之一的股份持有人要求投票表决。

50.4 除非要求投票表决，否则主席宣布某项决议获得通过或失败，即为该事实的确凿证据，而无须证书所记录的赞成或反对该决议的票数或比例。

50.5 如果要求投票表决，应按照主席指示的方式进行，投票结果应视为要求投票表决的会议的决议。

50.6 对于选举主席或休会问题所要求的投票应立即进行，对任何其他问题的投票应在主席指示的时间和地点进行。

50.7 投票表决的要求不得妨碍会议继续进行，以处理除要求投票表决的问题以外的任何事务。

50.8 投票可由个人或代理人进行。

50.9 举手表决时，亲自出席或由代理人出席的每名单位持有人应有一票表决权；在投票表决中，亲自或由代理人出席的每名单位持有人对其持有的每一单位应有一票表决权。

50.10 对于联合单位持有人，无论是亲自或通过代理人投票的高级联合持有人的投票应被接受，以排除其他联合持有人的投票，为此目的，级别应根据联合持有人登记册上的姓名顺序确定。

50.11 管理人无权在任何会议上投票。

50.12 管理人应确保所有决议和会议程序的适当会议记录均妥善编制和保存。此类会议记录和记录应保存在管理人办公室，并应在正常营业时间内供单位持有人查阅。

代理人

51.1 委托代理人的文件应采用书面形式，并由其委托人以书面形式正式授权签字。

51.2 委托书应采用委员会批准的格式。

51.3 委托书、授权书或其他授权委托书，或经公证的授权书副本，应存放在委员会或管理人经委员会同意后会在召开会议的通知中指定的地点，或者如果没有指定地点，则在指定举行会议或延期会议的时间前不少于 48 小时或在投票表决的情况下，在指定的投票时间之前，存放在管理人注册办公室，若违反这些规定，委托书应视为无效。

51.4　即使委托人之前死亡或精神失常，或执行委托书的代理或授权被撤销，或委托书所涉及的单位转让被撤销，根据委托书条款进行的表决仍应有效，只要委员会在使用代理人的会议或延期会议开始前没有对任何转让进行登记。

会议的权力

52.1　根据本部分正式召集和召开的单位持有人会议应通过特别决议：

52.1.1　根据第十四部分的规定，经委员会和管理人同意的对本附件规定的任何修订、变更或增补；

52.1.2　要求管理人辞职，但不得有任何进一步的权力。

52.2　在本款中，特别决议是指由不少于赞成和反对该决议总票数百分之七十五（75%）的多数票通过的决议。

第十二部分　投票权

对托管资产的投票权

53.1　除另有明文规定外，任何托管资产所赋予的所有表决权均应以管理人书面指示的方式行使，管理人可自行决定不行使任何表决权，任何单位持有人均无权干涉或投诉。

53.2　委员会应根据管理人的书面请求，随时自费签署并交付或促使他人签署或交付给管理人或其提名人足够的授权书或委托书，以管理人可能要求的名义，授权这些委托人和代理人投票、同意或以其他方式进行表决对全部或部分托管资产采取行动。

53.3　管理人有权在其认为符合单位持有人最大利益的情况下行使该等权利，但管理人或委员会均不对有关投资或投资的管理或就管理人亲自或通过代理人或委托书给予或采取或未给予或未采取的任何投票、行动或同意承担任何责任，他们也不会因任何法律错误或事实错误，或委员会或管理人或此类代理权或授权书的持有人根据本附件作出或疏于作出的任何事项或事情而招致任何责任。

53.4 本段中使用的短语"投票权"或"投票"应被视为不仅包括在会议上的投票，还应包括对任何安排、方案或决议的任何同意或批准，或对附属于托管资产的任何部分的任何权利以及申请召开会议或加入申请召开会议的权利或发出任何决议通知或分发任何声明的权利的任何变更或放弃。

第十三部分　广告

广告

54. 管理人或其代表不得发布包含任何关于单位发行价格或收益率的声明或包含任何购买单位的要约邀请的广告、通告或其他文件，除非委员会已批准此类文件。

第十四部分　附件二的修订

修正案

55. 除非委员会以书面形式证明，其认为对附件二进行修订仅为使本附件的条文能更方便、更经济地管理，或以其他方式使单位持有人受益，且该等修订不会损害单位持有人或其中任何一人的利益，亦不会更改基本条文或单位信托账户的目的或解除委员会或管理人对单位持有人的任何责任，否则未经根据第十一部分正式召集和举行的单位持有人会议的特别决议批准，不得进行此类修订。

第十五部分　通知

通知的送达

56. 下列规定适用于通知的送达：

56.1 要求向单位持有人送达的任何通知，如果以邮递方式寄往或置于其登记册上的地址，则应视为已正式发出。任何以邮递方式送达的通知，须视为已在该信件投递后的第五天送达，而在证明该项送达时，须足以证明该信件的地址、盖印及邮递妥当。

56.2 向多个联合单位持有人中的任何一个发出通知或文件，应视为对其他联合单位持有人的有效送达。

56.3 将通知或其他文件邮寄或置于某一单位持有人的注册地址，均应视为已妥当送达，即使该单位持有人已死亡或无力偿债，且无论委员会或管理人是否收到其死亡或无力偿债的通知，且该等送达应视为已向所有利害关系人（无论是联合还是通过该单位持有人向有关单位提出请求）充分送达。

附件三（第15条第3款）

基金管理适用规定

基金的使用

1. 基金内的款项须用于第12条所提及的目的及基金的管理费用。

基金财政年度

2. 基金的财政年度为截至每年12月31日的十二个月期间。

基金财务管理

3. （1）代表基金收取的所有款项，均须存入银行账户，除由委员会授权的人签署支票外，不得从银行账户中提取任何款项。

（2）基金的任何部分如并非立即需要作基金用途，可按委员会决定的方式投资。

账簿与基金审计

4. （1）委员会须确保：

（a）就基金的所有财务交易备存适当的账目及其他有关记录；及

（b）就每个财政年度而言：

（i）资产负债表；

（ii）（a）项所提及的交易的报表；

均应毫不迟延地制作。

（2）基金的账目应由总审计长（Auditor – General）审计，总审计长应具有《公共财政管理法》[第22：19章] 第9条赋予他的一切权力，如同基金的资产是公款或国家财产，委员会雇用的人是国家雇员一样。

附件四（第16条）（已被废除）

国家本土化和经济赋权宪章

十 塞内加尔

(一)《关于碳氢化合物行业本土成分的第 2019－04 号法律》

国民议会在 2019 年 1 月 24 日星期四的会议上通过了共和国总统颁布的法律，其内容如下：

第一章 一般规定

第 1 条 本土成分的界定

碳氢化合物行业的本土成分是指在整个石油和天然气工业价值链中为促进使用本国货物和服务以及增加本国劳动力、技术和资本的参与而采取的所有举措。

第 2 条 适用范围

本法适用于塞内加尔共和国境内直接或间接与下列事项有关的所有活动：

——碳氢化合物的勘探、勘测、开发和利用；

——碳氢化合物的运输和储存；

——碳氢化合物的加工和升级以及石油和天然气产品的分销。

凡从事石油和天然气活动的承包商、分包商、服务提供者和供应商，均适用本法的规定。

第 3 条 目标

本法的目标是促进和发展本土成分，即：

(a) 通过利用当地专门知识以及当地货物和服务，在石油和天然气工业价值链中增加当地附加值和创造当地就业机会；

(b) 推动培养高质量的和有竞争力的当地劳动力队伍；

(c) 通过教育、培训、技术和专门知识的转让以及研究和开发，提高石油和天然气工业价值链中的国家能力；

(d) 推动强化塞内加尔企业的国内和国际竞争力；

(e) 根据国家公共政策，建立一个透明和可靠的监督和评价机制，以履行与本土成分有关的义务；

(f) 强化民众对石油和天然气工业价值链的参与。

第 4 条 准则

本土成分目标的实施应遵循以下指导原则：

(a) 公平分享石油和天然气活动的收入；

(b) 遵守石油和天然气工业的国际规范和标准；

(c) 在履行与本土成分有关的义务时不歧视、透明和切合实际。

第二章 监督、执行和与本土成分有关的义务

第 5 条 设立本土成分国家监管委员会

设立本土成分国家监管委员会（CNSCL），负责协调本土成分战略文件的起草工作，该文件应规定在这一领域执行国家指导方针的方法。

该委员会的组织和运作规则由条例规定。

第 6 条 企业的本土成分计划

直接或间接参与石油和天然气活动的承包商、分包商、服务提供商和供应商应制订本土成分计划，并将其提交本土成分国家监管委员会。

该计划应说明公司的活动以及实现这些活动所需的货物、服务和技能。

它应每年更新，至少应包含以下内容：

(a) 促进塞内加尔资本和企业、就业和培训；

(b) 推广和利用当地货物和服务；

(c) 技术和专门知识的转让；

(d) 提高研究和开发；

(e) 提高金融和保险服务；

(f) 促进国内知识服务的提供。

在这方面，它应特别包含：

—— 一份详细说明公司在过去十二（12）个月中按照上述方针取得的成就的报告；

—— 公司根据上述内容对未来十二（12）个月的预测说明；

—— 一份说明企业为逐步减少对非塞内加尔人、资本、技术、货物、服务或服务的依赖所作的财政和技术努力的报告，并说明理由。

第 7 条 就业和职业培训

承包商、分包商、服务提供商和供应商应优先雇用具备所需技能的塞内加尔工作人员。

非技术工作优先提供给当地社区或石油和天然气活动地点附近社区的居民。

每个承包商、分包商、服务提供商和供应商应在其本土成分计划中具体说明为使塞内加尔国民获得逐步取代非本国雇员所需的资格和专门知识而采取的措施。

该计划应说明在利用当地就业以及创造就业和能力建设活动方面取得的进展。

第 8 条 促进和使用当地货物和服务

8.1 国内优先原则

与石油和天然气活动有关的货物和服务由塞内加尔公司提供。

但如果塞内加尔公司不能提供这些货物和服务，外国公司可以按照可比的成本和规划条件，并按照适用于石油工业的国际标准提供这些货物和服务。

8.2 采购货物和服务的程序

与石油和天然气活动有关的货物和服务的招标应通过一个电子平台进行，该平台的组织和运作应由条例规定。

如果某一企业不打算对某些货物或服务的供应采用竞争性招标程序，则在启动导致供应这些货物或服务的程序之前，应获得本土成分国家监管委员会的批准。

8.3 根据国家法律设立公司的义务

任何希望作为分包商、服务提供者或供应商行事的投资者，应根据塞内加尔法律设立一个在商业和动产信用登记处登记的公司。

根据条例规定的条件，该公司的资本向塞内加尔投资者开放。

8.4 油气活动分类

石油和天然气活动分为三种：专属性的、混合性的和非专属性的。

专属性活动涉及塞内加尔为减少进口货物和服务数量而保留授予专属服务授权的权利的活动，但须保证服务质量和价格管制。

混合性活动是指需要外国公司与当地公司建立联系的活动。

非专属性活动包括本土成分潜力低的活动。

这些计划中的石油和天然气活动的分类应通过条例确定。

第 9 条　技术和技能转让以及研究和开发

本土成分国家监管委员会应与主管行政当局和有关机构以及为此目的确定的合作伙伴一道，制订一项技术、技能转让和研究与开发战略计划。

有义务提交本土成分计划的企业应在该计划中具体说明为促进实现本条第 1 款所述战略计划的目标而预计采取的措施，特别是通过培训、各种形式的伙伴关系，便利获得专利和任何其他可能促进本土成分的措施。

第 10 条　保险、再保险和金融服务

为了承保与石油和天然气活动有关的风险，参与这些活动的任何公司都应与塞内加尔授权的保险公司签订保险合同。

但超出塞内加尔授权保险公司财政能力的保险合同，可向外国公司投保。

本规定应类推适用于与此类石油和天然气活动有关的再保险。

参与石油和天然气活动的公司必须在塞内加尔设立的金融机构的能力范围内利用这些机构的服务。

第 11 条　知识服务

作为承包商、分包商、服务提供商或供应商参与石油和天然气活动的公司，如果希望利用知识服务，应优先利用设在塞内加尔的公司。

第 12 条　对不遵守本土成分相关义务的处罚

不遵守本法或根据本法颁布的条例规定的与本土成分有关的义务的行为，应处以下列处罚：

（a）根据《石油法》第 65 条规定的条件终止合同；

（b）适用《石油法》第 70 条规定的罚款；

（c）对于承包商而言，不得收回相关活动的费用；

（d）对于分包商、供应商和服务提供商而言，将其排除在招标平台之外，并禁止订立与石油和天然气活动有关的合同。

第 13 条　本土成分发展资助基金

应设立一个本土成分发展资助基金，以支持执行本土成分战略。该基金的融资和运作方式由条例规定。

第三章　过渡条款和最后条款

第 14 条　本法的实施细则由条例规定

本法的规定应立即适用于塞内加尔共和国境内的所有石油和天然气活动。

但对于在其生效之前订立的石油和天然气合同，该法只有在不影响与这些合同有关的稳定性条款的情况下才立即适用。

参与石油和天然气活动的公司可向国家石油和天然气委员会申请最多十二（12）个月的期限，以遵守本法的规定。

本法的规定优先于现行法律，并在必要时可减损现行法律。

本法应作为国家法律执行。

2019 年 2 月 4 日订于达喀尔
共和国总统　麦基·萨勒
总理　穆罕默德·邦·阿卜杜拉·迪翁

（二）《关于碳氢化合物行业本土成分国家监管委员会组织和运作的第 2020－2047 号条例》

共和国总统，

考虑到宪法；

考虑到 2019 年 2 月 1 日《关于石油法的第 2019－03 号法律》；

考虑到 2019 年 2 月 1 日《关于碳氢化合物行业本土成分的第 2019－04 号法律》；

考虑到 2020 年 2 月 7 日《关于〈天然气法〉的第 2020－06 号法律》；

考虑到2016年8月3日颁布的关于设立并规定了石油和天然气战略指导委员会（COS–PETROGAZ）的运作规则的第2016–1542号条例；

考虑到2019年5月15日修订的关于国家服务分配以及共和国总统办公室、政府总秘书处和各部之间对公共机构、国家公司和公共参与公司的控制的第2019–910号条例；

考虑到确定政府组成的2019年11月2日第2019–1819号条例；

考虑到2019年11月7日关于石油和能源部部长权力的第2019–1841号条例；

根据石油和能源部部长的报告

颁布本条例。

第一章　一般规定

第1条　本条例根据2019年2月1日《关于碳氢化合物行业本土成分的第2019–04号法律》，规定了本土成分国家监管委员会的组织和运作规则。

第2条　本土成分国家监管委员会每年发布公开报告，说明委托给它的任务的执行情况。

第3条　国家石油和天然气委员会由一个指导机构和一个技术秘书处组成，前者由石油和天然气战略指导委员会常务秘书担任主席，后者由碳氢化合物部予以指导。

第4条　本条例的目的：

——"当地供应的货物"，是指全部或部分在塞内加尔共和国制造或组装的货物，其中在塞内加尔共和国制造或组装的部分至少占50%；

——"当地薪金"，是指支付给具有塞内加尔国籍的自然人的毛工资；

——"当地服务"，是指塞内加尔自然人或塞内加尔投资者参与条例所界定的当地公司提供的任何服务；

——"一级分包商"，是指承包商授予的与在塞内加尔共和国实施一个或多个石油或天然气项目有关的货物、服务或建筑供应合同的任何企业或企业联合体；

——"二级分包商"，是指第一级分包商授予的与在塞内加尔共和国实施一个或多个石油或天然气项目有关的货物、服务或建筑供应合同的任何企业或企业联合体。

第二章　本土成分国家监管委员会的任务

第 5 条　本土成分国家监管委员会作为指导机构，制定关于本土成分的具有约束力的准则，特别是不限于当地就业、当地货物和服务及当地资本的使用，以及技术和专门知识的转让。

第 6 条　本土成分国家监管委员会应确保直接或间接参与石油和天然气行业的公司遵守所采取的所有措施。

第 7 条　本土成分监管委员会的任务是协调制定本土成分战略文件，并确定塞内加尔国家指导方针的执行方式。

第 8 条　本土成分国家监管委员会负责：

—— 批准技术秘书处提交的本土成分战略文件；

—— 监督和确保本土成分发展战略得到适当执行；

—— 评估承包商、分包商、服务提供商和供应商提交的本土成分计划，并就其是否符合本土成分目标发表意见；

—— 委托对当地能力进行深入审计，以评估当地可能提供的货物、服务和劳动力的水平；

—— 批准国家一级的本土成分绩效指标；

—— 批准必要的改进决定，以确保本土成分措施的有效性；

—— 批准雇用外国雇员，但须经劳工部长和碳氢化合物部长批准；

—— 确定塞内加尔人员培训义务的要求；

—— 通过定期修订按计划划分的企业分类的建议；

—— 批准任何承包商、供应商、分包商和服务提供商提交的继任计划；

—— 批准修订塞内加尔公司在混合性活动所涉公司中的持股比例；

—— 根据行业的成熟程度和当地能力，通过修订本土成分最低要求的建议；

—— 审议并通过技术秘书处提交的报告；

—— 执行当局委托的与本土成分有关的任何任务。

第三章 本土成分国家监管委员会的组织和运作

第 9 条 本土成分国家监管委员会由十五（15）名成员组成，具体如下：

A：七（7）名来自公共行政部门的代表：

—— 金融和竞争力部门总干事；

—— 碳氢化合物干事；

—— 中小型企业干事；

—— 职业和技术培训干事；

—— 负责私营部门的干事；

—— 国家石油和天然气研究所（INPG）主任。

B：五（5）名来自国家私营行业和碳氢化合物企业界的代表：

—— 塞内加尔石油公司的总经理；

—— 两（2）名来自上游（勘探、勘测、开发和开采）和下游（石油和天然气产品的运输、储存、加工、升级和分销）的石油公司/一级分包商的代表；

—— 两（2）名来自雇主组织的代表。

C：民间社会组织和工会组织的三（3）名代表：

—— 一（1）名来自民间社会的代表；

—— 两（2）名来自工会的工人代表。

第 10 条 本土成分全国监管委员会制定其议事规则和成员道德和行为守则。本土成分国家监管委员会的审议是秘密的。

第 11 条 本土成分国家监管委员会每年举行两次常会。它应视需要举行特别会议。

第 12 条 本土成分国家监管委员会应由主席召集，主席应确定会议议程，并在半数（1/2）成员派代表出席的情况下进行审议。委员会应举行非公开会议。

第 13 条 本土成分国家监管委员会的审议应一致通过。若无法一致通过，则由出席会议的成员的简单多数票通过。如票数相同，主席应投决定票。

本土成分国家监管委员会的审议记录在为此目的保留的特别登记册中。

第四章 技术秘书处

第14条 本土成分国家监管委员会设有一个技术秘书处，负责：

—— 编写并向本土成分国家监管委员会提交本土成分战略文件；

—— 接收和处理公司、承包商、分包商、服务提供商和货物供应商的本土成分计划，直至第1级和第2级供应商；

—— 监督本土成分国家监管委员会批准的国家一级本土成分绩效指标；

—— 在使用和分析指标之后，监测为提高本土成分措施的效力而采取的行动；

—— 提议修订塞内加尔公司在混合活动中所涉公司中的持股比例；

—— 提议定期修订按计划分列的活动分类；

—— 确保在不遵守与本土成分要求有关的义务的情况下适用法律规定的制裁；

—— 确保适当协调企业扶持机构的行动和石油和天然气工业所需的服务，以便逐步加强当地企业的能力，使它们能够在货物和服务的质量、价格、可靠性和供应方面进行竞争；

—— 管理和运营与石油和天然气活动有关的货物和服务的电子链接平台；

—— 确保本条例第23、24和25条所述的事前和事后控制职能；

—— 准备提交给本土成分国家监管委员会的技术文件；

—— 编制行动计划、预算和筹资计划，以监督促进本土成分政策；

—— 执行与促进本土成分战略有关的活动；

—— 与有关机构合作，确保执行本土成分国家监管委员会的建议和决定；

—— 接收和处理公司对本土成分国家监管委员会决定的上诉；

—— 与实施促进本土成分政策有关的任何其他任务。

技术秘书处的组织和运作由负责碳氢化合物的部长的命令确定。

第15条 技术秘书处由一名技术秘书领导，该秘书是根据负责碳氢化合物的部长的提议通过法令任命的。

监督本土成分政策执行情况所需的行政人员和多部门专家应协助其工作。

技术秘书编写活动报告，提交给本土成分国家监管委员会。

第16条 技术秘书应拟订本土成分国家监管委员会会议的议程，并将其提交本土成分国家监管委员会主席。

第17条 支持本土成分国家监管委员会活动所需的资金列入负责碳氢化合物的部的预算，并来自本土成分发展资助基金，该基金的财政监督由财政部根据确定本土成分发展资助基金供资方式的条例的规定进行。

第五章 本土成分计划和市场控制

第一节 本土成分计划

第18条 在石油项目框架内开展活动的任何一级和二级承包商、供应商、分包商、服务提供商应向本土成分国家监管委员会提交本土成分计划。

第19条 本土成分国家监管委员会应制定详细的指南以规定受管制企业必须遵守的本土成分要求。本土成分计划的内容、格式和提交方式也规定在这些指南中。

第20条 公司提交的本土成分计划应在本土成分国家监管委员会收到后最多九十（90）天内处理。

在规定的期限届满时，委员会的评论和意见将转交给提交计划的公司，以遵守本土成分要求。

第二节 事前控制

第21条 企业应每年应不迟于上半年末提交一份采购计划，说明：

—— 下一年即将签订的合同；

—— 每个市场预期的本土成分指标；

—— 适用于每项合同的规范和标准摘要。

这些采购计划应在链接平台上公布。

第22条 本土成分指标（ICL）是指与某一合同或项目有关的本土成分的百分比，即本土经济所占的增值份额。按以下公式计算：

本土成分指标=（当地工资+当地提供的货物+当地提供的服务）÷合同/项目总价值

计算和检测本土成分指标的实际安排将在本土成分国家监管委员会的准则中规定。

第23条 本土成分国家监管委员会技术秘书处对下列合同进行事先检查和授权：

—— 根据2019年2月1日关于碳氢化合物行业本土成分的第2019–04号法律第8.2条，任何不是竞争性招标主题的合同，特别是通过为此目的提供的平台；

—— 根据企业提交的采购计划确定的合同选择。

本土成分国家监管委员会技术秘书处应通过内部程序说明确定甄选标准。

选定的合同清单应在提交采购计划后三十（30）天内提供给承包商。

第24条 在事先审查的框架内，与选定合同有关的下列文件应提交本土成分国家监管委员会技术秘书处批准。

—— 在启动招标阶段之前提供：

（i）招标意向书；

（ii）在适当情况下，在招标意向书之后拟订的短名单；

（iii）完整的招标文件。

—— 在评标评价报告完成后和通知投标者之前提供：

（i）投标者的投标书；

（ii）开标报告（包括行政合规要素）；

（iii）评估投标的报告和表格。

在上述两个阶段中的每一个阶段，在收到文件后十五（15）天内，本土成分国家监管委员会技术秘书处的验证决定将通知给委托人。

在不验证的情况下，本土成分国家监管委员会技术秘书处应说明其决定的理由并提出建议。这些建议应纳入经审查的文件的修订版本，并在收到意见后七（7）天内提交本土成分国家监管委员会技术秘书处。

第三节 事后控制

第 25 条 每个公司应在每个日历年结束时编写一份关于其本土成分计划执行情况的报告，该报告最迟应在下一个日历年第二个日历月的第一天提交给本土成分国家监管委员会技术秘书处，作为事后评估的一部分。

本土成分计划年度执行情况报告的内容、格式和提交方式在本土成分国家监管委员会指南中予以规定。

对本土成分计划执行情况报告的分析可导致启动制裁程序，特别是通过发布纠正措施、警告或制裁。这些具体程序应载于本土成分国家监管委员会的指令中。

第 26 条 委托人应确保其第一级和第二级分包商在规定的时限内履行其义务，将所需文件转交本土成分国家监管委员会技术秘书处。

第六章 替代计划和当地培训

第一节 替代计划

第 27 条 在国家一级填补的任何职位都必须经过两（2）次招标，招标仅限于国民。如果招标不成功，该职位将在国际一级开放。在国家一级的招标中，不得以"最有利的报价"原则将当地公司排除在外，条件是其价格不超过最低报价 10%。

第 28 条 任何外国承包商、分包商、服务提供商或在国际招标中担任本国职位的供应商，应向本土成分国家监管委员会提交替代计划，供其批准。

替代计划应规定承包商、分包商、服务提供者或供应商由塞内加尔雇员陪同的最长期限，塞内加尔雇员应接受培训，以获得逐步取代非本国雇员所需的技能水平。

超过最长期限后，该职位将由塞内加尔人担任。

第二节 当地就业和塞内加尔人员培训

第 29 条 在石油和天然气活动直接或间接产生的任何项目中，塞内加尔工作人员在当地就业和培训方面享有专属优先地位。

第30条　塞内加尔工作人员培训方案的资金由本土成分发展资助基金提供，其基础是每年的捐款，其数额根据活动行业和合同数额而不同。

第31条　任何承包商、分包商、服务提供商或供应商向本土成分国家监管委员会提交的本土成分计划应包括塞内加尔人员培训计划，其方式和要求应载于本土成分国家监管委员会技术秘书处编写的本土成分战略文件中。

第七章　电子链接平台

第32条　建立一个电子平台，通过该平台公布与石油和天然气活动有关的所有招标书，除非事先得到本土成分国家监管委员会的授权。

第33条　电子平台的目的是作为信息、联系和监测石油和天然气部门活动的门户。

除其他具体目标外，它还允许：

—— 获取以下信息：

(i) 一方面，向希望参与该行业活动的国家私营部门提供采购计划和该行业在产品/服务质量标准、安全、健康和环境标准方面的要求，以及以招标形式提供的机会；

(ii) 另一方面，建立一个供应商数据库，其公司在塞内加尔共和国适当设立，并具有当地能力，其目标是从事石油和天然气行业活动并希望使用分包商的公司；

—— 评估关于促进本土成分准则的执行情况；

—— 确保石油和天然气行业所有招标的透明度；

—— 使监测本土成分政策执行情况的有关程序非物质化；

—— 根据本条例第38条和第41条获得补救和制裁。

第34条　本土成分国家监管委员会技术秘书处负责电子平台的建立、监督、管理和后续行动。电子平台的技术规格应在为此目的提供的规范中定义。

该平台的组织和运作应在本土成分国家监管委员会的指南中予以规定。

第35条　任何承包商、供应商、分包商或服务提供商应在电子链接平台上公布与一个或多个石油或天然气项目有关的所有合同。

这一规定的任何例外情况均须经本土成分国家监管委员会技术秘书处根据本条例第 23 条和第 24 条规定的事先控制程序事先批准。

第 36 条 应在联网平台一级设立一个一站式服务窗口，以促进国家私营部门的能力建设。该一站式服务的条款和条件将在本土成分国家监管委员会的指南中进行规定。

本土成分国家监管委员会技术秘书处负责制定单一窗口的职权范围，并负责协调各企业扶持机构的行动。

第 37 条 本土成分国家监管委员会技术秘书处应通过一项指令，规定在执行本土成分政策的框架内以电子方式提交监测和控制文件的程序。

第八章 制裁

第 38 条 下列行为应视为应受谴责的行为：

—— 提交含有虚假信息或基于虚假陈述的本土成分计划、采购计划、执行情况报告或任何其他文件；

—— 任何塞内加尔国民以欺诈方式代表外国利益，目的是满足本土成分要求，以建立当地公司；

—— 未经本土成分国家监管委员会事先授权，在电子链接平台上公布任何承包商、供应商、分包商或服务提供商在一个或多个石油或天然气项目框架内的活动合同；

—— 无正当理由或未经本土成分国家监管委员会事先授权的任何违反本土成分要求的行为；和

—— 未经本土成分国家监管委员会事先批准的任何违反分类要求的行为。

第 39 条 第 1 级和第 2 级供应商不遵守与本土成分要求有关的义务将受到以下处罚：

—— 罚款 100 万美元（1000000 美元）至 2000 万美元（2000000 美元）不等，按罚款当日的汇率计算为等额的非洲金融共同体法郎，并将其返还给本土成分发展资助基金；

—— 暂时或完全排除在电子链接平台之外；

—— 全面禁止缔结与石油和天然气活动有关的合同；

—— 承包商不得追回有关石油活动的费用；

—— 合同自动终止。

第40条　不遵守与本土成分要求有关的义务的情况由本土成分国家监管委员会技术秘书处审查，技术秘书处将其建议提交委员会批准。

技术秘书处负责执行本土成分国家监管委员会批准的制裁。

第九章　救济程序

第41条　在本土成分国家监管委员会下设立一个友好解决争端委员会，负责接收、登记和审查与承包商授予合同有关的索赔和上诉。

第42条　友好解决争端委员会由负责碳氢化合物的部长担任主席，成员包括：

—— 国家司法官员；

—— 名石油公司/一级分包商的代表；

—— 名国家私营部门代表；

—— 名民间社会代表。

第43条　友好解决争端委员会应分析有关各方提出的理由，并作出最后决定。它的决定是可执行的，对当事方具有约束力。

第十章　杂项和最后条款

第44条　以前由第三方机构拥有的与本土成分直接或间接有关的活动所产生的所有责任完全移交给本土成分国家监管委员会。

第45条　总统办公厅部长、财政和预算部部长以及石油和能源部部长各自负责执行本条例，该条例将在政府公报上公布。

2020年10月21日　达喀尔

麦基·萨勒

十一　布基纳法索

《矿业部门本土供应的第 2021 – 1142 号条例》

第一章　总则

第 1 条　根据 2015 年 6 月 26 日关于布基纳法索采矿法的第 036 – 2015/CNT 号法律第 101 条的规定，本条例规定了采矿部门本土供应的条件。

其目的是促进和发展采矿部门货物和服务的本土供应。

第 2 条　本条例适用于：

- 采矿权或许可证持有人及其分包商；
- 向矿业企业提供服务和/或货物的自然人或法人。

第 3 条　就本条例而言：

"货物"，是指用于使用或消费的设备、消耗品和产品；

"矿业企业"，是指为生产矿场或采石场的物质并赚取利润而设立的经济单位，它们为此目的汇集物质和人力资源；

"供应商"，是指仅限于向许可证和采矿权持有人提供货物和服务而不从事与许可证或采矿权持有人的主要活动有关的生产或提供服务的任何自然人或法人；

"本土供应"，是指与促进国家提供当地货物和服务能力有关的所有行动；

"本土"，是指整个国家领土；

"布基纳法索法人"，是指根据布基纳法索法律具有法人资格的个人或财产集团，其股本至少 51% 由布基纳法索国籍的自然人或法人拥有，其受益所有人为布基纳法索人；

"布基纳法索自然人"，是指具有布基纳法索国籍的任何公民；

"服务提供者"，是指向矿业公司或其分包商提供有偿服务的任何自然人或法人；

"矿业部门"，是指包括从事矿物勘探、勘测、研究或开采活动的经济部门；

"服务"，是指由第三方提供的需要专门知识或技能的服务技术或智力资源；

"分包商"，是指从事与采矿权持有人的采矿作业有关的工作的法人。

第二章　向矿业企业及其分包商提供服务和货物

第 4 条　在布基纳法索经营的矿业企业及其分包商应根据向采矿企业提供的货物和服务清单，向布基纳法索自然人或法人授予提供服务或供应货物的任何合同，由负责矿业、经济和贸易的部长的部际命令通过。

第 5 条　矿业企业及其分包商应在每年年初，至迟于 3 月底向矿业管理部门提供其服务和货物供应商名单。

第 6 条　建立一个三方框架，会集国家、矿业企业和矿业货物和服务供应商的代表，以发展和监测当地供应的增长，造福于矿业部门。

它监测向矿业企业提供的货物和服务清单的执行情况。

负责矿业、经济和贸易的部长的部际法令确定三方框架成员的组成、权力和运作。

负责财政和矿业的部长的联合法令确定三方框架成员的责任。

第三章　本土供应的发展和增长监测

第 7 条　矿业企业及其分包商应在每年 12 月底之前向矿业管理局提交其下一年年货物和服务采购计划。

本计划的任何修改或变更应在修改后一个月内通知矿业管理局。

矿业企业和分包商应在每年年初，最迟不迟于 3 月底，向矿业管理局提交关于上一年供应计划执行情况的报告。

第四章　杂项规定

第 8 条　货物和服务清单以及相关配额每年可修订。

第 9 条　如果本土提供商或供应商无法满足矿业企业及其分包商的需要，矿业管理局可授权后者从国外市场采购。

第五章 制裁

第 10 条 不遵守本条例及其实施规则的规定将受到以下处罚：

- 布基纳法索自然人或法人在没有正式通知的情况下未履行的服务或货物供应部分金额的罚款；
- 罚款 75000000 非洲金融共同体法郎，如果在向其发出 7 整天的正式通知后，未在规定的时限内提交货物和服务采购计划或执行情况报告，每延误一天，罚款增加 25%；
- 再犯罚款 200000000 非洲金融共同体法郎，每延误一天，罚款增加 25%。

第 11 条 违反本条例及其实施规则的行为，应由矿业管理局或任何其他国家授权机构加以记录。

罚款由矿业部的专门收款处收取。

第 12 条 收取的罚款由国家预算和矿业与地质总局的资本基金分配。

财政和矿业部长的联合命令确定分配的方式。

第六章 过渡性条款和最后规定

第 13 条 矿业企业及其分包商必须自 2022 年 1 月 1 日起遵守本条例的规定。

在本条第 1 款规定的期限之后，矿业企业及其分包商可以获得与正在进行的具体服务有关的合同的豁免。在这种情况下，他们应向矿务管理局提出合理的请求。

第 14 条 本法令废除以前所有相反的规定。

第 15 条 经济、财政和发展部长，能源、矿业和采石部长以及工业、商业和手工业部长各自负责执行本条例，本条例将在布基纳法索官方公报上公布。